Zukunfts(t)räume

facetten

Zukunfts(t)räume

Geschlechterverhältnisse im Globalisierungsprozess

Herausgegeben von
Gabriele Sturm, Christina Schachtner,
Renate Rausch und Karola Maltry

Ulrike Helmer Verlag

Die Deutsche Bibliothek – CIP-Einheitsaufnahme

Ein Titelsatz für diese Publikation ist bei der
Deutschen Bibliothek erhältlich.

Die Deutsche Bibliothek – CIP Cataloguing-in-Publication-Data

A catalogue record for this publication is available
from Die Deutsche Bibliothek

© 2001 Copyright Ulrike Helmer Verlag, Königstein/Taunus
Alle Rechte vorbehalten
Gesamtherstellung: Wilfried Niederland Verlagsservice,
Königstein/Taunus
Printed in Germany
ISBN 3-89741-066-4
Gesamtverzeichnis sendet gern: Ulrike Helmer Verlag,
Altkönigstraße 6a, D-61462 Königstein/Ts.
E-mail: Ulrike.Helmer.Verlag@t-online.de
Fax: 06174 / 93 60 65

Besuchen Sie uns im Internet: ulrike-helmer-verlag.de und frauensachbuch.de

Inhalt

*Karola Maltry, Renate Rausch, Christina Schachtner,
Gabriele Sturm*
Einleitung 7

I. RaumZeit

Ursula Nissen
Geschlechtstypische Raumsozialisation von Kindern als
Einübung in politische Partizipation 22

Sigrid Schmitz, Eva Neidhardt
Raumsozialisation von Mädchen und Jungen:
Bestandsaufnahme und Möglichkeiten des Wandels 39

Gabriele Sturm
Schöner neuer Raum:
Über Virtualisierung und Geschlechterordnung 57

II. Gesellschaftlich-kulturelle Transformation

Renate Rausch
Vielfalt und Utopie einer globalen Frauenbewegung:
25 Jahre UN-Frauenpolitik und ihr Niederschlag im
Lateinamerikanischen Feminismus 82

Annette Allendorf
Vernetzungs(t)räume:
Organisationsmodelle von Frauennetzwerken 102

Christina Schachtner
Fraueninitiative vor Ort:
Gestaltungsversuche im Kontext der Globalisierung 120

Elisabeth Rohr
Die Liebe der Töchter:
Weibliche Adoleszenz in der Migration 138

Karin Jurczyk
Patriarchale Modernisierung:
Entwicklungen geschlechtsspezifischer Arbeitsteilung und
Entgrenzungen von Öffentlichkeit und Privatheit 163

Karola Maltry
Neuer Gesellschaftsvertrag als feministischer
Transformationsdiskurs 188

III. Kommunikation und Medien

Ulrike Gräßel
Globalisierung und interkulturelle Kommunikation von
Geschlecht 212

Ruth Albert, Tamara Faschingbauer, Christa M. Heilmann
Geschlechtstypisches Kommunikationsverhalten und dessen
gesellschaftliche Bewertung 229

Gabriele Clement, Ulrike Prokop, Anna Stach
Das große »Wir« – oder: Was verbindet *Schreinemakers live*
mit der *Harald Schmidt Show*? 250

Gabriele Winker
Ausgrenzung durch Ignoranz:
Zur mangelnden Präsenz von Frauen in vernetzten Systemen 274

Autorinnen 300

Karola Maltry, Renate Rausch, Christina Schachtner, Gabriele Sturm

Einleitung

Zukunfts(t)räume: dieser Begriff beinhaltet mehrere Bedeutungen, u.a. den Traum bzw. die Vision einer besseren Zukunft sowie den Raum für die Zukunft und die damit verbundene Frage nach dem Handlungsspielraum, der uns bleibt, unsere Zukunft bewusst zu gestalten.

Nachdem anlässlich des Zusammenbruchs des Realsozialismus in Mittel- und Osteuropa zu Beginn der 90er Jahre vom Ende der Utopien die Rede war und Utopien für viele diskreditiert schienen, erlebt zehn Jahre später die öffentliche Debatte über das Thema »Zukunft« eine neue Konjunktur. Gewiss trug der ›Jahrtausendwechsel‹ zur Konjunktur der Zukunftsdebatte bei, insbesondere zu deren publizistischer und medialer Aufbereitung. Eine Flut von Veröffentlichungen als Sachbücher und Zeitschriftenbeiträge nahm sich des Themas Zukunft ebenso an wie etliche Fernsehsendungen. Im Kontrast dazu ist allerdings ein faktischer Mangel an konkreten Zukunftsvisionen zu konstatieren (vgl. Holland-Cunz 2000).

Die Notwendigkeit einer intensiveren Auseinandersetzung mit Zukunftsfragen zeichnete sich jedoch schon Mitte der 90er Jahre mit dem Aufleben des Diskurses über einen neuen Gesellschaftsvertrag ab, dessen Ausgangspunkt in der Suche nach möglichen Antworten auf die tiefgreifenden ökonomischen, ökologischen, sozialen und politischen Krisen liegt, die sich im Kontext des Globalisierungsprozesses vollziehen.

Der Agenda 21-Prozess sowie die Zukunftskommissionen, die von verschiedenen staatlichen und wissenschaftlichen Institutionen eingerichtet wurden, deuten ebenfalls auf ein steigendes Problembewusstsein bezüglich des Bedarfs an neuen Zukunftsentwürfen hin. Die aktuelle gesellschaftliche Entwicklung ist u.a. gekennzeichnet durch die Tendenz zunehmender Individualisierung, durch die Erosion traditioneller Versorgungs- und Bezugsnetze, einschneidende Umstrukturierungsprozesse in der Erwerbsarbeit verbunden mit steigender Massenarbeitslosigkeit, Transformation des Wohlfahrtsstaates und ökologischen Krisen. Die vielfältigen Umwälzungsprozesse beinhalten die Notwendigkeit und zugleich die Chance zur Entwicklung neuer bzw. alternativer sozialer, politischer und ökonomischer Arrangements. Damit eröffnen sich auch für die Frauenbewegung neue Chancen, Strukturveränderungen zu initiieren oder durchzusetzen, die die gleichberechtigte Partizipation von Frauen auf allen gesellschaftlichen Ebenen ermöglichen. Dies impliziert, dass vor dem Hintergrund tiefgreifender struktureller Veränderungen, die alle gesellschaftlichen Bereiche erfasst haben, die Frage nach den frauenpolitischen Zielen und den ihnen angemessenen Strategien reflektiert und gegebenenfalls neu formuliert werden muss. Feministische Zukunftsentwürfe, die die globalen Herausforderungen aufgreifen, müssen über die nationalstaatliche Politik-Ebene, auf die sich die derzeitigen frauenpolitischen Aktivitäten in der Bundesrepublik konzentrieren, hinausweisen und Perspektiven einer internationalen Politik aufzeigen.

Gerade weil in den Zukunfts- und Globalisierungsdiskursen, wie sie bisher geführt wurden, das Geschlechterverhältnis zumeist ausgeblendet wird, besteht die Notwendigkeit, gesellschaftliche Veränderungsprozesse unter Einbeziehung geschlechtsdifferenzierender Fragestellungen zu analysieren und Frauen nicht nur als Betroffene, sondern auch als Gestaltende/Akteurinnen dieser Prozesse zu berücksichtigen.

Dieses Ziel verfolgt das neu gegründete Zentrum für Gender Studies und feministische Zukunftsforschung der Philipps-Universität Marburg. Unter feministischer Zukunftsforschung verstehen wir in Anlehnung an Ossip K. Flechtheims Definition von kritischer Futurologie die systematische und kritische Behandlung von Zukunftsfragen (Flechtheim 1987, S. 39 ff.), d.h. eine Konzentration der Forschung auf für die zukünftige Entwicklung der Gesellschaft relevante Fragestellungen, die das Geschlechterverhältnis als wesentliches Strukturmerkmal unserer Gesellschaft stets mit einbezieht. »Zukunftsforschung ist die wissenschaftliche Befassung mit möglichen, wünschbaren und wahrscheinlichen Zukunftsentwicklungen und Gestaltungsoptionen sowie deren Voraussetzungen in Vergangenheit und Gegenwart. [...] Zukunftsforschung enthält neben analytischen und deskriptiven Komponenten immer auch normative, prospektive, kommunikative und gestalterische Elemente« (Kreibich, S. 9). Wesentliche Merkmale der kritischen und damit auch feministischen Zukunftsforschung sind Interdisziplinarität, Praxisorientierung und Herrschaftskritik. Ihre Bemühungen, einen konkreten Beitrag zur Verwirklichung einer lebenswerten Zukunft zu leisten, sind um so notwendiger, als die aktuellen gesellschaftlichen, technischen und ökonomischen Entwicklungen wie z.b. die Atom- und Gentechnologie oder die Kontamination von Boden, Wasser, Luft den Handlungsspielraum für die Gestaltung der Zukunft tendenziell einschränken. Gerade in der jetzigen gesellschaftlichen Situation, in der viele die Globalisierung als quasi naturwüchsigen Prozess betrachten, determiniert durch ökonomische Sachzwänge und technologische Innovationen, in der das Ausmaß der Umweltzerstörung immer bedrohlicher wird und sich die sozialen Disparitäten weiter vertiefen, ist es eine wichtige Aufgabe der Zukunftsforschung, Gestaltungsoptionen zu entwickeln und deren Bedingungen zu analysieren.

Gegenüber der besorgten Frage, die sich viele stellen, ob wir überhaupt noch eine Zukunft haben bzw. ob wir sie noch selbst gestalten können, gilt es, mit konkreten Visionen wie mit kritischer Wissenschaft neue Räume für eine wünschenswerte Zukunft zu erschließen. In diesem Kontext ist die Gründung des »Zentrums für Gender Studies und feministische Zukunftsforschung« zu sehen, in dem Wissenschaftlerinnen und Wissenschaftler verschiedener Disziplinen Fragestellungen bearbeiten, die von der theoretischen Grundlagenforschung bis zu konkreten Praxisbezügen reichen.

Das Zentrum ist in drei transdisziplinäre Arbeitsbereiche strukturiert, die sich auf zentrale Themen des Globalisierungsdiskurses konzentrieren: I. RaumZeit, II. Gesellschaftlich-kulturelle Transformation, III. Kommunikation/Neue Medien. Sie verbindet die Intention, die Handlungskompetenzen von Frauen auf individueller wie gesellschaftlicher Ebene zu stärken, ihre Partizipationsmöglichkeiten zu erweitern und die Rolle der Geschlechterforschung und feministischen Wissenschaft sowie deren Praxisbezug als aktiven Faktor des gesellschaftlich-kulturellen Wandels zu fördern.

Die Aufsätze im vorliegenden Band entstanden im Kontext dieser drei Arbeitsbereiche, wobei auch Beiträge auswärtiger Wissenschaftlerinnen aufgenommen wurden, die sie auf einer Tagung präsentierten, die im Februar 1999 zum Thema »Geschlechterverhältnisse im Kontext der Globalisierung« von dem damals noch in Gründung befindlichen Zentrum organisiert wurde. Im Mittelpunkt der Tagung standen zwei Fragen, nämlich erstens, welche Auswirkungen auf die Geschlechterverhältnisse mit dem Globalisierungsprozess verbunden sind und welche Alternativen wir in die Globalisierungsdebatte einbringen können, die zur Herstellung von Geschlechtergerechtigkeit beitragen, und zweitens, wie vorhandene Partizipationsmöglichkeiten für Frauen effektiver genutzt und erweitert werden können.

Die Gliederung des Buches folgt der Struktur des Zentrums: RaumZeit, gesellschaftlich-kulturelle Transformation, Kommunikation und Medien. Damit werden zentrale Themen des Globalisierungsdiskurses aufgegriffen und unter der Geschlechterperspektive zusammengeführt, womit neue Akzente gesetzt werden. In den einzelnen Beiträgen finden sich empirische Untersuchungen, theoretische Diskussionen und Zukunftsvisionen. Sie sind auf unterschiedlichen Ebenen der gesellschaftlichen Analyse angesiedelt. Der Blick der Autorinnen richtet sich sowohl auf die eigene Gesellschaft und Kultur als auch auf andere und fremde Kulturen sowie auf die interkulturellen Begegnungen zwischen verschiedenen Kulturen.

I. RaumZeit

Da gesellschaftlicher Raum einerseits durch zeitlich vorhergehendes menschliches Verhalten und Handeln hervorgebracht ist und andererseits die aktuellen Lebensmöglichkeiten grundlegend beeinflusst, ist das Wechselspiel räumlicher Verfasstheit und menschlicher Raumnutzung viel grundlegender zu bearbeiten als dies in einzelnen Disziplinen bislang geschehen ist. Vor allem erscheint zunehmend interessant, wie Menschen die tradierten kulturellen Raumbezüge inkorporieren und Raum in Abhängigkeit von ihren gesellschaftlichen Einbindungen thematisieren. So beschäftigen sich zunächst zwei Arbeiten zu dem ersten Themenkomplex RaumZeit auf der Mikroebene mit unterschiedlichen Aspekten der kindlichen Raumorientierung und Raumaneignung. Der dritte Beitrag ist auf der Makroebene angesiedelt und analysiert die Bedeutung des zunehmend diskutierten virtuellen Raumes für eine mögliche Entwicklung der Geschlechterverhältnisse.

Ursula Nissen behandelt in ihrem Aufsatz *Geschlechtstypische Raumsozialisation von Kindern als Einübung in politische Partizipation* die Bedeutung und Funktion des raumbezogenen Verhaltens von kindlichen Subjekten auf lokaler Ebene für eine Veränderung der Geschlechterverhältnisse in der (inter)nationalen Politik. Dabei wird davon ausgegangen, dass Globalisierung ein politisch intendierter Prozess ist, der durch Subjekte, deren Politisierung bereits in der Kindheit beginnt, gestaltet und veränderbar ist. Ausgehend von der Feststellung deutlicher Geschlechterdifferenzen im Hinblick auf die Nutzung öffentlicher Räume ergibt sich, dass bereits die unterschiedliche Aneignung der öffentlichen Räume in der Kindheit unterschiedliche Möglichkeiten und Chancen für die Gestaltung von Gesellschaft und gesellschaftliche Teilhabe eröffnet. Die Frage nach der geschlechtstypischen Raumaneignung ist somit nicht nur eine Frage nach den Alltagspraktiken von Kindern, sondern besitzt Relevanz für die geschlechtstypische politische Sozialisation und den Umgang mit Macht und Herrschaft im Erwachsenenalter. Gesellschaftliche Veränderungen manifestieren sich u.a. in Raumkonflikten, wobei der Strukturwandel von Öffentlichkeit und Privatheit auch auf sich ändernde Geschlechterkonstruktionen verweist. Die Chance einer zukünftig verstärkten Politisierung von Mädchen als Folge einer deutlicheren Teilnahme an Öffentlichkeit sollte deshalb nicht außer Acht gelassen werden.

Sigrid Schmitz und **Eva Neidhardt** vertiefen in ihrem Beitrag *Raumsozialisation von Mädchen und Jungen: Bestandsaufnahme und Möglichkeiten des Wandels* den Aspekt der Entwicklung von Raumkonzepten vor allem unter dem Gesichtspunkt des Erwerbs von Raumkompetenzen und räumlichen Strategien. Vor dem Hintergrund geschlechtssegregierender Befunde für Erwachsene hinsichtlich Raumorientierung und räumlichem Verhalten untersuchen die Autorinnen, wie Kinder Räume nutzen und wie sie Fähigkeiten im Umgang mit Raum und speziell bei der Orientierung im öffentlichen Raum entwickeln. Bei der individuumzentrierten Analyse wird ein komplexes Wirkgefüge sichtbar, in dem sich Erfahrungen, Motivationen, Strategien und Angst wechselseitig bei der Entwicklung von Raumkonzepten beeinflussen. Zudem führen bereits innerhalb der kindlichen Entwicklungsverläufe nicht nur personenbezogene, d.h. motivationale und lernstrategische Faktoren, sondern vor allem deren Wechselspiel mit Merkmalen des ›sozialen Raums‹ zur Ausbildung genderspezifischer Raumsozialisation. Die referierten Befunde wie die eigenen Untersuchungen verdeutlichen, dass ›Doing gender‹ ein in der Kindheit einsetzender Prozess ist, der auch in der Raumsozialisation geschlechtsidentifizierende Interaktionen polarisiert. ›Doing gender‹ enthält aber auch Veränderungspotenzial. Erst die Aufdeckung der Konstituierung von Gender in Raum und Zeit schafft potenziell Einflussmöglichkeiten und ermöglicht einen zukunftsorientierten Wandel der Raumorientierung von Jungen und Mädchen.

Gabriele Sturm stellt in ihrem Beitrag *Schöner neuer Raum: Über Virtualisierung und Geschlechterordnung* zunächst kurz vor, was unter dem Begriff der Virtuellen Realität derzeit verstanden wird. Die neue Mensch-Maschine-Verknüpfung soll nicht Simulation, sondern teilweise Ersatz der lebensweltlichen Realitäten gewährleisten. Für die gesellschaftliche Entwicklung wird daraus von zahlreichen Autoren ein quantitativer und qualitativer Fortschritt – sogar als Epochenwandel deklariert – abgeleitet. Jedoch wenden diverse feministische Philosophinnen gegen eine zukünftige Virtuelle Gesellschaft ein, dass mit der proklamierten Entkörperlichung von Wissen vor allem ein erneuter androzentrischer Versuch gestartet wird, die komplexe leibgebundene Erfahrung mit ihrer zeitlichen und räumlichen Beschränktheit zu Gunsten einer durch Virtualisierung beförderten Vereinseitigung abzuqualifizieren. Da Raum in diesen Konzepten implizit oder explizit immer enthalten ist, fokussiert die Autorin ihre weitere Analyse auf entsprechende Überlegungen zum virtuellen Raum. Als theoretische Grundlage stellt sie zunächst ein von ihr modifiziertes Modell für gesellschaftliche RaumZeit vor. Dessen konsequente Anwendung verdeutlicht die Problematik der durch Virtualisierung erzeugten Verdoppelung von Realität. Da alle historischen Geschlechterkonzeptionen auch durch jeweils typische Verräumlichungen gekennzeichnet sind, enden die theoretischen Ableitungen mit möglichen Szenarien für Zukünfte der Geschlechterverhältnisse bei zunehmender gesellschaftlicher Relevanz virtueller Räume.

II. Gesellschaftlich-kulturelle Transformation

Im Mittelpunkt der Arbeiten zum zweiten Themenkomplex stehen zum einen die veränderten gesellschaftlichen Handlungsbedingungen und Handlungsmöglichkeiten im Kontext der Globalisierung und ihre Begleiterscheinungen wie z.b. die Migrationsbewegungen und zum anderen die binnengesellschaftlichen Veränderungen der Globalisierung und ihre Folgen für die geschlechtsspezifische Arbeitsteilung und die Zukunftsdiskurse. Auch in diesem Bereich werden durch empirische Forschungsergebnisse und theoretische Konzepte die verschiedenen Ebenen der gesellschaftlichen Analyse von der Mikrobis zur Makroebene berührt.

Renate Rausch beschäftigt sich in ihrem Aufsatz *Vielfalt und Utopie einer globalen Frauenbewegung: 25 Jahre UN-Frauenpolitik und ihr Niederschlag im Lateinamerikanischen Feminismus* mit dem Einfluss der UN-Frauenpolitik auf die lateinamerikanischen Frauenbewegungen sowie mit den Wechselwirkungen, die einerseits von der lokalen bzw. nationalen Ebene auf die globale Ebene nicht nur der Weltfrauenkonferenzen, sondern auch auf die Gipfelkonferenz zur Umwelt in Rio de Janeiro, die Menschenrechtskonferenz in Wien und die Bevölkerungskonferenz in Kairo sowie andererseits von der internationalen Ebene auf die nationalen und lokalen Frauenorganisationen und staatlichen Frauenpolitiken ausgehen. Das Spektrum der Frauenorganisationen ist vielfältiger, aber zugleich uniformer geworden, denn viele Frauenbewegungen haben sich in die formalisierte Struktur einer NRO begeben (müssen), um finanzielle Mittel von ihren Regierungen und/oder dem Ausland zu bekommen; gleichzeitig haben sie es aber geschafft, die Frauenproblematik als Querschnittaufgabe in vielen staatlichen Institutionen zu verankern. Unter diesem Aspekt kann seit Peking 1995 und der UN-Sondergeneralversammlung Peking+5 von einer globalen Frauenbewegung gesprochen werden, die in vielen lateinamerikanischen Ländern von einer feministischen Utopie getragen wird.

Annette Allendorf untersucht in ihrem Aufsatz *Vernetzungs-(t)räume – Organisationsmodelle von Frauennetzwerken* die Erfahrungen der Frauen, die sich in solchen Netzwerken engagieren. Die feministische Theorie und Praxis ist nach Ansicht der Autorin an einem Punkt angelangt, an der ihr scheinbar das eigene Subjekt verloren gegangen ist. Gerade jüngere Frauen fühlen sich immer seltener der Frauenbewegung zugehörig; zudem ist vor dem Hintergrund der Ausdifferenzierung von Lebensentwürfen und Identitäten sowie der Wahrnehmung ethnischer und kultureller Vielfalt zweifelhaft geworden, ob es die universelle Frau überhaupt gibt und wer in ihrem Namen sprechen sollte. Ist damit feministische Politik überholt? Oder hat feministische Politik gerade angesichts zunehmender gesellschaftlicher Desintegration, Sozialstaatskrisen und dem vielfach beklagten Verfall der Solidarität etwas zu bieten, das für die Gestaltung unserer Zukunft von Bedeutung ist? Und wenn ja, wodurch zeichnet sich diese Politik aus? Diese Fragen waren Ausgangspunkt einer von der Autorin durchgeführten empirischen Untersuchung strategischer Frauennetzwerke. In Abgrenzung zu sozialen Netzwerken, die ein Geflecht aus Nahbeziehungen in Familie, im Freundeskreis, in Nachbarschaften oder am Arbeitsplatz darstellen, bezeichnet die Autorin mit dem Begriff ›strategische Frauennetzwerke‹ solche Zusammenschlüsse von Frauen, die der Entwicklung und Durchsetzung spezifischer politischer, wirtschaftlicher, beruflicher oder sozialer Interessen und Anliegen dienen. In den letzten zehn Jahren verzeichnete die Anzahl solcher strategischer Frauennetzwerke einen sprunghaften Anstieg. Die Analyse hat ergeben, dass diese Netzwerke neue Wege feministischer Politik darstellen, die weder auf Abgrenzung noch auf Anpassung abzielen. Von den Akteurinnen wird ein breites Spektrum politischer Handlungsverfahren genutzt, wobei die Teilnehmerinnen nicht nur jenseits von Links und Rechts, sondern auch jenseits der Kategorien männlich und weiblich agieren. Durch das ›Mainstreaming‹, das Einmischen in ein breites Themenspektrum, löst sich feministische Politik zunehmend aus der Isolation und aus einer selbstverordneten Randständigkeit.

In dem Beitrag von **Christina Schachtner** *Floueninitiative vor Ort: Gestaltungsversuche im Kontext der Globalisierung* wird die Diskussion über Frauennetzwerke am Beispiel kommunaler Frauenprojekte, die im Rahmen der Agenda 21 entstanden sind, fortgesetzt. Der Beitrag basiert auf einer bundesweiten Feldforschungsstudie. Die Aktivitäten von Frauen im Bereich der Stadtentwicklung, des Verkehrs, des Konsums, der Arbeit und der interkulturellen Beziehungen werden in den Kontext der Globalisierung gestellt, die als widersprüchlicher Prozess beschrieben wird. Globale Systemintegration auf den Gebieten der Ökonomie, der Kommunikation, des Transports, des Militärs geht einher mit sozialer Desintegration auf lokaler Ebene. Vor diesem Hintergrund gewinnen die Frauenprojekte als Integrationsversuche globale Bedeutung. Sie stellen explizite und implizite Antworten auf Globalisierungseffekte dar. Die Autorin hat folgende globalisierungsbezogene Antworten im außerparlamentarischen Engagement der von ihr untersuchten Projekte ermittelt: Infragestellung des westlichen Lebensstils, interkulturelle Dialogversuche, strukturelle Vernetzung, thematische Vernetzung, Wiederbelebung sozialer Identität, Aufkündigung des tradierten Gesellschaftsvertrags, der die Ungleichheit zwischen Männern und Frauen festschreibt. Die im Rahmen der lokalen Agenda von Frauen entwickelten Konzepte, Vorschläge und Modelle können als Versuch gewertet werden, das gegenwärtige Gestaltungsvakuum als Handlungsspielraum zu nutzen mit dem Ziel, Zukunft zu einer Unternehmung werden zu lassen, die nicht davon handelt, was uns geschieht, sondern davon, was wir tun wollen.

Elisabeth Rohr beschäftigt sich in ihrem Aufsatz *Die Liebe der Töchter: Weibliche Adoleszenz in der Migration* mit der Situation junger Migrantinnen in Deutschland und ihrer Beziehung zu ihren Müttern. Neuere sozialpsychologische Theorien betrachten die Adoleszenz als eine der zentralen Phasen der Identitätsbildung. Für junge Migrantinnen stellt die Adoleszenz eine besondere Herausforderung dar, da hier kulturell unterschiedliche Bilder von Reifung und Entwicklung aufeinanderprallen. Wie bewältigen sie die in dieser Zeit besonders virulenten Konflikte? An Hand von Einzelinterviews werden unterschiedliche Modelle der Konfliktlösung junger Migrantinnen aufgezeigt und zugleich auf geschlechtsspezifische Formen der Identitätsbildung in der Migration aufmerksam gemacht.

In ihrem Aufsatz *Patriarchale Modernisierung: Entwicklungen geschlechtsspezifischer Arbeitsteilung und Entgrenzungen von Öffentlichkeit und Privatheit* diskutiert **Karin Jurczyk** den Zusammenhang zweier aktueller Entwicklungen: zum einen der Arbeitsteilung zwischen den Geschlechtern und zum anderen der Entgrenzungen von privater und öffentlicher Sphäre. Diese beiden Tendenzen hängen zusammen, aber sie lassen sich nicht aufeinander reduzieren. Jurczyks Leitthese ist das Konzept der »Patriarchalen Modernisierung«, verstanden als in sich widersprüchliche Veränderungsprozesse, die als Gleichzeitigkeit von Polarisierung und Entgrenzung der Geschlechterverhältnisse gefasst werden: neue Elemente entstehen, ohne die alten wirklich zu verändern. Dabei meint der Begriff Entgrenzung Destrukturierung und Durchlässigerwerden sozial etablierter Trennlinien. Ausgangspunkt der Argumentation ist eine idealtypische modernisierungstheoretische Skizze des status quo ante der Geschlechterverhältnisse. Vor diesem Hintergrund werden die aktuellen Entwicklungen von Arbeitsteilung und Entgrenzung in der bundesdeutschen Gesellschaft dargestellt und mit Hilfe des Konzept patriarchaler Modernisierung in ihrem Zusammenhang auch im Hinblick auf zukünftige Entwicklungen diskutiert. Obgleich die Aufgabe der Restrukturierung entgrenzter Verhältnisse individualisiert wird, sind aufgrund geschlechtstypisch ungleicher Ausgangsbedingungen auch die Handlungsstrategien und die Chancen in den sich abzeichnenden Modernisierungsprozessen ungleich: Polarisierung UND Entgrenzung werden sich zwischen UND innerhalb der Geschlechter fortsetzen.

Karola Maltry behandelt in ihrem Beitrag *Neuer Gesellschaftsvertrag als feministischer Transformationsdiskurs* das Thema Zukunfts(t)räume auf der Makroebene. Sie gibt zunächst einen Überblick über den Diskurs über einen neuen Gesellschaftsvertrag und untersucht den in diesem Kontext verwendeten Vertragsbegriff. Dabei zeigt sich eine zumeist unreflektierte Verwendung des Vertragsbegriffs, dessen inhaltliche Bestimmung ungeklärt bleibt, was auch für die Einführung der Kategorie des Geschlechtervertrages in die Forderungen nach einem neuen Gesellschaftsvertrag gilt. Deshalb setzt sich Maltrys Beitrag mit der Frage auseinander, wie der Begriff des neuen Gesellschaftsvertrages definiert werden muss, um den Anforderungen einer analytischen Kategorie gerecht zu werden. Die Autorin versucht zu zeigen, inwiefern eine Fassung des Vertragsbegriffes, die den Gesellschaftsvertrag als hegemonialen Diskurs definiert und die Kategorien Hegemonie, Konsens und Ideologie in die Begriffsbestimmung einbezieht, diese Aufgabe erfüllen könnte. Ferner skizziert sie die Aspekte und Dimensionen eines neuen Gesellschaftsvertrages, die in den Diskurs einbezogen werden müssen, damit er als feministischer Transformationsdiskurs geführt werden kann.

III. Kommunikation und Medien

Die Erosion traditioneller Wert- und Sinnzusammenhänge im Zuge der Globalisierung führt zu dem Anspruch, Normalität neu zu verhandeln. Der zentrale Mechanismus dieses Verhandelns ist Kommunikation. Die Kommunikationsräume haben sich im Verlauf des Modernisierungsprozesses vervielfältigt. Wir kommunizieren nicht nur face-to-face, wir kommunizieren auch in, durch und mit Medien und medialen Inhalten. In den verschiedenen Beiträgen werden unterschiedliche Kommunikationsräume ins Blickfeld genommen; es wird untersucht, wie in diesen Räumen Normalität kommunikativ hergestellt wird. Das Geschlechterverhältnis wird als Bestandteil von Normalitätskonzepten untersucht. Im Zentrum steht die Frage, inwiefern sich tradierte Strukturen reproduzieren oder sich Alternativen ausmachen lassen, die Wege in eine Zukunft eröffnen, die das Geschlechterverhältnis als Herrschaftsverhältnis erschüttern.

Ulrike Gräßel untersucht in ihrem Beitrag *Globalisierung und interkulturelle Kommunikation von Geschlecht* die Bedeutung der Kategorie Geschlecht in der interkulturellen Kommunikation. Sie geht vom Konzept des ›Doing gender‹ aus, wonach Geschlecht in realen Situationen hergestellt wird und Geschlechterdifferenzen bzw. -hierarchien in Interaktionen konstruiert werden. Außerdem bezieht sie sich auf das Konzept der Konstruktion des ›Anderen‹, des ›Fremden‹, also auf das Konzept, wonach Ethnizität in bestimmten sozialen Verhältnissen geschaffen wird. Ethnie und Rasse werden demnach wie die Kategorie Geschlecht als sozial geschaffen angesehen, als soziale Konstruktion der Wirklichkeit, mit der diese nach Unterschieden geordnet und vor allem aufgrund von Verallgemeinerungen und Bewertungen hierarchisiert wird. Geschlecht und Ethnizität, besser: Vorstellungen von Geschlecht und dem oder der ›Anderen‹, ›Fremden‹ werden nach Ansicht der Autorin u.a. auch in der sprachlichen Interaktion konstruiert. Geschlechterstereotypen werden zum einen durch einen männlichen oder weiblichen Sprachstil kommuniziert, bestätigt, korrigiert, auf jeden Fall also mitgestaltet. Konstruktionsgrundlage ist das jeweilige Bild von Männlichkeit bzw. Weiblichkeit der Beteiligten, das in der sprachlichen Interaktion auf das Gegenüber projiziert wird. Gräßel zeigt, dass innerhalb einer interkulturellen sprachlichen Interaktion sehr unterschiedliche, teilweise völlig unbekannte und teilweise auch völlig unvereinbare Vorstellungen von Männlichkeit und Weiblichkeit aufeinandertreffen und demzufolge auch von männlicher und weiblicher Lebenswirklichkeit, was zu einer Vielzahl von Missverständnissen führen kann.

In ihrem Aufsatz *Geschlechtstypisches Kommunikationsverhalten und dessen gesellschaftliche Bewertung* gehen **Ruth Albert, Tamara Faschingbauer, Christa Heilmann** der Frage nach, ob und in welcher Weise davon gesprochen werden kann, dass sich männliches von weiblichem Kommunikationsverhalten unterscheidet und welche Auswirkungen verschiedene kommunikative Verhaltensweisen auf den Erfolg beim Durchsetzen der eigenen Ziele haben. Bezogen auf den zentralen Kontext dieses Themenbandes, die Geschlechterverhältnisse im Kontext der Globalisierung, haben die dargestellten Überlegungen nicht unerhebliche Konsequenzen: Indem durch Globalisierungsprozesse stabilisierende ethnische Zugehörigkeitsstrategien, sozioökonomische Strukturen und soziokulturelle Normen ihr bestehendes Substrat verlieren und in komplexen Entwicklungsprozessen neue Vernetzungen erfahren, verlieren traditionelle Rollenbilder auch in Bezug auf die Kategorie Geschlecht ihre Fixierungen. Dieser Prozess führt jedoch nicht automatisch zur Enthierarchisierung weiblichen und männlichen Interaktionsverhaltens, sondern einerseits globalisiert er zunächst einen ohnehin komplexen Vorgang, gekoppelt mit dem Verlust an bekannten Verhaltensmustern. Andererseits impliziert diese Entwicklung die Chance individueller Identitätsfindung, weil tradierte Erwartungshaltungen aufgebrochen werden und sich im Zusammenhang neuer sozioökonomischer Bedingungen auch veränderte soziokulturelle Strukturen entwickeln (können).

Mit dem Beitrag von **Gabriele Clement, Ulrike Prokop, Anna Stach** *Das große »Wir« – oder: Was verbindet Schreinemakers live mit der Harald-Schmidt-Show?* wird die Perspektive auf mediale Kommunikationsräume eröffnet. Die massenhafte Rezeption der beiden Talkshows verweist auf bedeutsame Bedürfnisse, die in diesen medialen Angeboten befriedigt werden. Die Analyse der Autorinnen kreist vor allem um zwei Dimensionen: um die Suche nach einer neuen Ethik des Alltäglichen und um die Inszenierung der neuen Lebensformen. Beide Sendungen verbindet laut Analyse die Inszenierung einer kollektiven Norm. Die ZuschauerInnen dürfen sich z.B. in der Harald-Schmidt-Show eins fühlen mit einem mächtigen Führer und in der Phantasie angreifen, was nicht in ein konservatives Normalitätskonzept passt: Fremde, Frauen und Versager. Das propagierte Wir ist leicht anschlussfähig an konservative nationalistische Bilder vom Volksganzen, die Verhältnisse festschreiben, wovon das Geschlechterverhältnis nicht ausgespart ist.

Gabriele Winker thematisiert in ihrem Beitrag *Ausgrenzung durch Ignoranz: Zur mangelnden Präsenz von Frauen in vernetzten Systemen* das Geschlechterverhältnis in den elektronischen Datennetzen. Zunächst wird der ungleiche Zugang von Frauen und Männern zum Internet dargestellt. In einem zweiten Schritt werden die Internet-Inhalte beleuchtet, die an typisch männlichen Interessen ausgerichtet sind und Lebenssituationen von Frauen kaum in den Blick nehmen. In einem dritten Schritt wird die unzureichende Netzanwendung im Reproduktionsbereich thematisiert. Während im Erwerbsarbeitsbereich vernetzte technische Systeme selbstverständlich zur Produktivitätssteigerung eingesetzt werden, fehlt ihr Einsatz im Bereich der Haus- und Sorgearbeit zur Arbeitserleichterung und Zeitersparnis. Im letzten Schritt wird auf die Organisation der Erwerbsarbeit eingegangen, die sich durch die Informations- und Kommunikationstechnologien stark verändert hat. Auffallend ist dabei, dass Telearbeit immer mehr zur Männerarbeit wird. Die Verfasserin bleibt aber nicht bei der feministischen Technikkritik stehen, sondern zeigt Ansatzpunkte für frauenpolitisches Handeln. Als wesentliche Ursache der Frauendiskriminierung hat die Frauenbewegung die Trennung von Privatheit und Öffentlichkeit verdeutlicht. Frauenpolitik und Frauenforschung müssen sich heute damit beschäftigten, wie die Informationsgesellschaft, in der vernetzte Systeme in beiden Bereichen zum Einsatz kommen, gestaltet werden kann, um die Spaltung zwischen öffentlich und privat aufzubrechen. Über den freien Zugang zu Informationsterminals in öffentlichen Räumen und über Weiterbildungsangebote können mehr Frauen auch über die Netze selbst aktiv werden und auf politische Entscheidungen Einfluss nehmen. Sobald es gelingt, über öffentliche Institutionen wie über Frauen-Organisationen neuartige frauenbezogene mediale Informations- und Kommunikationsdienste aufzubauen, kann das Netz zu einer breiten frauenpolitischen Vernetzung beitragen und damit Demokratisierung unterstützen.

Literatur

Flechtheim, Ossip K. (1987): Ist die Zukunft noch zu retten? Hamburg.

Holland-Cunz, Barbara (2000): Visionenverlust und Visionenverzicht. Dominante und frauenpolitische Bilder von »Zukunft« vor dem Jahr 2000, in: Österreichische Zeitschrift für Politikwissenschaft, 29. Jg., H. 1, S. 29-44.

Kreibich, Rolf (2000): Herausforderungen und Aufgaben für die Zukunftsforschung in Europa, in: Karlheinz Steinmüller/Rolf Kreibich/Christoph Zöpel (Hg.), Zukunftsforschung in Europa, Baden-Baden, S. 9-35.

I. RaumZeit

Ursula Nissen

Geschlechtstypische Raumsozialisation von Kindern als Einübung in politische Partizipation

Über Globalisierung wird viel diskutiert, über Globalisierung und Geschlecht schon sehr viel weniger, und über Kinder und Globalisierung überhaupt nicht. Der Zusammenhang von Globalisierung und Geschlecht wird unter gesellschaftsstruktureller und ökonomischer Perspektive betrachtet, nicht aber unter subjektwissenschaftlicher. Der Zusammenhang von Globalisierung und Lokalisierung wird zwar vielfach betont, meistens jedoch stehen die Auswirkungen der Globalisierung auf Nation, Region und den lokalen Raum und nicht die Bottom-Up-Prozesse im Vordergrund. In diesem Beitrag werden die Perspektiven ergänzt und umgedreht: Es wird der Frage nachgegangen, welche Funktion Veränderungen raumbezogenen Verhaltens von kindlichen Subjekten auf lokaler Ebene, verstanden als Bestandteil politischer Sozialisation, für eine Veränderung der Geschlechterverhältnisse in der internationalen Politik haben könnten. Globalisierung ist ein politisch intendierter Prozess, der durch Subjekte gestaltet und veränderbar ist, deren Politisierung bereits in der Kindheit beginnt.

Sozialisationstheoretische Voraussetzungen

In empirischen Daten zum sozialräumlichen Verhalten von Kindern zeigen sich deutliche geschlechtstypische Unterschiede[1], dies gilt vor allem in Hinblick auf die Nutzung öffentlicher Räume. In sozialisationstheoretischer Perspektive lässt sich daraus die Hypothese ableiten, dass die unterschiedliche Aneignung der öffentlichen Räume in der Kindheit unterschiedliche Möglichkeiten und Chancen für die Gestaltung von Gesellschaft und gesellschaftliche Teilhabe eröffnet (vgl. Nissen 1992): Wenn der Raum, den Mädchen und Jungen in der

Öffentlichkeit beanspruchen, der ihnen zugestanden wird oder den sie sich erobern müssen, verstanden wird als Vorbereitungsraum für ihre spätere Mitgestaltung von Öffentlichkeit und öffentlichem Leben, dann ist die Frage nach der geschlechtstypischen Raumaneignung nicht nur eine Frage nach der Alltagspraxis der Kinder, sondern besitzt Relevanz für die geschlechtstypische politische Sozialisation und den Umgang mit Macht und Herrschaft im Erwachsenenalter.

Das von ungleicher Machtverteilung bestimmte Geschlechterverhältnis ist – ebenso wie ökonomisch bestimmte gesellschaftliche Machtverhältnisse – ein politischer Tatbestand, der Mädchen und Jungen vor allem in öffentlichen Räumen entgegentritt. Wenn immer wieder festgestellt wird, dass Frauen in der Öffentlichkeit und bei der politischen Gestaltung des öffentlichen Lebens trotz juristischer Gleichstellung immer noch unterrepräsentiert sind und im Vergleich zu Männern weniger status-, macht- und entscheidungsrelevante Funktionen innehaben, dann müssen die Ursachen dafür sowohl auf der Ebene der gesellschaftsstrukturellen Barrieren wie auf der Ebene des subjektiven Sozialisationsverlaufs gesucht werden.

Die wissenschaftliche Auseinandersetzung über diese Ursachen weist jedoch sowohl in der Geschlechterforschung wie in der politischen Sozialisationsforschung eklatante Lücken auf: Zum einen setzt sie erst bei den politischen Interessen und Handlungen erwachsener Frauen an; biografische Erfahrungen und Sozialisationsprozesse von Mädchen sowie bereits in der Kindheit auftretende strukturelle Bedingungen wie die Geschlechterverhältnisse werden nicht in den Blick genommen. Zum anderen bleibt der Zusammenhang zwischen Prozessen der (geschlechtstypischen) Aneignung öffentlicher Räume in der Kindheit und späterer Mitgestaltung von Öffentlichkeit und Politik unberücksichtigt.

Die Hypothese über diesen Zusammenhang basiert auf folgenden Grundannahmen (vgl. Nissen 1998):
- Geschlechtstypische Raumaneignung ist ein Prozess politischer Sozialisation, der bereits in der Kindheit beginnt;
- räumliche Veränderungsprozesse und Entwicklungstendenzen geschlechtstypischer Raumaneignung eröffnen neue Räume für Mädchen;
- die Entstehung neuer öffentlicher Räume vermag die Dichotomisierung von privaten und öffentlichen Räumen und die Gleichset-

zung von privat = weiblich und öffentlich = männlich aufzuheben und schafft dadurch eine neue Grundlage geschlechtstypischer politischer Sozialisation.

Annahmen der neueren subjektorientierten Sozialisationsforschung bilden die theoretischen Grundlagen für die folgenden Ausführungen. In diesen Ansätzen wird Sozialisation verstanden als ein Prozess der »Selbst-Bildung in sozialen Praktiken« (Bilden 1991), d.h. ein Prozess der Aneignung und Konstruktion. Die Individuen – Frauen wie Männer, Kinder und Jugendliche wie Erwachsene – werden verstanden als autonome Subjekte, als aktiv Handelnde, die nicht ›Opfer der Verhältnisse‹ sind, sondern die ihre Umwelt beeinflussen, die sich anpassen, aber auch Widerstand üben können. Die Handlungen dieser Subjekte vollziehen sich in biografischen Alltags-Situationen, die von innerpsychischen Gegebenheiten wie von gesellschaftlichen Strukturen mitbestimmt sind, wobei zu letzteren die Geschlechterverhältnisse wie auch die räumlichen Gegebenheiten gehören. Diese Handlungen in Alltagssituationen sind nicht Einzelereignisse, sondern Teile eines Prozesses, in dem aktuelle Alltagssituationen und ihre sozialisatorischen Auswirkungen mit vergangenen und zukünftigen Situationen verknüpft sind.

Diese Perspektive unterscheidet sich grundsätzlich von funktionalistischen Ansätzen, die Sozialisation als Anpassungsprozess an vorgegebene Normen und Werte und als Integration in eine hinsichtlich ihrer Veränderbarkeit nicht weiter hinterfragte Gesellschaft betrachten.

Die theoretische Annahme eines eigenaktiven autonomen Subjekts im Sozialisationsprozess unterstellt nicht, dass der Erwerb von Handlungskompetenz ausreicht, um die gesellschaftliche Umwelt zu verändern. Die Möglichkeit des Subjekts, sich mit gesellschaftlichen Verhältnissen auseinander zu setzen, ist selbst Ergebnis von Sozialisationsprozessen und kann daher auch behindert werden bzw. statt Emanzipation Leiden und Resignation bedeuten. Es muss immer berücksichtigt werden, dass es einen Unterschied zwischen der prinzipiellen Handlungsmöglichkeit eines Subjekts und seiner personalen Handlungsfähigkeit gibt und dass es strukturelle Bedingungen gibt, die so übermächtig erscheinen, dass das Individuum sich ohnmächtig fühlt.

Auch die geschlechtstypische Sozialisation, d.h. die Entwicklung eines Menschen zu einer Persönlichkeit mit individuellen geschlechtsbezogenen Verhaltensweisen, Eigenschaften und Fähigkeiten erfolgt über die Aneignung gesellschaftlicher Erfahrungen und Strukturen. Dieser Prozess des ›doing gender‹ basiert auf der historisch veränderlichen Stellung der Geschlechter in der sozialen und gegenständlichen Umwelt und verläuft in fast allen Gesellschaften entlang eines kulturellen Systems der Zweigeschlechtlichkeit (vgl. Hagemann-White). Auch hier gilt, dass das Individuum sich an das System der Zweigeschlechtlichkeit anpassen kann, aber nicht muss. ›Weiblichkeit‹ und ›Männlichkeit‹ sind kulturelle Setzungen, zu denen sich das Individuum allerdings verhalten muss, um eine Ich-Identität entwickeln zu können. Insofern legen Sozialisationsprozesse den Rahmen für die Spielräume der Geschlechter fest; dieser Rahmen umfasst jedoch auch Widersprüchlichkeiten, er bietet Veränderungsmöglichkeiten ebenso wie die Aneignung sowohl ›weiblicher‹ wie ›männlicher‹ Eigenschaften in einer Person, die je nach Alltags- und biografischer Situation unterschiedlich abgerufen werden können.

In dieser aneignungstheoretischen bzw. konstruktivistischen Perspektive sind nicht nur Weiblichkeit und Männlichkeit Produkte ständiger Konstruktionsprozesse, sondern auch die Geschlechterverhältnisse. Wesentliche Strukturmomente der Geschlechterverhältnisse sind die gesellschaftliche Arbeitsteilung zwischen Frauen und Männern und die damit verbundene ungleiche Machtverteilung, die sich u.a. in der schlechteren Bewertung und Entlohnung der Frauenarbeit und der Dominanz des öffentlichen gegenüber dem privaten Bereich ausdrückt.

Die Annahmen eines situationsabhängig aktiv handelnden und nicht nur passiv reagierenden Subjekts und eines lebenslangen Sozialisationsprozesses liegen auch den neueren Ansätzen der politischen Sozialisationsforschung zugrunde.

Zu den Instanzen politischer Sozialisation in der Kindheit werden von ihr derzeit neben den klassischen Bereichen Familie und Schule auch Kindergarten, Gleichaltrigengruppe, Massenmedien und neue Informations- und Kommunikationstechnologien sowie die kinderkulturellen Freizeitangebote gezählt, deren Nutzung überwiegend in öffentlichen Räumen stattfindet (vgl. Matzen 1996). Zu den Konstitutionsbedingungen politischen Alltagsbewusstseins und den Grundlagen politischer Sozialisation in der Kindheit gehört dementsprechend die Aneignung öffentlicher Räume.

Geschlechtstypische politische Sozialisation in der Kindheit ist in der politischen Sozialisationsforschung kein Thema, auch in der feministischen nicht. Noch schärfer: In der von mir beschriebenen Definition von Sozialisation gibt es keine geschlechtsdifferenzierende politische Sozialisationsforschung. Es gibt eine umfangreiche Partizipationsforschung, die in Hinblick auf die Behandlung der Geschlechterdifferenz ansetzt bei den politischen Handlungen und Interessen erwachsener Frauen und den strukturellen Diskriminierungen, denen sie ausgesetzt sind. Formen politischer Sozialisation in der Kindheit sowie möglicherweise bereits in dieser Altersphase auftretende strukturelle Bedingungen wie die Geschlechterverhältnisse werden auch von feministischer Forschung ausgeblendet bzw. allenfalls retrospektiv unter der Perspektive familialer Geschlechtsrollensozialisation, aber ohne Berücksichtigung der Eigentätigkeit des Kindes und der Entwicklung seiner Handlungsfähigkeit abgehandelt.

(Geschlechtstypische politische) Sozialisation und öffentlicher Raum

Sozialisation findet immer in Räumen statt. Diese Räume stehen dem handelnden Individuum aber zu keinem Zeitpunkt neutral gegenüber, sie sind keine apriorische Naturgegebenheit, sondern, wie Dieter Läpple es ausdrückt, »das Resultat von intellektuellen Syntheseleistungen, die nur in Zusammenhang mit bestimmten gesellschaftlichen Entwicklungen und den jeweiligen Erkenntnisinteressen zu verstehen sind« (Läpple 1991, S. 36)[2].

Die Aneignung von Raum ist abhängig von subjektiven situationsspezifischen Interessen wie von objektiven Macht- und Herrschaftsverhältnissen. ›Raum‹ ist bestimmt durch die konkrete geografische, physisch-materielle, funktional und ästhetisch gestaltete Lokalität, die durch die Nutzung einer Person zu ihrem Aufenthaltsort wird; räumliches Verhalten ist bestimmt durch die Körperlichkeit und die Bewegungen des Körpers im Raum, die unterschiedliche Raumerfahrungen organisieren. Zugleich aber begrenzt oder beschränkt der gestaltete Raum den Bewegungsspielraum. ›Raum‹ ist auch eine

Strukturdimension der alltäglichen Lebensführung im Sinne situationsspezifischen, biografischen Handelns, und schließlich ist ›Raum‹ als sozialer Raum gleichbedeutend mit der sozialräumlichen Gesellschaftsstruktur, innerhalb der die Subjekte ihren Standort einnehmen. Den zuletzt genannten Sachverhalt hat vor allem Pierre Bourdieu (1991) herausgearbeitet. Er geht davon aus, dass der vom Individuum eingenommene Ort und sein Platz im angeeigneten physischen Raum Indikatoren für seine Stellung im sozialen Raum sind. In einer hierarchisierten Gesellschaft beeinflusse die Lokalisierung im physischen Raum die Vorstellung der Akteure von ihrer Stellung im sozialen Raum und damit ihr praktisches Handeln. Die Fähigkeit, den angeeigneten physischen Raum zu dominieren, hängt für Bourdieu sowohl vom ökonomischen wie vom kulturellen und sozialen Kapital ab. Empirische Ergebnisse aus der Kindheitsforschung zeigen, dass die beiden letzten Formen des Kapitals bereits im Kindesalter geschlechtstypisch unterschiedlich verteilt sind (vgl. Zinnecker/Silbereisen 1996).

Die Betrachtung des Gegenstands ›Raum‹ unter geschlechtsdifferenzierender politischer Perspektive verweist sofort auf die Dichotomie von Privatheit und Öffentlichkeit. Die Entstehung von Privatheit und Öffentlichkeit in Folge der Aufklärung auf der Basis konstruierter Geschlechtscharaktere, deren Pole das bürgerliche Frauenideal auf der einen und das autonome männliche Individuum auf der anderen Seite waren, ist in der feministischen Forschung ausführlich beschrieben worden. Kritikwürdig aus der Sicht feministischer Politikwissenschaft ist nicht die Trennung von Privatheit und Öffentlichkeit als solche, sondern die Gleichsetzung von öffentlich = männlich = politisch und privat = weiblich = unpolitisch, wie sie nicht nur im alltagssprachlichen Gebrauch, sondern auch in vielen sozialwissenschaftlichen Ansätzen selbstverständlich ist.

Auch wenn die Dichotomie öffentlich / privat vielleicht zu keiner Zeit vollständig der sozialen Wirklichkeit entsprochen hat und eine Trennlinie zwischen beiden Bereichen nicht immer scharf gezogen werden kann (vgl. Holland-Cunz 1993), so erfüllt sie im Zusammenhang mit der genannten Gleichsetzungsfolge als ideologische normative Konstruktion für die soziale Organisation der Geschlechter noch immer ihren Zweck. Und der Blick auf die Realität zeigt: die Mehrzahl der Frauen nutzt die öffentlichen Räume anders als Männer, und noch immer haben Männer und Frauen unterschiedliche Zugangschancen zur Gestaltung von sowohl berufsbezogener als auch politischer Öffentlichkeit.

Unter der Prämisse der Subjekthaftigkeit der Individuen, d.h. auch der Kinder, ist davon auszugehen, dass räumliche Bedingungen nicht nur auf das Kind einwirken, sondern dass das Kind aufgrund seiner Handlungsfähigkeit und Handlungskompetenz ebenso auf seine sozialräumliche Umwelt einwirkt; in seiner Alltagspraxis sind dies seine konkreten physisch-materiellen Orte und Lokalitäten, neben den privaten Räumen sowie dem Pflicht-Ort Schule vor allem öffentliche Räume wie Spielplatz, Grünanlage, Straßenraum, außerhalb des Lehrplans genutzte schulische Räume, Kirchenräume sowie die Räumlichkeiten von Sport- und anderen Vereinen. Inwieweit das Kind tatsächlich seine räumlichen Lebensbedingungen beeinflussen, d.h. von den prinzipiellen Handlungsmöglichkeiten Gebrauch machen kann, hängt von seiner personalen Handlungsfähigkeit ab. Mit der Aneignung des Raums werden die in ihm liegenden sachlichen und personalen Gegenstandsbedeutungen wahrgenommen, in denen sich die gesellschaftlichen Verhältnisse ausdrücken. Bestandteile dieses Aneignungsprozesses sind auch die Symbole und Gegenstandsbedeutungen des soziokulturellen Systems der Zweigeschlechtlichkeit in einer geschlechterhierarchisch geordneten Gesellschaft. Diese gehen so in die aktive Konstruktion von ›Weiblichkeit‹ und ›Männlichkeit‹ ein. Als politisch kann dieser Prozess aus mehreren Gründen bezeichnet werden: Zum einen sind die Geschlechterverhältnisse selbst ein politischer Sachverhalt, da die Zugehörigkeit zu einem Geschlecht mit Macht und Herrschaft verbunden ist, die sich wiederum unter anderem in raumbezogenen Besitz- und Eigentumsverhältnissen ausdrücken. Zu anderen wird die Dichotomie von ›weiblich‹ und ›männlich‹ eben immer noch mit unpolitisch / politisch bzw. privat / öffentlich gleichgesetzt.

Im öffentlichen Raum üben Mädchen und Jungen ihre Bürgerinnen- und Bürgerrolle ein, studieren gesellschaftliche Zustände und Auseinandersetzungen (vgl. Zinnecker 1997); sie lernen dort Arbeitsformen, Lebensweisen, Vorstellungen und Werte kennen, d.h. sie üben sich in der »Lektüre der Gesellschaft« (M.-J. Chombart de Lauwe). Indem sie dies tun, üben sie auch die daran geknüpften Geschlechterverhältnisse ein – oder aber üben Widerstand. Denn die Fähigkeit des Individuums zur Selbstsozialisation ist gleichzeitig eine wesentliche Voraussetzung zur Politisierung von Mädchen und Frauen, Jungen und Männern.

Die geschlechterbezogene Nutzung öffentlicher Räume in der Kindheit

Wenn die Mitgestaltung von gesellschaftlicher Öffentlichkeit durch Frauen nicht nur eine Frage struktureller Hindernisse ist, sondern auch eine subjektorientierte sozialisatorische Dimension hat, ist zu fragen, wie sich Mädchen in öffentlichen Räumen verhalten, ob und wie sie sie geschlechtstypisch unterschiedlich nutzen und welche Bedeutung diese unterschiedliche Form der Nutzung für ihre politische Sozialisation hat.

Die Veränderungen der räumlichen Lebensbedingungen und ihre Auswirkungen auf das sozialräumliche Verhalten der Kinder sind in der Sozialisations- und Kindheitsforschung vor allem mit den Begriffen Verhäuslichung, Institutionalisierung und Verinselung beschrieben worden. Diese Entwicklungsprozesse haben es mit sich gebracht, dass den Kindern in ihrer Freizeit zwei unterschiedliche Formen öffentlicher Räume zur Verfügung stehen: Zum einen die öffentlichen Freiräume (u.a. Grünflächen, Parks, der Straßenraum, Spielplätze), zum anderen institutionalisierte öffentliche Räume wie Sportanlagen, Vereine, Musik- und Ballettschulen, Nachmittagsangebote von Schulen und Kirchen, die die öffentlichen Freiräume teilweise ersetzt haben, aber auch Räume für ehemals in Privaträumen stattfindende Aktivitäten bieten.

Die empirische Forschung zeigt eine geschlechtstypisch unterschiedliche Nutzung dieser Räume: Mädchen halten sich weniger als Jungen in öffentlichen Freiräumen auf, nutzen jedoch die institutionalisierten öffentlichen Räume – mit Ausnahme der Fußballvereine – im gleichen Umfang.

Die Herausbildung der institutionalisierten öffentlichen Räume, die vorrangig mit dem Erwerb kulturellen Kapitals im Bourdieuschen Sinne verbunden sind, hat gegenüber früheren Generationen vor allem Mädchen die Möglichkeit eröffnet, aus den Privaträumen herauszutreten und an Öffentlichkeit teilzunehmen. Denn vor allem von ihnen ehemals in Privaträumen ausgeübte kulturelle Aktivitäten lassen sich nun auch in den öffentlichen institutionalisierten kinderkulturellen Freizeitangeboten durchführen. Institutionalisierung erweist sich somit als Prozess der tendenziellen Auflösung der Grenze zwischen eher männlich geprägter Kinderöffentlichkeit in öffentlichen Freiräumen einerseits und Kinderleben in Privaträumen andererseits.

Verhäuslichung, Verinselung und Institutionalisierung haben für Kinder zu zahlreichen neuen kinderkulturellen sowie betreuungs- und bildungsbezogenen Orten geführt. Die Nutzung dieser Orte und ihrer Angebote ist mit Planungsfähigkeit, rationaler Zeitverwendung, Kommunikationsfähigkeit und sozialer Kompetenz verbunden. Wenn in diesem Sinne Verhäuslichung, Verinselung und Institutionalisierung in der Sozialisations- und Kindheitsforschung als Kennzeichen moderner Kindheit und ›hochmoderner Verselbständigung‹ im Sinne autonomer Subjekthaftigkeit gelten, und empirische Untersuchungen aus der Sozialisations- und Kindheitsforschung zeigen, dass Mädchen von diesen Tendenzen stärker betroffen sind als Jungen, dann sind folglich Mädchen die ›modereren‹ Kinder, d.h. Kinder, die in Hinblick auf Handlungs- und Denkstrukturen sowie Gestaltungspotenziale auf die Anforderungen der modernen Gesellschaft besser vorbereitet sind.

Haben Mädchen durch den Erwerb kulturellen Kapitals einschließlich der dazugehörigen Bildungstitel und die damit verbundene Teilnahme an Öffentlichkeit in Hinblick auf eine mögliche Veränderung des Geschlechterverhältnisses eine gegenüber früheren Generationen verbesserte Ausgangsbasis, so kann der Erwerb des sozialen Kapitals in der Kindheit noch als ungenügend angesehen werden.

In ihrer international vergleichenden Analyse der Geschlechterstruktur politischer Systeme weist Bettina Knaup darauf hin, dass es »in jedem gesellschaftlichen Handlungszusammenhang, jeder Institution oder Organisation informelle Normen, Handlungsanweisungen und Spielregeln [gibt], deren Kenntnis und Befolgung eine wesentliche Voraussetzung für angemessenes und erfolgreiches Handeln darstellt. Die Kenntnis und Anwendung dieser Normen zeichnet den Einzelnen als Zugehörigen aus, vermittelt ihm Kontakte und Anerkennung und stattet ihn dadurch mit erheblichen Ressourcen aus« (Knaup 1998, S. 98). Die Ansammlung dieses sozialen Kapitals, das für Männer in der weltweit von stereotypen Vorstellungen von Männlichkeit geprägten informellen Kultur politischer Institutionen leichter verfügbar ist als für Frauen – man denke nur an die vielen männlich geprägten Rituale und Symbole im politischen Alltagshandeln – und das für die Gestaltung von Gesellschaft und öffentlichem Leben besonders entscheidend ist, beginnt ebenfalls bereits in der Kindheit. Diese Ressourcen, die auf der Zugehörigkeit zu einer Gruppe, auf einem dauerhaften Netz von Beziehungen gegenseitigen Kennens und Anerkennens beruhen, bilden sich bei Jungen durch ihre Aktivitäten in öffentlichen Freiräumen und auch noch in ihren institutionalisierten Aktivitäten stärker heraus als bei Mädchen: Stichworte sind Cliquen- und Bandenbildung und mannschaftsbezogene Sportarten. Aber auch hier zeichnet sich ab, dass Mädchen verstärkt beginnen, männliche Territorien zu besetzen, und je mehr Mädchen und Frauen auf den von Männern besetzten Territorien auftauchen, um so eher wird die Gleichsetzung öffentlich = politisch = männlich aufgehoben.

Biografische Erfahrungen in der Kindheit bleiben Bestandteil der Sozialisationsprozesse im Lebenslauf. Dies gilt auch für die Erfahrungen, die in den durch sozialräumliche Entwicklungen entstandenen neuen Kinderöffentlichkeiten gemacht werden.

Über die Wirkungen der Sozialisationserfahrungen in der Kindheit auf den weiteren Sozialisationsverlauf können in Hinblick auf die Politisierung des Subjekts unterschiedliche theoretische Annahmen formuliert werden (vgl. Geulen 2000): Frühere Sozialisationseffekte können sich innersubjektiv weiterentwickeln, innerhalb einer längeren Zeitspanne können neue und weitere für diesen Erfahrungskomplex sozialisationsrelevante Ereignisse und Erfahrungen eintreten, und schließlich können alle diese Bedingungen über mehr oder weniger lange Zeitstrecken in Wechselwirkung miteinander stehen. So können zum Beispiel positive Erfahrungen mit der Aneignung von institutionalisierten öffentlichen Räumen zu Engagement in Jugendverbänden und Bürgervereinen und zu Mitarbeit in Gewerkschaften und Parteien führen, negative Erfahrungen zu lebenslanger Ablehnung jeglichen gesellschaftsgestaltenden Verhaltens, und die durch den Aufenthalt in öffentlichen Räumen erworbenen Fähigkeiten und

Verhaltensweisen – zum Beispiel Durchsetzungsvermögen und Risikoverhalten in öffentlichen Freiräumen, Fähigkeiten zum planerischen Umgang mit Zeit und Raum durch die Nutzung verschiedener institutionalisierter Freizeitangebote – können die spätere Berufswahl beeinflussen. Der Zusammenhang zwischen (geschlechtsspezifischer) Sozialisation in der Kindheit und politischem Handeln im Erwachsenenalter muss dabei keineswegs linear sein. Welche Faktoren tatsächlich zur »Politisierung des Menschen« (Claußen) beitragen, kann nur in Langzeitstudien erhoben werden, die bislang nicht vorliegen.

Politische Sozialisation und Partizipation im Kontext der Globalisierung

Wenn in Untersuchungen zum politischen Verhalten von ›Politik‹ die Rede ist, dann sind damit fast ausschließlich konventionelle politische Partizipationsformen wie die Mitarbeit in Parteien und Parlamenten gemeint. Regelmäßig wird dann festgestellt, dass Frauen sich an diesen Formen von Politik weniger beteiligten als Männer, dass das gesellschaftliche Engagement der Mädchen und Frauen stärker auf das engere soziale Umfeld und weniger stark auf alltagsfernes politisches Handeln hin orientiert sei und dass ihnen von daher auch eine Beteiligung an den Neuen Sozialen Bewegungen und an unkonventionellen politischen Aktionsformen, wie z.B. die Teilnahme an Bürgerinitiativen, näher liege.

Diese Feststellung, dass Frauen insgesamt stärker in Organisationen der Zivilgesellschaft als in traditionellen politischen Institutionen beteiligt sind, gilt weltweit. Auch die international vergleichend angelegte Studie der United Nations »Women and politics worldwide« (1992, zitiert nach Knaup 1998, S. 95) kommt zu dem Schluss, dass Frauen nicht generell unpolitisch sind, dass sie aber traditioneller formalisierter Politik eher mit Distanz gegenüberstehen. Der Vergleich einzelner Länder zeigt, dass das politische Engagement von Frauen in der ganzen Welt immer dort ansteigt, wo politische Strukturen und damit feste Reglements zur Verteilung von Macht in Bewegung geraten, wie es manchen sozialen Bewegungen gelingt. Das Engagement und die politische Partizipation von Frauen bzw. weiblichen Jugendlichen ist folglich nicht prinzipiell geringer als das von

Männern und männlichen Jugendlichen, sondern nur in Hinblick auf die Gleichsetzung von ›Politik‹ mit konventioneller institutioneller Politik; eine Gleichsetzung, die die Aktivitäten und Interessen von Mädchen, weiblichen Jugendlichen und Frauen ausgrenzt. Oder, wie Juliane Jacobi (1991) es formuliert hat, Mädchen sind nicht unpolitischer als Jungen, sondern sie sind anders politisch.

Unabhängig von der Frage, ob sie sich später an ›traditioneller‹ oder ›unkonventioneller‹ Politik beteiligen, gründet sich meine Hoffnung auf eine zukünftig insgesamt stärkere Politisierung von Mädchen und Frauen nicht nur auf ihre verstärkte Teilnahme an kinderkultureller Öffentlichkeit, sondern auch auf die immer zahlreicher werdenden Beteiligungsmodelle auf kommunaler Ebene, wie sie z.b. die UN-Kinderrechtskonvention fordert und die in der BRD im Kinder- und Jugendhilfegesetz in § 8 festgeschrieben ist. Bei diesen Beteiligungsmodellen handelt es sich um institutionalisierte öffentliche Räume, deren Auswirkungen auf die politische Sozialisation bislang noch nicht untersucht worden sind. Ähnliche Partizipationsformen wie in der Bundesrepublik existieren nicht nur in den anderen europäischen, sondern auch in zahlreichen außereuropäischen Ländern.

Die Ergebnisse einer bundesweiten Erhebung zur Beteiligung von Kindern und Jugendlichen an derartigen Modellen zeigen, dass in 41% der erfassten Modelle Mädchen und Jungen zu gleichen Teilen vertreten sind, in 16% beteiligen sich mehr Mädchen als Jungen und 4% richten sich ausschließlich an Mädchen. Dabei spielen sowohl die Beteiligungsform als auch das Alter eine Rolle: Am stärksten ist die Beteiligung an projektorientierten Formen, und jüngere Mädchen beteiligen sich stärker als ältere (vgl. Bruner/Winklhofer/Zinser 1999, S. 44-46).

Die in der Literatur vorfindbare und auch in der zitierten Erhebung zugrundegelegte Unterscheidung in repräsentative (d.h. parlamentarische) und offene Beteiligungsformen (vor allem Kinder- und Jugendforen) sowie projektorientierte (thematisch und zeitlich begrenzte, überwiegend mit kreativen Methoden arbeitende) Formen folgt der bereits dargestellten Unterscheidung in traditionelle und unkonventionelle Politikformen und bedeutet folglich nicht, dass projektorientierte Beteiligung nicht als politische Sozialisation verstanden werden kann. In allen praktizierten Partizipationsformen werden Kinder prinzipiell zu politischer Teilhabe motiviert und können in unmittelbarer und persönlicher Betroffenheit lernen, ihre Interessen zu artikulieren und durchzusetzen.

Auch sollte die Tatsache, dass in rund 40% der Angebote der Mädchenanteil immer noch unter 40% liegt, nicht weiter verwundern; schließlich handelt es sich um eine Form von Kinderöffentlichkeit, die – mit wenigen Ausnahmen – erst in den 90er Jahren entstanden ist. Bedenklich stimmen sollte allerdings die altersabhängig sinkende Beteiligung von Mädchen, die vermutlich mit den in der Adoleszenz auftretenden Prozessen der Identitätsfindung zusammenhängt, die jedoch bei bewusster Gegensteuerung durch entsprechende Maßnahmen auch verhindert werden kann (vgl. Bruner/Winklhofer/Zinser 1999, S. 46).

Die Ebene der Kommune und der kommunalen bzw. lokalen Politik gilt in der raumbezogenen feministischen Frauenforschung sowie der Politikwissenschaft als diejenige Ebene, auf der die polaren Sphären des Öffentlichen und des Privaten sich aufeinander zu bewegen können. Argumentieren die einen unmittelbar räumlich-geografisch im Sinne von Orten, die als ›Zwischenzonen‹ zwischen privaten und öffentlichen Orten fungieren, meinen die anderen ein ›Sphärisches Zwischen‹: »So wie Privatheit gleichsam hin auf kommunale Strukturen erweitert wird, so wird Öffentlichkeit von der anderen Seite der Polarität her auf die Kommunen dezentralisiert. Aus der Sphäre bürgerlicher Privatheit wird die Humanität von Bindungen, aus der öffentlichen Sphäre die demokratische Idee selbstbestimmter Verantwortung utopisch aufgenommen. Es geht dabei nicht um eine Auflösung von Öffentlichkeit und Privatheit im Sinne einer repressiven Homogenisierung von Gesellschaft, es geht vielmehr um eine Aufhebung im dialektischen Sinne, bei der die heutigen positiven Zuschreibungen an Privatheit als Ort der Bindung und an Öffentlichkeit als Ort der Freiheit nicht für den jeweils einen Bereich herrschaftlich reserviert bleiben. Herrschaftsabbau meint weibliche Befreiung aus Privatheit und Ent-Patriarchalisierung des Öffentlichen. Beide Geschlechter haben [...] gleichen Zugang, gleiche Rechte und gleiche Verantwortlichkeiten in beiden ehemals polarisierten Sphären« (Holland-Cunz 1993, S. 47). Die Forderung ›Das Private ist politisch‹ kann in dieser ›Zwischensphäre‹ ihre Realisierung erfahren.

Formen der Kinder- und Jugendpartizipation könnten geografische wie sphärische Orte sein, um demokratische Partizipation zumindest vorzubereiten. In Hinblick auf eine Politisierung von Mädchen ist die kommunale Ebene dazu besonders geeignet, da es sich hier um einen für Mädchen und Frauen durch Gleichstellungsstellen, Förderpläne, Projekte usw. am ehesten bereits politisch ›erschlossenen‹ Ort handelt. An diesen neu entstehenden öffentlichen Orten für Kinder könnte die grundlegende Idee der Öffentlichkeit überhaupt, die gemeinschaftliche verantwortliche Kommunikation zwischen gleichwertigen differenten Subjekten (vgl. Holland-Cunz 1993) von vornherein zum Tragen kommen.

Die feministische Variation ›lokal bewegen – global verhandeln‹ des alten Mottos ›global denken – lokal verhandeln‹ verweist auf die Prozesshaftigkeit von Politik von der lokalen bis zur globalen Ebene. Ich teile die Ansicht, dass »diese konzeptuelle Verkopplung der Politikebenen für die internationale Frauenbewegung, die den größten Teil ihrer Stärke aus der Verquickung von lokalen, nationalen und internationalen Politikansätzen bezieht« (Ruppert 1998, S. 240), für die Berücksichtigung von Perspektiven internationaler Frauenpolitik von entscheidender Bedeutung ist. In der Anerkennung von Bottom-Up-Prozessen, von lebensweltlich gestifteten Prozessen globaler Selbstorganisation als Basis von Global Governance, wird, so Uta Ruppert, das Lokale und Regionale im Internationalen sichtbar und damit auch politisierbar und konzeptualisierbar. Dabei geht es auch darum, entscheidungsrelevante Räume zu (re-)konzeptualisieren, die für eine Politisierung von Fraueninteressen grundsätzlich offen sind.

Diese lokale Erdung der Globalisierungsprozesse sieht auch Anthony Giddens: »I would take globalization to be as much as an ›in here‹ phenomenon as an ›out there‹ phenomenon. It is as much about the self – changes in our personal lives and certainly changes in local arenas – as it is about global systems« (Giddens 1998, zitiert nach Brenssell 1999, S. 83). In Fortführung dieses Ansatzes weist Ariane Brenssell auf die Notwendigkeit einer subjektwissenschaftlich-feministischen Perspektive hin, »die die alltäglichen und subjektiven Dimensionen der Veränderungen in ihren auch geschlechtstypischen Momenten zu erfassen vermag« (ebd.). Diese subjektwissenschaftliche Perspektive ernst zu nehmen bedeutet jedoch, nicht nur die Veränderungen der konkreten Handlungsmöglichkeiten und Lebensweisen der Subjekte aufgrund von Globalisierungsprozessen zu erfassen, sondern auch umgekehrt die auf lokaler Ebene in Sozialisationsprozessen entstehenden neuen Handlungsräume und -formen in ihren Auswirkungen auf Internationalisierungsprozesse politischen Handelns in den Blick zu nehmen.

Wenn unter ›Politik‹ nicht nur die traditionellen parlamentarischen Formen der Beteiligung verstanden wird, und wenn berücksichtigt wird, dass die Partizipationsformen von Frauen [und Männern] immer in irgendeiner Weise auf sozialisatorischen biografischen Entwicklungen basieren, dann wird deutlich, dass diese Bottom-Up-Prozesse auch Prozesse (geschlechtstypischer) politischer Sozialisation in der Kindheit umfassen.

Meine Hypothese bezüglich einer stärkeren Politisierung von Mädchen gehört sicherlich eher in den Bereich der Visionen denn in denjenigen der Bilanzen. Wenn allerdings Bettina Knaup (1998) in dem Band »Globalisierung aus Frauensicht: Bilanzen und Visionen« (Klingebiel/Randeria) als konstitutive Bedingungen für die Chance auf eine Politik für mehr Gerechtigkeit zwischen den Geschlechtern unter anderem zum einen die gleichzeitige und angemessene Repräsentanz von Frauen auf den verschiedenen Hierarchiestufen politischer Systeme und zum anderen das Überschreiten einer Mindestrepräsentanz von ca. 20-30% als Bedingung für eine wirksame Einflussnahme ansieht, dann können die aufgeführten empirischen Hinweise zur Partizipation von Mädchen – wenn auch unter Berücksichtigung der unterschiedlichen Definitionen von ›Politik‹ – positiv stimmen. Negativ stimmt dagegen, dass unter den weltweit nur 6-10% von Frauen in Führungspositionen in Parlamenten, Regierungen und Ministerien die meisten Frauen in den weniger einflussreichen Ressorts Soziales, Familie und Frauen zu finden sind; empirische Befunde aus der Kindheitsforschung zeigen, dass bereits im Kindesalter entsprechende Interessen und Aktivitäten tendenziell noch immer geschlechtstypisch verteilt sind. Nachdem die häufig betonten Anpassungen der Geschlechter jedoch im negativen wie im positiven Sinn in Grenzüberschreitungen vom weiblichen zum männlichen Territorium bestehen, mag sich vielleicht auch daran einmal etwas ändern.

Die Frage nach dem politischen Verhalten von Frauen sollte sich deswegen nicht auf die strukturellen, d.h. vornehmlich rechtlichen und sozio-ökonomischen Bedingungen beschränken, sondern auch die in der Kindheit beginnenden Sozialisationsprozesse berücksichtigen. Die Aussage, dass »*Frauen* noch immer vorrangig auf die Sphäre der *Privatheit* hin sozialisiert werden« und »entsprechend ein eher geringes politisches Interesse sowie ein geringeres Zutrauen in ihre politische Kompetenz und Zuständigkeit [entwickeln]« (Knaup 1998, S. 95, Herv. U.N.), lässt raumbezogene gesellschaftliche Veränderungen und ihre Folgen für die Veränderung des Verhältnisses von Privatheit und Öffentlichkeit außer acht und übersieht die durch die zunehmende Teilnahme an Öffentlichkeit gegebenen Chancen einer zukünftig verstärkten Politisierung von *Mädchen*. Dies trifft für unterschiedliche Weltregionen in verschiedener Weise zu und ist in Hinblick auf ethnische Zugehörigkeit und Klassen zu differenzieren; grundsätzlich aber ist diese Entwicklung ein konkreter »Baustein eines geschlechterdemokratischen Wandels« (Knaup 1998) und damit ein Stück Fundament für die feministische Vision einer gleichberechtigten Mitgestaltung von Weltpolitik.

Anmerkungen

1 In den meisten einschlägigen Publikationen ist von geschlechts*spezifischen* Unterschieden die Rede. Der Ausdruck »geschlechts*typisch*« ist jedoch korrekter, da »geschlechts*spezifisch*« bedeutet, dass es sich um Wesensmerkmale oder Verhaltensweisen handelt, die ausschließlich bei einem Geschlecht vorkommen.
2 Im Anschluss an Dieter Haller benutze ich den Begriff »Raum« im Sinne von gestalteter, bebauter Umwelt. *Lokalität* wird konstruiert durch geografische Extension mit Identität, Benennbarkeit und Abgrenzbarkeit. Von *Orten* spricht Haller, wenn es um den Aspekt der tatsächlichen Nutzung einer Lokalität durch eine soziale Gruppe geht, und schließlich von *Territorien*, wenn zu dem Aspekt der Nutzung ein Besitzanspruch auf die Lokalität hinzukommt (1994, S. 5).

Literatur

Bilden, Helga (1991): Geschlechtsspezifische Sozialisation, in: Klaus Hurrelmann/Dieter Ulich (Hg.): Neues Handbuch der Sozialisationsforschung, Weinheim, S. 279-301.
Bourdieu, Pierre (1991): Physischer, sozialer und angeeigneter physischer Raum, in: Martin Wentz (Hg.), Stadt-Räume, Frankfurt/M., S. 25-32.
Brenssell, Ariane (1999): Für eine subjektwissenschaftlich-feministische Kritik neoliberaler Globalisierung, in: Das Argument, H. 229, S. 83-90.

Bruner, Claudia F./Winklhofer, Ursula/Zinser, Claudia (1999): Beteiligung von Kindern und Jugendlichen in der Kommune, München.

Geulen, Dieter (2000): Zur Konzeptualisierung des Verhältnisses von externen und internen Bedingungen im Prozess lebenslanger Sozialisation, in: Erika Hoerning (Hg.), Biographische Sozialisation, Stuttgart.

Haller, Dieter (1994): Feld, Lokalität, Ort, Territorium: Implikationen der kulturanthropologischen Raumterminologie (Veröffentlichungsreihe der Abteilung »Organisation und Technikgenese« des Forschungsschwerpunktes Technik-Arbeit-Umwelt des Wissenschaftszentrums Berlin für Sozialforschung. FS II 94-101), Berlin.

Holland-Cunz, Barbara (1993): Öffentlichkeit und Privatheit – Gegenthesen zu einer klassischen Polarität, in: FreiRäume-Sonderheft »Raum greifen und Platz nehmen«, S. 36-53.

Jacobi, Juliane (1991): Sind Mädchen unpolitischer als Jungen? in: Wilhelm Heitmeyer/Juliane Jacobi (Hg.), Politische Sozialisation und Individualisierung, Weinheim, S. 99-116.

Knaup, Bettina (1998): Frauen und politische Entscheidungsmacht: Von fernen Zielen und drohenden Rückschritten, in: Ruth Klingebiel/Shalini Randeria (Hg.), Globalisierung aus Frauensicht. Bilanzen und Visionen, Bonn, S. 86-111.

Läpple, Dieter (1991): Essay über den Raum. Für ein gesellschaftswissenschaftliches Raumkonzept, in: Hartmut Häußermann u.a., Stadt und Raum. Soziologische Analysen, Pfaffenweiler, S. 157-207.

Matzen, Jörg (1996): Die Konsum- und Freizeitwelt als Sphäre des beiläufigen politischen Lernens, in: Bernhard Claußen/Rainer Geißler (Hg.), Die Politisierung des Menschen. Instanzen der politischen Sozialisation, Opladen, S. 309-320.

Nissen, Ursula (1992): Freizeit und moderne Kindheit. Sind Mädchen die »moderneren« Kinder? in: Zeitschrift für Pädagogik, 29.Beiheft, S. 281-284.

Nissen, Ursula (1998): Kindheit, Geschlecht und Raum. Sozialisationstheoretische Zusammenhänge geschlechtsspezifischer Raumaneignung, Weinheim/München.

Ruppert, Uta (1998): Perspektiven internationaler Frauen(bewegungs)politik, in: dies. (Hg.), Lokal bewegen – global verhandeln. Internationale Politik und Geschlecht, Frankfurt/Main, New York, S. 233-255.

Zinnecker, Jürgen (1997): Die Straße als Lebensraum. Erlebnis und Abenteuer für Kinder und Jugendliche, in: Manfred Beck u.a. (Hg.), Kinder in Deutschland, Tübingen, S. 37-58.

Zinnecker, Jürgen/Silbereisen, Rainer K. (1996): Kindheit in Deutschland, Weinheim.

Sigrid Schmitz, Eva Neidhardt

Raumsozialisation von Mädchen und Jungen: Bestandsaufnahme und Möglichkeiten des Wandels

Raumsozialisation ist essenzieller Teil des individuellen Erwerbs kultureller Identität. Sie ist eingewoben in einen Kontext kulturell-gesellschaftlicher Vorgaben einerseits und individueller Handlungsstrategien andererseits. Geschlecht und Raum sind in diesem Spannungsfeld zwischen kultureller Rollenzuschreibung, Normensetzung und individueller Entwicklung eng miteinander verwoben. Raumzeitliche Wirklichkeiten sind immer ein Abbild der systemischen Strukturen unserer Gesellschaft, ihrer ökonomischen Bedingungen, ihrer politisch-administrativen und sozial-kulturellen Umstände. Damit sind geschlechtsbezogene Konnotationen in dieses System an vielfältigen Stellen eingebunden. Sie konstituieren gebotene und verbotene Handlungsräume und Handlungsmöglichkeiten, werden aber häufig nicht mehr als reglementierend wahrgenommen. Während die strukturelle Analyse solcher geschlechtsabhängigen Zuschreibungen eher den Status quo aufdeckt, sind in der Bearbeitung gesellschaftlicher Prozesse und individueller Entwicklungsverläufe die Veränderungspotenziale – in positive wie negative Richtung – inbegriffen.

Individuelles Handeln kann sich entlang gesellschaftlich-kultureller Vorgaben oder im Widerspruch zu ihnen entwickeln. Doing Gender in der eigenen raumzeitlichen Genese bedeutet reflektierte oder unreflektierte Übernahme von Geschlechterzuordnungen, Beschränkungen und Rollenvorgaben innerhalb dieser Rahmenbedingungen, aber auch das Erlernen von Handlungsstrategien und Kompetenzen zur Umsetzung der eigenen Bedürfnisse nicht nur im Einklang, sondern auch im Widerspruch zu den bestehenden Vorgaben. Doing Gender in Raum und Zeit ist daher nicht nur als Anpassungsprozess an gegebene Verhältnisse, Räume und Zeiten zu verstehen. Es bedeutet auch immer Protest, Gegenhandlung, Widerstand, das Ausnutzen und Erweitern von Freiräumen. Gesellschaftlich-kulturelle Wirklichkeit ist nicht zuletzt veränderbar durch diese individuellen Handlungen.

In einer interdisziplinären Kooperation zwischen Psychologie, Verhaltensforschung und Soziologie forschen wir im Bereich der Konstituierung von Geschlechterunterschieden in Raum und Zeit (Neidhardt/Schmitz/Sturm 1999). Wir benutzen im Weiteren den Begriff RaumZeit, um der engen Verwobenheit von Raum und Zeit gerecht zu werden. Unser Ansatz beschäftigt sich mit der Schnittstelle zwischen einerseits der strukturierenden Funktion systemischer, d.h. kulturell-gesellschaftlicher Vorgaben für das Individuum und andererseits den strukturierenden Einwirkungen des aktiv handelnden Individuums auf kulturell-gesellschaftliche Prozesse. Erst die Aufdeckung der Konstituierung von Geschlecht in der RaumZeit schafft potenziell veränderbare Rahmenbedingungen, innerhalb derer individuelle raumzeitliche Sozialisation sich vielfältig und egalitär unter freier Wahl der Möglichkeiten ausbilden kann. Ziel unserer Forschungen ist:

1. die Dekonstruktion der häufig als natürlich und selbstverständlich angesehenen Verflechtungen zwischen Geschlecht und RaumZeit auf der gesellschaftlichen, d.h. sozialen, kulturellen und politischen Ebene ebenso wie auf der Ebene individueller Identitätsbildung, psychosozialer Entwicklung, der Handlungsplanung, der raumzeitlichen Verhaltensstrategien und der raumzeitlichen Kompetenzentwicklung;
2. die Analyse der Prozesshaftigkeit und der gegenseitigen Bedingtheit, mit der auf gesellschaftlicher wie individueller Ebene geschlechtskonnotierte und stereotype Rollenzuschreibungen und -erwartungen immer wieder neu konstituiert werden;
3. die Aufdeckung von Widersprüchen im Spannungsfeld individuellen Handelns, die zwischen Rollenübernahme und Rollenbruch neue Freiräume für individuelles Handeln schaffen und damit auch Veränderungspotenziale geschlechtsbezogener raumzeitlicher Strukturen in der Gesellschaft beinhalten;
4. die Schaffung von Freiräumen und Lernfeldern, insbesondere während der kindlichen und jugendlichen Entwicklungsphase, in denen neue Handlungsstrategien ausprobiert und übernommen

werden können, welche die bisherigen geschlechtskonnotierten Handlungsfelder erweitern.

Ohne die Bedeutung der systemischen Analyse zu negieren (vgl. dazu Sturm in diesem Band), wollen wir in diesem Beitrag die Ebene des individuellen Handelns in den Vordergrund stellen, um einige der Fassetten von Sozialisationsprozessen in der RaumZeit zu betrachten.

Entwicklung von Raumkonzepten

Bei der Entwicklung von Raumkonzepten im Kindes- und Jugendalter im Verlauf der Genese räumlicher Sozialisation finden sowohl Aspekte der realen Umwelt als auch gesellschaftlich-kulturelle Normen Eingang in eigene Verhaltensstrategien, Handlungskonzepte und Leistungsmerkmale einschließlich individueller Bewertungen und motivationaler Einstellungen. Individuelle Raumkonzepte spiegeln daher Geschlechterkonstruktionen als Ergebnis dieser Aneignungsprozesse wider. Sie zeigen auch, wie Rollenerwartungen als gesellschaftliche Vorgaben übernommen, abgelehnt oder neu ausgehandelt werden.

Unsere Rezeption solcher Raumkonzepte setzt einen Schwerpunkt auf alltagsgeneriertes räumliches Wissen, beschränkt sich also auf *Makroräume*, in denen Kinder und Jugendliche sich bewegen, agieren, spielen. Orientierungsverhalten, räumlicher Wissenserwerb und die Repräsentation räumlicher Informationen wird in einer Umgebung betrachtet, bei der davon ausgegangen werden kann, dass es keinen konkreten Standort gibt, von dem aus der ganze Raum gleichzeitig (in der Übersicht) zu überblicken ist (Weatherford 1982, S. 6). Der Begriff der *kognitiven Raumkarte* bezeichnet die Repräsentation räumlicher Informationen eines solchen Makroraumes im Gedächtnis. Merkmale kognitiver Raumkarten können Landmarken (das sind wichtige Orientierungspunkte), Wege, Kreuzungen, Richtungen und Entfernungen sein (Lynch 1960).

Während lange Zeit eine kognitive Raumkarte als statische Repräsentation räumlichen Wissens angenommen wurde, verstehen neuere Ansätze das Konzept der kognitiven Raumkarte als *dynamischen Aktionsplan* (Gärling 1986). Jede Informationsaufnahme und Informationsverarbeitung konstruiert und verändert die kognitive Karte. Auf dieser Grundlage wird Orientierungsverhalten angeleitet, werden erneut bestimmte Informationen ausgewählt und eingearbeitet, und es wird wiederum Handlungsplanung betrieben und weiteres Verhalten angeleitet. Die Art und Weise, wie Informationen erworben werden, spiegelt sich also in dem Ergebnis der kognitiven Raumkarte als eines Teils des individuellen Raumkonzeptes wider: *Strategie und Kompetenz* gehen Hand in Hand. Laut Robert Kitchin (1996) zeigt sich in der Repräsentation und Verarbeitung räumlicher Informationen insbesondere auch der Einfluss eines *emotionalen Gedächtnissystems*. Räumliche Merkmale sind demzufolge nicht objektive Parameter der Raumkarte, sondern sie sind aus subjektiver Erfahrung mit emotional positiven oder negativen Qualitäten belegt. Diese Konnotation nimmt Einfluss auf ihre Verwendung in der individuellen Raumkarte, kennzeichnet deren spezifische Qualität und nimmt darüber Einfluss auf weitere Handlungsstrategien zur Raumorientierung und Raumaneignung.

Betrachten wir räumliche Orientierung und Raumkognition vor dem Hintergrund einer solchermaßen dynamischen Entwicklung, dann bezieht sich die individuelle Raumsozialisation sowohl auf eigene Erfahrungen als auch auf gesellschaftlich-kulturelle Zuordnungen, die mehr oder weniger übernommen, abgelehnt oder modifiziert werden, in jedem Fall aber Eingang in die eigenen Raumkonzepte halten. Wir versuchen im Folgenden eine strukturierende Bestandsaufnahme der vielfältigen Einflussfaktoren auf diese Prozesse. Im Zentrum unserer Betrachtung stehen die Zusammenhänge zwischen Lernstrategien und Leistungsparametern bei der räumlichen Orientierung sowie beim Erwerb von Raumkonzepten in Makroräumen. Raumsozialisation erfolgt unter dem Einfluss räumlicher Erfahrungen. Es bilden sich raumbezogene Motivationen, Sicherheiten und Ängste aus, die auf die individuell-räumliche Strategieauswahl bzw. Kompetenzentwicklung wirken. Geschlechtskonnotierte Prozesse der Raumaneignung und Raumnutzung im öffentlichen Feld nehmen darauf ihren Einfluss.

(a) Strategische und Kompetenz-Analyse

Bei der Untersuchung räumlicher Orientierungs- und Repräsentationsleistungen werden Personen gebeten, in einer vertrauten oder unvertrauten Umgebung bestimmte Wege zu finden oder diese von einem Stadtplan zu erlernen. Sie sollen von einem Ausgangspunkt die Richtung zu nicht sichtbaren Zielen anzeigen oder nach Abschluss der Orientierung Karten der Umgebung zeichnen bzw. Wegbeschreibungen erstellen. Sowohl die Orientierung als auch die Repräsentation des Raumes kann unter verschiedenen Gesichtspunkten ausgewertet werden. Die *strategische Analyse* bewertet individuelle Wegfinde- und Repräsentationsstrategien, die Orientierungsgeschwindigkeit oder die Bevorzugung bestimmter Raummerkmale in der Orientierung und Wiedergabe. Die *Kompetenzanalyse* untersucht die Fehler beim Wegefinden, die Genauigkeit der Zielanzeigen oder die Detailliertheit bzw. Positionsgenauigkeit der Raumkarten. Vor dem Hintergrund der Dynamik individueller Raumkonzepte interessieren insbesondere die Zusammenhänge zwischen Strategie und Kompetenz, die sich auf dem je individuellen Hintergrund der Erfahrung und des psychosozialen Hintergrunds entwickeln (Schmitz 1999a).

Befunde bei Erwachsenen:

Eine Reihe von Untersuchungen im Bereich der Raumkognition konstatiert Geschlechterunterschiede bei Erwachsenen in strategischen Fragen: Frauen tendierten in ihren Raumkarten stärker zu einer landmarkenorientierten Strategie, während Männer eher Wege und Richtungsangaben zur Kartenkonstruktion nutzen (McGuinnes/ Sparks 1983; Kirasic u.a. 1984; Ward u.a. 1986; Miller/Santoni 1986; Sandstrom u.a. 1998; Schmitz 1999b/c). Geschlechterdifferente Kompetenzen beziehen sich auf ein besseres Gedächtnis für Landmarkenabfolgen und -positionen bei Frauen, während Männer bessere Ergebnisse beim Richtungszeigen erreichten (Kirasic u.a. 1984; Miller/Santon, 1986; Galea/Kimura 1993).

Gerade solche Unterschiede in der Richtungs- versus Landmarkenkompetenz werden auf der Grundlage evolutionsbiologischer Theorien geschlechtsdeterministisch erklärt. Der männliche Jäger erobert den Raum und entwickelt richtungsorientierte Übersichtsfähigkeiten, die Frau verbleibt im Nahraum um das Feuer und entwickelt Kompetenzen zur Einzelobjekterkennung (vgl. Eals/Silverman 1994). Ungeachtet der inzwischen kritischen Hinterfragung einer solchen androzentrischen Evolutionstheorie, ausgerichtet am männlichen Jäger (u.a. Hrdy 1981; Dahlberg 1985; Tanner 1994; Weiler 1994), eröffnen die oben angesprochenen Untersuchungen allerdings auch eine andere Erklärung: Wurden die untersuchten Personen zur Wiedergabe bestimmter Raummerkmale in ihren Karten angewiesen, d.h. explizit zum Zeichnen von Wegeplänen oder zur Angabe von Himmelsrichtungen instruiert, dann minimierten sich Geschlechterunterschiede (McGuinnes/Sparks 1983; Ward u.a. 1986). Diese Abhängigkeit der widergegebenen Raummerkmale von fremdgesteuerten Erfordernissen bzw. Aufgabenstellungen (freie Wiedergabe versus instruierte) verdeutlicht, dass es sich hierbei um die Abfrage von *Verhaltensstrategien* und weniger von Kompetenzen handelt. Ein direkter Zusammenhang ließ sich aufzeigen zwischen höherer Geschwindigkeit, Wegefinden und Richtungspräferenzen in der Wissenswiedergabe (Schmitz 1997a, 1999b/c) sowie zwischen strategischer Richtungspräferenz und der Überlegenheit beim Richtungszeigen (Lawton 1994).

Hinsichtlich der *Raumkompetenzen* von Erwachsenen lassen sich erfahrungs- und umweltbezogene Faktoren aufdecken. Bessere Richtungszeigeleistungen männlicher Probanden bestätigten sich nur für ›öffentliche‹ Landmarken (Schloss, Kirche). Dagegen erwies sich beim Zeigen nach »zu Hause« eine Tendenz zugunsten der Frauen (Neidhardt 1997a). Die Richtungsgenauigkeit von öffentlichen Gebäuden in Raumkarten zeigte sich zudem abhängig von der Nutzungsfrequenz der jeweiligen Einrichtungen (Kirasic u.a. 1984).

Wenn unterschiedliche Kompetenzen als Ergebnis unterschiedlicher Strategien zutage treten, stellt sich die Frage, wann und warum unterschiedliche Strategien der Raumaneignung entstehen und wann sie in unterschiedlichen Kompetenzen resultieren.

Befunde bei Kindern:

Bei Kindern scheint es in der Entwicklung von *Orientierungsstrategien* im Vorschulalter eine bestimmte Sequenz zu geben: Im Alter von drei bis vier Jahren werden nur wenige Objektmerkmale zur Orientierung verwendet. Erst später, mit etwa fünf Jahren werden zusätzlich Positionsinformationen genutzt (Blades 1991). In der weiteren

Entwicklung folgt der Erwerb komplexen Raumwissens einem Prozess der integrativen Verarbeitung verschiedener räumlicher Informationen. Richtungs-, Weg- und Landmarkenwissen werden in Abhängigkeit von Bewegungserfahrungen in komplexe Raumkarten eingearbeitet (Schmitz 1999a).

Laut Hugh Matthews (1992) zeigen sich Geschlechterunterschiede erst ab etwa acht Jahren. Mit acht bis elf Jahren zeichneten Jungen detailliertere Raumkarten ihrer eigenen Nachbarschaft als gleichaltrige Mädchen, wobei die Detailliertheit der Karte in positivem Zusammenhang zur Größe des individuellen außerhäuslichen Aktionsradius stand, der erst ab diesem Alter für Jungen größer als für Mädchen ist. Zeitlich parallel also mit dem ersten Deutlichwerden unterschiedlicher Aktionsradien im Grundschulalter werden Geschlechterunterschiede in der Detailliertheit räumlicher Repräsentationen teilweise durch unterschiedliche Vertrautheit mit der Umgebung erklärbar (Matthews 1987). Im gleichen Zeitraum entwickeln sich Strategiepräferenzen, bei Mädchen stärker zugunsten einer Landmarkenorientierung – bei Jungen stärker zugunsten einer Weg- und Richtungsorientierung (Schmitz 1997a/b; 1998a/b). Dies gilt für Wegefinden und räumliche Repräsentationen ganz unterschiedlicher Umwelten (vom Labyrinth bis zum unbekannten Waldgebiet).

Nicht nur der Umfang, sondern auch die spezifische Qualität der Erfahrung im nichtprivaten Raum beeinflusst die Strategieentwicklung (Schmitz 1999a). So nutzten Jungen im Alter von neun bis dreizehn Jahren in ihrer Nachbarschaft oder für ihren Heimweg von der Schule wahlweise verschiedene Wege, unternahmen häufiger ziellose Streifzüge, so dass sie in der Gesamtheit Erfahrungen in einem vernetzen Wegsystem machten. Gleichaltrige Mädchen nutzten zumeist nur einen Weg von der Schule nach Hause oder von zu Hause zu einer Freundin. Sie waren seltener »einfach so« unterwegs. Damit erwies sich ihr Aktionsraum als bestehend aus einer Summe einzelner Zielwege, mehr oder weniger ohne Verbindungslinien. Diese Unterschiede in den Raumerfahrungen fielen zusammen mit unterschiedlichen Strategiepräferenzen beim Zeichnen von Raumkarten. Vernetztes Wegwissen wurde eher durch Richtungen und Kreuzungen in Wegesystemen dargestellt, Erfahrungen mit Einzelwegen spiegelten sich in landmarkenorientierten Wegekarten wieder. Insgesamt stellte sich in der Analyse der Zusammenhang der Wiedergabepräferenzen primär zu den jeweiligen Erfahrungsquantitäten und -qualitäten und erst sekundär entlang der Geschlechtergrenze her. Entsprechende Zusammenhänge fanden sich noch nicht bei siebenjährigen Kindern, deren Raumerfahrungen auch noch keine Unterschiede aufwiesen.

Auch beim *Richtungszeigen* fanden sich im Vorschulalter noch keine Geschlechterunterschiede (Neidhardt 1997b; 1998a; Neidhardt/Schmitz 1998). Kinder entwickeln ein »Gefühl für die Richtung«, eine kognitive Integrationsleistung über die gerade zurückgelegten Wegstrecken, in die visuelle und kinesthetische Informationen einbezogen werden (Neidhardt 1999a). Diese Integration vollzieht sich automatisch, wenn Wege aktiv zurückgelegt werden, ohne bewusste kognitive Anstrengung. Vorschul- und Grundschulkinder sind in der Lage, zum nicht sichtbaren Ausgangspunkt eines Weges zu zeigen. Dabei gibt es allerdings Faktoren, die diese Leistung beeinflussen. Die Zeigeleistungen sinken, wenn die Kinder direkt an einer hohen Hauswand stehen, während sie zeigen («Barriere-Effekt«, Neidhardt 1999b). Zeigeleistungen, die auf kognitive Integration über die zurückgelegte Wegstrecke hindeuten, finden sich auch in unvertrauter Umgebung. Die Leistungen scheinen aber davon abhängig zu sein, wie häufig und wie selbstständig sich die Kinder im Freien aufhalten (Neidhardt 1997b). Da die Erfahrung bzw. die Aktivitäten außer Haus zunehmend Zusammenhänge aufwiesen, ist die noch zu klärende Frage, ob und wie sich auch für Zeigeleistungen Geschlechterunterschiede im Verlauf der Grundschulzeit entwickeln. Erste Hinweise gibt ein zur Zeit noch laufendes Forschungsprojekt zu dieser Thematik, in dem sich ein direkter Zusammenhang zwischen bevorzugter Aktivität, Selbsteinschätzung, Strategiepräferenzen und räumlichen Orientierungsleistungen im Verlauf der Grundschulzeit zu bestätigen scheint (Neidhardt/Schmitz/Sturm 1999).

(b) Emotionale und motivationale Aspekte

Befunde bei Erwachsenen:

Um erwachsene Untersuchungsteilnehmerinnen und -teilnehmer für eine Studie zur Orientierung im Alltag zu finden, wurde ein Suchartikel in einem Anzeigenblatt veröffentlicht: Es melden sich etwa 50 Personen, wie gewünscht etwa zur Hälfte Männer und Frauen. Die Motive für ihre freiwillige Teilnahme, die die Frauen und die Männer am Telefon nannten, unterschieden sich grundlegend: Die Frauen meldeten sich in der überwiegenden Mehrzahl, weil sie Probleme sahen, sich zurechtzufinden, weil sie mit Orientierungsängsten kämpften, und weil sie hofften, dass ihre Fähigkeiten der Orientierung im Alltag sich durch die Teilnahme an der Studie verbessern könnten. Die Männer hingegen nannten als wesentlichen Grund, warum sie sich für die Studie zur Verfügung stellten, dass sie ihre hervorragenden Fähigkeiten in diesem Gebiet gern demonstrieren und der Wissenschaft zur Verfügung stellen wollten. Der telefonische Eindruck bestätigte sich bei Auswertung eines Selbsteinschätzungsfragebogens: Die teilnehmenden Männer schätzten ihre Orientierungsfähigkeiten signifikant besser ein als die Untersuchungsteilnehmerinnen. In den untersuchten Fähigkeiten (Richtungszeigen zu nicht sichtbaren Objekten, Wegzurückfinden) unterschieden sich diese beiden Teilnehmergruppen allerdings nicht bedeutsam (Neidhardt 1998b).

Bei Erwachsenen ermittelte Kendal Bryant (1982) für Männer höhere Eigeneinschätzungen der Richtungszeigefähigkeiten, wohingegen Frauen ihre Orientierungsangst (sich z.b. in unbekannter Umgebung zu verirren) höher einschätzten. In einer Befragung von Carol Lawton (1994) schätzten sich Frauen hinsichtlich der Orientierung ängstlicher und ihre Leistungen beim Richtungszeigen geringer ein als Männer. Vor allem ängstlichere Frauen gaben an, in der Orientierung eine landmarkenorientierte Strategie zu bevorzugen (Lawton 1994). Schlechtere Leistungen beim Richtungszeigen ließen sich z.t. auf diese Zusammenhänge zurückführen.

Befunde bei Kindern:

Die verschiedenen Komponenten (Strategien, Erfahrung, Motivation, Angst) beeinflussen sich offenbar wechselseitig bei der Entwicklung von Raumkonzepten (Schmitz 1999a). Höhere Orientierungsangst steht insbesondere bei Frauen und Mädchen in Zusammenhang mit geringerer Orientierungsgeschwindigkeit und erhöhter Präferenz zur Wiedergabe von Landmarken. Höhere Geschwindigkeit beim Orientieren und höhere Zeitmotivation stehen dagegen im Zusammenhang mit der Bevorzugung von Richtungen. In den Untersuchungen von Sigrid Schmitz (1995, 1997a, 1999b/c) stellten sich erstmals direkte Zusammenhänge zwischen Orientierungsangst und Raumerfahrung heraus. Je eingeschränkter der kindliche Aktionsraum war, um so ängstlicher waren die Kinder. Wiederum traf dies ab einem Alter von neun Jahren mit zunehmender Tendenz vor allem für Mädchen zu (Schmitz 1997b, 1998a/b). Auch hier entwickeln sich Geschlechterunterschiede in räumlichen Strategien also primär entlang des Wechselwirkungsgefüges zwischen Raumerfahrung, Motivation und Angst.

Ebenso zeigen affektive Assoziationen eine Auswirkung auf räumliche Leistungen. Die Beliebtheit von Landmarken verbessert die Entfernungsschätzung zwischen ihnen (Smith 1984) – wobei bisher nicht untersucht wurde, inwieweit eine solche ›Beliebtheit‹ oder ›Unbeliebtheit‹ mit persönlichen, geschlechterunterschiedlichen Erfahrungen in Zusammenhang steht.

(c) Sozialisationskontexte

Interaktionstheoretische und ethnomethodologische Konzepte liefern Erklärungsmuster für den Erwerb von Geschlechteridentitäten in Interaktionen (vgl. Goffman 1981; Hagemann-White 1988; Gildemeister/Wetterer 1992). Insofern sind diese Konzepte des Doing Gender zuzuspitzen auf unsere Fragen nach geschlechtsspezifischen kindlichen *Raumaneignungen im sozialen Raum*. Bei der Frage nach der kindlichen Raumaneignung geht es nicht nur darum, wie häufig und wo sich Kinder welchen Geschlechts in öffentlichen Räumen aufhalten, sondern auch darum, was sie dort tun und wie sie ihr Tun in Bezug zum Raum bewerten (Nissen 1998).

Ein Modell zum Zusammenwirken von öffentlichen Sozialisationskontexten, Wohnumwelt und Familienkontext findet sich bei Rainer Peek (1995). In der von Peek berichteten Untersuchung findet sich schon bei Kindergartenkindern, dass die Jungen sich mehr »in der Wohnumwelt« (d.h. außerhalb der elterlichen Wohnung) aufhalten als die Mädchen. Bis heute zeichnen Studien bei deutschen und österreichischen Kindern Genderunterschiede in der Raumaneignung zwischen 8 und 14 Jahren bezüglich ihres kulturellen und zeitlichen Kontextes als vergleichbar heraus. In jeder Region, in jeder Altersstufe und in jeder Schicht nutzen Jungen den öffentlichen Raum häufiger als Mädchen (Flade/Kustor 1996; Nissen 1998). Auf öffentlichen Spielplätzen ist nicht nur die Nutzungsfrequenz zugunsten von Jungen verschoben, auch die Nutzungsformen und -inhalte differieren. Renate Nötzel (1987) zeigte in einer detaillierten Analyse auf, dass Jungen stärker bewegungsfördernde Spielformen ausführen und Abenteuerspielgeräte nutzen (Fußball, Basketball, Klettergeräte usf.), Mädchen sich dagegen eher auf die klassische Schaukel zurückziehen oder kommunikative Spiele mit geringerem Bewegungspotential bevorzugen. Antje Flade und Beatrice Kustor (1993) benennen das alltägliche Bild, das uns in der Stadt an kindlichen Aktionsräumen ins Auge sticht, treffend mit »Mädchen in der Stadtplanung. Bolzplätze – was sonst?«.

Erwachsene planen nicht nur die öffentlichen Räume für Kinder, sie bestimmen auch, welcher Ort für ein Kind (je nach Geschlecht) gut ist und wie es sich dort sinnvollerweise beschäftigen soll (Ahrend 1997). Die Vorgaben und Erwartungen der sozialen Umgebung an die Aneignungsprozesse im öffentlichen Raum führen zu spezifischen Verhaltenseinschränkungen und Leistungserklärungen insbesondere für Mädchen. Ihr Bewegungsradius ist gegenüber gleichaltrigen Jungen eingeschränkt und Formen der Raumaneignung sind z.t. rollenstereotyp vorgegeben. Die Angst vor sexueller Gefährdung und die Einbindung in den Haushalt sind nach wie vor als Verbotsbegründungen – wenn auch mit schichtspezifischen Differenzierungen – die Hauptursache für die Einschränkung öffentlicher Raumnutzung von Mädchen (Rose 1993b). Gleichzeitig hat eine eingeschränkte Raum- und Erlebniserfahrung Konsequenzen für die Ausbildung motorischer Fähigkeiten bei Mädchen (Dithmar 1992; Dithmar/Schmitz 1994) und – ebenso bedeutsam – werden infolge einer risikolosen weiblichen Sozialisation Bewegungs- und Körperkonzepte (der unversehrte Körper, Zartheit als Schönheitsideal) von Mädchen in das eigene Selbstbild übernommen. Unsicherheit und Ängstlichkeit spielen dann auch eine Rolle für die weitere Handlungsplanung (Rose 1993a). Gleichzeitig sind Leistungszuschreibungen gesellschaftlich mit besseren räumlichen Kompetenzen von Jungen und Männern belegt. Diese Erfahrungen in der individuellen Raumsozialisation wirken zurück auf Selbstbild, Motivation und Ängste, im Weiteren dann auch auf Lernstrategien und die Fähigkeitsentwicklung. Mädchen verhalten sich ›von selbst‹ anders im öffentlichen Raum. Sie schränken ihre Raumnutzung mit fortschreitender Sozialisation selber ein. Diese schon in der Kindheit einsetzenden Prozesse polarisieren auch in der Raumsozialisation geschlechtsidentifizierende Interaktionen.

Die Frage nach der Raumsozialisation ist zudem eng verbunden mit der Frage nach Mobilitätsformen von Mädchen und Jungen (Nissen 1998). Klassische Konzepte einer konzentrischen Erweiterung kindlicher Aktionsräume sind sicherlich heute in dieser Form überholt. Kinder erfahren die Ausweitung öffentlicher Aktionsräume vielmehr in Form einer Verinselung. Ihre Freizeitangebote sind vielfach instrumentalisiert in Vereinen oder Freizeiteinrichtungen. Neben den unterschiedlichen Qualitäten solcher institutionalisierten Angebote (Jungen nehmen überwiegend nur ein Sportangebot wahr, während Mädchen daneben einen Schwerpunkt auf musisch-kreative Angebote setzten) finden sich demzufolge auch Unterschiede in der Mobilität (Strzoda/Zinnecker 1996). Jungen, die häufig mehrmals in der Woche den gleichen Freizeitort aufsuchen, sehen sich in der Lage, diesen zunehmend selbstständig (zu Fuß, mit dem Fahrrad oder mit öffentlichen Verkehrsmitteln) zu erreichen. Mädchen nehmen im Verlauf der Woche häufiger verschiedene Angebote an unterschiedlichen Orten wahr. Sie sind in stärkerem Maße und länger unselbstständig auf erwachsene Bezugspersonen als ›Transporteure‹ angewiesen. Diese Unterschiede sind vor allem in der Grundschulzeit relevant (Ahrend 1997).

Trotz aller Einschränkungen spielen Kinder auch heute noch viel auf der Straße, in Parks, auf Wiesen in ihrer direkten Nachbarschaft. Claudia Quaiser-Pohl hat erste Bezüge aufgezeigt, dass die Art der Nachbarschaften, die dort ausgeübten Aktivitäten und die unterschiedlichen sozialen, motivationalen und emotionalen Bewertungen Auswirkungen auf geschlechterdifferente Strategien und Kompetenzen in Raumkonzepten aufweisen (Quaiser-Pohl 1998). Hinsichtlich genauerer Zusammenhänge bleiben jedoch noch viele Fragen offen.

Die bisherige Betrachtung hat gezeigt, dass die Konstituierung von Geschlechterunterschieden in der Aneignung von Raumkonzepten vielfältige Wechselbeziehungen zwischen kultureller Raumaneignung/Raumnutzung, motivational-emotional beeinflussten Lernstrategien und kognitiven Kompetenzen beinhaltet. Diese Bestandsaufnahme verdeutlicht auch, wie vielfältig das Geflecht von Beziehungen zwischen individuellen und gesellschaftlich-kulturellen Faktoren in der raumzeitlichen Sozialisation ist. Gender wirkt in allen Bezügen konstituierend mit: bei der Entwicklung von Strategien und der Ausbildung von Raumkarten in Zusammenhang mit räumlichen Aktionsradien, im Zusammenhang von Motivation und Angst sowie im Wechselspiel von Raumerfahrung und Richtungszeigen oder Raumnutzung.

Wir sind uns bewusst, dass die hier gewählte Struktur auch Grenzen zieht, die der inneren Verwobenheit aller Komponenten nur bedingt Rechnung tragen. Nur weitere transdisziplinäre Forschung im Feld von Soziologie, Psychologie und Verhaltensbiologie kann dazu beitragen, das Thema der Entwicklung von Raumkonzepten im Kindesalter präziser und ausdifferenzierter zu fassen.

Möglichkeiten des Wandels

In theoretisch analysierenden Ansätzen, die auch geschlechtertypische Raumaneignung thematisieren, steht Raum vor allem als Ausdruck und Produkt gesellschaftlicher Strukturen und Prozesse sowie seine lebensweltliche Wahrnehmung, Gestaltung und Veränderung im Blickfeld (Breckner/Sturm 1997; Sturm 1997, 1998). Im Rahmen unserer Ausführungen hier wollen wir das Augenmerk auf individuelle Möglichkeiten richten, in Prozesse der Raumsozialisation verändernd einzugreifen. Hierzu gehören z. B. Trainingsprogramme oder Einflussnahme auf elterliche Raumpraktiken. In unseren interdisziplinären Projekten wird dieser Aspekt vor allem im Rahmen von Interviews mit den Heranwachsenden und deren Eltern berücksichtigt. Dabei soll eruiert werden, wie beispielsweise von Anette Flade (1996) oder von Renate Zimmer (1993) nahegelegte Bewegungs- und Spielfreiräume aus Sicht der Kinder wie der Eltern realisierbar erscheinen. Explizite Trainingsprogramme zu Orientierung und Wegefinden in Makroräumen finden sich in der Forschungsliteratur selten. Ein Trainingsprogramm, das Videoaufnahmen von Wegen zum Training einsetzte, zeigte, dass Landmarkenlernen sich für das eigentliche Wegefinden im Anschluss an das Training als wenig hilfreich erwies (Guest/Bliss/Lohmeier 1997). Ein Trainingsprogramm, in dem aktives Wegegehen trainiert wurde, belegte, dass diese Trainingsform tatsächlich zu besseren Orientierungsleistungen führt (Espinosa/Ochaita 1997).

Die Einschränkung der weiblichen Bewegungsräume im Kindergarten- und Grundschulalter erscheint unpolitisch: Dort wird eher Sicherheitserwägungen Rechnung getragen. Dass aus diesen Einschränkungen Orientierungsängste und ungünstige Raumorientierungsstrategien erwachsen, macht deutlich, dass es durchaus eine machtbezogene und damit auch politische Komponente gibt (vgl. Nissen in diesem Band). Um dem entgegenzuwirken, testen wir derzeit ein Trainingsprogramm, in dem die Fähigkeiten zur Orientierung einerseits über Aktivitätslernen («learning by doing«) und andererseits über explizites Strategielernen trainiert werden. Es geht also nicht mehr primär darum, ab welchem Alter welche geschlechtsbezogenen Unterschiede auftreten und durch welche Umgebungsvariablen motivationaler, kognitiver und sozialer Art sie erklärt werden können, sondern es soll experimentell untersucht werden, welche direkten Einflussmöglichkeiten durch strategisches Training und unterschiedliche Instruktionen aufgezeigt werden können. Darüber hinaus sollten aufgrund der Interviews Entwicklungspotenziale hinsichtlich elterlicher und kindlicher Einstellungen deutlich werden: Wie können Mädchen beispielsweise motiviert werden, sich selbst städtische Räume zu ›erobern‹?. Wie müssen solche ›Eroberungen‹ aussehen, um die Ängste der Kinder und ihrer Eltern zu verringern? Nach der Analyse von Ursula Nissen (in diesem Band) stellt sich die Problematik nicht so sehr in der Nutzung institutionalisierter öffentlicher Räume. Das ›Herumstreunen‹, die aktive, nicht unbedingt zielgerichtete Bewegung in öffentlichen Freiräumen ist es, worin sich Mädchen und Jungen unterscheiden. Damit wird die Forderung nach Veränderung auch eine politische: Es geht tatsächlich um mehr Freiraum für Mädchen und Frauen! Diese Wertung ist Teil der Zukunftsorientierung unserer Forschung: Wir haben damit begonnen, Tipps zusammenzustellen, wie Eltern ihren Töchtern zu mehr Bewegungsfreiheit, höherer Selbsteinschätzung ihrer räumlichen Fähigkeiten und weniger Orientierungsangst verhelfen können.

Unser Trainingsansatz und die begonnene Elternarbeit bieten somit Reflexionsfelder über die individuelle Erhöhung von positiver raumbezogener Selbsteinschätzung, wodurch die Präsenz und Aktivität von Mädchen und Frauen in öffentlichen Räumen erhöht werden kann. Diese würde langfristig zu einer Veränderung des öffentlichen Raumes beitragen. Das Selbstvertrauen (nicht die tatsächliche Orientierungsfähigkeit) bestimmt, ob sich die Mädchen als Erwachsene sicher fühlen, wenn sie fremde Städte erobern, ob sie Angst haben, sich zu verirren oder ob sie sich zutrauen, ihren Weg in dieser Welt zu finden.

Literatur

Ahrend, Christine (1997): Lehren der Straße. Über Kinderöffentlichkeiten und Zwischenräume, in: Jutta Ecarius/Martina Löw (Hg.), Raumbildung – Bildungsräume. Über die Verräumlichung sozialer Prozesse, Opladen, S. 97-212.
Breckner, Ingrid/Sturm, Gabriele (1997): Raum-Bildung. Übungen zu einem gesellschaftlich begründeten Raum-Verstehen, in: Jutta Ecarius/Martina Löw (Hg.), Raumbildung – Bildungsräume. Über die Verräumlichung sozialer Prozesse, Opladen, S. 213-236.
Blades, Marc (1991): The development of the abilities required to understand spatial representation, in: D. M. Mark/A. U. Frank (Hg.), Cognitive and linguistic aspects of geographic space. Dordrecht, S. 81-115.
Bryant, Kendal J. (1982): Personality correlates of sense of direction and geographical orientation, in: Journal of Personality and Social Psychology, Jg. 43, S. 1318-1324.
Dahlberg, Francis (1985): Woman the Gatherer, New Haven/London.
Dithmar, Ute (1992): Mädchen in Bewegung, in: Zeitschrift für Erlebnispädagogik, H. 9+10, S. 47-56.
Dithmar, Ute/Schmitz, Sigrid (1994): Mutig wie Löwinnen – Ein Dschungelabenteuer, in: Sportpädagogik, H. 5/1994, S. 46-48.
Eals, Marion/Silverman, Ian (1994): The hunter-gatherer theory of spatial sex differences. Proximate factors mediating the female advantage in recall of object arrays, in: Ethology and Sociobiology, Jg. 15, S. 95-105.
Espinosa, M.A./Ochaita, E. (1997): El desarrollo del conocimiento especial de un entorno urbano desconocido. Un estudio microgenetico, in: Infancia y Aprendizaje, H. 79, S. 5-20.
Flade, Anette/Kustor-Hüttl, Beatrice (1993): Mädchen in der Stadtplanung. Bolzplätze – und was sonst? Weinheim.
Flade, Anette/Kustor, Beatrice (1996): Raus aus dem Haus. Mädchen erobern die Stadt. Frankfurt/Main, New York.
Galea, Lisa A. M./Kimura, Doreen (1993): Sex Differences in route learning, in: Personality and Individual Differences, Jg. 14, S. 53-65.
Gärling, Tommy/Bööck, Anders/Lindberg, Eric (1986): Spatial orientation and wayfinding in the designed environment. A conceptual analysis and some suggestions for postoccupancy evaluation, in: Journal for Achitectural Planning Research, Jg. 3, S. 55-64.
Gildemeister, Regine/Wetterer, Angelika (1992): Wie Geschlechter gemacht werden. Die soziale Konstruktion der Zweigeschlechtlichkeit und ihre Reifizierung in der Frauenforschung, in: Gudrun-Axeli Knapp/Angelika Wetterer (Hg.), Traditionen – Brüche. Entwicklungen feministischer Theorie. Freiburg, S. 201-254.
Goffman, Erving (1981): Geschlecht und Werbung, Frankfurt/Main.

Guest, M./Bliss, J./Lohmeier, J. (1997): Landmark enhancement and strategic processing. An evaluation of strategies for spatial navigation training, in: Perceptual and Motor Skills, H. 85, S. 1123-1135.

Hagemann-White, Carol (1988): Wir werden nicht zweigeschlechtlich geboren, in: Carol Hagemann-White/Maria Rerrich (Hg.), FrauenMännerbilder, Bielefeld, S. 224-235.

Hrdy, Sandra B. (1981): The Woman that Never Evolved, Cambridge (Mass.)/London.

Kirasic, Kathleen C./Allen, Gary L./Siegel, Alexander W. (1984): Expression of configurational knowledge of large-scale environments, in: Environment and Behavior, Jg. 16, S. 687-712.

Kitchin, Robert M. (1996): Increasing the integrity of cognitive mapping research. Appraising conceptual schemata of environment behaviour interaction, in: Progress in Human Geography, Jg. 20, S. 56-84.

Lawton, Carol A. (1994): Gender differences in way-finding strategies. Relationship to spatial ability and spatial anxiety, in: Sex Roles, Jg. 30, S. 765-779.

Lynch, Kevin (1989): Das Bild der Stadt, Braunschweig (Engl. Originalausg. 1960).

Matthews, M. Hugh (1987): Sex differences in spatial competence. The ability of young children to map ›primed‹ unfamiliar environments, in: Educational Psychology, Jg. 7, S. 77-90.

Matthews, M. Hugh (1992): Making sense of place. Children's understanding of large-scale environments, Hempstead.

McGuinnes, Diane/Sparks, Janet (1983): Cognitive style and cognitive maps. Sex differences in representations of familiar terrain, in: Journal of Mental Imagery, Jg. 7, S. 91-100.

Miller, Leon K./Santoni, Viana (1986): Sex differences in spatial abilities. Strategic and experimental correlates, in: Acta Psychologica, Jg. 62, S. 225-235.

Neidhardt, Eva (1997a, unveröff.): Richtungszeigen in fensterlosen Räumen bei Erwachsenen (Forschungsprojekt), Marburg.

Neidhardt, Eva (1997b): Wegefinden und Orientierung bei Vorschulkindern, in: Judith Glück (Hg.), 13. Tagung Entwicklungspsychologie (Kurzfassungen), Wien, S. 174.

Neidhardt, Eva (1998a): Wegefinden und Orientierung bei Kindern im Vorschulalter (Poster), Dresden.

Neidhardt, Eva (1998b): Unterschätzen Frauen sich? Richtungszeigen in städtischer Umgebung (Vortrag am 9.11.), Marburg.

Neidhardt, Eva (1999a): Richtungszeigen bei Vorschulkindern. Pfadintegration in unbekanntem Gelände, in: Erich Schröger u.a. (Hg.), Beiträge zur 41. Tagung experimentell arbeitender Psychologen, Leipzig, S. 286.

Neidhardt, Eva (1999b): Richtungszeigen bei Vorschulkindern. Barriere-Effekt in unbekannter Umgebung, 14. Tagung Entwicklungspsychologie, Fribourg.

Neidhardt, Eva/Schmitz, Sigrid (1998): Wegfinden, Wegintegration und Gedächtnis für Landmarken. Entwicklungspsychologische Aspekte, in: Harald Lachnit u.a. (Hg.), Abstracts der 40. Tagung experimentell arbeitender Psychologen, Marburg, S. 241-242.

Neidhardt, Eva/Schmitz, Sigrid/Sturm, Gabriele (1999): Genderspezifische Raumsozialisation. Strategie und Leistung in räumlichen Aufgaben vor dem Hintergrund kindlicher Raumaneignung, Marburg.

Nissen, Ursula (1998): Kindheit, Geschlecht und Raum. Sozialisationstheoretische Zusammenhänge geschlechtsspezifischer Raumaneignung, Weinheim/München.
Nötzel, Renate (1987): Spiel und geschlechtsspezifische Arbeitsteilung, Pfaffenweiler.
Peek, Rainer (1995): Kindliche Erfahrungsräume zwischen Familie und Öffentlichkeit, Münster.
Quaiser-Pohl, Claudia (1998): Gender-related differences in spatial abilities as a function of children's neighbourhood activities (Poster), Bern.
Rose, Lotte (1993a): Suchen Mädchen Abenteuer? Zur Bedeutung des Abenteuers in der weiblichen Sozialisation, Sozialmagazin H. 1/1993, S. 18-29.
Rose, Lotte (1993b): Bewegungsräume für Mädchen. Ein neuer Ansatz in der Mädchenarbeit, in Anette Flade/Beatrice Kustor-Hüttl (Hg.), Mädchen in der Stadtplanung. Bolzplätze – und was sonst? Weinheim, S. 171-182.
Sandstrom, Noah J./Kaufman, Jordy/Huettel, Scott A. (1998): Males and females use different distal cues in a virtual environment navigation task, in: Brain Research. Cogenitive Brain Research, H. 6/1998, S. 351-360.
Schmitz, Sigrid (1995): Geschlechtsspezifische Einflüsse der Angst auf Zeit- und Fehlerleistungen in Labyrinthaufgaben zur Raumorientierung im Jugendalter, in: Zeitschrift für Entwicklungspsychologie und Pädagogische Psychologie, Jg. 27, S. 251-267.
Schmitz, Sigrid (1997a): Gender-related strategies in environmental development. Effects of anxiety on wayfinding in and representation of a three-dimensional maze, in: Journal of Environmental Psychology, Jg. 17, S. 215-228.
Schmitz, Sigrid (1997b): Mechanismen des Orientierungsverhaltens. Einfluss des Geschlechts, der Vorerfahrung und der Angst, in: Judith Glück (Hg.), 13. Tagung Entwicklungspsychologie (Kurzfassungen), Wien, S. 239.
Schmitz, Sigrid (1998a): Die Entwicklung räumlicher Repräsentationen innerhalb eines Referenzrahmens im Alter zwischen 7 und 13 Jahren, in: Harald Lachnit u.a. (Hg.), Abstracts der 40. Tagung experimentell arbeitender Psychologen, Marburg, S. 312.
Schmitz, Sigrid (1998b): Geschlechterdifferente Strategien in der Verarbeitung und Repräsentation von Raumwissen (Poster), Dresden.
Schmitz, Sigrid (1999a): Wer weiß wohin? Orientierungsstrategien beim Menschen. Geschlechterunterschiede und ihre Hintergründe, Egelsbach.
Schmitz, Sigrid (1999b): Gender differences in the acquisition of environmental knowledge related to wayfinding behavior, spatial anxiety and self-estimated environmental competencies, in: Sex Roles, H. 41, S. 71-93.
Schmitz, Sigrid (1999c): Geschlecht, Angst und Strategie in der Raumorientierung bei Erwachsenen, in: Erich Schröger u.a. (Hg.), Beiträge zur 41. Tagung experimentell arbeitender Psychologen, Pabst sci. Publ., Leipzig, S. 287.
Smith, C. D. (1984). The relationship between the pleasingness of landmarks and the judgement of distance in cognitive maps, in: Journal of Environmental Psychology, Jg. 4, S. 229-234.
Strzoda, Christiane/Zinnecker, Jürgen (1996): Interessen, Hobbies und deren institutioneller Kontext, in: Jürgen Zinnecker/Rainer K. Silbereisen (Hg.), Kindheit in Deutschland. Aktueller Survey über Kinder und ihre Eltern, Weinheim.
Sturm, Gabriele (1997): Öffentlichkeit als Raum von Frauen, in: Christine Bauhardt/Ruth Becker (Hg.), Durch die Wand! – Feministische Konzepte zur Raumentwicklung, Pfaffenweiler, S. 53-70.

Sturm, Gabriele (1998): Raum-Szenen. Erfahrungen mit einer interaktiven Methode, in: Raumplanung, H. 80, S. 5-12.
Tanner, Nancy M. (1994): Wie wir Menschen wurden. Der Anteil der Frau an der Entstehung des Menschen, Frankfurt/Main, New York.
Ward, Shawn L./Newcombe, Nora/Overton, Willis F. (1986): Turn left at the church, or three miles north. A study of direction giving and sex differences, in: Environment and Behavior, Jg. 18, S. 192-213.
Weatherford, David L. (1982): Spatial cognition as a function of size and scale of the environment, in: Robert Cohen (Hg.), Children's conceptions of spatial relationships, San Francisco, S. 5-18.
Weiler, Gerda (1994): Der aufrechte Gang der Menschenfrau. Eine feministische Anthropology II, Frankfurt/Main.
Zimmer, Renate (1993): Kinder brauchen Spielräume, in: Motorik H. 16, S. 2-6.

Gabriele Sturm

Schöner neuer Raum:
Über Virtualisierung und Geschlechterordnung

Moderne europäische Gesellschaften deklarieren sich als Arbeitsgesellschaften. Folgen wir der Analyse Hannah Arendts (1981) wird in einer solchen Gesellschaft die aus dem ursprünglichen Bereich der Notwendigkeit stammende Arbeit verknüpft mit einer aus dem ursprünglichen Bereich der Freiheit stammenden Auszeichnung. Wenn derzeitige Gesellschaftsanalysen einen Wandel von der Industriegesellschaft zur Informationsgesellschaft konstatieren, wird mit dieser Charakterisierung der Fokus der Auszeichnung benannt: Das Licht der gesellschaftlichen Öffentlichkeit wird auf das neue grundlegende Konstituens der Information gerichtet. Die Industriegesellschaften des 19. und 20. Jahrhunderts verdankten ihre rasante Entwicklung u.a. den Rationalitätsprinzipien der aufstrebenden modernen Wissenschaften. Diese festigten die patriarchalische Geschlechterhierarchie, indem der Aufstieg des bürgerlichen Mannes durch eine Naturalisierung der Geschlechter in einer ›Kultur der Differenz‹ (vgl. Laqueur 1992) gesichert wurde. Feministische Wissenschaft dekonstruiert u.a. diesbezügliche Konstitutionsbedingungen (z.B. Scheich 1996) und fordert als kritische Wissenschaft eine Reflexion der sowie einen bewussteren Umgang mit geschlechterhomologen Dualisierungen (vgl. Becker-Schmidt 1999). Wie weit Hoffnungen auf eine weniger hierarchische Gesellschaftsordnung in Folge des derzeitigen Wandels gerechtfertigt sind, kann allenfalls mittels Szenarien ausgelotet werden. Dazu eignet sich die Thematisierung des Cyberspace bzw. virtuellen Raumes gut, sind diese Begriffe doch zu Metaphern des grundlegenden Wechsels in der Mensch-Maschine-Kommunikation geworden.

Alltagspraktisch zählen die rasanten Entwicklungen und Veränderungen im Bereich der Medien und der Kommunikationstechniken zu den beliebtesten Diskussionsthemen. Dies zeigt sich nicht nur an den BesucherInnenzahlen der CEBIT, sondern u.a. auch an den Fächerpräferenzen der Studierenden. Neue Studiengänge wie Kommunikations- oder Medienwissenschaften sind seit ihrer Einrichtung völlig überlaufen. Der Personal Computer wird in absehbarer Zeit zur Standardeinrichtung eines modernisierten Haushaltes gehören, und neben dem bislang üblichen geografisch fixierten Wohnort wird JedeR eine Adresse im elektronischen Netz führen. Allerdings belegen zugleich mehrere Studien, dass von allen üblicherweise benutzten Sozialstrukturvariablen lediglich das Geschlecht mit differierenden Einstellungen zum und Nutzungen des PC verschränkt scheint (vgl. u.a. Schachtner 1997 oder Bühl 1999). Insofern ist nicht unwahrscheinlich, dass mit der technologischen Modernisierung der Gesellschaft wiederum eine Modernisierung des hierarchischen Geschlechterverhältnisses einher gehen wird.

Wissenschaftspraktisch hat der stattfindende Wandel zur Informationsgesellschaft in diversen Gesellschaftswissenschaften u.a. zu einer Wiederaufnahme des Diskurses über gesellschaftlichen Raum geführt. ›Globalisierung der Wirtschaft‹, ›Europa der Regionen‹, ›grenzenlose Gesellschaft‹ sind nur einige der vielfältig auftauchenden Themen. Selten wird in diesen Diskursen der Aspekt der Virtualität oder der der Geschlechterverhältnisse einbezogen. Diesem Desiderat möchte ich mich im vorliegenden Text widmen, indem ich das Geschlechterverhältnis, das für gesellschaftliche Strukturierung aus meiner Sicht zu den dominanten Determinanten zählt, in Beziehung zu den zunehmenden Thematisierungen von Virtueller Realität bzw. virtuellem Raum setze.

Mein Argumentationsziel richtet sich auf die *Annahme*, dass virtuelle Räume als Teil virtueller Realität im Sinne von durch selektive Vorauswahl konstituierte nicht erst im Rahmen der derzeitigen technologischen Revolution erzeugt werden. Als höchst beschränkte Ausschnitte der Wirklichkeit z.B. infolge geschlechtsorientierter Raumsegregation existieren sie schon länger (vgl. u.a. List 1996)! Allerdings dürfte die durch Computertechnologie regulierte Konstruktion von Welt die Widersprüche zwischen verschiedenen lebensweltlichen

Realitäten verschärfen bzw. eine neue Qualität gesellschaftlicher Regulation begründen.

Meine Überlegungen hierzu folgen den im Titel angedeuteten Kernbegriffen: Zunächst werde ich kurz darlegen, in welchem Kontext der Begriff der Virtuellen Realität derzeit Verwendung findet, sodann ein methodologisches Konzept für Raum präsentieren, um aus der Verknüpfung dieser beiden Begriffe eine Verortung des Virtuellen Raumes vorzunehmen. Daraufhin werde ich kurz aufzeigen, wie die gesellschaftlichen Veränderungen der Moderne einher gingen einerseits mit Veränderungen im Geschlechterverhältnis und andererseits mit veränderten Raumkonzeptionen, um abschließend Überlegungen hinsichtlich der möglichen Wechselwirkung von Geschlechterverhältnis und Entwicklung virtueller Räume anzustellen.

Über die Doppelung von Realität

Zunächst also zum Begriff der *Virtuellen Realität*, der sich aus zwei Wörtern mit semantisch entgegenstehender Bedeutung zusammensetzt. Schaue ich nach der etymologischen Wurzel des Wortes *virtuell*, so bedeutet virtus im Lateinischen Kraft / Vermögen und steht für etwas potenziell Wirkendes, das keine Gegenständlichkeit besitzt: Virtuelles ist demnach nur der Kraft oder Möglichkeit nach vorhanden, ist existent – aber nicht materiell. Das in der Metaphysik der Scholastiker geprägte Kunstwort virtualiter verweist als Gegensatz zu formaliter darauf, dass Virtuelles – ohne an körperliche Anwesenheit gebunden zu sein – überall präsent sein kann und durchaus tiefe Auswirkungen auf menschliches Realitätsverständnis und -bewusstsein hat. Dagegen wird mit dem Begriff der *Realität* immer auch eine materielle Gegenständlichkeit impliziert. Die Verknüpfung der beiden Aspekte ist indes nicht neu. So führt Elisabeth List aus, dass »durch den Gebrauch von Symbolen [...] in der menschlichen Orientierung zwischen den Handlungsimpuls und seine Realisierung die Imagination, die Vorstellung [tritt – G.S.], der im platonischen Denken der ontologische Status des ›geistigen Seins‹ zugewiesen wurde. Dem entspricht im nachmetaphysischen Denken das Phänomen der Virtualität« (1996, S. 101). Entsprechend verortet der Phänomenologe Alfred Schütz (1971) menschliches Leben in mannigfaltigen Wirklichkeiten, die allerdings der Alltagswelt nichts von ihrem besonderen Realitätsakzent nehmen können. Letzterer folgt aus den pragmatischen Erfordernissen des Lebens, das verantwortliches Handeln angesichts politischer, sozialer, ökologischer Krisen verlangt (List 1996, S. 102).

Der Begriff der *Virtuellen Realität* (im Weiteren: VR) wurde 1989 von Jaron Lanier als Quasi-Oberbegriff für die Art neuer Technologie geprägt, bei der mit Hilfe eines computerisierten Anzugs eine den NutzerInnen gemeinsame Wirklichkeit synthetisiert wird. Dabei wird menschliche Beziehung zur physischen Umwelt auf einer neuen und eigenen Ebene nachgeformt. Seither wird die Bezeichnung VR für all die Techniken verwendet, »die es erlauben, einen Menschen unmittelbar in computergenerierte Entwicklungsumgebungen zu integrieren, im Unterschied etwa zu reinen Computersimulationen, bei denen ein Eintauchen, eine Immersion nicht stattfindet. VR beabsichtigt im Kern, den Eindruck zu vermitteln, es handele sich bei den computergenerierten Entwicklungsumgebungen um die Realität selbst, was VR von Computersimulationen oder von Modellen [...] unterscheidet. Computersimulationen wollen die Wirklichkeit primär erkennen, während die Technologie der VR mit unterschiedlichen Intentionen diese tendenziell ersetzen will« (Bühl 1996, S. 53). VR bedeutet also für die NutzerInnen, dass sie große Teile ihrer individuell lebensweltlichen Realität durch mittels Computer künstlich erzeugte ersetzen und in diese künstliche Realität eintauchen können, als wäre sie echt. Im Gegensatz zur Animation passiert in der VR alles in Echtzeit, da jede Reaktion der NutzerInnen mittels Datenhelm und Datenhandschuh sofort in den virtuellen Raum umgesetzt wird; es ergibt sich ein »Walk-Through-Effekt« mit dem Gefühl, sich tatsächlich in einer eigenen Welt zu befinden. Noch ist die Technik erst so weit entwickelt, dass nur gewisse Aspekte raumbezogener Aktionen mittels dreidimensionaler Verschiebungen und Drehungen simuliert werden können und VR-Anwendungen lediglich Erweiterungen bisheriger Realität darstellen. Aber »die Metapher von der VR betont [...] zweierlei: Zum einen die Tatsache, dass etwas wirklich da ist, das wir erkunden können, weil es auf unsere Sinne wirkt und durch unsere Handlungen verändert werden kann, und zum anderen die Feststellung, dass ein Teil dieser Wirkungen auf einer Täuschung oder einer idealisierten Annahme beruht« (ebd., S. 21).

Zu beachten ist bei alledem, dass sich Realität quasi verdoppelt – hinausgehend über phänomenologisch konstatierte außeralltägliche Wirklichkeiten. Neben den bisherigen durch individuell unterschiedliche Lebensvollzüge geprägten realen Realitäten, die einen Austausch über die jeweils geteilte soziale Wirklichkeit erforderlich machen, entsteht eine durch technische Verknüpfungsmöglichkeiten determinierte VR, die innerhalb eines Maschinensystems für alle NutzerInnen nach einheitlichen Regeln gestaltet ist. Als sich aus dieser Realitätsverdoppelung ergebende Gefahren werden derzeit vor allem auf lebensweltlicher Ebene Fehleinschätzungen realer Realitäten, Kommunikationsdefizite oder Suchteffekte thematisiert. Auch bei vorsichtigen Wirkungsprognosen sind Rückkoppelungen von einer strukturell reduzierteren VR auf die Wahrnehmung von und den Umgang mit realen Realitäten und komplexen Wirklichkeiten zu erwarten.

Über den Wandel zur Informationsgesellschaft

Als Soziologin liegt es für mich nahe, die Diskurse um VR mit der Debatte um den Wandel der ökonomisch und politisch dominanten Gesellschaften in Europa, Nordamerika und Teilen Asiens vom Typus der Industriegesellschaft zum Typus der *Informationsgesellschaft* in Zusammenhang zu setzen. Mit diesen Typen werden historisch differenzierbare Phasen gesellschaftlicher Entwicklung gekennzeichnet. Trotz unterschiedlicher Modelle für solchen sozialen Wandel gehen alle Ansätze davon aus, dass Information als Produktionsfaktor und Konsumgut wie auch als Kontroll-, Herrschafts- und Steuerungsmittel bedeutsamer wird!

Achim Bühl (1996, S. 28 ff.) unterscheidet – entsprechend unterschiedlicher Ausgangspunkte für die Analyse – vier verschiedene Einschätzungen des Stellenwertes der Informationsgesellschaft:
- Entweder wird die Informationsgesellschaft im Sinne einer informatisierten Industriegesellschaft als *neue industrielle Revolution* dargestellt: Information gilt dabei nicht zur Überwindung der In-

dustriegesellschaft, sondern wie zuvor Dampfmaschine, Eisenbahn, Automobil und Flugzeug nur als neue Basisinnovation für einen fünften Zyklus und somit als Auslöser einer neu beginnenden Wachstumsphase.
- Oder die Informationsgesellschaft wird als *nachindustrielle Gesellschaft* beschrieben, wobei insbesondere der Wandel der Sozialstruktur hin zu einer akademisch geprägten Gesellschaft betont wird. Allerdings erscheint die damit proklamierte Fokussierung auf Wissen statt auf Eigentum angesichts globaler Vernetzung der Ökonomie und des Einflusses des Militärs auf die sich entwickelnde Technologie eher als idealisierter Wunsch denn als empirische Realität – zumal der Begriff des Wissens wenig präzisiert wird.
- Oder die *Informationsökonomie* wird in den Vordergrund gestellt, wobei i.d.R. das bislang übliche volkswirtschaftliche Drei-Sektoren-Modell Landwirtschaft – Industrie – Dienstleistung um den Sektor der Wissensindustrie erweitert wird. Der Nachteil entsprechender empirischer Studien liegt darin, dass die Begründung meist ausschließlich über technische Indikatoren verläuft und so komplexe Vergesellschaftungsprozesse als Statik eines quasi naturgeschichtlichen Entwicklungsprozesses erscheinen, fern aller politischen Steuerung und ohne heterogene Szenarien.
- Am radikalsten stellen sich m.E. die Ansätze dar, die die Informationsgesellschaft im Kontext einer universalen *Stadientheorie* begreifen: Als Protagonist präsentiert Alvin Toffler (1980) ein Drei-Wellen-Modell für einen aufsteigenden gesellschaftlichen Entwicklungsprozess, in dem die Informationsgesellschaft nicht als Idealtyp, sondern als Realtyp einer individualisierten, automatisierten und marktfreien Gesellschaft erscheint. Laut Tofflers Prognose werden die neuen Technologien weniger energieintensiv sein und aus erneuerbaren Quellen gespeist werden; die biologischen Gefahren werden insbesondere auf Informationsverschmutzung beruhen; die Individualisierung bezieht sich auf entkernte Lebensformen wie auf entmasste Medien oder maßgefertigte Produktion mit großer Typenvielfalt. Räumlich wird die systemische Orientierung glokal ausgerichtet sein, d.h. Ort und Welt zugleich bedenken und nutzen, und in der lebensweltlichen Ausformung wird sich die Wohnung zum elektronischen Heim, das wieder Produk-

tion und Reproduktion in gewandelten Ausformungen beherbergt, wandeln. Sozialer Raum emanzipiert sich von geografischen Voraussetzungen und funktionale Zeiten werden weitgehend kontraproduktiv, wobei die Auflösung industriegesellschaftlicher Trennungen in Arbeitszeit und Freizeit bzw. in Arbeitsplatz und Wohnort alltagspraktisch zu bislang nicht gekannten Flexibilisierungen und wissenschaftspraktisch zu relationalen Modellvorstellungen führen könnte.

Obwohl Toffler sein Modell weder nur auf ökonomische Kennziffern reduziert, sondern Ökonomie, Gesellschaft, Politik und Kultur zur Kennzeichnung seiner unterschiedlichen Gesellschaftstypen komplex verknüpft, noch in informationstechnische Wachstumseuphorie ausbricht, sondern betont, dass die bevorstehenden Krisen und Entwicklungsbrüche im demokratischen Diskurs zu lösen sein müssen, unterliegt auch sein Modell der Gefahr, dass »aus analytischen Gründen die Vielfalt der Welt sowie strukturelle Heterogenitäten bei der Analyse von Gesellschaften ignoriert werden« (Bühl 1996, S. 36). So hält z.b. Niklas Luhmann den Begriff der Informationsgesellschaft lediglich für ein mit allen Zügen forcierter Einseitigkeit behaftetes Schlagwort, denn die Moderne könne »sich selbst noch nicht ausreichend beschreiben, also markiert sie ihre Neuheit durch Bestempelung des Alten und verdeckt damit zugleich die Verlegenheit, nicht zu wissen, was eigentlich geschieht« (1992, S. 14). Weiterhin ist allen angeführten Typen ein Entwicklungskonzept zu Grunde gelegt, das quantitatives Wachstum und qualitativen Fortschritt impliziert. Wie auch in den Konzeptionen von VR wird somit die Möglichkeit offeriert, die Beschränkungen des realen leibgebundenen Lebens aufzuheben bzw. zumindest unbeschränktes Wissen realisieren zu können. Die mit der kulturellen Evolution vorangetriebene Exteriorisierung und Objektivierung intellektueller und symbolischer Fähigkeiten (vgl. Leroi-Gourhan 1980) – in Vorzeiten begonnen mit der Verwendung der Medien Stein und Pergament – macht mit den neuen Informationstechniken den bislang radikalsten Schritt in Richtung Entkörperlichung von Wissen. Elisabeth List bezeichnet solches als Fortschreibung androzentrischer Philosopheme (1996, S. 89).

Zusammenfassend ist festzustellen, dass der Begriff der Informationsgesellschaft durchaus gesamtgesellschaftliche Aspekte berücksichtigt und durch die Abgrenzung zur klassischen Industriegesellschaft die strukturellen Unterschiede transparent werden lässt, jedoch durch die Fokussierung auf Information die Virtualisierung als Kern des gesellschaftlichen Prozesses nahezu außer Acht lässt. Deshalb bevorzugt z.b. Achim Bühl die Metapher der *Virtuellen Gesellschaft*. Wenig bis gar nicht wird in den meisten Diskussionen darauf eingegangen, welche Auswirkungen der aktuelle Wandel der Gesellschaft auf die diversen Arbeitsteilungen hat und wie deren Veränderungen mit Geschlechterverhältnissen oder Eigentumsverhältnissen oder erkenntnistheoretischen Ordnungsvorstellungen etc. zusammenhängen. In diesem Text soll nun das Augenmerk darauf gerichtet werden, ob in der sich ausdifferenzierenden Informationsgesellschaft Geschlechterverhältnisse mittels Virtualisierung des Raumes gefestigt oder verändert werden können.

Über Raum als gesellschaftliches Konstrukt

Das Stadien-Konzept Tofflers stellte bereits in Aussicht, dass sich mit der breiten Verwendung neuer Informationstechniken auch die Wahrnehmung von und der Umgang mit Raum und Zeit grundlegend ändern werden. Allerdings wurde kaum einsichtig, was es faktisch bedeuten kann, wenn in der zukünftigen Gesellschaft Produktion, Distribution und Kommunikation weitgehend in wie auch immer gesteuerten virtuellen Räumen stattfinden werden. Um dies zumindest theoretisch anschaulicher werden zu lassen, möchte ich jetzt einen weiteren Zugang eröffnen und zunächst ein eher methodologisches Konzept vorstellen, das Raum entsprechend den derzeitigen Anforderungen empirischer Forschung differenziert.

Infolge der Wissensgenerierung in den mathematisch-naturwissenschaftlichen Disziplinen seit Mitte des 19. Jahrhunderts setzte sich die Erkenntnis durch, dass Raum und Zeit nicht, wie Kant es nannte, vor aller menschlichen Erfahrung liegende Kategorien des Seins sind, sondern in ihrer Konzeptionierung abhängig von den lebensweltlichen und systemischen Bedingungen der Menschen. Trotzdem arbeiten nur die wenigsten gesellschaftswissenschaftlichen Disziplinen raum- oder zeitbewusst. Vielmehr scheint nach wie vor das Ziel aller sich als bedeutsam verstehenden Wissenschaften darin zu bestehen, Erkenntnisse mit ort- und zeitloser Geltung zu gewinnen. Diese Einschätzung stützt die soeben rezipierte Analyse einer angestrebten Entleiblichung des als ideal angesehenen Wissens. In der Soziologie sind in den vergangenen Jahrzehnten sich abwechselnde Phasen zu verzeichnen, in denen entweder die zeitliche oder die räumliche Relevanz sozialer Phänomene thematisiert wurden – allerdings selten im Bezug aufeinander, also im Bewusstsein der Abhängigkeit von Raum und Zeit. Raum als soziologisch relevante Analysedimension wird in den 90er Jahren wieder verstärkt in Betracht gezogen – etwa in Frankreich durch Pierre Bourdieu, in Großbritannien durch Anthony Giddens und in Deutschland durch Dieter Läpple oder Martina Löw. Das Modell, das ich für die weiteren Überlegungen verwenden will, geht vom sogenannten Matrix-Raum Läpples (1991) aus. Dessen vier Felder werden in meiner Weiterentwicklung des Modells (Sturm 2000) mittels einer Zeitspirale in sich aufbauender Dynamik angeordnet, wobei sich vielfältige Beziehungsaspekte zwischen den entstehenden Quadranten ergeben.

- Die vier Quadranten spiegeln eine jeweils sehr eigenständige Facette einer komplexen – natur- wie gesellschaftswissenschaftlich relevanten – Raumvorstellung und sind zugleich in ihrer Gesamtheit notwendig, um Raum entstehen lassen zu können. Ihre relative Unabhängigkeit ist methodologisch notwendig, um eine Forschungsfragestellung in ihrem Hauptinteresse und damit Ziel verankern zu können. Aus diversen Vorläufermodellen modifiziere ich für mein Quadrantenmodell folgende Kurzbezeichnungen:

I. Die materiale Gestalt des Raumes
II. Die strukturierende Regulation im Raum und des Raumes
III. Das historische Konstituieren des Raumes
IV: Der kulturelle Ausdruck im Raum und des Raumes

- Die Kreisanordnung ermöglicht es, unterschiedliche Wechselwirkungen zwischen den in Quadranten und Hälften repräsentierten Raumeigenschaften zu visualisieren. Raum kann in jeder Facette abhängig von der Forschungsfrage sowohl die positionale als auch

die relationale Funktion übernehmen – wobei das ›Gegenfeld‹ dann jeweils die entsprechende ›Gegenfunktion‹ wahrnimmt.
Die gegenseitige Abhängigkeit von Raum und Zeit soll durch die Drehung in eine Spirale hinein verdeutlicht werden. Dadurch entstehen beliebig viele *Schichten* aufeinander, die das historische Gewordensein von Raum und im Raum dokumentieren.

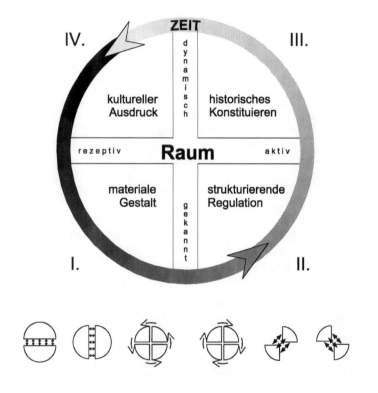

Abbildung: Dynamisches Raum-Modell mit Zeit als Entwicklungsspirale – in der Symbolleiste sind die konstituierenden Wechselwirkungen gekennzeichnet (Quelle: Sturm 2000).

Eine gesellschaftsorientierte Analyse von Raum sollte sich nicht auf Problemstellungen, die nur eine der vier Facetten berücksichtigen, reduzieren: Die Stofflichkeit des I. Quadranten erscheint als begriffene Wirklichkeit und fordert mit ihren Ressourcen die Veränderung durch menschliches Handeln im III. Quadranten heraus; vice versa sucht sich die Handlungsenergie des III. Quadranten ein Objekt aus dem I. Quadranten, um aufgrund einer vorliegenden Idee / Norm / Regel des II. Quadranten zur Verwirklichung im IV. Quadranten zu gelangen; das bewirkte Ergebnis im IV. Quadranten ist ohne einen Plan / Entwurf im II. Quadranten – ob bewusst oder unbewusst – unmöglich und spiegelt zugleich dessen strukturierendes Ordnungsprinzip; die vielfältige Wirklichkeit des IV. Quadranten wird durch die alltäglichen Lebensvollzüge im III. Quadranten nur auszugsweise realisiert, wodurch unterschiedliche Materialisierungen im I. Quadranten konstituiert werden können.

An Stelle eines Beispieles, mit dem die komplexen Wechselwirkungen zwischen den analytischen Raumquadranten veranschaulicht werden könnten (vgl. dazu Breckner/Sturm 1997), formuliere ich für diesen Text mögliche Untersuchungsfragen, die bei einer empirischen Raumanalyse – beginnend mit dem Quadranten, auf den sich das ursprüngliche Erkenntnisinteresse richtet – gestellt werden könnten. Zu beachten ist dabei die Gleichzeitigkeit von positionalen Fragen, die ausschließlich die Gegebenheiten des gewählten Quadranten fokussieren, und relationalen Fragen, die ohne einen Bezug zu Nachbarquadranten nicht auskommen:

I. Welche Elemente der materialen Raum-Gestalt können wir an unserem Untersuchungsort entdecken – z.B. Oberflächenstrukturen, Gerüche, Temperaturen, Geräusche, Dinge und Lebewesen, Stofflichkeit, Ordnungsmuster etc.? Welche zuvor aufgrund von Fremdinformationen genährten Erwartungen werden durch unsere Orts-Wahrnehmungen enttäuscht? Welche Erfahrungen verbinden wir mit unseren Wahrnehmungen und mit welchen Wissensbeständen können wir sie verknüpfen? Welche Subjekte haben das materiale Raumsubstrat in welchen gesellschaftlichen Assoziationsformen geprägt? Welche Nutzungsmöglichkeiten ent-

stehen dadurch für wen und wie beeinflussen sie die Wahrnehmungsmöglichkeiten der materialen Dimension dieses Raumes?
II. Wer regelt mit welchen Mitteln die Vergegenständlichung im Raum? Welche und wessen Ordnung wird dadurch deutlich? Welche gesellschaftlichen Normen könnten zur Entstehung dieser Ordnung beigetragen haben – z.b. Schutz des Privateigentums, individuelle Freiheitsrechte, religiöse Ge- und Verbote, Ideal von Leistung und Effektivität, Beherrschung von Natur sowie alle hierarchisierenden Bewertungen nach Klasse, Ethnie und Geschlecht? Durch welche gesellschaftlichen Institutionen wird die Einhaltung von Normen mit welchen Mitteln kontrolliert und durchgesetzt? Wie drückt sich diese normative Steuerung der Nutzung, Aneignung und Produktion von Raum durch Institutionen in konkreten Raumbildern aus – z.b. Bannmeilen um öffentliche Gebäude, Ge- und Verbots-Schilder, An- bzw. Abwesenheit bestimmter Personengruppen im Raum?
III. In welcher Art und Weise beeinflussen gesellschaftliche Interaktions- und Handlungsstrukturen in Familie, Schule, Betrieben oder Nachbarschaften die Nutzung, Aneignung und Produktion von Raumsubstraten? Wie unterscheiden sich diese Interaktions- und Handlungsstrukturen nach Alter, Geschlecht, Klasse und Ethnie? Wie und warum haben sich diese raumkonstituierenden Figurationen bzw. Vernetzungen zwischen den Menschen historisch rückblickend entwickelt? Welche Auswirkungen haben feststellbare Unterschiede auf Nutzung, Aneignung und die Produktion gesellschaftlicher Räume?
IV. Welche Spuren, Zeichen und Symbole entdecken wir an der materialen Gestalt des Raumes? Wer repräsentiert was warum in diesen kulturellen Ausdrucksformen? Welche Ordnungsvorstellungen bzw. welche Prozesse der Nutzung, Aneignung und Produktion gesellschaftlicher Räume zeitigen solche Wirkungen? Zu welchen Nutzungen, Aneignungs- und Produktionsformen von Raum regen Spuren, Zeichen und Symbole als Ergebnis vorgängiger Praxis im Raum an? Welche Beziehungen spüren wir zwischen unseren Wahrnehmungen und körperlichen Empfindungen – z.B. Wohlbefinden, Vertrautheit, Angst, Fremdheit?

In diesem Modell, das die historisch-prozessuale Herstellung gesellschaftlichen Raumes betont, möchte ich nun nachzeichnen, was der Begriff des Virtuellen Raumes an konstituierenden Bedeutungsgehalten in sich trägt.

Über den Raum der Virtuellen Gesellschaft

Im Unterschied zu Denk- und Arbeitsprozessen in Wissenschaft oder Alltagsleben, die im unterschiedlichen Ausmaß immer auch mit Intuition und Zufall agieren, folgt Technik festgelegten Regeln, deren Abfolge zwar aus Erfahrung resultiert, aber nach Etablierung des Systems kaum mehr durchbrochen werden kann. Bei Unverträglichkeit von technischen Abläufen mit alltäglichem Gebrauch werden z.b. zwecks Vermarktung an ein breites Spektrum der Gesellschaftsmitglieder für zahlreiche technische Alltagsprodukte fehlerfreundliche Benutzungsoberflächen entwickelt. Dies ändert jedoch nichts daran, dass jede Technik – wie es ihr Name als Prinzip beinhaltet – einem strikten Ablaufschema zu gehorchen hat: ›tekne‹ bedeutet im Griechischen ›Handwerk, Kunstfertigkeit‹. Enthalten ist im Begriff bis heute die ›Anweisung zur Ausübung einer Kunst oder Wissenschaft‹, die Handhabung bzw. das Herstellungsverfahren. Auch wenn inzwischen selbstlernende Computer im Vormarsch sind und manche Visionen bezüglich künstlicher Intelligenz nach wie vor von sich selbst generierenden Maschinen schwärmen, folgt Technik zunächst den stetigen und i.d.R. linearen Modellen, die sich menschliche Gehirne haben ausdenken können. In meinem RaumZeit-Modell gehören solche Technikgrundlagen zum II. Quadranten der ›Strukturierenden Regulation‹. Funktionieren tut die jeweilige Technik aufgrund der zu treffenden Absprachen im III. Quadranten des ›Historischen Konstituierens‹. Dabei ist jedoch zu unterscheiden, ob diese Absprachen zwischen den ExpertInnen für die jeweilige Technik stattfinden, die im günstigeren Fall sich auch über die Reichweite und die Beschränktheit ihres Regelwerkes austauschen und bewusst werden, oder ob die Absprachen qua Bedienungsanleitung nur auf die NutzerInnen zugeschnitten sind, die i.d.R. die interne Logik eines technischen Gerätes oder Prozesses seltenst mehr nachvollziehen können oder wollen. Auf dieser Auswahl beruhend wird so im IV. Quadranten des ›Kulturell Bewirkten‹ eine gemeinsam zu teilende Wirklichkeit erzeugt. Diese ist aufgrund der regelhaften Beschränktheit der computergenerierten Umgebungen wesentlich homogener als durch Alltagsvollzüge hergestellte Wirklichkeit. Sind ExpertInnen wie NutzerInnen an die Selektion durch die vorgegebene Technik erst einmal gewöhnt bzw. wissen ihre Vorteile zu nutzen, können störende Wirklichkeitsaspekte, die nicht zum technikgenerierten Ausschnitt gehören, leicht ausgeblendet werden oder gar in Vergessenheit geraten. Dadurch werden bei der individuellen Wahl der gestaltbaren Realität des I. Quadranten entsprechend auch intersubjektiv homogenere materiale Räume hervorgebracht. Die oben dargestellte VR ist Teil der so durch Technik regulierten Materialität des gesellschaftlichen Raumes.

Die bürgerlich-moderne Gesellschaft hatte sich als Industriegesellschaft einerseits Raum in ökonomisch berechenbarer Zweidimensionalität und als Behälter gesellschaftlicher Ereignisse (vgl. Läpple 1991, Sturm 2000, Löw 2001) und andererseits Zeit in messbaren, linear aufeinanderfolgenden Takten angeeignet. Dem lag ein Definitionswille zu Grunde, der auf Effektivität und Beherrschbarkeit ausgerichtet war. Die derzeit neu entstehenden virtuellen Räume scheinen diese Ziele in bisher nicht gekannter Perfektion zu verwirklichen. Gesteuert durch jeweils zuvor gesetzte Definitionsregeln könnten Virtuelle Realitäten nicht nur als aufregendes Spielzeug, sondern als ideal beherrschbares Leben erscheinen. Insofern scheint mir eine Verschärfung der technisch-regulativen Konstitution von Welt bevorzustehen – zumindest lehrt die Erfahrung, dass die zu Beginn einer neuen Entwicklung durchaus noch im Blick befindlichen Restriktionen im weiter voranschreitenden Prozess nicht mehr präsent bleiben. Noch ist den Beteiligten klar, dass virtuelle Räume existent, aber nicht materiell sind. Da zugleich durch menschliches Tun bewirkt, könnte auf Dauer – wenn ich die Überlegungen am vorgestellten Raum-Zeit-Modell entlang entwickele – eine Verwechslung von im kulturellen Prozess erzeugter Wirklichkeit (IV. Quadrant) mit durch selektive Bezugnahme erzeugter Realität (I. Quadrant) bzw. ein Zusammenfallen derselben erfolgen. In der Sprache Bourdieus formuliert ist eine Naturalisierung virtueller Räume und Virtueller Realitäten zukünftig nicht ausgeschlossen. Aktueller jedoch ermöglicht VR samt der zugehörigen Räume eine Flucht aus der viel komplexeren Wirklichkeit des IV. Modell-Quadranten, die Mühen des interkulturellen Verstehens erfordert – VR fördert ein Umgehen bzw. eine Verweigerung der Kommunikation und der Aushandlungsprozesse im III. Modell-Quadranten, die eine Auseinandersetzung mit differenten Lebenswelten voraussetzen – und VR scheint alternative Regulationssysteme im II. Modell-Quadranten überflüssig werden zu lassen, die bei bisheriger Simulation oder Modellbildung stärker präsent erscheinen. So könnte der virtuelle Raum zu einer Wiedereinschränkung des sich gerade erweiternden Raumverständnisses führen, zu einem »living in a new box«, obwohl er zunächst als relationales, von körperlicher Präsenz unabhängiges und örtliche Trennungen überwindendes Interaktionsnetz – also als Befreiung bisheriger Beschränkungen – proklamiert worden ist.

Im Weiteren werde ich nun betrachten, wie die anstehende Veränderung gesellschaftlicher Regulation durch technisch gesteuerte Virtualisierungen in einer wie auch immer gearteten Informationsgesellschaft zusammengedacht werden kann mit der bereits Jahrhunderte lang die Gesellschaftsstruktur prägenden Ordnung des Geschlechterverhältnisses.

Über Geschlechterkonstitution in Abhängigkeit von gesellschaftlichem Wandel

Vor allem die historische Geschlechterforschung hat in den vergangenen Jahren umfangreiches empirisches Material für die Konstituierungsprozesse der Geschlechter als Teil des gesellschaftlichen Regulationssystems zusammengestellt (vgl. u.a. Projekt für historische Geschlechterforschung 1996). Insofern müssen wir keinen interkulturellen Vergleich vornehmen, um die Abhängigkeit der Vorstellungen über die Geschlechter von der je zeitgenössischen Kultur bzw. Gesellschaftsform nachvollziehen zu können. Wenn ich mich trotz der ihm inhärenten Wachstumsideologie an das Tofflersche Drei-Wellen-Modell anlehne und diverse Übergangsstadien ausblende, sind für den europäischen Kulturraum folgende grundsätzlich unterschiedliche Geschlechterkonstruktionen zu belegen:

Nach heutigem Stand der Forschung war während des Mittelalters und bis zum Jahrhundert des Humanismus und der Reformation ein durch christliche Anthropologie geprägtes hierarchisches *Ein-Geschlecht-Modell* (Laqueur 1992) vorherrschend: In diesem sind Mann und Frau von gleichem Fleisch, stehen durch unterschiedliche Gottnähe bzw. -ferne jedoch in einem graduell, nicht essenziell hierarchischem Verhältnis zueinander. Als *komplementäres Verhältnis der Geschlechter* betont es das Aufeinanderangewiesensein, was sich räumlich u.a. in der Ökonomie des Ganzen Hauses darstellt. Erst durch die dynamischen und humanistisch-moralischen Facetten der Renaissance besteht die Gefahr, dass männliche Dominanz eventuell in Frage gestellt wird. Es folgt ein Jahrhunderte währender vieldimensionaler Umschichtungsprozess: Gegenreformation samt Hexenverfolgungen und der Absolutismus werden von kritischer Geschichtswissenschaft als Gegenbewegungen und zwecks Sicherung patriarchalischer Herrschaft eingeschätzt.

Die sich während der Aufklärung und den bürgerlichen Revolutionen durchsetzenden Ideale einer wissenschaftlich zu begründenden, naturbedingten Weltordnung (trippel-down-Effekt) verändern die Art der Hierarchisierung: Die mit der männlichen Herrschaftssicherung ablaufenden Distanzierungen im Zusammenspiel mit der Eroberung fremder Kulturen produzieren den Begriff des *Anderen*, der den weißen europäischen Mann in Opposition setzt zur heimischen Frau wie zum nicht-weißen Mann in der Fremde. Die nicht-weiße / nichteuropäische Frau steht gänzlich außerhalb dieser Ordnung, wird lediglich als Metapher genutzt und ist als Subjekt nicht vorhanden. Der Rückgriff auf göttliche Ordnung wird überflüssig, denn die Andersartigkeit wird als Natur begründet und als solche gegenüber dem männlichen Geist zur Minderwertigkeit. Aus der früheren Geschlechterkomplementarität wird die bis heute gültige *Geschlechterpolarität* (vgl. Duden 1999). Das damit einhergehende wissenschaftlich konnotierte Zwei-Geschlechter-Modell lässt den sezierenden Blick von außen in den geschlechtlichen Körper eindringen und blendet das bisherige Erfahren von innen weitestgehend aus. Die raumgreifende bürgerliche Autonomie entgrenzt die Städte im Namen der Aufklä-

rung und verknüpft die bisherige geschlechtliche Arbeitsteilung mit der *räumlichen Arbeitsteilung* im Namen der fortschreitenden Industrialisierung. Die zur Hierarchisierung hinzukommende Dualisierung der Geschlechter eröffnet dem bürgerlichen Mann den neu gewonnenen öffentlichen Stadtraum, während die ins Private eingeschlossene bürgerliche Frau unsichtbarer denn je zuvor wird. Dafür werden die unübersichtlich werdenden Städte samt ihrem Reiz des möglicherweise gefährlichen Urbanen mit sphinxhafter Weiblichkeit konnotiert (vgl. Wilson 1993).
Gesichert wird diese Konstruktion bis heute durch ein *bürgerlich-modernes Identitätskonzept*. Die Wortwurzel von Identität bedeutet Einerlei / ein-und-dasselbe-Sein. In Verbindung mit dem Wort Individuum, als dem Unteilbaren, Abgesonderten, spitzen sich beide Bedeutungen noch einmal zu: Das unteilbare Selbe wird zum End- und Angelpunkt, es ist mit sich selbst eins und von ihm geht alles aus. Das mit sich selbst identische Individuum entspricht seit dem 18. Jahrhundert dem Selbstentwurf des bürgerlichen Mannes. Von ihm aus gesehen wird alles, was nicht zu ihm gehört, zum ausgegrenzten Anderen, zum Nicht-Ich, das der Definitionsmacht des männlich beständigen, abgeschlossenen und selbstgewissen Subjektes unterliegt. In dieser Konstruktion wird das Weibliche als Nicht-Identisches ausgeschlossen – kann somit keine bürgerlich-moderne Identität gewinnen / sich nicht selbst bestimmen! Regina Becker-Schmidt und Gudrun-Axeli Knapp geben entsprechend für die Geltung des Weiblichen in der Gesellschaft drei aufeinander bezogene Dimensionen an (1987, S. 144 f.):

a) Hinsichtlich der kulturellen symbolischen-repräsentativen Wertehierarchie *diskriminierende* Inferiorität, was eine Identifikation mit dem Mangel verlangt (verortbar im IV. Raumquadranten);

b) hinsichtlich der regulativ-strukturierenden Dichotomisierung die *reduzierende* Positionierung am Pol des Privaten, Naturhaften, Körperhaften und damit Nichtmännlichen, was in Bezug auf die soziale Stellung die Identifikation mit der deklassierten Rolle verlangt (verortbar im II. Raumquadranten); und schließlich – zum Ausgleich stilisiert –

c) hinsichtlich der inhaltlich-materialen Bestimmung von Weiblichkeit ihre sie *auszeichnende* Andersartigkeit, die eine Identifikation mit den Besonderheiten des Geschlechtes – z.b. mit Mütterlichkeit als vollendete Form der Weiblichkeit – verlangt (verortbar im I. Raumquadranten).

An dieser identifizierenden und ausgrenzenden Logik, die dem europäischen Ordnungssystem innewohnt, haben sich die Frauenbewegungen seit 150 Jahren in Auseinandersetzung um die Geschlechtsstereotypen abgearbeitet. Wurde in der Alten Frauenbewegung gegen die Diskriminierung hauptsächlich mittels *Gleichheitsvorstellungen* angegangen, analysierte die Neue Frauenbewegung dann vor allem die Reduzierung der Frauen durch die gesellschaftlichen Rollenzwänge und proklamierte *Differenzvorstellungen* mit eigener weiblicher Identität. Inzwischen ist deutlich geworden, dass die hierarchisierende Struktur der Zweigeschlechtlichkeit einschließlich der damit verknüpften Zwangsheterosexualität nur in Frage zu stellen ist, wenn auch die Auszeichnung als weiblich oder männlich und der dem zu Grunde liegende bürgerlich-moderne Identitätszwang aufgegeben werden. Als praktizierbarer Zwischenschritt kann dies heißen: »Nur wo Identisches und Nicht-Identisches zugleich gedacht werden, geraten die Verhältnisse in Bewegung, kommen Kräfte und Gegenkräfte zum Vorschein, werden Lernprozesse und Veränderungen vorstellbar« (ebd., S. 142). Eine Abkehr von jeglichen Identitätsvorstellungen fällt hingegen noch schwer zu denken (vgl. Sturm 1999).

Die aktuelle theoretische Diskussion um Geschlechterkonstitution streitet deshalb ausgehend von der politischen Demonstration von *Queer*-Sein um *Vielfalt* und Aufhebung aller Dualisierungen. Dieses beinhaltet als Folge der Auseinandersetzung mit dem Faktum und den Elementen der Verschiedenheit die Einbindung wissenschaftlicher wie alltagspraktischer Entscheidungen in deren räumlichen und zeitlichen Kontext. Statt Gegenstände und Ereignisse als voneinander Getrennte nebeneinander zu stellen und allenfalls zu vergleichen, sollten sich zukünftige Konstruktionen nicht mehr auf die Definition von Einheiten und Eindeutigkeiten kaprizieren, sondern vor allem die Relationen zwischen den Gegebenheiten betonen. Solches verlangt u.a. die Reflexion und Veränderung der bislang dominierenden Rationalitäts- bzw. Vernunftkriterien (vgl. u.a. Kulke 1988).

Über die Geschlechterzuordnung der gedoppelten Realitäten

Leite ich aus meinen Überlegungen zur historisch konnotierten Geschlechterkonstitution nun deren Verräumlichung in meinem Raum-Zeit-Modell ab, so stelle ich als Folge der Selbstkonzeptionierung des bürgerlich-modernen Mannes als eines mit-sich-selbst-identischen Individuums zunächst Folgendes fest: Sowohl die wertschöpfende Ökonomie als auch die normative Verregelung als auch die politische Öffentlichkeit und schließlich auch die symbolisch-repräsentative Darstellung weisen sich derzeit durch eine männlichkeitszentrierte Reduzierung der insgesamt möglichen gesellschaftlichen Erscheinungsformen und Potenziale aus. Nach wie vor ist eine *nach Geschlecht differenzierte Materialität gesellschaftlicher Räume* zu konstatieren. Allerdings wurde traditionell auf der einen Seite durch Männlichkeit die reale Realität definiert im Sinne einer Vorabdefinition des gesellschaftlich Wirksamen und auf der anderen Seite durch Weiblichkeit eine virtuelle Realität eröffnet, da Räume von Frauen zwar existent, jedoch fremddefiniert und entsprechend gering kulturell wirklich im Sinne von sichtbar gewesen sind. Diese traditionelle Verortung der Geschlechter im gesellschaftlichen Raum scheint sich aktuell umzukehren, stürmen doch vor allem die jungen, akademisch ausgebildeten Männer die neue VR mit ihren Datenautobahnen, präsentieren sich als Flaneure und Bewohner in den digitalen Städten und dominieren die Kommunikation auf den neu eingerichteten öffentlichen Plätzen der Chat-Rooms (vgl. Weiske/ Hoffmann 1996). Welche Chancen bietet also die gedoppelte Realität Frauen und Männern bzw. der sich wandelnden Konstituierung des Geschlechterverhältnisses? Mindestens zwei Entwicklungsalternativen bieten sich an:

Zum einen könnte – wie übrigens nicht nur von feministischen Wissenschaftlerinnen proklamiert – der bürgerlich-männliche Identitätszwang zu Gunsten einer kreativen und situationsgebundenen Vielfalt aufgegeben werden. Impliziert wäre darin eine Aufhebung der Trennungen von Natur und Kultur wie von Körper und Geist wie von Leib und Maschine (vgl. u.a. Haraway 1995 oder List/Fiala 1997). Solches könnte ungeahnte Potenziale eröffnen und würde in eine noch kaum vorstellbare Welt führen. Unter Annahme angemessener raumzeitlicher Abwägungen, kontextueller Rücksichtnahmen und offen gelegter gesellschaftlicher Entscheidungen bieten entsprechende Wandlungen den Quellgrund für positive gesellschaftliche Utopien. Unter Annahme zunehmender Ungleichverteilung von realen wie ideellen Lebenschancen, zunehmenden individuellen wie kollektiven Risiken oder der Gefahr totalitärer Herrschaft sind negative Gesellschaftsutopien zu zeichnen trotz Ablösung der auf dualisierender Identität beruhenden weltlichen Ordnung.

Zum anderen könnte einer Auflösung bisherigen hierarchisierenden Dualisierens ausgewichen werden, um das bürgerliche Projekt mit seinen Vorstellungen von Machbarkeit zu retten. Das hieße u.a. für das ungleiche Geschlechterverhältnis eventuell zwar ein neues Gewand, jedoch keine strukturelle Veränderung. So wie ich die laufende Diskussion um virtuellen Raum als Teil der VR wahrnehme, zeichnet sich eine solche Umkodierung als nicht unwahrscheinlich ab. Für das Konzept aufrechtzuerhaltender Männlichkeit wird eine neue Welt geschaffen, in der die liebgewonnene Definitionsmacht samt allen damit verknüpften Normierungen erhalten bleibt. Solches könnte entlang folgender Perspektiven geschehen:

- Derzeit wird – wie bereits von Elisabeth List ausgeführt – Virtualität als Neuheit proklamiert, obwohl sich darin altbekannte Strukturen restituieren: In der abendländischen Kultur ist seit der griechischen Antike die Idee hochgeschätzt worden, hat der Geist und das Denken mehr als der Körper und die leibliche Erfahrung gegolten. Das neue Namenskleid verdeckt u.a. die implizierten vielschichtigen Zuweisungen zu den Geschlechtern. Allerdings war im Aristotelischen Konzept die Idee der ›causa formalis‹ zugeordnet, der Formursache eines Gegenstandes, die in meinem methodologischen Raummodell dem II. Quadranten angehört. Mit den Konzepten von VR und virtuellem Raum findet nun eine Verschiebung in den I. Quadranten der ›causa materialis‹, der materialen Gestalt statt. Wurden die Auswirkungen der Idee geschlechtshierarchischer Ordnung der Gesellschaft im Rahmen feministischer Wissenschaft zunehmend analysierbar und erkennbar, so verlangt eine Ausweitung dieser Ordnungsvorstellung in die Materialität der VR nach neuen Erkenntniszugängen und Handlungsformen.

- Die Ausweitung des Virtualitätsbegriffes wird m.E. in ihrer Wirklichkeitsrelevanz unterschätzt. Zwar stellen zahlreiche Autoren »die Frage, ob sich mit der aufkommenden Kultur der Virtualität zwangsweise eine irreversible Entfremdung von der wirklichen Welt ankündigt [... und beruhigen die LeserInnenschaft mit dem Hinweis, dass (G.S.) ...] Computerbilder von höchster Wiedergabetreue nichts anderes als digitale Modelle sind, [...] nicht in der Lage, von sich aus auf die Realität einzuwirken« (Maldonado 1994, S. 66 ff.). Aber selbst in dieser problemreduzierten Sicht sind die Wechselwirkungen zwischen virtueller und realer Realität sowie zwischen den von ihnen induzierten Wirklichkeiten nur schwer abzuschätzen. Wenn die gesellschaftliche Steuerung aus dem II. Quadranten in die VR des I. Quadranten übertragen wird, dürften jedoch auf Dauer sowohl die historisch-kulturelle Wirklichkeit als auch die darin verankerte reale Realität aus der VR heraus beeinflusst werden: Globalisierungsprozesse und Herrschaftsformen wie Geschlechterverhältnisse unterliegen dann material veränderten Bedingungen. Die neue Virtualität nimmt somit eventuell doch eine im Vergleich zum antiken Vorbild veränderte Qualität an, da sie nicht nur als normative Regulation, sondern auch als gedoppelte Materialität homolog zur realen Realität wirksam wird.
- In der Frauenbewegung forderten die Protagonistinnen Zugang zur gesamten Welt. Bislang war nicht anzunehmen, dass den in einer patriarchalischen Welt Untergeordneten eventuell die bisherige wirkliche Welt gänzlich überlassen werden könnte, da sich die herrschenden Männer eine neue virtuelle Welt hergestellt haben. Massive Skepsis halte ich gegenüber diesem ›Käfig-Prinzip‹ für angebracht: Zunächst wurden ›die Anderen‹ in die Potenzialität naturhafter Arbeit eingeschlossen und ihrer Minderwertigkeit hinsichtlich gesellschaftlicher Wirksamkeit versichert, da nur außerhalb – in der wirklichen Welt – das Reich der Freiheit zu finden und menschliche Gesellschaft zu gestalten sei. Die aus dieser hierarchischen Struktur resultierenden Krisen legen nun offensichtlich eine Lösung nahe, bei der sich zukünftig die Herrschenden in selbstgestalteten virtuellen Räumen abschließen und ›den Anderen‹ die unwirtlich gewordene Weite der Welt zwecks Auf-

räumarbeiten anbieten. Für Frauen und andere in der patriarchalischen Hierarchie Untergeordnete verknüpften sich dann die ›Fröste der Freiheit‹ mit einer aufgehalsten moralischen und politischen Verantwortung für die Gestaltung des real-materialen Raumes, da dieser als Lebensgrundlage unverzichtbar ist. Es sind selbstverständlich – in Abhängigkeit von theoretischen Ausgangsannahmen und empirischen Rahmenbedingungen – noch zahlreiche andere Szenarien vorstellbar! Solche zu entwickeln, dürfte eine wichtige Aufgabe zukunftsorientierter Wissenschaft und Politik sein.

Literatur

Arendt, Hannah (1981): Vita activa – oder Vom tätigen Leben, München. [Original erschien 1958].
Becker-Schmidt, Regina (1999): Frauen-, Geschlechter- und Geschlechterverhältnisforschung in Naturwissenschaft, Technik und Medizin (elektronisches Dokument), http://www.nffg.de/b_vortragbs.htm.
Becker-Schmidt, Regina/Knapp, Gudrun-Axeli (1987): Geschlechtertrennung – Geschlechterdifferenz. Suchbewegungen sozialen Lernens, Bonn.
Breckner, Ingrid/Sturm, Gabriele (1997): Raum-Bildung – Übungen zu einem gesellschaftlich begründeten Raum-Verstehen, in: Jutta Ecarius/Martina Löw (Hg.): Raumbildung – Bildungsräume. Über die Verräumlichung sozialer Prozesse, Opladen, S. 213-236.
Bühl, Achim (1996): CyberSociety. Mythos und Realität der Informationsgesellschaft, Köln.
Bühl, Achim (1999): Computerstile. Vom individuellen Umgang mit dem PC im Alltag, Opladen.
Duden, Barbara (1999): Genus und das Objekt der Volkskunde im Licht der neuen Körpergeschichte, in: Christel Köhle-Hezinger (Hg.): Männlich. Weiblich. Zur Bedeutung der Kategorie Geschlecht in der Kultur, Münster.
Haraway, Donna (1995): Die Neuerfindung der Natur. Primaten, Cyborgs und Frauen, Frankfurt/Main, New York. [Original erschien 1991].
Kulke, Christine (1988): Rationalität und sinnliche Vernunft, Pfaffenweiler.
Läpple, Dieter (1991): Essay über den Raum, in: ders. u.a.: Stadt und Raum. Soziologische Analysen, Pfaffenweiler, S. 157-207.
Laqueur, Thomas (1992): Auf den Leib geschrieben. Die Inszenierung der Geschlechter von der Antike bis Freud, Frankfurt/Main. [Original erschien 1990].
Leroi-Gourhan, André (1980): Hand und Wort. Die Evolution von Technik, Sprache und Kunst, Frankfurt/Main.
List, Elisabeth (1996): Platon im Cyberspace. Technologien der Entkörperlichung und Visionen vom körperlosen selbst, in Ilse Modelmog/Edit Kirsch-Auwärter (Hg.): Kultur in Bewegung: Beharrliche Ermächtigungen, Freiburg, S. 83-109.
List, Elisabeth/Fiala, Erwin (Hg.) (1997): Leib – Maschine – Bild. Körperdiskurse der Moderne und Postmoderne, Wien.

Löw, Martina (2001): Raumsoziologie, Frankfurt/Main.

Luhmann, Niklas (1992): Beobachtungen der Moderne, Opladen.

Maldonado, Tomas (1994): Realität und Virtualität, in Bernd Meurer (Hg.): Die Zukunft des Raums, Frankfurt/Main, New York, S. 59-70.

Projekt für historische Geschlechterforschung (Hg.) (1996): Was sind Frauen? Was sind Männer? Frankfurt/Main.

Schachtner, Christina (1997). Technik und Subjektivität. Das Wechselverhältnis zwischen Mensch und Computer aus interdisziplinärer Sicht, Frankfurt/Main.

Scheich, Elvira (Hg.) (1996): Vermittelte Weiblichkeit. Feministische Wissenschafts- und Gesellschaftstheorie. Hamburg.

Schütz, Alfred (1971): Über mannigfaltige Wirklichkeiten, in: ders.: Das Problem der sozialen Wirklichkeit (Gesammelte Aufsätze Bd. 1), Den Haag, S. 237-298.

Sturm, Gabriele (1999): Raum und Identität als Konfliktkategorien, in: Sabine Thabe (Hg.): Räume der Identität – Identität der Räume (Dortmunder Beiträge zur Raumplanung, Bd. 98), Dortmund, S. 26-37.

Sturm, Gabriele (2000): Wege zum Raum. Methodologische Annäherungen an ein Basiskonzept raumbezogener Wissenschaft, Opladen.

Toffler, Alvin (1980): Die Dritte Welle. Perspektiven für die Gesellschaft des 21. Jahrhunderts, München.

Weiske, Christine/Hoffmann, Ute (1996): Die Erlebniswelt der Stadt. Über reale und digitale Städte, in: Bundesforschungsanstalt für Landeskunde und Raumordnung (Hg.): Die Stadt als Erlebniswelt (Informationen zur Raumentwicklung, H. 6/1996), Bonn, S. 365-375.

Wilson, Elisabeth (1993): Begegnungen mit der Sphinx. Stadtleben, Chaos und Frauen, Basel. [Original erschien 1991].

II. Gesellschaftlich-kulturelle Transformation

Renate Rausch

Vielfalt und Utopie einer globalen Frauenbewegung: 25 Jahre UN-Frauenpolitik und ihr Niederschlag im Lateinamerikanischen Feminismus

Frauenorganisationen decken weltweit ein breit gefächertes Spektrum von frauenspezifischen und gesellschaftspolitischen Themen ab. Ein Vergleich ihrer länderspezifischen Zielsetzungen und Verbreitung lässt Wechselwirkungen erkennen, die einerseits von der lokalen bzw. nationalen Ebene auf die globale Ebene der Weltfrauenkonferenzen und andere Gipfelkonferenzen der Vereinten Nationen übertragen werden, andererseits sind gewisse Einflüsse von der global agierenden internationalen Frauenbewegung auf die nationalen Frauenpolitiken und staatlichen Institutionen erkennbar. Unter der »internationalen Frauenbewegung« werden hier die Netzwerke der Nicht-Regierungs-Organisationen bzw. die von ihnen organisierten Foren verstanden, die sich bei den vier Weltfrauenkonferenzen immer deutlicher als Sprachrohre der Frauenbewegungen der verschiedenen Ländergruppen und Regionen in den Vordergrund geschoben haben. Ihre Rückwirkungen auf die nationalen lateinamerikanischen Frauenorganisationen und speziell auf den lateinamerikanischen Feminismus sind Thema dieses Aufsatzes.

1. Die Internationale Frauenbewegung und die UN-Gipfelkonferenzen der 90er Jahre

1.1 Die Weltfrauenkonferenzen

Die nationalen Frauenbewegungen erfahren durch die Internationale Frauenbewegung, deren wichtigste Trägerstruktur die Foren der Nichtregierungsorganisationen (NRO) sind, zunächst eine starke moralische und politische, später teilweise auch finanzielle Unterstützung. Viele Frauenbewegungen haben sich frühzeitig in die formalisierte Struktur eines eingetragenen Vereins begeben, bzw. die Organisationsform einer NRO angenommen. Das legitimierte ihre Existenz, schützte sie vor staatlichen Eingriffen und war eine Voraussetzung für finanzielle Unterstützung aus dem Ausland. Sie wurden dadurch zu Projektbewegungen, deren ausländische Geberorganisationen sie Mittelabflusszwängen, Abrechnungszyklen von einem bis zu drei Jahren, Evaluierungen und Erfolgskontrollen unterwarfen (Wichterich 1996b, S. 75). Zwar gibt es daneben auch zahllose Individuen und Kampagnenaktivistinnen, die nicht in das NRO-Schema passen und die vielfältigen Erscheinungsformen der Frauenbewegungen mitgeprägt haben. Aber eine Kooperation mit Regierungsstellen und der UNO funktioniert nur auf der Basis von Verbänden und eingetragenen Vereinen; Entwicklungshilfeorganisationen vergeben Gelder nur an Trägerorganisationen und nicht an individuelle Antragstellerinnen, und die UNO akkreditiert für die Konferenzen nur die NRO und keine einzelnen Feministinnen. Die NRO sollten aber nicht als homogene Gruppe betrachtet werden, denn dahinter verbergen sich die unterschiedlichsten Vereinigungen, Netzwerke und Initiativen, etablierte Wohlfahrtsverbände und autonome Gruppen, finanzstarke Großorganisationen und winzige Stiftungen.

Die Abfolge der UN-Weltfrauenkonferenzen zwischen 1975 (Mexiko) und 1995 (Peking) zeigte eine Dynamik, die von der erstmaligen Benennung der gesellschaftlichen Bereiche, von denen Frauen ausgeschlossen sind oder diskriminiert und benachteiligt werden, bis zur Aufstellung von Aktionsplänen mit frauenpolitischen Forderungen an die Regierungen der Mitgliedsstaaten reicht. Im Abstand von fünf bzw. zehn Jahren zwischen den vier Weltfrauenkonferenzen schälten sich nach vielen Kontroversen, die hauptsächlich zwischen den Frauen aus dem Norden und denen aus dem Süden ausgetragen wurden, gemeinsame frauen- bzw. gesellschaftspolitische Zielvorstellungen heraus, und es setzte sich die Überzeugung durch, dass die Betroffenheit durch patriarchale Gewalt, Globalisierung und Umweltzerstörung Frauen weltweit verbindet. Das fand auf der dritten Weltfrauenkonferenz 1985 in Nairobi in dem Slogan »Uns eint mehr als uns trennt« seinen Ausdruck.

Das vom Norden definierte Modell der Entwicklung durch Technologisierung und Industrialisierung wurde abgelehnt, an seine Stelle

trat ein von dem Südnetzwerk DAWN (Development Alternatives with Women for a New Era) erarbeitetes Konzept einer grundsätzlich anderen, frauengerechteren Entwicklung, die sich statt an Wirtschaftswachstum und Weltmarkt an Grundbedürfnissen orientiert. Weitere globale Themen waren:
- Militarismus und Frieden
- Prostitution, Sextourismus, Frauenhandel
- Frauen als ausbeutbare Manövriermasse multinationaler Unternehmen
- Frauen als Opfer von Umweltzerstörung.

Als Strategie wurde von DAWN das Konzept des ›Empowerment‹, der Machtbildung von Frauen eingeführt. Im Prozess des Empowerment gewinnen Frauen Macht durch Kompetenz, Rechte und Entscheidungsbefugnisse. Die Bedeutung des Empowerment geht damit weit über eine lediglich vergrößerte Partizipation an bestehenden Strukturen hinaus. Die Forderung nach Machtbildung von Frauen auf allen gesellschaftlichen Ebenen basiert dabei auf einem Verständnis von Macht als sozialer und politischer Gestaltungsmacht und weniger als Durchsetzungsmacht über andere. »Empowermentprozesse sind von der Befähigung zu einem Handeln gekennzeichnet, und die Bildung von Frauenorganisationen, Bündnissen und Netzwerken wird in dem feministischen Konzept von DAWN als zentrale Strategie zur Erweiterung von Handlungsspielräumen verstanden« (Sen/Grown 1987, S. 89ff. zitiert nach Rodenberg 1999, S. 19).

Im Verlauf der fünfundzwanzig Jahre, die seit der ersten Weltfrauenkonferenz 1975 in Mexiko, der vierten in Peking 1995 und der UN-Sondergeneralversammlung Peking+5 in New York im Juni 2000 vergangen sind, lässt sich eine wechselseitige Verstärkung zwischen den Veranstaltungen und Unternehmungen der Vereinten Nationen und den Aktionen der Frauenbewegungen beobachten. Der politisch-moralische Druck, der von der Ebene der Vereinten Nationen und den Weltkonferenzen ausging, wurde durch den Druck, den die Bewegung von der Basis her auf ihre Regierungen ausübte, verstärkt. Als Plattform zur Kontaktaufnahme und zum Austausch von unterschiedlichen Ansätzen, Erfahrungen, Richtungen und Konzeptionen fungierten die Foren der Nicht-Regierungsorganisationen, die parallel zu den Regierungskonferenzen ausgerichtet wurden.

Aufgrund der Wechselwirkungen zwischen lokalen und nichtstaatlichen Organisationen, von staatlichen Institutionen und den Vereinten Nationen zwischen 1975 und 1985 gelang es, Frauenthemen auf die Tagesordnung von Regierungen, Forschungsinstitutionen und multilateralen Organisationen zu bringen und Frauenforderungen in die Abschlussdokumente der Konferenzen einzuschreiben. Auf den verschiedensten gesellschaftlichen Ebenen entfaltete sich eine Fülle von frauenpolitischen Aktivitäten und Initiativen. Ein bedeutsamer Schritt in der ersten Hälfte der Dekade war die Annahme der »Konvention zur Beseitigung jeder Form von Diskriminierung der Frau« (CEDAW – Convention on the Elimination of All Forms of Discrimination Against Women) durch die UN-Generalversammlung im Jahr 1979. Als Diskriminierung definiert Artikel 1 umfassend »jede mit dem Geschlecht begründete Unterscheidung, Ausschließung oder Beschränkung, die zur Folge oder zum Ziel hat, dass die auf die Gleichberechtigung von Mann und Frau gegründete Anerkennung, Inanspruchnahme oder Ausübung der Menschenrechte und Grundfreiheiten durch die Frau – ungeachtet ihres Familienstandes – im politischen, wirtschaftlichen, sozialen, kulturellen, staatsbürgerlichen oder jedem sonstigen Bereich beeinträchtigt oder vereitelt wird.« Laut Artikel 4 (1) wird in allen Bereichen nicht allein die formale, sondern auch die faktische Gleichberechtigung von Männern und Frauen angestrebt und nach Artikel 5 (1) sind die Vertragsstaaten dazu verpflichtet, durch geeignete Maßnahmen einen Wandel in den sozialen und kulturellen Verhaltensmustern von Mann und Frau zu bewirken. Diese Konvention stellt das wichtigste völkerrechtlich verbindliche UN-Dokument zu Frauenbelangen dar und wurde bisher von 160 Mitgliedsstaaten unterzeichnet. Viele Unterzeichnerländer machten allerdings Vorbehalte gegen einzelne Paragraphen geltend, die teilweise in einem klaren Gegensatz zu den Zielen der Frauenkonvention stehen.

Ende der achtziger Jahre entwickelte die internationale Frauenbewegung eine neue Stosskraft, und zwar durch ihre Besetzung des Menschenrechtsparadigmas. Frauenbelange waren von der Menschenrechtskommission sowie den unterschiedlichen Vertragsorganen – wie dem Menschenrechtsausschuss, dem Rassenausschuss oder dem Folterausschuss – mehr oder weniger ausgeklammert und an die speziell damit betrauten Organe weiter verwiesen worden. Das galt nicht nur innerhalb des UN-Systems, »sondern auch seitens der einflussreichsten Menschenrechts-NRO wie amnesty international oder Human Rights Watch bestand lange nur wenig Aufmerksamkeit für die spezifische Frauenproblematik« (Schmidt-Häuer 1998, S. 145f.). Erst Ende der achtziger Jahre begannen beide Organisationen sich mit Menschenrechten von Frauen zu befassen. Mit dem Motto »Frauenrechte sind Menschenrechte« wurde 1991 unter der Schirmherrschaft des ›Centre for Women's Global Leadership‹ (CWGL) eine globale Kampagne auf den Weg gebracht. »Zentrales Ziel war die explizite Anerkennung der weltweit an Frauen begangenen Gewalt als Menschenrechtsverletzung« (ebd.). Der mehrjährige Vorbereitungsprozess der internationalen Frauenmenschenrechtsbewegung führte 1993 auf der Wiener UN-Menschenrechtskonferenz zu einem durchschlagenden Erfolg. Zum ersten Mal wurde durch die »Wiener Erklärung« das herkömmliche Menschenrechtskonzept erweitert, indem Gewalt gegen Frauen im öffentlichen und privaten Bereich als Menschenrechtsverletzung anerkannt wird. Darüber hinaus wurde die Universalität von Frauenrechten als integraler Bestandteil der internationalen Menschenrechte bekräftigt. Auf der Weltfrauenkonferenz in Peking 1995 zeigte sich die Tragfähigkeit und der strategische Nutzen des Menschenrechtsansatzes deutlich. Als »Fortschritt« ist in diesem Zusammenhang noch zu erwähnen, dass es zur Verabschiedung eines Zusatzprotokolls zur Anti-Diskrimierungskonvention CEDAW gekommen ist, wonach Einzelpersonen und Gruppen ein direktes Beschwerderecht bei den Vereinten Nationen eingeräumt wird (vgl. Wichterich 2000, S. 26).

Nach Wichterich (1996a, S. 31) stellten die Menschenrechts- und die Gewaltdebatte insbesondere auf dem NRO-Forum in Huairou bei Peking einen ›Querschnittdiskurs‹ dar, unter dessen Dach viele Einzelthemen problematisiert wurden. »Indem Frauen ihre faktische Ungleichheit in allen Lebensbereichen als Verletzung ihrer Menschenrechte politisieren, haben sie die Möglichkeit gewonnen, auf ganz neue Art und Weise Druck gegenüber ihren Regierungen auszuüben. [...] Frauen treten nun nicht mehr als Bittstellerinnen auf, sondern als Trägerinnen legitimer und vor allem einklagbarer Rechtsansprüche« (Schmidt-Häuer 1998, S. 147).

Unmittelbaren Niederschlag fand dieser Perspektivenwechsel in der Demokratisierungsbewegung in Lateinamerika. Die Partizipation an der politischen Entscheidungsmacht wurde von den Frauen zum »Indikator für Demokratie« erhoben. Kernforderungen der Frauenbewegungen waren Transparenz der Politik und Rechenschaftspflicht der Regierungen. Frauenorganisationen traten »als Protagonistinnen der Zivilgesellschaft auf und zogen als Lobbyistinnen in die UN-Konferenzarena ein« (Wichterich 1996, S. 11). Mit der UN-Konferenz für Umwelt und Entwicklung 1992 in Rio de Janeiro begann durch die stärkere Beteiligung von NRO insofern eine neue Epoche von UN-Konferenzen, als die internationale Frauenbewegung deutlich auf zwei Ebenen auftrat, auf der nicht-staatlichen oder autonomen Forum-Ebene, und der offiziellen Regierungsebene, auf der die Lobbyistinnen Themen und Konzepte aus der Frauenbewegung auf die offizielle UN-Tagesordnung zu setzen versuchten.

So kam es im Gefolge der Wiener Menschenrechtskonferenz von 1993 und der Bevölkerungskonferenz in Kairo 1994 zu bedeutenden Veränderungen der frauenpolitisch relevanten Szenarien. Einerseits hat sich der Schwerpunkt der Debatte von den politischen zu den kulturellen Fragen verlagert. Vor allem von konservativen Kräften des christlichen (insbesondere katholischen und lateinamerikanischen) und des islamischen Lagers wird das Frauenthema als Mittel zur Austragung sehr grundsätzlicher kultureller und politischer Kontroversen benutzt. Dabei ging es vor allem um die sogenannten »reproduktiven Rechte« der Frau, die auch die straffreie Abtreibung einschließt, sowie die in vielen islamischen Ländern an den Mädchen praktizierte Genitalverstümmelung. Andererseits haben sich die Frauenbewegungen selbst verändert; während die einen – von länderspezifischen Gegebenheiten abhängig – ihren Aktionsradius erweitern und größere Vielfalt entwickeln konnten, sahen sich andere durch patriarchalische Regime und neoliberale Strukturanpassungsprogramme in ihrem Spielraum erheblich eingeschränkt.

Als Ergebnis des spannungsreichen Zusammenwirkens von autonomen, nicht-staatlichen Frauenorganisationen, repräsentiert durch die vielfältigen lokalen, nationalen und regionalen Frauenorganisationen, und den Aktivitäten der internationalen Frauenbewegung in Form des Lobbying seien die zwölf Aktionsbereiche genannt, zu denen das 1995 in Peking verabschiedete Aktionsprogramm Kernempfehlungen enthält, die bis heute die Grundlage aller frauenpolitischen Maßnahmen auf globaler und nationaler Ebene darstellen: 1. Frauen und Armut, 2. Bildung und Ausbildung, 3. Frauen und Gesundheit, 4. Gewalt gegen Frauen, 5. Frauen und bewaffnete Konflikte, 6. Frauen und die Wirtschaft, 7. Frauen in Macht- und Entscheidungspositionen, 8. Institutionelle Mechanismen zur Frauenförderung, 9. Menschenrechte der Frauen, 10. Frauen und Medien, 11. Frauen und Umwelt, 12. Mädchen.

Diese Aktionsplattform hat jedoch nur Richtliniencharakter, sie setzt einen normativen und handlungsorientierten Rahmen für mögliche Frauenpolitik. Die Regierungen sind aufgefordert, als ersten Schritt der Umsetzung die Empfehlungen in nationale Aktionspläne zu übersetzen. Die Unterzeichnung der Resolutionen durch die in Peking vertretenen 189 Regierungen ist deshalb keine Garantie dafür, dass die Empfehlungen tatsächlich umgesetzt werden. Die Regionalkonferenzen wie z.b. der CEPAL (Comisión Económica para América Latina) für Lateinamerika und die Karibik sind dann aufgerufen, den Prozess der Umsetzung nach zwei oder drei Jahren zu verfolgen, während vom 5. bis 9. Juni 2000 eine UN-Sondergeneralversammlung in New York anberaumt wurde, um über die Fortschritte und Hindernisse bei der Umsetzung der Empfehlungen zu den genannten zwölf Themen zu berichten.

1.2 Professionalisierung und Lobbying

Das Lobbying bei UN-Konferenzen wurde für viele der kontinentübergreifenden Netzwerke, aber auch für nationale Organisationen zu einem wichtigen Arbeitsbereich. WEDO (Women's Environment and Development Organization) wurde 1991 mit Lobbying als Hauptzweck gegründet. Bei allen fünf UN-Konferenzen fungierte sie als Schaltstelle für die lobbyierenden Nicht-Regierungs-Organisationen der Frauen. Weltweit stellen die Dokumente dieser Konferenzen einen Erfolg für die Frauenbewegungen dar. So gelang es, dass bei dem Umweltgipfel in Rio de Janeiro (1992) die Verdienste der Frauen für den Umweltschutz und ihr Wissen über eine schonende Ressourcennutzung besonders gewürdigt wurden; auf der Menschenrechtskonferenz in Wien (1993)»brachte das Lobbying die Ächtung privater Gewalt gegen Frauen als Menschenrechtsverletzung. Auf der Bevölkerungskonferenz in Kairo (1994) konnten die Lobbyistinnen ihr Konzept von reproduktiven Rechten und reproduktiver Gesundheit durchsetzen. Es gelang demnach stets, Frauen in die verhandelten Themen ›einzubringen‹ und eine Anerkennung ihrer Leistungen und Rechte zu bewirken« (Wichterich 1996b, S 13). Allerdings wurde die Kritik der Lobbyistinnen an der herrschenden Entwicklungsstrategie und der wachstumsorientierten globalisierten Marktwirtschaft nicht gehört. Diese wollten weder die Regierungen des Südens noch die des Ostens und am wenigsten die des Nordens in Frage stellen.

Nach Christa Wichterich fielen Frauen seit der Rio-Konferenz als die bestorganisierten Gruppen in der nicht-staatlichen Lobbyszene auf.»Berufslobbyistinnen, vor allem von WEDO, waren pausenlos damit beschäftigt, die Entwürfe für die Konferenzdokumente durchzuarbeiten und Zeile für Zeile Korrekturen, Ergänzungen und Alternativen zu formulieren. So band das Lobbying bei der Vorbereitung auf die Konferenzen, während der Verhandlungen und als Monitoring nach den Konferenzen immer mehr Kräfte und frauenpolitische Aufmerksamkeit – zog allerdings auch Arbeitskapazitäten von der Basis ab« (ebd.).

1.3 Der Peking-Nachfolgeprozess und die UN-Sondergeneralversammlung Peking+5

Zwei bzw. drei Jahre nach Peking begannen verschiedene Institutionen und Netzwerke damit, die Umsetzung der Aktionsplattform von Peking durch die 187 Regierungen, die sie unterzeichnet hatten, zu analysieren. Das internationale Netzwerk WEDO (Women's Environment and Development Organization) in New York stellte dabei ganz allgemein fest, dass die meisten Regierungen die in Peking gefassten Beschlüsse zwar in Pläne, aber kaum in Aktionen umgesetzt hatten. Von den Vereinten Nationen wurde die»Commission on the Status of Women« (CSW) eingesetzt, um die Implementierung der 12 Themenbereiche (siehe unter 1.1.) zu überprüfen. Insgesamt lagen Anfang 2000 sieben verschiedene Berichte vor[1]. Diese 23. Sondergeneralversammlung am Sitz der Vereinten Nationen in New York, hatte den Titel: »Frauen 2000: Geschlechtergleichheit, Entwicklung und Frieden für das 21. Jahrhundert.«

Sozusagen aus erster Hand berichtet Christa Wichterich, in New York als Journalistin akkreditiert, über die Vorgeschichte und den Ablauf der Konferenz (vgl. NRO Frauen Forum, Friedrich-Ebert-Stiftung 2000; Wichterich 2000). Im Gegensatz zu Peking und anderen UN-Konferenzen gab es nicht die Doppelstruktur von Regierungsveranstaltung und NGO-Forum. Denn die NGOs hatten im Herbst und Winter 1999 in einem »online Global Forum« die zwölf Themenfelder der Aktionsplattform bereits im Internet diskutiert und sich deshalb entschlossen, kein eigenes Form in New York zu veranstalten. Während im Plenarsaal der Vereinten Nationen die eigentliche Sondergeneralversammlung tagte, wo fünf Tage lang »eine Regierung nach der anderen eine frauenpolitische Sonntagsrede [...]« (Wichterich 2000, S.30) hielt, wurde gleichzeitig von den Regierungsdelegationen ein Ergebnisdokument verhandelt, das zum Abschluss vom Plenum verabschiedet werden sollte. »Das Dokument sollte die praktisch-politische Einlösung der in Peking festgeschriebenen Frauenrechte und der dort abgegebenen Versprechungen bilanzieren, Erfahrungen, Fortschritte und Hindernisse evaluieren [...] und – das Wichtigste! – Anstöße und Anregungen für Politiker der Frauenförderung und Geschlechtergleichheit geben, damit sie weltweit neu in Schwung kommen« (ebd.). Dies ist offenbar nicht gelungen, vielmehr kennzeichneten Ernüchterung und Enttäuschung die allgemeine Stimmung bei den Teilnehmerinnen der Nicht-Regierungsorganisationen. Wichterich schreibt: »Die geringen Umsetzungserfolge seit Peking, die minimalen Verhandlungsfortschritte und vor allem die Tatsache, dass die in Peking normativ festgeschriebenen Rechte erneut in Frage gestellt wurden und verteidigt werden mussten, setzten der Aufbruchstimmung von Peking endgültig ein Ende« (Wichterich 2000, S. 39).

2. Das lateinamerikanische Panorama

2.1 Die lateinamerikanischen Frauenbewegungen

Das Spektrum der lateinamerikanischen Frauenbewegungen ist ebenso wie das der afrikanischen und asiatischen Länder vielfältig, komplex und auf lokaler Ebene entlang den sozialstrukturellen, ethnischen, religiösen und geografischen Trennungslinien stark zersplittert. Im nationalen Vergleich spielen die länderspezifischen Unterschiede eine große Rolle, während auf regionaler bzw. kontinentaler und internationaler Ebene eher gemeinsame Merkmale auszumachen sind. Regional unterscheiden sie sich als lateinamerikanische und karibische Frauengruppen von den afrikanischen und den asiatischen Gruppen, international dagegen unterliegen sie fast ausnahmslos den Zwängen des kapitalistischen Weltmarktes, den von Weltbank und Internationalem Währungsfond verordneten Strukturanpassungsmaßnahmen, der Globalisierung, der Umweltzerstörung und anderen globalen Gefährdungen und beteiligen sich am Diskurs über ›Global Governance‹ (Ruppert 1998), an den Diskussionen über einen neuen Geschlechtervertrag (de los Reyes 1998) oder über eine ›globale Bewegung des Feminismus‹ (Vargas 2000).

Als Anfang der siebziger Jahren die Vorbereitungen für die erste Weltfrauenkonferenz 1975 in Mexiko begannen, entstand in Lateinamerika und der Karibik neben den traditionellen ›alten‹ eine Fülle neuer Frauenorganisationen, Basisbewegungen und Aktionsgruppen, die teils autonom, teils in Kooperation mit anderen gesellschaftlichen Organisationen oder staatlichen Institutionen arbeiten. In den vergangenen 25 Jahren haben sie Höhen und Tiefen durchlaufen, sich umorientiert und umorganisiert, sich aufgelöst oder neu formiert, sich gespalten oder sich mit Hilfe der neuen Kommunikationsmittel zu größeren Netzwerken zusammengeschlossen. Ihre gesellschaftlichen Entstehungsbedingungen lassen sich, ebenso wie die der anderen sozialen Bewegungen in Lateinamerika, aus denen sie teilweise hervorgegangen sind, wie folgt zusammenfassen: Sie entstehen, erstens, als Reaktion auf einzelne Phasen oder Umbrüche der sozioökonomischen Entwicklung, z.B. als Reaktion auf die harten und die Frauen besonders stark in Mitleidenschaft ziehenden Strukturanpassungsmaßnahmen nach den Vorgaben des Internationalen Währungsfonds (IWF) und der Weltbank; zweitens formierten sie sich als Menschenrechtsgruppen während der autoritären Militärregime und der Bürgerkriege in Brasilien, Chile, Argentinien und Zentralamerika; drittens organisierten sich Frauen als Bürgerrechtsgruppen im Übergang zur Demokratie in einzelnen süd- und mittelamerikanischen Ländern und viertens entstanden, wie bereits erwähnt, viele Frauengruppen mit unterschiedlichen Zielsetzungen im Gefolge der Dynamik, die 1972 in Gang kam, als die Generalversammlung der Vereinten Nationen beschloss, das Jahr 1975 zum internationalen Frauenjahr zu erklären, das zur Frauendekade von 1975-1985 verlängert wurde und mit der dritten Weltfrauenkonferenz in Nairobi 1985 ihren Abschluss fand.

Was ihre verschiedenen Organisationsformen und ihre Themenvielfalt anbetrifft, lassen sich nach ihren Arbeitsbereichen, Zielsetzungen und Zielgruppen grob zehn Frauenbewegungstypen in Lateinamerika unterscheiden:
- Frauenorganisationen der unteren sozialen Schichten, sog. Basisbewegungen, die sich für ihr eigenes und das Überleben ihrer Familie organisieren,
- Frauengesundheitsgruppen,
- indigene Frauenorganisationen oder Zusammenschlüsse, zum Beispiel von Maya-Frauen, Mapuche-Frauen (Chile) u.ä.,
- Afroamerikanische Gruppen (z.B. afro-brasilianische oder afrokaribische Gruppen),
- gewerkschaftliche Gruppen (z. B. die Textilarbeiterinnen-Gewerkschaft in Mexiko, die Hausangestellten-Gewerkschaften und neuerdings auch die Arbeiterinnen der Maquiladora-Industrie) sowie Berufsgruppen und Vereine (z.B. von Akademikerinnen etc.),
- Landfrauenorganisationen,
- Umweltgruppen, z.B. MAMA, die Organisation der Frauen aus dem Regenwald im Amazonasgebiet,
- Menschenrechtsorganisationen sowie Frauen- und Bürgerinnenrechtsgruppen,
- feministische Gruppen und
- sozial-religiöse Gruppen.

Diese thematische Klassifizierung bedeutet aber nicht, dass es keine inhaltlichen Überschneidungen, zum Beispiel zwischen Umweltorganisationen und indigenen Gruppen oder zwischen städtischen Basisbewegungen und religiösen Gruppen gibt, ebenso wenig lassen sich ihre Mitglieder jeweils nur einer Gruppe zuordnen, denn in vielen Fällen sind Frauen in zwei oder drei Organisationen oder Netzwerken und auch nicht nur in reinen Frauengruppen aktiv.

Ihrer Eigendynamik folgend und bei veränderten Rahmenbedingungen können sich auch die Schwerpunkte und die Zielsetzungen verlagern, indem sich beispielsweise über die Verbesserung des Anbaus von Grundnahrungsmitteln auf lokaler Ebene ein gesamtgesellschaftlich relevantes umweltpolitisches Engagement entwickelt. Darüber hinaus scheint sich angesichts der prekären Lebensbedingungen, unter denen die große Mehrheit der Frauen und ihre Familien in Lateinamerika um ihr Überleben kämpft und sich organisiert, eine Entwicklung abzuzeichnen, in der eine Reihe von begrifflichen Gegensatzpaaren, die bisher zur Analyse der Frauenorganisationen herangezogen wurde, dafür nur noch beschränkt geeignet zu sein. Dazu gehört zum Beispiel die Unterscheidung von »praktischen« und »strategischen« Interessen. Nach Molyneux (1985) und Moser (1989) ließen sich danach die Ziele, die Frauenorganisationen verfolgen und damit die Organisationen selbst klassifizieren. Häufig verbindet sich aber im Aktivismus der lateinamerikanischen Frauen die Verpflichtung, das Überleben zu sichern und die Grundbedürfnisse ihrer Familien zu befriedigen, mit der direkten oder indirekten Herausforderung ihrer Unterordnung unter die Männer und/oder der Konfrontation mit dem lateinamerikanischen Machismo. Deshalb sind abstrakte Kategorien im Hinblick auf die Mobilisierung der Frauen, wonach diese entweder strategischen Interessen zur Aufhebung der weiblichen Unterordnung oder praktischen Interessen folgen, welche die traditionelle, mit der häuslichen Sphäre verknüpfte Frauenrolle bestärken, unangemessen, weil sie häufig gleichzeitig verfolgt werden.

Auch die Trennung von ›formell‹ und ›informell‹ und die von ›privat‹ und ›öffentlich‹ erweist sich als obsolet. Die wirtschaftliche Beteiligung der Frauen schließt viele verschiedene Tätigkeiten ein, bei denen sich unbezahlte Hausarbeit mit Tätigkeiten im informellen

Sektor und im formellen Sektor überschneiden (vgl. dazu auch den ausführlichen Aufsatz von Karin Jurczyk in diesem Band). Frauen nehmen ihre wirtschaftliche Beteiligung aber nicht als segmentiert wahr, ebenso wie sie ihre soziale, kulturelle und politische Umwelt als Einheit erfahren, weshalb es nicht sinnvoll ist, die Erfahrungen von Frauen in eine öffentliche, männlich geprägte und eine private, weibliche Sphäre aufzuteilen. Auch die Abgrenzung zwischen feministischen und nicht-feministischen Gruppen scheint mittlerweile problematisch, auf sie wird weiter unten im Zusammenhang mit der Vision einer »globalen Bewegung des Feminismus« einzugehen sein.

2.2 Die nationale Ebene und die Regionalkonferenzen

Auf nationaler Ebene wurden zur Vorbereitung auf die internationalen Konferenzen Koordinationsstellen gebildet, um die Forderungen der Frauen, zum Beispiel für die Menschenrechtskonferenz in Wien, zu bündeln. Ebenso gab es Komitees zur Vorbereitung der Weltbevölkerungskonferenz in Kairo (1994), wobei der Schwerpunkt auf den sog. reproduktiven Rechten und der Sexualität lag. Zur Vorbereitung auf die Konferenz in Peking trafen sich in den einzelnen Ländern viele nationale Initiativgruppen als Teil des Prozesses, der zunächst dezentral verlief und dann zur gemeinsamen und demokratischen Ausarbeitung der nationalen Vorschläge führte. An diesem Prozess beteiligten sich zum ersten Mal auch zahlreiche schwarze, indigene und insgesamt viele junge Frauen, die sich in den einzelnen Ländern organisiert und eigene Forderungen formuliert hatten. »In vielen Ländern waren die unabhängigen Organisationen an der Formulierung der Regierungsdiagnosen und -vorschläge für den offiziellen Teil der Konferenz beteiligt und konnten so erreichen, dass diese die Forderungen der Frauenbewegung berücksichtigten« (Godinho Delgado 1998, S. 32).

Die Hauptforderung der Frauen an Regierungen und die internationale Gemeinschaft war eine Neuausrichtung der Wirtschaftspolitik. In den Vorschlägen, die in dem Bericht des »NRO-Forum für Lateinamerika und die Karibik« vom September 1994 zusammengefasst wurden, plädieren die Frauen dafür, »[...] dass die Staaten gemeinsame Alternativmodelle für die Entwicklungsrahmenbedingungen schaffen und einen Schritt hin auf eine von Solidarität geprägte Globalisierung tun. [...] Die Armut solle nicht nur mit Hilfe politischer Ausgleichsmaßnahmen bekämpft werden, es muss vielmehr einen ganzheitlichen Modellansatz geben, der dem engen Zusammenhang zwischen sozialer Produktion und Reproduktion sowie den Auswirkungen makroökonomischer Umstände Rechnung trägt« (Godinho Delgado 1998, S. 33).

Seit der Verabschiedung der »UN-Konvention zur Beseitigung jeder Form von Diskriminierung der Frau« im Jahre 1979 haben die lateinamerikanischen Staaten Einrichtungen geschaffen, die sich speziell der Frauenförderung widmen. Bis 1994 gab es in allen Staaten nationale Frauenräte wie z.b. den Consejo Nacional de la Mujer CONAMU in Argentinien, oder Sekretariate, wie die Secretaría de la Mujer in Paraguay oder Behörden wie die Oficina Nacional de la Mujer ONAM in Guatemala. Es handelt sich dabei entweder um Behörden, die dem Präsidenten direkt unterstehen, oder um Abteilungen innerhalb einzelner Ministerien, wie dem Justizministerium in Brasilien, dem Erziehungs- und Kultusministerium in Uruguay oder dem Sozialministerium in Ecuador.

Daneben entstanden in allen Ländern zahlreiche NRO, die sich entweder ganz auf die Arbeit mit Frauen konzentrieren oder neben anderen auch Frauenprogramme durchführen. Die Themen und Arbeitsgebiete dieser NRO sind äußerst vielfältig und umfassen: Gemeindeentwicklung, Wohnen, Erziehung, ländliche Entwicklung, Gesundheit, Frauenrechte, Unterstützung für Frauenorganisationen, häusliche Gewalt, Aus- und Weiterbildung, Rechtsberatung, psychologische Beratung, u.a. In beschränktem Umfang sind sie im Medienbereich tätig: einige geben eine Zeitschrift heraus oder machen regelmäßige Veröffentlichungen. Einige produzieren Radio- und Fernsehprogramme für Frauen wie z.B. REPEM mit Sitz in Montevideo/Uruguay (Red de Educación Popular Entre Mujeres de América Latina y el Caribe). Die Mehrheit der NRO konzentriert sich auf die Städte, obwohl es auch NRO gibt, die auf dem Land, z.B. mit indigenen Frauengruppen oder in Gemeinden mit vorwiegend schwarzafrikanischen Frauengruppen, arbeiten. Zunehmend arbeiten die Frauen-NRO mit staatlichen Stellen bei der Entwicklung von speziellen Programmen zusammen, in einigen Ländern werden die NRO von den Regierungen mit der Ausführung ihrer Frauenförderprogramme beauftragt.

Bei den Frauen-NRO handelt es sich häufig um Organisationen von Frauen, die sich institutionalisiert und professionalisiert haben, um ihre Aktivitäten mehr zu systematisieren und die aus dem Ausland oder von der Regierung empfangenen Ressourcen zu kanalisieren. Deshalb ist häufig von einer NGOisierung der Frauenorganisationen die Rede, womit eine Reihe von Problemen angesprochen wird. Zum einem besteht auf Grund ihrer Nähe zur Regierung die Gefahr der Instrumentalisierung, zum anderen könnten sie sich von den Basisbewegungen so weit entfernen, dass diese sich nicht mehr von den etablierten NRO vertreten fühlen. Drittens erhebt sich die Frage, ob die NRO nicht die Visionen einer gerechteren Welt zugunsten der Politik des pragmatischen Realismus aus dem Visier verlieren. Im Idealfall bilden die NRO ein Gegengewicht einerseits zur sozialen Fragmentierung durch die Verelendung und andererseits gegenüber dem Staat, indem sie soziale und Frauenrechte als Grundaspekte der Demokratie einklagen, so dass sie eine Kontrollfunktion im Hinblick auf die Einhaltung von Menschenrechten und Geschlechtergerechtigkeit haben. Gerade an diesen Problemen der Kooperation von Frauenbewegungen mit NRO und Regierungen und der Teilnahme am offiziellen politischen Prozess hat sich nun der Streit zwischen feministischer Orientierung oder feministischem Bewusstsein, radikalen oder autonomen und den »populären« Feministinnen in Lateinamerika entzündet, auf den im folgenden Abschnitt eingegangen wird.

3. Von der Vielfalt der Organisationen zur Utopie einer globalen Bewegung des Feminismus

Angesichts der prekären Lebensbedingungen, unter denen die Mehrheit der Frauen und ihre Familien in Lateinamerika um ihr Überleben kämpft, scheint sich in Ländern wie Mexiko, Peru, El Salvador, Brasilien u.a. eine nach allen Seiten offene und deshalb »populäre feministische Bewegung« durchzusetzen, wie sie z.B. von Lynn Stephen (1997) für El Salvador beschrieben wird. In einer Vergleichsuntersuchung von sechs verschiedenen Frauenorganisationen aus vier Ländern (Mexiko, El Salvador, Brasilien und Chile) hat Stephen versucht, a) die Verschmelzung von Frauen- und feministischen Interessen bei den Mitgliedern einer nicht-feministischen Menschenrechtsorganisation (den CO-MADRES) von El Salvador und b) die Entstehung des Feminismus bei Frauen, die zur linken salvadorianischen Guerrilla-Bewegung gehörten (der feministischen Gruppe DIGNA Mujeres por la Dignidad y la Vida), aufzuzeigen. Die Verschmelzung von Fraueninteressen und Feminismus belegt sie anhand eines Interviews mit einem Mitglied der CO-MADRES, in dem es heißt:

> «In El Salvador laufen wir nicht rum und nennen uns Feministinnen, aber wir sind Feministinnen, denn wir kämpfen für unsere Rechte. Der Unterschied für uns in El Salvador besteht darin, dass unser Kampf als Frauen mit dem Kampf um Wandel in El Salvador zusammenfällt. Unser Feminismus betrifft nicht nur den Kampf für uns selbst, sondern für alle von uns. Wir können das System, das uns alle unterdrückt, nicht vergessen. So machen wir zwei Sachen gleichzeitig. Wir kämpfen für unsere Rechte als Frauen und wir kämpfen um sozialen Wandel in unserem Land. Wenn es zu keiner drastischen Veränderung in unserem Land kommt, werden wir immer unterdrückt bleiben, auch wenn wir für unsere Rechte als Frauen kämpfen.« (Stephen 1997, S. 52f.).

Das Interview enthält aber auch eine deutliche Absage an den Feminismus der Bourgeoisie:

> »das System, in dem wir in El Salvador leben, verleiht dem Feminismus eine andere Bedeutung. Wir sehen alle Frauen als Feministinnen, egal ob sie Arbeiterinnen, Bäuerinnen oder Akademikerinnen sind. Ebenso wie in El Salvador und anderen lateinamerikanischen Ländern bestehen große Unterschiede zwischen den bürgerlichen Frauen, die sich selbst Feministinnen nennen, und den anderen Frauen. Gelegentlich sieht man diese Frauen, die sich selbst Feministinnen nennen, aber sie tun nichts als reden [...] Sie gehen zu Demonstrationen, aber in Wirklichkeit tun sie nichts anderes als im Namen des Feminismus herumzulaufen. Diese Art von Feministin bedeutet, dass sie ein Mitglied der Bourgeoisie ist, keine gewöhnliche Frau wie eine Bäuerin oder eine Hausfrau, die seit ewigen Zeiten unterdrückt worden sind.« (ebd.)

Diese Zitate lassen sich im Sinne von Saskia Wieringa auch in der Weise deuten, dass in dieser Verschmelzung von Fraueninteressen mit feministischen Interessen »ein dynamisches Konzept subversiver Politik« des Feminismus zu Tage tritt (Wieringa 1995, S. 3). Entsprechend definiert sie Feminismus als ein »Bewusstsein für Unterdrückung von Frauen auf häuslicher, sozialer, ökonomischer und politischer Ebene, das von dem Willen begleitet ist, sich gegen diese Unterdrückung zur Wehr zu setzen« (ebd.). Sie wendet sich aber dagegen, Feminismus als eindimensionale Kritik gesellschaftlicher Verhältnisse zu sehen, erkennt darin vielmehr eine vielschichtige, transformatorische politische Praxis und Ethik. Auf der anderen Seite hebt sie hervor, dass diese Frauenbewegungen niemals statisch, sondern diskursive Prozesse sind. Den sozialen Bewegungen vergleichbar, gebe es bei den Frauenbewegungen Phasen, in denen sie sichtbarer und andere, in denen sie nur latent vorhanden sind. Im Gegensatz zu den mexikanischen Feministinnen, die sorgfältig zwischen einer »feministischen Bewegung« und einer »Frauenbewegung« unterscheiden, schlägt sie als Oberbegriff für alle Ausdrucksformen feministischer Politik den Begriff »Frauenbewegung« oder »Frauenbewegungen« vor. Wieringa greift dabei auf Beobachtungen und Erfahrungen mit dem sog. »Feminismo popular« zurück, womit der Zusammenschluss oder das »Zusammengehen« von Feministinnen der Mittelschicht und Arbeiterinnen bzw. Frauen aus dem informellen Sektor zu einer »breiten Frauenbewegung« gemeint ist. Birte Rodenberg (1999, S. 125) sieht darin eine neuartige Interaktion, die für die Frauenbewegungen Lateinamerikas in den achtziger Jahren charakteristisch ist. Sie lässt sich auf organisatorisch-struktureller Ebene z.B. an der Entstehung neuer unabhängiger Netzwerke[2] für eine feministische Bildungsarbeit mit Frauen aus den Stadtteilen, Gewerkschaften oder Kooperativen ablesen, während es auf der inhaltlichen Ebene vor allem zu einer Verknüpfung frauenpolitischer Themen wie der sexuellen Selbstbestimmung mit stärker alltagsbezogenen, ökonomischen Problemen kam, die eine breitere Thematisierung der Frauenfrage und der Geschlechterhierarchie in allen Lebens- und Politikbereichen ermöglichte.[3]

Aus dieser Verknüpfung von feministischer Gesellschaftskritik mit einer Bildungsarbeit, die sich an sozial benachteiligte Frauen richtet, wie sie von den Mitarbeiterinnen von CIDHAL (der Name steht für »Comunicación, Intercambio y Desarrollo Humano en América Latina«) praktiziert wird, kann sich dann auch eine Vision bzw. die

Utopie einer kompletten gesellschaftlichen Transformation ergeben. Eine der Mitarbeiterinnen formuliert das so:

> »Unsere Utopie ist die vollständige und harmonische Entwicklung der Frau, in der sie die Protagonistin ihres Lebens ist – in einem gesellschaftlichen System, das keine Unterdrückung qua Geschlecht, sexueller Präferenz, sozialer oder ethnischer Zugehörigkeit, Religion, Alter oder politischer Ideologie kennt« (zitiert nach Rodenberg 1999, S. 138).

Mit diesem Zitat kann verdeutlicht werden, dass das Aufspüren und Praktizieren eines ›Jenseits‹ von kapitalistischen und patriarchalen Herrschafts- und Gewaltverhältnissen Motiv wie Ansatzpunkt feministischen Denkens und Handelns ist, wie Eva Kreisky (2000:23) schreibt. Für sie besitzt – ähnlich wie für Wieringa – der Feminismus als gesellschaftliche Bewegung ein subversives radikales Potenzial und beinhaltet Visionen oder Utopien eines anderen, besseren und frauengerechteren Lebens. Wie von der CIDAHL-Mitarbeiterin angesprochen, erstrecken sich feministische Utopien auf ein breites Themenspektrum, in Frauenprojekten nehmen sie als »konkrete Utopien« feministische Fernziele in pragmatischer Annäherung vorweg. Und auch wenn das »Utopische« nicht explizit gemacht wird, Frauen und Frauenbewegung folgen oftmals einer unbewussten Suche nach Alternativen für eine auch weibliche Zukunft.

Die Peruanerin Virginia Vargas, Koordinatorin der lateinamerikanischen NRO für die Weltfrauenkonferenz von Peking 1995 und Teilnehmerin an der UN-Sondergeneralversammlung in New York, spricht im Zusammenhang mit der Frage, wen die NRO eigentlich repräsentieren, von einer »globalen Bewegung des Feminismus«, während andere Teilnehmerinnen von einer »globalen Frauenbewegung« oder einer »Internationalen Frauenrechtsbewegung« sprachen. Alle drei Bezeichnungen sind meines Erachtens zutreffend. Einerseits sind die Erfolge im Hinblick auf die Durchsetzung von Frauenrechten als Menschenrechte durchaus als verbindend, identitäts- und konsensstiftend zu betrachten, während es im Kontext der Globalisierung sinnvoll erscheint, von einer »Globalen Frauen(Gegen)-bewegung« zu sprechen. Zutreffender halte ich jedoch die Bezeichnung »Globale Bewegung des Feminismus«, weil sie mit der Globalisierung des Feminismus zugleich dessen gesellschaftskritischen Impetus und seinen utopischen Gehalt zum Ausdruck bringt.

Anmerkungen

1 Das waren fünf von den Vereinten Nationen und ihren Organisationen: nämlich a) United Nations (1999): 1999 World Survey on the Role of Women in Development, Globalization, Gender and Work; b) United Nations (2000): The World's Women 2000. Trends and Statistics; c) United Nations, Economic and Social Council (Januar 2000): Review and Appraisal of the Implementation of the Beijing Platform for Action; d) UNIFEM (United Nations Development Fund for Women) (2000): Progress of the World's Women 2000, Biennial Report; e) UNICEF (United Nations Children's Fund) (2000): Domestic Violence against Women and Girls, Innocenti Digest 6, Florenz; f) Von den Nichtregierungsorganisationen wurde der »NGO Alternative Global Report to the United Nations General Assembly, Special Session, 5 Years after Beijing« verfasst; außerdem legte g) die Weltbank zwei Teilberichte mit dem Titel vor: i) Advancing Gender Equality. World Bank Action since Beijing, und ii) Engendering Development: Enhancing Development Through Attention to Gender.

2 In Mexiko-Stadt wurden fünf zentrale Netzwerke aufgebaut, die jeweils mit unterschiedlichen Zielgruppen arbeiten. Dazu gehört CIDAHL, APIS, WMA, MAS und GEM, die sich 1988 zum Netzwerk »Grupo de las Cinco« zusammenschlossen. (Burkhard/Schmidt 1991:68, zitiert nach Rodenberg 1999: 125f.)

3 Birte Rodenberg beschreibt in ihrer 1999 erschienenen Doktorarbeit über »Lokale Selbstorganisation und globale Vernetzung, Handlungsfelder von Frauen in der Ökologiebewegung Mexikos«, sehr ausführlich die lateinamerikanische Frauenbewegung und den Feminismus des Überlebens sowie die Entwicklung des »feminismo popular« in Mexiko. In meinen Ausführungen beziehe ich mich in erster Linie auf die von ihr geschilderten Auseinandersetzungen zwischen Feministinnen der Mittelschicht und Frauen aus den populären Sektoren sowie auf die von ihr angeführten Quellen.

Literatur

Dackweiler, Regina/Schäfer, Reinhild (1998): Bilanzen und Perspektiven der Frauenbewegungen, in: Forschungsjournal Neue Soziale Bewegungen, Jg. 11, Heft 1, 1998,S. 113-130.

de los Reyes, Paulina (1998): Mujeres latinoamericanas a fines del siglo XX. En busca de un nuevo contrato de género, in: América Latina: Y las Mujeres qué? Red Haina/Instituto Iberoamericano, Universidad de Gotemburgo, Göteburg, S. 261-288.

Dore, Elizabeth (Hg.): Gender Politics in Latin America, Debates in Theory and Practice, New York.

Godinho Delgado, Maria Berenice (1998): Nach der Weltfrauenkonferenz in Peking 1995 – neue Herausforderungen für Lateinamerika und die Karibik, in: Martin, Beate (Hg.): Gender- und Frauenpolitik in Lateinamerika, Friedrich-Ebert-Stiftung, Bonn.

Jacquette, Jane S. (Hg.) (1994²): The Women's Movement in Latin America, Boulder, Colorado.
Kreisky, Eva (2000): »Die Phantasie ist nicht an der Macht...«, in: Österreichische Zeitschrift für Politikwissenschaft, 29. Jg. (2000) 1, S. 7-28.
Moser, Caroline O.N. (1989): Gender Planning in the Third World. Meeting Practical and Strategic Gender Needs, in: World Development 11, S. 1799–1825.
Molyneux, Maxine (1985): Mobilization without Emancipation? Women's Interests, the State and Revolution in Nicaragua, in: Feminist Studies 2, S. 227-254.
Movimiento Feminista en Honduras, Centro de Estudios de la Mujer Honduras, Tegucigalpa, Honduras.
Movimiento de mujeres en Centroamérica (1997), Programa Regional La Corriente, Managua, Nicaragua.
Müller, Astrid (1994): Por Pan y Equidad, Organizaciones de Mujeres Ecuatorianas, Quito.
Mujeres latinoamericanas en cifras, tomo comparativo (1995), Instituto de la Mujer, Ministerio de Asuntos Sociales de España, Madrid/Facultad Latinoamericana de Ciencias Sociales, FLACSO, Chile.
NRO Frauen Forum/Friedrich-Ebert-Stiftung (2000): Peking+5 – Fortschritte, Rückschritte, Stillstand? Berlin.
Programa de las Naciones Unidas para el Desarrollo: Informe sobre desarrollo humano 1995, New York.
Rausch, Renate (1993): Frauen und Sozialstruktur in Zentralamerika, in: Bendel, Petra (Hg.): Zentralamerika: Frieden – Demokratie – Entwicklung? Frankfurt/Main, S. 339-357.
Ruppert, Uta (1998): Die Kehrseite der Medaille? Globalisierung, global governance und internationale Frauenbewegung, in: beiträge zur feministischen theorie und praxis, 21. Jg., H. 47/48, S. 95-93.
Schmidt-Häuer, Julia (1998): Feministische Herausforderungen an das herkömmliche Menschenrechtsparadigma, in: Ruppert, Uta (Hg.): Lokal bewegen – global handeln, Frankfurt/Main, New York, S.130-155.
Stephen, Lynn (1997): Women and Social Movements in Latein America, Austin/Texas, USA.
Valdés, Teresa/Weinstein, Marisa (1993): Mujeres que sueñan, las organizaciones de pobladoras en Chile: 1973-1989, Santiago/Chile.
Vargas, Virginia (2000): Democratic institutionality and feminist strategies during the nineties, in: DAWN – REPEM, II Regional Seminar: About women's power and wisdom, Uruguay.
Wichterich, Christa (1996a): Zwischen lokalem Feminismus, Identitätspolitik und Lobbying, in: Peripherie, 16/61, S. 24-42.
Wichterich, Christa (1996b): Wir sind das Wunder, durch das wir überleben. Die 4. Weltfrauenkonferenz in Peking, Heinrich-Böll-Stiftung (Hg.), Köln.
Wichterich, Christa (2000): Wir wollen unsere Rechte jetzt – und zwar mit Zinsen, Heinrich-Böll-Stiftung, Studien & Berichte, Nr. 5, Berlin.

Annette Allendorf

Vernetzungs(t)räume:
Organisationsmodelle von Frauennetzwerken

›Vernetzung‹ und ›Networking‹ sind derzeit die Zauberwörter, mit denen dafür geworben wird, sich durch Kontakte und Erfahrungsaustausch wechselseitig zu unterstützen und dort neue Wege zu eröffnen, wo der oder die Einzelne alleine nicht weiterkommt – sei es als Organisation oder als Individuum. Das gilt nicht nur für Wirtschaft, Beruf und Karriere; Vernetzung wird zunehmend auch als Möglichkeit betrachtet, sich unabhängig von Partei- und Fachzugehörigkeiten gemeinsam für soziale und politische Ziele stark zu machen. Das Phänomen Vernetzung hat sich auch unter frauenpolitischen AkteurInnen verbreitet. In den 90er Jahren wurden sowohl in der Bundesrepublik als auch international zahlreiche neue Frauennetzwerke gegründet, wobei der Trend weiter anhält.

In diesem Beitrag wird danach gefragt, welche Strukturen Frauennetzwerke aufweisen und welche Interessen und Ziele mit Ihnen verfolgt werden. Es wird die These vertreten, dass den Netzwerken neben gemeinsamen Strukturmerkmalen und dem operativen Instrument der Kooperation jeweils eigene Vernetzungsansprüche und Vernetzungsmuster zu Grunde liegen. Anhand von vier Frauennetzwerken wird exemplarisch gezeigt, welche Netzwerkmodelle in Abhängigkeit von den Zielsetzungen in den dargestellten Zusammenschlüssen entwickelt werden. Abschließend wird die Frage angesprochen, welche Bedeutung Frauennetzwerke für die Vertretung von geschlechtsspezifischen Interessen in gesellschaftlichen und politischen Entwicklungsprozessen haben können.

1. Die neuen Frauennetzwerke

Strategische Frauenvereinigungen sind keine neue Erscheinung, vielmehr zeigen die Frauennetzwerke Anknüpfungspunkte an zahlreiche frauenspezifische Bündnisse in der Geschichte. In Deutschland war das Entstehen von Frauenvereinigungen eng verknüpft mit dem Beginn der ersten Frauenbewegung in der Mitte des 19. Jahrhunderts, als sich in mehreren deutschen Ländern und Städten Frauen in eigenen Gruppen zusammenschlossen. Diese zeigten trotz der 1850 erlassenen Vereinsgesetze, welche Frauen den Besuch politischer Veranstaltungen und die Mitgliedschaft in politischen Vereinigungen verboten, ein eigenes politisches Profil (Gerhard 1995).

Seither durchziehen die wechselhafte Geschichte der Frauenorganisationen in Deutschland teilweise durchaus erfolgreiche Bemühungen, große Vereine und Dachverbände für Frauen zu etablieren. Neben diesen an Mitgliedern starken Verbänden mit klaren, meist hierarchisch aufgebauten Vereinsstrukturen, wie z.b. dem noch heute bestehenden Deutschen Frauenrat, entwickelten sich besonders in den 70er Jahren im Kontext der Neuen Frauenbewegung autonome Gruppen und dezentrale Zusammenschlüsse frauenpolitischer Aktivistinnen, die bewusst formalisierten Organisationen den Rücken kehrten. Das Spektrum aus Frauenverbänden, autonomen Projekten und institutioneller Frauenpolitik wird heute ergänzt durch die in diesem Beitrag behandelten Frauennetzwerke, deren Anzahl in den letzten zehn Jahren einen sprunghaften Anstieg zu verzeichnen hat.

1.1 Themenfelder

Einige Handbücher (siehe Büchner 1993; Dick 1992; Pukke 1993) dokumentieren ebenso wie die jährlich von Helga Dickel und Hildegard Brauckmann herausgegebene CD-ROM ›Frauennetze‹ (Brauckmann/Dickel 2000) eindrucksvoll die Vielzahl und Vielfalt der Netzwerke. Ihre inhaltlichen Schwerpunkte konzentrieren sich um die Themenfelder
- *Beruf*[1], z.B. ›BücherFrauen e.V.‹, eine Vereinigung von Frauen, die im Verlagswesen oder in Bibliotheken arbeiten, ›FOPA – Feminis-

tische Organisation von Planerinnen und Architektinnen e.V.‹ oder ›FIM – Frauen im Management‹;
- *Bildung und Beratung*, z.B. der ›Arbeitskreis Vernetzung von Frauenarbeit‹;
- *Sexualität*, z.B. das ›Netzwerk Katholischer Lesben‹;
- *Kunst und Kultur*, z.B. ›Inseln im Strom‹, ein mittelhessisches Netzwerk von Künstlerinnen;
- *Gesundheit*, z.B. das Netzwerk ›Frauen & Aids‹;
- *Politik*, z.B. das ›Netzwerk für Frauen- und Lesbenpolitik‹ oder der Verein ›Buntes Frauennetzwerk e.v.‹, ein politisches Forum für Frauen, die aufgrund von Hautfarbe, Religion, Nationalität, ethnischer Zugehörigkeit oder Kultur diskriminiert werden.

Zu den Netzwerken im Themenfeld ›Politik‹ zählen nach dieser Kategorisierung sowohl Frauennetzwerke, deren Ziel die Stärkung der politischen Partizipation von Frauen ist, als auch Frauennetzwerke, die sich für interkulturelle und transnationale Zusammenarbeit einsetzen, sogenannte »Solidaritätsnetzwerke« (Franzke/Frerichs 1998a, S. 93). Zu den erst genannten gehören die vier Frauennetzwerke, die im zweiten Teil des Beitrags genauer vorgestellt werden. Primäres Ziel dieser Netzwerke ist eine Verbesserung der Beteiligung von Frauen an gesellschaftlichen und politischen Entwicklungen und Entscheidungen, wobei eines der Netzwerke ebenso stark berufsbezogen orientiert ist.

Zwar sind die Frauennetzwerke oftmals als Vereine organisiert und zeigen zudem Parallelen zu autonomen Frauengruppen und -projekten, dennoch weisen sie spezifische, für Netzwerke charakteristische Strukturen auf.

1.2 Strukturen: Lose Koppelung und flache Hierarchien

Je nachdem, in welchem Zusammenhang von Netzwerken die Rede ist – in Bezug auf Ökonomie, Politik, Sozialstruktur oder Informationstechnologie – sind damit entsprechend unterschiedliche Netzwerkbegriffe angesprochen. Netzwerke variieren hinsichtlich ihrer AkteurInnen, ihrer Handlungslogik und ihrer Dichte sehr stark. In den Sozialwissenschaften wird mit dem Begriff des Netzwerks allgemein ein Gebilde wechselseitiger Beziehungen zwischen Individuen und Kollektiven beschrieben. Netzwerke sind meist dezentral organisiert und bestehen aus »losen Beziehungen« (Messner 1997, S. 55) sowie »horizontalen Verflechtungen« (Benz 1995). Gemeint ist damit, dass die NetzwerkakteurInnen in keiner starren und durch Hierarchie bestimmten Beziehung zueinander stehen. Die Beteiligten befinden sich in Bezug auf Entscheidungs- und Machtstrukturen idealtypischerweise auf einer Ebene; Dauer und Ausmaß ihrer Einbindung in das Netzwerk sind variabel.

In dem bereits 1973 erschienenen Artikel »The Strength of Weak Ties« entwirft Mark S. Granovetter ein Konzept, das die bis dahin bestehende Annahme in Frage stellt, nach der die Stärke einer interpersonellen Beziehung aus ihrem Zeitumfang, ihrer emotionalen Intensität, dem gegenseitigen Vertrauen und dem Umfang an wechselseitigen Dienstleistungen abzuleiten ist (vgl. Granovetter 1973, S. 1361). Nach Granovetter sind gerade Bindungen, die anhand der genannten Kriterien als schwach einzustufen sind, für die Integration von Individuen in Gemeinschaften und somit für kooperatives Handeln unentbehrlich. Enge Bindungen führen nach Granovetter zu einer starken Kohärenz innerhalb von Kleingruppen und tragen damit zur Fragmentierung in partikulare Interessengemeinschaften bei, die gegenüber anderen Gruppen nur noch beschränkten Handlungsspielraum aufweisen. Somit blockieren ›starke Bindungen‹ Kooperations- und Verhandlungsmöglichkeiten. Im Gegensatz dazu lassen sich mit dem Begriff der »losen Koppelung« (Weber 1998, S. 132) Bindungen beschreiben, die in ihrer Intensität und ihrem Charakter weder dauerhaft definiert noch starr angelegt sind. Lose Koppelungen weisen daher »eine größere Durchlässigkeit von außen nach innen und eine stärkere Integrationskraft [...]« (Franzke/Frerichs 1998b, S. 13) auf.

Innerhalb der Frauennetzwerke zeigen sich lose Koppelungen in einer flexiblen Einbindung der Teilnehmerinnen hinsichtlich der Dauer ihrer Mitarbeit, ihres Zeit- und Arbeitsaufwands, ihrer Aufgabenfelder und der wechselseitigen formellen und informellen Verpflichtungen. Des Weiteren bestehen in den Frauennetzwerken lose Koppelungen hinsichtlich der wechselnden und punktuellen Zusammenarbeit mit externen KooperationspartnerInnen. Horizontale Verflechtungen zeigen sich in den Frauennetzwerken, sofern sich die

Beteiligten als ›Gleiche‹ begegnen. Das bedeutet, dass sie sich unabhängig von sozialem Status, Alter und politischer Orientierung gegenseitig respektieren und über die gleichen Rede-, Vorschlags- und Entscheidungsrechte verfügen.

Wie in der Untersuchung von vier Frauennetzwerken, die im Folgenden genauer dargestellt werden, zu erkennen war, bilden sich in den Netzwerken meist Koordinierungsgruppen aus den Akteurinnen, die sich besonders intensiv in einem Netzwerk oder für eine bestimmte Aktion des Netzwerks engagieren. Entscheidend für den Status der Beteiligten dieser Binnengruppen und für die Weiterentwicklung eines Netzwerks ist die Art und Weise, wie die Koordinierungsgruppe in das Netzwerk eingebunden ist. Übernimmt die Koordinierungsgruppe eine sehr starke Steuerungsfunktion, läuft sie Gefahr, die Initiativ- und Gestaltungskraft und die Selbstorganisation der anderen Teilnehmerinnen zu blockieren. Ein Mangel an Koordination wird jedoch dazu führen, dass die Ressourcen der einzelnen Akteurinnen sowie die Abstimmung mit Personen oder Institutionen außerhalb des eigentlichen Netzwerks nicht gebündelt werden und das Netzwerk an Stärke verliert.

2. Gesellschaftspolitisch-orientierte Frauennetzwerke: Vier Beispiele

Aus dem breiten Spektrum an Frauennetzwerken werden hier vier Netzwerke vorgestellt und auf ihre Organisationsmuster hin betrachtet, die sich explizit mit der politischen Partizipation und gesellschaftlichen Teilhabe von Frauen beschäftigen. Ihre Zielsetzung reicht über berufsständische und gruppenspezifische Interessen hinaus und orientiert sich nicht an Einzelthemen. Es handelt sich dabei um die zwischen 1990 und 1993 gegründeten Netzwerke
- ›Frauenverband Courage e.V.‹ (*Courage*),
- ›Connecta – Das Frauennetzwerk e.V.‹ (*Connecta*),
- ›Überparteiliche Fraueninitiative Berlin – Stadt der Frauen e.V.‹ (*ÜPFI*),
- ›Frauenpolitischer Runder Tisch‹ (*FRT*).

2.1 Der Frauenverband Courage e.V.

Nachdem *Courage* 1991 gegründet wurde, gibt es derzeit bundesweit etwa 70 Gruppen, in denen sich Frauen aus 20 Nationen jeden Alters und aus allen beruflichen und sozialen Schichten organisieren. Ziel des Frauennetzwerks *Courage* ist es, Frauen in der Bundesrepublik zur Wahrung ihrer Interessen zusammenzuschließen. Laut der Selbstdarstellung des Netzwerks treten die Mitglieder von Courage für die gesellschaftliche Anerkennung und Durchsetzung der Gleichberechtigung der Frau ein. Das Profil des Verbandes ist gekennzeichnet durch Überparteilichkeit, eine ›breite Demokratie‹, Internationalität und finanzielle Unabhängigkeit. Als vier Säulen der Arbeit von Courage werden 1) Interessenvertretung, 2) Bildung durch Seminare, Vorträge, Berichte und Foren, 3) gegenseitige Hilfe und Beratung und 4) gemeinsames Feiern und Erholen genannt. Ebenso wie das Einmischen in die Politik in der Bundesrepublik spielt für die Teilnehmerinnen von *Courage* der Aufbau eines internationalen Netzwerks eine wichtige Rolle.

2.2 Connecta – Das Frauennetzwerk e.V.

Connecta vernetzt überparteilich engagierte Frauen aus allen Berufen und Branchen. Es wurde 1993 als bundesdeutscher Verein gegründet und finanziert sich aus eigenen Mitteln. Erklärte Absicht der Mitglieder in den einzelnen Regionalgruppen ist es, gegenseitig persönliche Stärken zu fördern und sich für die Gleichberechtigung von Frauen in allen gesellschaftlichen Bereichen einzusetzen. *Connecta* veranstaltet jährlich bundesweite Kongresse sowie regelmäßige Seminare und Themenabende. Das Netzwerk gibt das Vereinsmagazin ›Connections‹ heraus und arbeitet mit anderen Frauennetzwerken zusammen.

2.3 Die Überparteiliche Graueninitiative Berlin – Stadt der Frauen e.V.

Die *ÜPFI* wurde 1992 als Bündnis politisch engagierter Frauen aus den Fraktionen des Berliner Abgeordnetenhauses, der Landesregierung, aus Gewerkschaften, Hochschulen, Medien, Frauenprojekten und Persönlichkeiten des öffentlichen Lebens gegründet. Laut Selbstdarstellung will die *ÜPFI* den Gedanken und die Praxis überparteilicher Bündnisse als Zukunftsstrategie in die weltweiten Erneuerungsprozesse einbringen, um über den eigenen Wirkungskreis hinaus Ideen und Kräfte zu bündeln zur Verbesserung der Lebensbedingungen und Gestaltungsmöglichkeiten von Frauen in der privaten und öffentlichen Sphäre. Zu den Aktivitäten gehören öffentliche Veranstaltungen, Expertinnen-Hearings und Kongresse.

2.4 Der Frauenpolitische Runde Tisch

Auf Initiative von Mitgliedern des ›Unabhängigen Frauenverbands‹ konstituierte sich 1990 der *FRT* in Berlin mit dem Ziel, das breite Spektrum von frauenpolitisch Engagierten aus Projekten und Verbänden, aus wissenschaftlichen Einrichtungen, Parlamenten und Ämtern in einem gemeinsamen Dialog zusammenzuführen und eine neue Politikform zu etablieren. Ursprüngliches Vorhaben des *FRT* war die frauenpolitische Umsetzung des Prinzips der Runden Tische, wie sie in der Übergangszeit zwischen dem Zusammenbruch der DDR und der Wiedervereinigung in vielen ostdeutschen Städten eingerichtet wurden. Mit der Gründung des *FRT* sollte den Interessen von Frauen im Vereinigungsprozess Geltung verschafft werden. Dazu wurden Arbeitsgruppen mit den Schwerpunkten ›Selbstbestimmte Schwangerschaft‹, ›Frauen und Verfassung‹ und ›Frauen und Arbeitsmarkt‹ ins Leben gerufen, die zusammen ein Forum darstellten, das zunächst innerhalb des politischen Vakuums der Wendezeit einen Platz fand. Doch konnte der *FRT* seine Zielsetzung nach der Wiedervereinigung nicht weiter umsetzen, da zum einen die öffentliche Diskussion über die Schwerpunktthemen des Netzwerks abgeschlossen wurde und sich zum anderen viele der Akteurinnen stärker parteipolitisch und institutionell organisierten, so dass der *FRT* seine Arbeit bis Ende 1998 nach und nach einstellte.

2.5 Soziodemografische Zusammensetzung der Netzwerke

Für die Untersuchung dieser vier Frauennetzwerke wurden mit jeweils zwei bis drei Teilnehmerinnen zwischen April und Juni 1999

Einzelinterviews durchgeführt. Die meisten der Interviewpartnerinnen nahmen zu diesem Zeitpunkt eine zentrale Funktion in den Netzwerken ein, bspw. als Koordinatorin oder im Vereinsvorstand. Fast alle der Befragten verfügen über ein hohes Bildungsniveau und sind oder waren vollzeitig erwerbstätig. Das Durchschnittsalter der Interviewpartnerinnen lag bei 45 Jahren, wobei die jüngste Teilnehmerin 24 Jahre und die älteste Teilnehmerin 64 Jahre alt war. Fünf der zehn befragten Frauen sind verheiratet, drei geschieden, sieben von ihnen haben ein bis zwei Kinder. Über die soziodemografische Zusammensetzung der gesamten untersuchten Frauennetzwerke lassen sich keine genauen Angaben machen, da die Teilnehmerinnen – wie bereits angesprochen – oft nur lose an ein Netzwerk angekoppelt sind und ihre Mitarbeit selten einer formellen Mitgliedschaft bedarf, was eine Erhebung entsprechender Daten erschwert. Aufgrund der Aussagen der Interviewpartnerinnen ist aber anzunehmen, dass das Profil der befragten Teilnehmerinnen in der Tendenz der Zusammensetzung der Gesamtnetzwerke entspricht. Somit nehme ich an, dass die Teilnehmerinnen überwiegend zwischen 35 und 55 Jahre alt sind, einen hohen Bildungsabschluss haben und einer Erwerbsarbeit nachgehen.

3. Organisationsmodelle von Frauennetzwerken: Basisbewegung oder Verhandlungstisch?

Anhand von Interviews mit Teilnehmerinnen der Frauennetzwerke *Courage*, *Connecta*, *ÜPFI* und *FRT* wurden die jeweiligen Organisationsmuster und Leitbilder der Netzwerke untersucht. Dabei zeigten sich Unterschiede in Bezug auf die Zielgruppen, die Ebenen der Einflussnahme, das zu Grunde liegende Politikverständnis und die entsprechenden Vorgehensweisen der untersuchten Netzwerke. Anhand dieser Kriterien lassen sich bei den Netzwerken spezifische Organisationsmodelle erkennen, die ich mit den Bildern ›Basisbewegung‹, ›Übungsraum‹, ›Kaminzimmer‹ und ›Verhandlungstisch‹ beschreiben möchte:
- *Courage* (Frauenverband Courage e.V.): *Basisbewegung*
- *Connecta* (Connecta – Das Frauennetzwerk e.V.): *Übungsraum*

- *ÜPFI* (Überparteiliche Fraueninitiative Berlin – Stadt der Frauen e.V.): *Kaminzimmer*
- *FRT* (Frauenpolitischer Runder Tisch): *Verhandlungstisch*

3.1 Basisbewegung

Zielgruppe eines Netzwerks mit der Organisationsfigur der *Basisbewegung*, wie sie *Courage* aufweist, sind zunächst ›alle‹ Frauen. Dem Anspruch nach sollen sich in solchen Netzwerken Frauen unabhängig von ihrem jeweiligen Bildungsstand, ihrer Schichtszugehörigkeit, ihrer politischen Orientierung und anderen sozialen und individuellen Merkmalen organisieren. Bei den befragten Teilnehmerinnen von *Courage* bestehen explizit Vorbehalte gegenüber einer Netzwerkpolitik, die überwiegend von akademisch gebildeten Frauen betrieben wird. In der Netzwerkarbeit von *Basisbewegungen* gelten die Interessen von Akademikerinnen und Frauen, die sich in formellen Politikfeldern engagieren, als zweitrangig, da sie nicht dem gesellschaftskritischen Anspruch dieser Netzwerkform entsprechen würden und sich »von den Themen nicht an die Masse der Frauen richten«, wie es eine Akteurin von *Courage* ausdrückt. Gewünscht ist dagegen eine Ausrichtung an den Lebenslagen und den Interessen von Arbeiterinnen und Frauen, die überwiegend im privaten Reproduktionsbereich tätig sind, so dass sich die Gruppen, wie eine Teilnehmerin von *Courage* sagt, »auch wirklich mit den Problemen vom täglichen Leben beschäftigen.« Ziel der basisorientierten Netzwerkarbeit ist die Mobilisierung und Aktivierung von Frauen für die politische Arbeit. Die befragten Akteurinnen vertreten die Auffassung, »dass sich nur etwas ändert, wenn möglichst viele Leute, sozusagen die Basis etwas tut.« Daher versuchen sie, ein möglichst dichtes, großflächiges Netz zu spinnen, um Widerstand von unten zu entwickeln.

3.2 Übungsraum

In Netzwerken mit der Organisationsfigur *Übungsraum* werden engagierte und interessierte Frauen, die sich beruflich und in ihrem persönlichen Profil weiter entwickeln wollen, zum Erfahrungsaustausch und zur gegenseitigen Information in Kontakt gebracht. Ziel ist die Stärkung der individuellen Persönlichkeit zur Förderung der Eigenständigkeit und Autonomie von Frauen. Eine der Gründerinnen und Akteurinnen von *Connecta* erklärt, dass es darum geht, die Kompetenz von Frauen sichtbar zu machen und zu entwickeln. Hierin kann auch die gesellschaftspolitische Dimension der Netzwerke mit diesem Leitbild gesehen werden. Frauen sollen in persönlicher und wirtschaftlicher Hinsicht dazu befähigt und darin unterstützt werden, Position zu beziehen und Einfluss auszuüben. Eine Teilnehmerin von *Connecta* erklärt: »Frauen können nur Macht ausüben, wenn sie dazu auch wirtschaftlich in der Lage sind.« Daher sei die Entwicklung von Frauen im Berufsleben zentrales Thema bei *Connecta*. Als Zielgruppe werden von Netzwerken dieser Organisationsform insbesondere Frauen mit Eigeninitiative angesprochen, die sich in neuen Feldern ausprobieren wollen. Die Zusammenarbeit beruht auf Anerkennung der Besonderheit und der Kompetenz der Netzwerkakteurinnen. Die Frauen sollen sich wechselseitig mit »ihrer speziellen Fertigkeit und Tätigkeit und Kenntnis weiterhelfen«, wie eine Interviewpartnerin von *Connecta* mitteilt. Dadurch, dass die Teilnehmerinnen eines *Übungsraums* ihre Regionalgruppen nutzen, um ihre eigenen Fähigkeiten zu entwickeln, sollen sie diese auch in ihre politische und berufliche Arbeit außerhalb des Netzwerks tragen können. Neben der Stärkung der Autonomie von Frauen kann in diesen Frauennetzwerken auch ein Prozess der Meinungsbildung und Politisierung stattfinden. Bei *Connecta* wird dies von den Akteurinnen zunehmend stärker gewünscht und umgesetzt, so dass vermehrt Veranstaltungen und Hearings mit politischem Fokus durchgeführt werden.

3.3 Kaminzimmer

Mit dem Bild des *Kaminzimmers* können Netzwerke beschrieben werden, in denen sich eine sorgfältig ausgewählte und zusammengesetzte Gruppe von Frauen trifft, die über bestimmte Qualifikationen und Kompetenzen verfügen. Ihr Anliegen ist die Vernetzung von Ressourcen und strategischen Kenntnissen, weswegen Frauen aus möglichst vielen Gesellschaftsbereichen, aus Politik, Wirtschaft, Medien, Wissenschaft und Praxis einbezogen werden. Eine Interviewpartnerin der *ÜPFI*, ein Netzwerk, das dieser Organisationsfigur entspricht, führt aus, dass unter den Teilnehmerinnen abgesprochen wird, »welche Frauen aus welchen Bereichen wir noch in unseren Kreis reinholen wollen.« Die Erweiterung des Teilnehmerinnenkreises erfolgt im Konsens und ist personenbezogen. Grund für die gezielte Auswahl neuer Teilnehmerinnen ist, dass »dieses Bündnis einfach auch sensibel ist durch diese unterschiedlichen Parteizugehörigkeiten«, wie eine Akteurin erklärt. Von den Netzwerkakteurinnen wird ein Fingerspitzengefühl gegenüber den jeweiligen parteipolitischen und unternehmerischen Verpflichtungen der anderen Teilnehmerinnen erwartet, da sie durch das Netzwerk keinesfalls in ihrer jeweiligen politischen oder beruflichen Position und Karriere gefährdet werden sollen. Die ausgewogene Erweiterung des Kreises in unterschiedlichen Gesellschaftsbereichen soll zur Stärkung des Netzwerks beitragen, denn »je verzahnter wir sind, desto mächtiger sind wir natürlich auch«, so eine Teilnehmerin. Sie erläutert weiter: »Dann reicht so ein loser Zusammenschluss von Frauen in wichtigen Funktionen und kann durchaus eine Störkraft bekommen, um politische Prozesse und Meinungsbilder in der Stadt zu beeinflussen.« Demnach besteht die Absicht, durch den Zusammenschluss im *Kaminzimmer* gezielt Einfluss zu nehmen auf das politische Geschehen. Dies gilt hinsichtlich der Entscheidungsfindung in politischen Gremien sowie in Bezug auf öffentliche Debatten. Als Zielgruppe werden daher Frauen in Schlüsselfunktionen angesprochen, die bereits politische Erfahrung besitzen und ihre strategischen Kenntnisse einsetzen, um eine schlagkräftigere Interessenpolitik zu betreiben.

3.4 Verhandlungstisch

Die Arbeit eines *Verhandlungstisches* beruht auf dem Delegationsprinzip, bei dem Vertreterinnen aus allen relevanten Gruppierungen gleichberechtigt und konsensorientiert zusammenarbeiten. Im Fall des *FRT*, aus dem das Organisationsmodell *Verhandlungstisch* abgeleitet ist, waren dies politische und administrative Gremien, kirchliche Organisationen, Gruppen der Bürgerbewegung und Frauenorganisationen. Ziel ist die Einrichtung eines Forums, in dem Positionen und Entscheidungen verhandelt werden. Das politische und gesellschaftliche Geschehen soll durch den *Verhandlungstisch* nicht nur beeinflusst werden, sondern das Netzwerk selbst soll über Entscheidungsbefugnis verfügen und zum Ort des Politischen werden. Zielgruppe einer solchen Netzwerkformation sind in erster Linie Frauen aus unterschiedlichen Gesellschaftsbereichen, die über entsprechende fachliche und politische Erfahrungen und Kenntnisse verfügen, weshalb eine Mitarbeiterin des *FRT* im Interview dieses Netzwerk auch als ›Expertinnengremium‹ bezeichnet.

3.5 Vergleich der Organisationsmodelle

In der folgenden Tabelle sind die Unterschiede zwischen den zuvor entwickelten Organisationsmodellen von Netzwerken anhand der Unterscheidungsmerkmale Ebene der Einflussnahme, Zielgruppe, Taktik und Politikbegriff zusammengefasst.

	Basisbewegung	Übungsraum	Kaminzimmer	Verhandlungstisch
Ebene	Basis	Gruppe	Gremien	Gremien
Zielgruppe	alle Frauen	engagierte Frauen	Frauen in Schlüsselfunktionen	Delegierte
Taktik	Aktivierung	Persönlichkeits-Entwicklung	Lobbyismus	Debatte
Politikbegriff	alle Lebensbereiche umfassend	ökonomisch, bildungs- und berufsbezogen	strategisch	entscheidungs- und steuerungsbezogen

4. Kooperation und aktives Vertrauen

Das allen Netzwerken neben der Struktur der ›losen Koppelung‹ und ›horizontalen Verflechtung‹ gemeinsame Merkmal, ihre dominierende Handlungslogik, ist ›Kooperation‹. Je nach Ausrichtung der Netzwerke und ihrer Organisationsmuster ist die Art und Weise der Kooperation unterschiedlich akzentuiert. Während die Teilnehmerinnen des *Verhandlungstisches* Kooperationen mit Delegierten politisch aktiver Organisationen oder mit EntscheidungsträgerInnen anstreben, um einen Konsens zwischen ihnen herzustellen, bemühen sich die Teilnehmerinnen des *Kaminzimmers* stärker um individuelle Kontakte zu Vertretern und Vertreterinnen in führenden Positionen der Wirtschaft, des Rechts, der Medien und der frauenpolitischen und sozialen Praxis, um durch strategische, wechselnde Koalitionen Einfluss zu nehmen. In den *Übungsräumen* wiederum werden in erster Linie Kooperationen mit Organisationen und Netzwerken gesucht, die in ihren Zielsetzungen mit denen des *Übungsraums* vergleichbar sind. Bei *Connecta* sind dies berufsständische Frauennetzwerke, kommunale Frauenbeauftragte und andere lokale Einrichtungen. Die Akteurinnen der *Basisbewegung* streben überwiegend die aktionsbezogene Zusammenarbeit mit weiteren Basisorganisationen wie Umwelt- und Friedensverbänden, Gewerkschaften und anderen autonomen Frauengruppen zur Durchführung von Demonstrationen, Podiumsdiskussionen und anderen Großveranstaltungen an.

Das bedeutet, dass sich die Netzwerke überwiegend KooperationspartnerInnen suchen, die auf der gleichen politischen Ebene wie sie selbst agieren, schließen aber vertikale Kooperationen nicht generell aus; sie stehen lediglich nicht im Mittelpunkt der Bemühungen um Zusammenarbeit. Das besondere an den Kooperationen ist jedoch, dass sie partei- und fachübergreifend stattfinden. Im Zentrum der Kooperationen stehen jeweils spezifische gemeinsame Interessen, die gerade mittels der differierenden fachlichen und strategischen Kenntnisse besser umgesetzt werden sollen als durch Einzelaktivitäten. Eine Teilnehmerin der *ÜPFI* gibt dazu folgende zwei Beispiele: »Wenn wir zum Beispiel wichtige Frauen aus den Medien mit dabei haben, dann können wir sicher sein, dass ein Thema, das wir besetzt haben, auch mit ihrer Beratung, mit den Frauen aus den Medien entwickelt haben, gut vorbereitet auf eine bessere öffentliche Resonanz kommt. Wenn wir ein Thema aus dem wirtschaftspolitischen Bereich beackern wollen und eine Frau in führender Funktion in einem Unternehmen ist mit dabei, dann kann die sagen: ›So könnt ihr das nicht formulieren, dann legt das jeder Unternehmer sofort beiseite‹«. Im Idealfall kann also durch die gemeinsame Absprache ein optimales Vorgehen, das möglichst viele Perspektiven berücksichtigt, erreicht werden.

Kooperation ist aber nur dann möglich, wenn die gemeinsamen Interessen stärker sind als die unterschiedlichen aufeinander treffenden Fachkulturen und politischen Präferenzen. Von fast allen Interviewpartnerinnen wird diesbezüglich klargestellt, dass nur die Themen behandelt und umgesetzt werden, für die ein Konsens innerhalb des Netzwerks erreichbar ist, der über den öffentlichen Status quo hinausreicht. Wenn bspw. absehbar wird, dass aufgrund unterschiedlicher Ansichten der Netzwerkteilnehmerinnen eine gemeinsame Resolution zum §218, zur Europäischen Verfassung oder zur Entwicklung der Neuen Medien und der Telearbeit in ihren frauenpolitischen Konsequenzen einen Rückschritt gegenüber der aktuellen Rechtslage und dem Meinungsbild der politischen Mehrheit darstellen könnte, wird diese Resolution nicht weiter ausgearbeitet und fallen gelassen. Diese Konsensorientierung ist nicht dem Bedürfnis nach Harmonie, sondern dem nach Effizienz der Netzwerkarbeit und der Handlungsfähigkeit des Netzwerks geschuldet. So betont eine Netzwerkakteurin der *ÜPFI*, dass insbesondere in Wahlkampfzeiten Themen dann fallen gelassen werden, wenn ersichtlich wird, dass einzelne Teilnehmerinnen aufgrund ihrer Parteiarbeit mit den Ergebnissen nicht konform gehen können. Bearbeitet werden Themenfelder, in denen über Einzelinteressen hinweg konkrete gemeinsame Ziele und Strategien entwickelt werden können. In den Netzwerken führt dies oftmals zu der Suche nach dem kleinsten gemeinsamen Nenner, was an der Aussage einer Akteurin von *Courage* erkennbar ist. Sie sagt: »Wenn jede Organisation oder jeder Verband oder jede Partei dann ihre spezielle Meinung durchsetzen will, die vielleicht sehr weitreichend ist, dann wird das halt einfach nicht zustande kommen. Und dann muss man sich halt auf einen kleinen gemeinsamen Nenner einigen, der dann vielleicht erst mal nur heißt: ›Stoppt den Krieg in Kosovo!‹« Im Mittelpunkt von Kooperationen stehen demzufolge Gemeinsamkeiten; Kooperationen bieten nicht den Raum, um Konflikte auszutragen.

Zur erfolgreichen Kooperation innerhalb der Netzwerke und zwischen ihnen gehört demnach die Fähigkeit, andere Meinungen anzuerkennen und als gleichwertig neben der eigenen zu akzeptieren, wodurch der Blick auf das Machbare gerichtet werden kann. Es geht nicht darum, Schwierigkeiten und Hürden in der Kooperation zu bearbeiten, sondern Potenziale aufzudecken und zu nutzen. Dieses Vorgehen ist zweckgebunden, wie z.B. aus folgender Aussage einer

Teilnehmerin von Connecta hervorgeht. Sie erklärt: »Wir sind nicht dazu da, dass wir uns gegenseitig versichern, wie toll wir es mit einander haben, sondern wir sind eigentlich dazu da, um zu gucken, wie bündeln wir unsere Erfahrungen.« Ebenso wie hier wird in den Aussagen aller befragten Netzwerkteilnehmerinnen deutlich, dass der konstruktive und synergetische Umgang mit unterschiedlichen Kenntnissen und Perspektiven entscheidender Bestandteil der Kultur von Frauennetzwerken ist.

Meines Erachtens wird die Entwicklung einer synergetischen Kultur in den Frauennetzwerken durch ihre Struktur begünstigt. Die Zusammenarbeit im Netzwerk wie auch die Kooperationen mit Außenstehenden sind überwiegend punktuell und zeitlich begrenzt (siehe Abschnitt 1.2). Sie sind weder durch starke emotionale Intensität noch formelle Verpflichtungen geprägt, sondern sind zielorientiert und beruhen auf Freiwilligkeit. Auf diese Weise kann sich zwischen den Akteurinnen der Netzwerke eine Basis für die Zusammenarbeit ausbilden, die von dem britischen Soziologen Anthony Giddens als aktives Vertrauen (Giddens 1997) bezeichnet wird.

Nach Giddens ist aktives Vertrauen die Einsicht in die Integrität des Anderen (ebd., S. 163). Das aktive Vertrauen leitet sich nicht von vorgegebenen sozialen Positionen ab, sondern muss in einem gemeinsamen Dialog und durch gemeinsames Handeln errungen werden (ebd., S. 35). Der Dialog dient nicht dazu, alle Spaltungen oder Konflikte zu überwinden. Vielmehr können durch reflexive Auseinandersetzungen neue Formen der Verbindlichkeiten produziert werden, die nicht auf Rechten, sondern auf Selbstverpflichtungen beruhen. Sie gelten beidseitig und erhalten dadurch ihre Autorität (ebd., S. 179).

Die Netzwerkakteurinnen sind sich der Besonderheiten ihrer Organisationskultur bewusst, was sich daran zeigt, dass sich die befragten Teilnehmerinnen intensiv mit organisatorischen und strukturellen Fragen ihres Netzwerks beschäftigen. Sie veranstalten hierfür ausgewiesene Klausursitzungen oder Tagungen, in denen die Akteurinnen reflexiv die formelle und informelle Form ihrer Zusammenarbeit weiterentwickeln, sich über mögliche KooperationspartnerInnen verständigen, zukünftige Arbeitsschwerpunkte setzen und die Zielsetzung ihres Netzwerks neu definieren. Diese Reflexionsprozesse zur Organisation der Netzwerke sind einerseits deshalb notwendig, weil es für

Netzwerke noch keine langfristig erprobten Koordinations- und Steuerungsmodelle gibt. Zum anderen müssen sich die Netzwerke fortlaufend mit ihrer Weiterentwicklung beschäftigen, da sich die Mitarbeit der Teilnehmerinnen, die Anzahl und Art der KooperationspartnerInnen und daher auch die verfügbaren Ressourcen und Kapazitäten eines Netzwerks ständig verändern.

Wie gezeigt wurde, können Frauennetzwerke sehr unterschiedliche Ausrichtungen aufweisen. Dies bedeutet einerseits, dass es für Akteurinnen, die sich in einem Netzwerk zusammenschließen, besonders wichtig ist, sich über die Zielsetzung und den Charakter ihres Netzwerks zu verständigen. Gibt es hier Missverständnisse und unterschiedliche Erwartungen, wird es unweigerlich tiefgreifende Schwierigkeiten in der Zusammenarbeit geben. Zum anderen erklärt sich aus der Modellierbarkeit von Netzwerken jedoch auch ihr besonderer Reiz als variabel einsetzbares Instrument zur Bildung strategischer Allianzen.

Aufgrund der flexiblen Gestaltungsmöglichkeiten der Netzwerke können sie der jeweiligen inhaltlichen Ausrichtung, den Rahmenbedingungen und den spezifischen Kooperationsbedürfnissen angepasst werden. Auch wenn dies zunächst paradox erscheint, ist durch die lose Koppelung der Akteurinnen eine maximale Bindung der Teilnehmerinnen möglich. Da jede Kooperation zeitnah eingegangen und organisiert wird, werden keine Personen oder Einrichtungen, die sich nicht dauerhaft integrieren können oder wollen, ausgeschlossen. Es sind also jeweils die Akteurinnen am Werk, die sich für ein spezielles Vorhaben engagieren wollen. Damit wird deutlich, dass die Stärke von Netzwerken neben der Erweiterung und Pflege von Kontakten und Perspektiven bei zeitlich begrenzten Einzelaktivitäten liegt. So ist es den Netzwerkakteurinnen möglich, rasch auf Veränderungen in ihrer Umwelt zu reagieren oder sogar präventiv zu wirken, sobald sich aus ihrer Sicht als negativ einzuschätzende Entwicklungen abzeichnen.

5. Dialog und Transformation

Durch die Momente der Selbstorganisation, Kooperation und Reflexion, die für die Umsetzung einer erfolgreichen Netzwerkarbeit notwendig sind, können mit den Netzwerken Foren für eine direkte, dialogische Demokratie entstehen. Die Netzwerke sind insbesondere deshalb interessante Modelle der politischen Partizipation, da bisher nur wenig Instrumente und Organisationsformen entwickelt wurden, in denen unterschiedliche Fach- und Politikverständnisse konkurrenzfrei und unter dem Vorzeichen der wechselseitigen Akzeptanz in Dialog treten. Zudem sind Netzwerke keine auf dem Reißbrett entworfene Kooperationsform, sondern sind ein aus der Praxis und den Bedürfnissen der Akteurinnen entstandenes Organisationsmuster. Sie schaffen informelle Strukturen, durch die unterschiedliche AkteurInnen an gesellschaftlichen Transformationsprozessen mitwirken können, und stellen dort Verbindungen her, »wo die formalen Strukturen Grenzen ziehen und Konflikte verursachen« (Benz 1995, S. 203), wie es der Netzwerktheoretiker Arthur Benz ausdrückt. Laut Benz dient die Bildung von Netzwerken der Suche nach Verständigungsmöglichkeiten, die in formalisierten Verhandlungskontexten nicht erkennbar oder formulierbar sind (ebd., S. 195).

Es wäre wünschenswert, dass die Teilnehmerinnen der Frauennetzwerke vermehrt auch eine vertikale Vernetzung zwischen der operativen und der strategischen Ebene, der Basis und den politischen EntscheidungsträgerInnen anstrebten. Durch die Komplexität und Anpassungsfähigkeit der Organisationsmodelle und die Initiierung eines inklusiven Dialogs durch die Netzwerkakteurinnen könnten sie sich möglicherweise in komplexe Prozesse einmischen, aus denen sie zuvor ausgeschlossen waren. Den Teilnehmerinnen der untersuchten Frauennetzwerke ist es bisher nur selten gelungen, eindeutige, nachweisbare Erfolge zu erzielen. Dennoch ziehen sie eine überwiegend positive Bilanz ihrer Arbeit, was sie damit begründen, dass sie ihre eigenen Handlungsspielräume gemeinsam erweitern und öffentliche Meinungsbilder mitgestalten konnten.

Zusammenfassend möchte ich festhalten, dass Frauennetzwerke eine Organisationsform bereitstellen, durch die vielfältige Interessen sehr unterschiedlicher Frauen gebündelt werden können, um sie im

Austausch mit anderen gesellschaftlichen Gruppierungen und Interessenvertretungen voranzubringen. Für Frauenpolitik besteht damit insgesamt eine Chance, sich aus einer isolierten Position zu lösen und in einem offensiven Dialog Politik zu betreiben.

Anmerkung

1 Auch wenn bisher keine genauen Daten über die Anzahl und die Mitgliederzahlen der Frauennetzwerke vorliegen, ist an den Handbüchern eindeutig abzulesen, dass berufsbezogene Netzwerke den Großteil der Frauennetzwerke darstellen.

Literatur

Benz, Arthur (1995): Politiknetzwerke in der Horizontalen Politikverflechtung, in: Dorothea Jansen/Klaus Schubert (Hg.), Netzwerke und Politikproduktion, Marburg.
Brauckmann, Carolina/Dickel, Helga (2000): Frauennetze 2000/2001, CD-ROM.
Büchner, Karin (1993): Handbuch Frauen-Netzwerke, Düsseldorf/Wien.
Dick, Ulla (1992): Netzwerke und Berufsverbände für Frauen, Reinbek bei Hamburg.
Franzke, Heike/Frerichs, Petra (1998a): Die Netze der Frauen. Eine Quantité négligeable?, in: Zeitschrift für Frauenforschung, 16. Jg., H. 4, S. 90-104.
Franzke, Heike/Frerichs, Petra (1998b): Frauen-Netzwerke und Solidarität, in: Institut zur Erforschung sozialer Chancen, ISO Informationen, Nr. 9, S. 11-16.
Gerhard, Ute (1995): Unerhört. Zur Geschichte der deutschen Frauenbewegung, Reinbek bei Hamburg.
Giddens, Anthony (1997): Jenseits von Links und Rechts, Frankfurt/Main.
Granovetter, Mark S. (1973): The Strength of Weak Ties, in: American Journal of Sociology, Volume 78, No. 6, S. 1360-80.
Messner, Dirk (1997): Netzwerktheorien. Die Suche nach Ursachen und Auswegen aus der Krise staatlicher Steuerungsunfähigkeit, in: Elmar Altvater/Karl Brunnengräber (Hg.), Vernetzt und verstrickt. Nicht-Regierungsorganisationen als gesellschaftliche Produktivkraft, Münster, S. 33-64.
Pukke, Antje-Susan (1993): Mehr Erfolg für Frauen. Interessengruppen, Vereine, Bürgerinitiativen, Selbsthilfegruppen, soziale Einrichtungen, Berufsverbände und Parteien, München.
Weber, Susanne (1998): Organisationsentwicklung und Frauenförderung. Eine empirische Untersuchung in drei Organisationstypen der privaten Wirtschaft, Königstein/Taunus

Christina Schachtner

Fraueninitiative vor Ort: Gestaltungsversuche im Kontext der Globalisierung

Die Erosion traditioneller Sinn- und Sozialzusammenhänge, eine fortschreitende Schädigung der Ökosysteme sowie Globalisierungsprozesse im ökonomischen, politischen und militärischen Bereich markieren die sozioökonomische und sozialökologische Situation des beginnenden 21. Jahrhunderts. Diese bildet den Kontext des politischen Engagements von Frauen in lokalen Agendagruppen, die weltweit in der Folge der UN-Konferenz von Rio de Janeiro entstanden sind. In Rio haben sich 1992 über 170 Staaten auf ein Zukunftsprogramm, die Agenda 21, geeinigt, das Richtlinien darüber enthält, wie eine nachhaltige Zukunftsentwicklung global gesichert werden kann.

Am 28.1.1999 betrat eine Gruppe von Frauen in Recklinghausen ein Kaufhaus der Firma Karstadt AG. Jemand sagte: »Da kommen sie ja!« Dann wurde es still. Der Geschäftsführer erschien. Die Frauen begannen, ihm Fragen zu stellen: »Wo werden Ihre Sachen produziert? Unter welchen Arbeitsbedingungen werden sie produziert? Setzen Sie sich für humane Arbeitsbedingungen ein?« Der Geschäftsführer winkte ab. Für die Beantwortung solcher Fragen sei er nicht zuständig. Die Frauen führten weitere Aktionen durch. Sie demonstrierten auf dem Marktplatz ihrer Stadt mit einer Wäscheleine, auf der neue und abgetragene Textilien hingen. Sie wollten die Öffentlichkeit mit der Frage konfrontieren: Wohin geben wir, was wir abgeben? Sie verteilten an die PassantInnen Handzettel, auf denen zu lesen war, dass der Kauf von Billigprodukten zur Aufrechterhaltung schlechter Arbeitsbedingungen in den Ländern des Südens beiträgt. Sie klärten darüber auf, dass der Export von Altkleidern in diese Länder die dortige Textilwirtschaft schwächt. Sie recherchierten bei Wohlfahrtsverbänden, wie diese gesammelte Altkleider verwerten. Sie zeigten die Ausstellung ›Frauen – Power to Change‹, in der sie u.a. Bilder und Informationen zur Textilarbeit in Simbabwe und zum Altkleidermarkt präsentierten. Sie planten die Aktion ›Gelbe Karte für Adidas‹, um auf die inhumanen Frauenarbeitsplätze aufmerksam zu machen, die dieses Unternehmen in Ländern des Südens unterhält. Eine Akteurin kommentierte: »Wir wollen klarmachen, dass Zusammenhänge bestehen zwischen dem Konsum hier und den Arbeitsmärkten in den Ländern der 3. Welt.« Eine andere Akteurin ergänzte: »Ich denke, die Kinder in diesen Ländern arbeiten für uns und haben dadurch keine Möglichkeit, sich schulisch fortzubilden. Sie sind dazu verdammt, in die Städte zu gehen und durch Prostitution ihr Geld zu verdienen. In den letzten Jahren ist für mich immer gravierender geworden, wie ein Teil der Welt sich auf Kosten des anderen Teils bereichert«. Dass sie von einem Konzernvertreter zu hören bekommt, er sei nicht zuständig, entmutigte sie nicht, im Gegenteil: »Damit geben wir uns nicht zufrieden«, erklärte sie. Die Konzernspitze der Karstadt AG hat von der Frauengruppe inzwischen einen Brief erhalten, in dem um ein Gespräch zu Fragen wie diesen gebeten wird:

- Inwieweit gibt es bei der Karstadt AG Interesse, nachhaltig produzierte Textilien zu verkaufen und ihre Vermarktung zu fördern?
- Welche Forderungen und Bedingungen stellt die Karstadt AG an Herstellungs- und Produktionsbetriebe?
- Auf welches Angebot an nachhaltigen Textilien können KundInnen bei der Karstadt AG bereits zurückgreifen?

Ein ähnlicher Brief erreichte vier weitere Bekleidungskonzerne sowie eine Reihe von Einzelherstellern.

Die Aktionen der Recklinghausener Frauen zum Thema ›Globale Folgen westlichen Konsumverhaltens‹ sind ein Projekt im Rahmen der Agenda 21. Ausgangspunkt der Agenda 21 sind die zunehmende Ungleichheit zwischen und innerhalb der Völker wie steigende Armut, zunehmendes Analphabetentum und eine fortschreitende Schädigung der Ökosysteme. Durch eine Verbindung von Umwelt- und Entwicklungsinteressen und deren Beachtung soll die Deckung der Grundbedürfnisse, die Verbesserung des Lebensstandards aller Menschen und ein besserer Schutz der Ökosysteme erreicht werden. Im Anschluss an die Konferenz von Rio haben sich weltweit auf nationaler und lokaler Ebene Agendagruppen gebildet. In Großbritannien und in den Niederlanden haben rund 70% der Kommunen einen Beschluss zur lokalen Agenda gefasst. In Deutschland beteiligen sich bislang 1651 Städte und Kreise (Stand: 11.09.00) an der lokalen Agenda.

Im Kapitel 24 der Agenda 21 sind Frauen ausdrücklich als eine Gruppe genannt, auf deren Wissen und Kreativität bei der Gestaltung von Zukunft nicht verzichtet werden darf. Obschon keine statistischen Zahlen vorliegen, zeichnet sich ab, dass Frauen den Agenda-Prozess wesentlich mittragen. Sie engagieren sich sowohl in gemischtgeschlechtlichen Gruppen als auch in reinen Frauengruppen. Das außerparlamentarische Engagement von Frauen kontrastiert die mangelnde Präsenz von Frauen in den traditionellen politischen Arenen in Deutschland. In den bundesdeutschen Parteien beträgt der Frauenanteil etwa ein Viertel; in den Parlamenten der einzelnen Bundesländer sind Frauen mit einem Anteil zwischen17% und 38% vertreten (vgl. Hoecker 1998, S. 67 ff.).

Nach Ansicht von Beate Hoecker wird das politische Engagement von Frauen in den etablierten politischen Institutionen durch die dort vorherrschenden hierarchischen Organisationsformen und männerbündischen Strukturen gebremst (vgl. a.a.O., S. 68). Außerparlamentarische Aktionsformen dagegen scheinen für Frauen attraktiv zu sein, weil sie aus alltagsnahen Fragen und Problemen heraus entstehen und einen geringen Grad an Formalisierung und Hierarchisierung aufweisen. Sie sind zudem in eine historisch gewachsene weibliche Politikkultur eingebettet, für die mit der liberalen und der marxistisch/sozialistischen Frauenbewegung der Grundstein gelegt wurde (vgl. Hoecker 1995, S. 174).

Skizzierung des empirischen Projekts

Seit Herbst 1998 wird an der Philipps-Universität Marburg eine von mir geleitete Feldforschungsstudie durchgeführt, in der das innovative Potential von Frauen erforscht wird, die sich in Deutschland in der lokalen Agenda 21 engagieren.[1] Die Untersuchung ist als Feldforschungsstudie konzipiert. Sie folgt den methodologischen Prinzipien

der Grounded Theory, die auf Anselm Strauss und Barney Glaser zurückgeht (Strauss 1991). Ziel der Untersuchung ist die Gewinnung einer gegenstandsverankerten Theorie, die sich induktiv aus der Empirie erschließt. Einbezogen in die Untersuchung wurden 22 kommunale Mädchen- und Frauenprojekte in 18 westdeutschen Städten und Landkreisen zwischen Hamburg und München. Wir werten das uns zur Verfügung gestellte Informations- und Dokumentationsmaterial aus, führten vor Ort insgesamt 48 Interviews mit 14 kommunalen Gleichstellungsbeauftragten und 34 Akteurinnen, unternahmen mit den Akteurinnen Ortsbegehungen, um selbst einen Eindruck von dem Lebensumfeld zu gewinnen, aus dem heraus sich deren politische Aktivitäten entwickelten. Die Spannbreite der von den politischen Akteurinnen vor Ort bearbeiteten Themen reicht von Stadtentwicklung, Verkehr, Energiegewinnung, Wohnen, Arbeit und Wirtschaft bis nachhaltige Lebensstile, Gesundheit, Konsum, Eine Welt. In diesem Beitrag sollen Ergebnisse referiert werden, die sich auf folgende Fragen beziehen:
- Inwieweit spielt die Wechselbeziehung zwischen lokalen und globalen Prozessen in den untersuchten Projekten eine Rolle?
- Inwieweit stellen die lokalen Aktionsformen Antworten auf Globalisierungseffekte dar? Können die Antworten transnationale Bedeutung gewinnen?

Eckpunkte des Globalisierungsprozesses

Die Beantwortung dieser Fragen setzt einen Exkurs über Globalisierung voraus. In der feministischen Globalisierungsdebatte werden zwei Widersprüche als Kernstücke der Globalisierung herausgearbeitet: Globale Systemintegration versus lokale Desintegration sowie Zentralisierung versus Marginalisierung. (Sassen 1997; Kreisky 1997; Young 1998; Benhabib 1999)

Globale Systemintegration bezeichnet einen Prozess, bei dem der nationalstaatliche Rahmen als Aktionsfeld ökonomischen, politischen, militärischen, kulturellen Handelns überwunden wird zugunsten von globalen Handlungsformen im Bereich von Wirtschaft, Politik, Militär, Kultur. Globale Systemintegration fördert die

Zusammenballung politischer und ökonomischer Kräfte, sie verlangt nach Koordinations- und Steuerungszentralen, die an bestimmten Orten realisiert werden müssen. Orte, die im Zuge der globalen Systemintegration eine globale strategische Rolle übernehmen, nennt Saskia Sassen Global Cities (vgl. Sassen 1997, S. 18). In diesen Orten zentrieren sich Wirtschaftskraft und Finanzressourcen; Sassen zählt zu den weltweit bedeutsamen Orten die Städte New York, London, Tokio, Paris, Frankfurt, Zürich, Amsterdam, Sydney, Hongkong, São Paulo und Mexico City.

Die Entstehung der Global Cities als integrative Zentren geht einher mit Prozessen der Desintegration andernorts, die verursacht wird durch den Abzug von Wirtschaftsstandorten und Arbeitsplätzen, durch erzwungene Mobilität der Arbeitskräfte, durch die Verschlechterung der Anbindung wirtschaftsschwacher Regionen an wichtige Verkehrsachsen, durch den Abbau sozialer und kultureller Infrastruktur. Globale Systemintegration greift ein in soziale Mikrostrukturen; neben den globalen strategischen Knotenpunkten vermehren sich weltweit randständige Gebiete, die aus den zentralen Wirtschaftsprozessen ausgeschlossen sind. Die Trennlinien zwischen Zentrum und Rand verlaufen quer zu althergebrachten Trennungen zwischen den Ländern des Nordens und des Südens. Neue soziale Ungleichheiten entwickeln sich auch innerhalb der Industrieländer. In Deutschland sind jene Regionen und Städte an die Peripherie gerückt, die ökonomisch fast ausschließlich von Kohle und Stahl abhingen wie das Niederrhein-Gebiet, das seit den 70er Jahren von einer kontinuierlichen Schrumpfung der genannten Industriezweige betroffen ist. Seit 1974 wurden im Niederrhein-Gebiet allein in der Eisenschaffenden Industrie 28 300 Arbeitsplätze (= 42%) abgebaut. Der Versuch, diese Regionen im Interesse neuer Einnahmequellen in Tourismuszentren umzuwandeln, gestaltet sich schwierig, da die Umwelt im Zuge industrieller Produktion vernutzt wurde.

Die neue Geographie von Zentrum und Rand findet sich nicht nur im Verhältnis zwischen Ländern und zwischen Regionen, sondern auch innerhalb der Global Cities. An die soziale Peripherie gerät ein Heer von niedrigbezahlten Arbeitskräften, die gleichwohl für die globale Ökonomie unverzichtbar sind wie Putzfrauen, Hausmeister, Straßenkehrer, Beschäftigte der Müllabfuhr. Sie gehören zum Prozess der Globalisierung ebenso wie die hochqualifizierten und hochdotierten Arbeitskräfte, erfüllen unentbehrliche Funktionen in diesem Prozess, befinden sich aber gleichwohl in unzureichend gesicherten Arbeitsverhältnissen und sind mit dem ständigen Risiko konfrontiert, ihren Arbeitsplatz zu verlieren. Im Entwicklungsreport der Vereinten Nationen aus dem Jahre 2000 heißt es, dass sich die Welt zu einem »gefährlichen ungleichen Ort« entwickle. Bereits im Jahre 1985 kreierte der Kunsthistoriker Otto Karl Werckmeister den Begriff der »Zitadellengesellschaft«, mit dem eine Entwicklung bezeichnet wird, in der sich die reichen sozialen Schichten in hermetisch gesicherten Wohnfestungen von den GlobalisierungsverliererInnen abschirmen. In den Metropolen entstehen Wohninseln, Büroinseln, Schulinseln, Einkaufsinseln. »Die Reichen bewegen sich«, so heißt es in einer Reportage der Schweizer Wochenzeitung ›Die Weltwoche‹ vom 18.05.2000, »in gepanzerten Fahrzeugen durch die Inselstadt. Die Superreichen fliegen nur noch über den urbanen Archipel.«

Der Globalisierungsprozess ist kein geschlechtsneutral verlaufender Prozess. Während er hochqualifizierten weiblichen Arbeitskräften verbesserte Chancen auf dem Arbeitsmarkt bietet, sind andere Gruppen von Frauen in zweierlei Hinsicht negativ betroffen. Sie sind zum einen überproportional in den erwähnten Niedriglohnzonen vertreten (vgl. Young 1998, S. 147). Als Reinigungspersonal, Haushälterinnen, Kindermädchen, Taxifahrerinnen, Kellnerinnen tragen Frauen die globalen ökonomischen Prozesse auf niedrigem Einkommens- und Prestigeniveau mit. Zum anderen sind sie betroffen vom Abbau sozialstaatlicher Leistungen im Zuge abnehmender Steuereinnahmen durch die öffentliche Hand. Soweit sich der Staat aus seiner Verantwortung im Fall von Krankheit, Invalidität, Altersgebrechlichkeit, Kindererziehung zurückzieht, werden die Familienmitglieder in die Pflicht genommen und damit vorrangig die Töchter, Mütter, Schwiegertöchter, die nach herrschendem Gesellschaftsvertrag für Sorge, Pflege, Betreuung, Erziehung primär zuständig sind. Auch der Abbau sozialstaatlicher Leistungen betrifft die verschiedenen Gruppen von Frauen unterschiedlich. Frauen, die über ökonomische Ressourcen verfügen, können sich durch Inanspruchnahme kommerzieller Dienste Entlastung verschaffen; für ökonomisch schlechter gestellte Frauen führt dieser Abbau zur Doppelt- und Dreifachbelastung. Folgendes kann festgehalten werden: Die Entbettung der Ökonomie aus dem nationalen Kontext geht einher mit verstärkter Mobilität der Arbeitskräfte, mit Aufstiegschancen für die einen und mit schlecht bezahlten ungesicherten Jobs für die anderen, mit einer ständigen Gefährdung von Arbeitsplätzen im Zuge sich rasch verändernder Produktions- und Organisationskonzepte, mit der Auflösung von lokalen Netzen, mit der Fragmentierung von Solidarpotentialen, mit der Infragestellung traditioneller Werte und Zugehörigkeiten. Die weltweite Systemintegration in Verbindung mit soziokultureller Desintegration betrifft die Menschen materiell und immateriell. Nicht nur der Arbeitsplatz kann verloren gehen, auch das vertraute soziale Netzwerk kann sich auflösen. Gleichzeitig erhöht sich die Wahrscheinlichkeit, im Alltag auf Menschen aus anderen Kulturen zu treffen, neben ihnen zu wohnen oder mit ihnen zu arbeiten. Die Begegnungen mit dem Fremden einhergehend mit der Verflüssigung sozialer Ligaturen berührt die soziale Identität von Individuen und Gruppen. Wer sind wir? Wer sind die anderen?, lauten die beunruhigenden Fragen, die Irritation und Verunsicherung darüber signalisieren, was diese Gesellschaft noch zusammenhält. Das Thema Identität stellt eine der großen Herausforderungen an das politische Denken der Gegenwart dar (vgl. Benhabib 1999, S. 19).

Der Prozess der Globalisierung verläuft nicht monolinear; er ist von gegenläufigen Tendenzen, von Wider- und Einsprüchen begleitet. Kritische Stimmen formieren sich sowohl auf internationaler als auch auf lokaler Ebene. Entgegen aller globalen Einebnung mehren sich lokale politische Initiativen, in denen sich abweichende Politikmuster ausbilden. Zivilgesellschaftliche Netzwerke im kommunalen und regionalen Kontext machen neue politische AkteurInnen und ein neues Verständnis von Gesellschaft und Demokratie sichtbar. Zu diesen Netzwerken zählen die in diese Untersuchung einbezogenen Mädchen- und Frauenprojekte. Das politische Engagement der in diesen Projekten aktiven Mädchen und Frauen steht insofern in Beziehung zur Globalisierung, als es – den Akteurinnen mehr oder weniger bewusst – auf die genannten Globalisierungsaspekte antwortet. Die spezifischen Antwortformen sollen im Folgenden dargestellt und in ihrer Beziehung zum Prozess der Globalisierung erläutert werden.

1. Infragestellung des westlichen Lebensstils

Die eingangs beschriebenen Aktionen der Frauengruppe aus Recklinghausen verkörpern einen expliziten Bezug auf die sich verstärkende Interdependenz zwischen globalen und lokalen Prozessen. Die Frauen setzten die Konsumgewohnheiten und den Umgang mit Altkleidern hierzulande in Beziehung zu Arbeits- und Lebensverhältnissen anderswo und fragten sich und ihre Umgebung, welcher Beitrag geleistet werden kann, um negative Konsequenzen des eigenen Verhaltens für Menschen in einem anderen Kontinent zu vermeiden. Ziel ihres Engagements ist die Bildung eines »Gegenparts«.[2] Als zielführende Mittel dienen den Akteurinnen Aufklärung, Bewusstmachung sowie die Aufforderung an KonsumentInnen, Wohlfahrtsverbände und Unternehmen, keine Billigprodukte zu (ver-)kaufen, keine Altkleider zu exportieren, Herstellungsbetriebe auf humane Arbeitsbedingungen zu verpflichten.

Die Recklinghausener Agendagruppe ist nicht zuletzt deswegen auf große Sympathie bei der Bevölkerung gestoßen, weil die Stadt selbst mit dem Niedergang der Textilindustrie zu kämpfen hatte, die in der Vergangenheit die Existenz vieler BürgerInnen der Stadt gesichert hatte. Es gab kollektive Erfahrungen in der Stadt, die die BewohnerInnen sensibel werden ließen für das Herrschaftsverhältnis zwischen den Ländern des Nordens und des Südens, das die Entwicklungsmöglichkeiten des Südens blockiert.

Aktionen wie die der Recklinghausener Frauen rücken gezielt die sozioökonomischen Wechselbeziehungen zwischen verschiedenen Teilen der Welt in den Mittelpunkt. Die Steuerungszentralen in den Industrieländern brauchen die billige Zuarbeit durch die sog. Entwicklungsländer, die die Menschen dort in Armut hält und die den Aufbau einer eigenständigen, an dortigen Bedürfnissen orientierten Wirtschaft blockiert. In der globalen Ökonomie gehen Zentralisierung und Marginalisierung Hand in Hand. An diesem Mechanismus setzt die politische Einmischung der Recklinghausener Frauen an. Diese werden den beschriebenen Mechanismus nicht abschaffen können, aber sie tragen dazu bei, ihn zu durchschauen und diejenigen zu identifizieren, die bislang ungehemmt von ihm profitierten.

2. Interkulturelle Dialogversuche

Der Blick auf andere Kulturen muss sich nicht notwendig in die Ferne richten. Die durch die Zentralisierung ökonomischer Macht initiierten Wanderungsbewegungen aus marginalisierten Regionen in die Industriezonen hat in die Städte des Nordens eine Vielfalt von Kulturen gebracht. Die MigrantInnen haben selten Anteil am Wohlstand in den Industrieländern; gleichwohl aber sind sie unverzichtbar für die Globalisierung. Aus ihren Reihen rekrutieren sich die niedrig bezahlten Arbeitskräfte, die als Dienstleistungspersonal der globalen Ökonomie zuarbeiten. Herausgerissen aus ihrer eigenen Kultur, haben sie in deutschen Städten meist keine neue Heimat gefunden. Ihre Lebenssituation ist von Desintegration gekennzeichnet, die als Gegenpol zur globalen Systemintegration fungiert.

An verschiedenen Orten sind wir auf interkulturelle Dialogversuche gestoßen, so auch in der Stadt Duisburg. In Duisburg liegt der Anteil der nichtdeutschen Bevölkerung bei 16%, davon sind 24 256 Frauen (vgl. Frauenbüro der Stadt Duisburg 1999, S. 10). Mit den türkischen Bewohnerinnen wurde im Rahmen der Agenda 21 ein Dialog begonnen, an dessen Anfang eine Umfrage stand, bei der die Türkinnen ihre Wünsche an das Zusammenleben mit der deutschen Bevölkerung formulieren konnten. Wichtig erscheint mir, dass eine Integration der türkischen Mitbürgerinnen nicht von oben herab geplant wurde, sondern ihren Ausgangspunkt von deren Wünschen nahm. Es wurden von den befragten Türkinnen überraschende Wünsche geäußert, so z. B. der Wunsch, mit den Deutschen Weihnachten zu feiern, um die Freude zu verstehen, die diese anlässlich des Weihnachtsfests empfinden. »Hand in Hand zu leben« mit den Deutschen, war eine oftmals geäußerte türkische Metapher, mit der die Türkinnen ein Leitbild für ein Miteinander zwischen deutscher und ausländischer Bevölkerung formulierten. Diesem ersten Schritt folgte die Gründung einer Teestube als Begegnungsort für deutsche und türkische Frauen in einem Stadtteil, in dem über 40 % TürkInnen leben.

Der interkulturelle Dialog enthält die Chance zur Integration von MigrantInnen in die deutsche Gesellschaft. Gleichzeitig bildet er ein Gegengewicht zur Auflösung von Kommunikations- und Solidarbeziehungen im Zuge globalisierungsbedingter Veränderungen ökonomischer und sozialer Strukturen, von der auch die deutsche Bevölkerung betroffen ist. Allerdings ist nicht im voraus absehbar, wie Dialoge ausgehen. Sie können sowohl die Verständigung fördern als auch Polarisierungen verschärfen, am wahrscheinlichsten aber ist, dass der Verzicht auf den Dialog die Konfliktrisiken erhöht.

3. Strukturelle Vernetzung

Eine adäquate Antwort auf die globale Vernetzung von Arbeits- und Kapitalmärkten wäre die transnationale Vernetzung lokaler Frauenprojekte. Solche Netzwerke haben wir nicht vorgefunden, allenfalls hatten einzelne Frauen aus den Projekten internationale Kontakte geknüpft. Eine Akteurin aus dem Projekt ›Green City‹ organisierte zum Zeitpunkt des Interviews für TeilnehmerInnen aus verschiedenen europäischen Ländern eine Bahnfahrt nach Kyoto zur Weltklimakonferenz. Schon auf dem Weg nach Kyoto waren Workshops und Aktionen in Kooperation mit Umweltgruppen in Russland und Peking geplant, die in Kyoto fortgesetzt werden sollten.

Die zwei- bis dreijährige Geschichte der Frauenprojekte im Bereich der lokalen Agenda erlaubt noch kein abschließendes Urteil darüber, ob ausgehend von lokalen Initiativen Organisationsstrukturen entwickelt werden können, die die Projekte in ein globales Gespräch miteinander bringen. Der Netzwerkgedanke jedenfalls ist den lokalen Akteurinnen nicht fremd; er spielt für diese eine sehr viel stärkere Rolle als in der Bürgerinitiativbewegung der 70er Jahre. Ein erfolgreich praktiziertes Beispiel für die Realisierung des Netzwerkgedankens auf lokaler Ebene ist das ›Frauennetzwerk Agenda‹ in Duisburg, ein Runder Tisch, an dem Vertreterinnen aus allen relevanten örtlichen Interessensgruppen und -verbänden sitzen wie Umweltverbände, die Informationsstelle 3. Welt, der Verkehrsclub, der Fahrradclub, die Polizei, die Industrie- und Handelskammer, die Kommunalverwaltung. Der ›Runde Tisch‹ dient dazu, Konsense über frauen- und geschlechterpolitische Vorschläge und Forderungen im vorparlamentarischen Raum herzustellen.

Kommunikativer Austausch und Kooperation in Netzwerken mobilisiert unterschiedliche Problemsichten, die aufeinander abgestimmt werden müssen, sollen gemeinsame Interessen formuliert werden. Die Integration unterschiedlicher Standpunkte erhöht die Problemlösungskapazität (vgl. Deutsches Institut für Entwicklungspolitik 1995, S. 347 f.). Reichen die Netzwerke über die kommunalen Grenzen hinaus, erweitert sich das Wissens-, Solidar- und Kritikpotential auf überörtlicher Ebene. Dadurch werden wiederum Empowermentprozesse vor Ort gestärkt, in den Worten einer Akteurin: »Überall gibt es andere Frauen, die an diesen Strukturen arbeiten. Das ist was, woraus Kraft entsteht«. Außerparlamentarische Netzwerke können zu zentralen moralischen Ressourcen werden, die eine Gemeinschaft für ihr Überleben braucht. Dies ist umso brisanter, als die Integrationskraft der etablierten politischen Institutionen schwindet und damit auch die Möglichkeiten, auf institutionalisierter Ebene ein politisches Gegengewicht zur globalen Ökonomie zu bilden.

4. Thematische Vernetzung

Die Komplexität von Globalisierungsprozessen zeichnet sich durch eine Verschränkung ökonomischer, ökologischer, sozialer und kultureller Entwicklungen aus. Sie zu erfassen und mitzugestalten, verlangt ein Denken in Zusammenhängen, das dem ressortgegliederten politisch-administrativen System fremd ist. In den von uns untersuchten Projekten sind wir durchwegs auf ein Denken gestoßen, das die Wechselbeziehungen verschiedener Entwicklungen zum Handlungskalkül macht. Als Beispiel sei das ›Unternehmen Feuerstelle‹ in München erwähnt; die Akteurinnen setzen mit ihrem Projekt an dem Zusammenhang zwischen Energie, Geld und Macht an. Eine der Akteurinnen stellt fest: »Das Thema Energie ist ein großes, großes Thema von Kontrollfunktionen. Wenn die Energiewerke beschließen, dass sie die Strompreise erhöhen, dann kann fast niemand was dagegen unternehmen«. Die fünfköpfige Frauengruppe, an der die Akteurin beteiligt ist, hat als Beitrag zur Agenda 21 ein Blockheizkraftwerk gebaut, um die Möglichkeit einer kleinteiligen autarken Energieversorgung aufzuzeigen.

Ein weiteres Beispiel für ein themenvernetzendes Denken ist der in der Stadt Lüneburg von einer Frauengruppe entwickelte Kriterienkatalog, der eine nachhaltige Stadtentwicklung sichern soll. Wohnen, Arbeiten, Verkehr und öffentlicher Freiraum sind nach Ansicht der Gruppe die zentralen Entwicklungsbereiche in ihrer Stadt. In der multifunktionalen Würdigung dieser Bereiche und den davon abgeleiteten Gestaltungsvorschlägen drückt sich ein vernetzendes Denken aus. Ich will das am Beispiel des öffentlichen Freiraums konkretisieren. Freiflächen sind aus der Sicht der Gruppe

- ökologisch entwickelte und vernetzte Räume in Stadt und Umwelt (ökologische Funktion)
- sie bieten ein hohes Potential an Lebensqualität und sind Erlebnisraum für die Bevölkerung (soziale Funktion)
- sie sichern die kulturelle Identität der Stadt (kulturelle Funktion)
- sie steigern die wirtschaftliche Attraktivität der Region (ökonomische Funktion).

Dieses in bezug auf öffentliche Freiräume sich zeigende Zusammenhangsdenken setzt sich in den Vorschlägen zur Neugestaltung dieser Räume fort, die von der Vergrößerung der Baumscheiben, der Installierung öffentlicher Wickelräume bis zum Ausbau von Wassersportmöglichkeiten auf dem stadtnahen Kanal zur Verbesserung der Standortqualität für Unternehmen reichen. Thematisch vernetzendes Denken ist eine Schlüsselkompetenz angesichts der Erschütterung und Zerstörung soziokultureller Strukturen im Zuge globaler Entwicklungsdynamik. Frauen bringen für solche Denkweisen günstige Voraussetzungen mit, weil sie mit ihren Biographien viele verschiedene Teile individuellen und gesellschaftlichen Lebens abdecken. Sie haben mit dem Erwerbs- und Reproduktionsbereich, sie haben mit Kindern, Alten und Kranken zu tun und wissen daher aus der Praxis des alltäglichen Lebens heraus, welche Anforderungen öffentliche und private Räume in verschiedenen Lebensphasen und Lebenslagen erfüllen müssen.

5. Wiederbelebung sozialer Identität

Die Gefährdung sozialer Identität im Zuge von Prozessen der Desintegration stellt – wie erwähnt – eine der großen Herausforderungen an das politische Denken der Gegenwart dar. Bereits das Zusammenkommen von Frauen, das gemeinsame Verfolgen von Ideen und die Planung gemeinsamer Aktionen ist ein Beitrag zur Wiedergewinnung sozialer Identität. Ich möchte ein Beispiel hervorheben, das das Ringen um ein positiv besetztes Wir besonders eindrücklich vor Augen führt; das Projekt ist situiert in einem Sozialwohnungsgebiet an der Peripherie von Hamburg. Vor 20 Jahren war das Gebiet, wie uns eine unserer Gesprächspartnerinnen erklärte, ein beliebtes Wohngebiet. Das änderte sich im Zuge einer Politik, die sozial benachteiligte Gruppen in dem Gebiet konzentrierte, ohne eine integrationsfördernde Infrastruktur bereitzustellen. Im Zuge desintegrativer Tendenzen schwand die Verantwortung der BewohnerInnen für den Stadtteil während die Gewaltbereitschaft wuchs, was sich in einer zunehmenden Verschmutzung der öffentlichen Freiflächen und in Zerstörungsakten im S-Bahnbereich äußerte. Die älteren Frauen, die das Agendaprojekt initiierten, wagten sich abends nicht mehr aus dem Haus aus Angst vor möglicher Gewalt. Ihrer Verunsicherung lag die Überlegung zugrunde, wenn Sachen ungehindert zerstört werden, könnte aus der Gewalt gegen Sachen eine Gewalt gegen Menschen werden. Aus diesem Unbehagen heraus wurde die Gruppe aktiv. Sie erstellte eine Dokumentation, in der sowohl die Mängel im Stadtteil, wie der Verlust an Sicherheit, Vandalismus, schlechte Verkehrsanbindung aufgelistet waren als auch die für die Frauen attraktiven Seiten ihres Wohngebiets. Mit dieser Dokumentation forderten sie erfolgreich das Engagement des politisch-administrativen Systems ein.

Die Frauen konnten durch ihr Aktivwerden ein anderes Verhältnis zu ihrem Viertel gewinnen, das eine Akteurin so ausdrückte: »Früher war Neuwiedenthal ein Synonym für problematisch, arm, sozial, schwach, die da unten, heute steht Neuwiedenthal schon fast für ›ach, da sind ein paar starke Frauen, die haben was gemacht!‹«. In dieser Äußerung kommt ein positiv besetztes Wir zum Ausdruck; die Akteurinnen sind zu Baumeisterinnen des Sozialen geworden. Dieses

Wir vermittelt das Gefühl dazuzugehören, eine Heimat zu haben. Es gewinnt seine besondere Bedeutung im Kontext einer von ökonomischer und sozialer Dynamik gekennzeichneten gesamtgesellschaftlichen Entwicklung, die die Bedürfnisse der Subjekte nach sozialer und emotionaler Kontinuität zugunsten der Forderung nach fortwährender Flexibilität ignoriert.

6. Aufkündigung des tradierten Gesellschaftsvertrags

Die Globalisierung ist ein geschlechtsspezifischer Prozess, weil sie u.a. die Bearbeitung ihrer sozialen Negativfolgen in den Reproduktionsbereich verweist und damit in die gesellschaftlich verordnete Domäne der Frauen. Die von uns interviewten Frauen rütteln an diesem Gesellschaftsvertrag allein dadurch, dass sie mit ihrer Kritik, ihren Wünschen und Vorschlägen den öffentlichen Raum besetzen, aus dem sie traditionell ausgegrenzt sind. Sie erklären sich zuständig für Fragen, die über den Privatbereich hinausreichen. Sie gehen in Kaufhäuser und fordern das Gespräch mit der Betriebsleitung, legen den Experten der Stadtverwaltung alternative Stadtentwicklungskonzepte vor, bieten Energiekonzernen mit alternativen Modellen der Energieversorgung die Stirn, mieten Räume an und halten öffentliche Versammlungen ab, starten öffentliche Umfragen, dokumentieren ihre Kritik an kommunaler Politik und präsentieren sie öffentlichkeitswirksam.

Auffallend schnell münden die Diskussionen in den untersuchten Frauenprojekten in Entscheidungen und die Entscheidungen werden rasch in Handeln umgesetzt. Die von uns interviewten Frauen setzen ihre Wirklichkeitseinschätzungen und ihre Strategien häufig in Beziehung zur autonomen Frauenbewegung der 70er Jahre, selbst wenn sie zu diesem Zeitpunkt nicht in der Frauenbewegung engagiert waren. Die Frauenbewegung stellt ihnen einen Wissens- und Erfahrungsfundus zur Verfügung, der sie für die Wahrnehmung herrschaftspolitischer Mechanismen sensibilisiert und ihre Entschlossenheit fördert.

Die Anlehnung an die Tradition der Frauenbewegung bedeutet nicht, dass mit identischen Handlungsformen operiert wird wie in der Vergangenheit. Der aus der autonomen Frauenbewegung schöpfende Erfahrungshintergrund ist auch Anlass für ein verändertes Handeln. Ein Beispiel dafür ist ein im Vergleich zu den 70er Jahren gestiegenes Bemühen um den Dialog mit der politisch-administrativen Ebene. Die Akteurinnen treffen mit diesem Bemühen nicht immer auf eine gesprächsbereite Politik; häufig schlägt ihnen Skepsis und Ablehnung entgegen. »Das könnt ihr einstampfen«, erklärte ein Bürgermeister, als ihm eine Agendagruppe die in sechsmonatiger Arbeit entwickelten Vorschläge für die Gestaltung der städtischen Zukunft unterbreitete. Die Gruppe reagierte gelassen. »Es hat ein bisschen Zoff gegeben«, kommentierte eine der Akteurinnen, »aber wir werden in die Diskussion kommen mit den Ausschüssen«.

Wir konnten in den verschiedenen von uns untersuchten Agendaprojekten feststellen, dass sich die Frauen keine Illusion machen über den experimentierenden Charakter und den offenen Ausgang ihres Engagements. Sie erwähnten den »steinigen Weg«, der ihnen bevorsteht und die »dicken Bretter, die zu bohren« sind. In solchen Bemerkungen drückt sich das Wissen aus, dass sie sich mit ihrem Engagement im Widerspruch befinden zur herrschenden Ordnung. Sie befinden sich in einem doppelten Widerspruch: als basisdemokratische Initiative kollidieren sie mit den Prinzipien der repräsentativen Demokratie, als Fraueninitiative opponieren sie gegen ein Geschlechterverhältnis, das die Geschichte einer Ausgrenzung beschreibt, die Ausgrenzung von Frauen aus dem öffentlichen Raum. Die existierenden Grenzen werden wahrgenommen, ohne dass sie zur Resignation führen würden, in den Worten einer Akteurin: »Dass man damit nicht die Welt verändern kann, wissen wir auch, aber es (das eigene Konzept, d. V.) darf nicht in der Schublade verschwinden.«

Der Prozess der Globalisierung stützt sich einerseits auf das tradierte Geschlechterverhältnis und andererseits evoziert er Alternativen. Dieser Widerspruch ergibt ein instabiles Gemisch. Die im Rahmen der lokalen Agenda von Frauen entwickelten Konzepte, Vorschläge und Modelle verkörpern Alternativen, die über den Geschlechterdualismus hinausweisen, indem sie die diesen Dualismus begründende Trennung zwischen Öffentlichkeit und Privatheit überwinden.

Schlussbemerkung und Ausblick

Globale Systemintegration und lokale Desintegration beschreiben die beiden gegensätzlichen Pole des Globalisierungsprozesses, in dessen Verlauf der Lebensstil an einem Ort verstärkt Einfluss gewinnt auf die Lebensbedingungen anderswo, Migrationsbewegungen zunehmen, immer häufiger Menschen unterschiedlichster kultureller Herkunft aufeinandertreffen, Lebensbereiche zersplittern, soziale und personale Identitäten erodieren, die Gewaltbereitschaft wächst, Flexibilität und Mobilität zum Markenzeichen moderner Lebensführung werden und der Nationalstaat an Integrationskraft verliert. Globalisierung nimmt auf der lokalen Ebene Gestalt an. Dies eröffnet zivilgesellschaftlichen Bewegungen Einflusschancen auf spezifische Dimensionen der Globalisierung. Welchen Stellenwert aber können diese im globalen Kontext gewinnen? Realisierte lokale Demokratien sind für Christian Hunold Grundbausteine der Partizipation in einer globalen Zivilgesellschaft (vgl. Hunold 1996, 558). Für eine unserer Interviewpartnerinnen sind sie Ausgangspunkte für transnationale Veränderungen: »Ich glaube, dass man nur dann eine globale Veränderung erzielen kann, wenn sich lokal kleine Gruppen finden, die Dinge ausprobieren. Ich habe gemerkt, dass man Menschen nur durch Beispiele überzeugen kann, durch praktische Beispiele«. Eine andere Akteurin fügt hinzu, dass sich nur über das Anschaubare und Anfassbare das Globale erschließe. Diesen Aussagen zufolge ist das Lokale eine unverzichtbare Mobilisierungsquelle. Doch wie kann diese Mobilisierung auf eine überlokale Basis gestellt werden? Wie können Frauenprojekte vor Ort in eine Bewegung münden, die sich auf globaler Ebene Geltung verschafft?

So grundlegend politische Mobilisierung vor Ort ist, eine dem Globalisierungszeitalter angemessene Konzeption lokaler Demokratie muss die Falle des Lokalismus vermeiden (vgl. Hunold 1996, S. 564). Dies verlangt

- die Entwicklung einer transnationalen Handlungsperspektive,
- eine Kooperation mit Frauengruppen, die bereits auf internationaler Ebene tätig sind,
- Konfliktfähigkeit und Konfliktlöseverhalten angesichts neuer Geschlechterungleichheiten zwischen Business-Frauen in westli-

chen Industrieländern und einer wachsenden Zahl eines weiblichen Dienstbotenpersonals, das sozial privilegierten Frauen die berufliche Karriere ermöglicht (vgl. Young 1998, S. 149),
- einen langen Atem, da globale Perspektiven nicht verordnet werden können, sondern sich erst in langwierigen Lernprozessen erschließen,
- die Bereitschaft und Fähigkeit, Differenzen unter Frauen zuzulassen bei gleichzeitiger Formulierung gemeinsamer Interessen.

Der in den lokalen Frauenprojekten adaptierte Netzwerkansatz ist ein der globalen Interdependenz adäquater Handlungsansatz, da er einer grenzüberschreitenden Logik folgt. Welche transnationale Bedeutung lokale Fraueninitiativen erringen werden, wird auch davon abhängen, inwieweit es gelingt, zivilgesellschaftliche Netzwerke zu bilden, die als globale Akteure auftreten können. Vorerst ist das globale Aktionsfeld noch fest in der Hand einer Gruppe staatenloser Wirtschaftskonzerne. Es steht an, diese in einen Diskurs darüber zu verwickeln, wie Zukunft zu einer Unternehmung werden kann, die nicht davon handelt, was uns geschieht, sondern davon, was wir tun wollen und was wir tun müssen. Unverzichtbar hierfür ist die politisch wirksame Klärung der Frage, wie mit dem Anspruch demokratischer Gesellschaft ernstgemacht werden kann, alle BürgerInnen an der Gestaltung des Projekts Zukunft zu beteiligen. Die Agenda 21 liefert dafür günstige Voraussetzungen, weil sie die Veränderung des tradierten Geschlechterverhältnisses zum Bestandteil einer weltweiten nachhaltigen Gesamtentwicklung gemacht hat. ›Gender und Nachhaltigkeit‹ könnte der verbindende Fokus zwischen Frauenprojekten verschiedener Länder und Kontinente sein, unabhängig davon, welche thematischen Schwerpunkte in den Projekten verfolgt werden.

Anmerkungen

1   Die Untersuchung wird aus Mitteln des Hess. Ministeriums für Wissenschaft und Kunst gefördert. Die Diplomtheologin Angelika Baier-Schops wirkt als wissenschaftliche Mitarbeiterin an der Untersuchung mit.
2   Sämtliche in Anführungszeichen gesetzten Satzteile sind, soweit nicht auf eine Literaturquelle verwiesen wird, Zitate aus den Interviews der Untersuchung.

Literatur

Benhabib, Seyla (1999): Kulturelle Vielfalt und demokratische Gleichheit, Frankfurt/Main.

Dörner, Dieter (1994): Die Logik des Mißlingens, Strategisches Denken in komplexen Situationen, Reinbek.

Giddens, Anthony (1997): Jenseits von Links und Rechts, Frankfurt/Main.

Hoecker, Beate (1998): Handbuch Politische Partizipation von Frauen in Europa, Opladen.

Hunold, Christian (1996): Lokal denken, global handeln: Globalisierung und lokale Demokratie, in: Leviathan 4, S. 557-572.

Kreisky, Eva/Sauer, Birgit (1997): Geschlechterverhältnisse im Kontext politischer Transformation. In: Politische Vierteljahresschrift, Sonderheft 28, S. 9-49.

Meyer, Birgit (1997): Frauen im Männerbund, Politikerinnen in Führungspositionen von der Nachkriegszeit bis heute, Frankfurt/Main.

Negt, Oskar (1998): Lernen in einer Welt gesellschaftlicher Umbrüche, in: Heinrich Dieckmann/Bernd Schachtsiek (Hg.), Lernkonzepte im Wandel, Die Zukunft der Bildung, Stuttgart, S. 21 – 44.

Röhr, Ulrike (1999): Aufmischen, Einmischen, Mitmischen. Strategien von Frauen zur Zukunftsgestaltung im Rahmen der Lokalen Agenda: Ines Weller/Esther Hoffmann/Sabine Hofmeister (Hg.), Nachhaltigkeit und Feminismus: Neue Perspektiven – Alte Blockaden, Bielefeld, S. 169 – 182.

Schachtner, Christina (1999): Zukunft gestalten – Neue Sozial- und Kooperationsformen im Zeichen der Globalisierung, in: Alberto Godenzi (Hg.), Solidarität, Auflösung partikularer Identitäten und Interessen, Freiburg/Schweiz, S. 171–196.

Schachtner, Christina (i. E.): Innovative Political Patterns in the Agenda 21-Projects of Women, Results from an Empirical Study, in: Tagungsband des ›7th International Interdisciplinary Congress on Women‹ in Tromsoe/Norwegen.

Sassen, Saskia (1997): Metropolen des Weltmarkts, Die neue Rolle der Global Cities, Frankfurt/Main.

Young, Brigitte (1998): Politik und Ökonomie im Kontext von Globalisierung. Eine Geschlechterkritik, in: Geschlechterverhältnisse im Kontext politischer Transformation, Politische Vierteljahresschrift, Sonderheft 28, S. 137–151.

Elisabeth Rohr

Die Liebe der Töchter:
Weibliche Adoleszenz in der Migration

1. Einleitung

Weibliche Identitätsbildung in der Adoleszenz ist ein Thema, das in den letzten Jahren verstärkt in den Mittelpunkt des wissenschaftlichen Interesses gerückt ist (vgl. Kaplan, 1988; Benjamin 1990; Flaake/King 1992; Waldeck 1998). Dabei ging es auch um eine Revision traditioneller Theoriekonzepte, die weibliche Adoleszenz in Analogie zur männlichen Adoleszenz konzipiert hatten und um die Erkenntnis, dass nicht eine Dichotomie von Autonomie und Bindung, sondern die Doppelorientierung im Hinblick auf Beruf und Familie charakteristisch für die weibliche Identitätsbildung ist (vgl. Seidenspinner/Keddi 1982; Wallner 1995).

Die Erkenntnisse aus diesen Studien bezogen sich jedoch nur auf westeuropäische bzw. nordamerikanische junge Frauen, die keinen ethnischen Minderheiten angehörten. Auch in der bundesrepublikanischen Adoleszenzdiskussion fand ein Transfer hin zur Erforschung der migrationsbedingten Adoleszenz nicht statt. Das heißt, die Erkenntnisse aus den Adoleszenzforschungen haben so gut wie keine Spuren in der Migrationsforschung hinterlassen, obwohl in der Bundesrepublik Deutschland mittlerweile die dritte Generation von jungen Migrantinnen heranwächst und das Wissen über ihre spezifischen Identitätsbildungsprozesse nach wie vor mehr als nur dürftig ist (vgl. Boos-Nünning 1998; Lutz, 1999).

Anliegen dieser Arbeit ist es, über die Zusammenführung von Migrations- und Adoleszenzforschung die Besonderheit weiblicher Lebensentwürfe in der Migration und das darin enthaltene geschlechtsspezifische, emanzipatorische Handlungs- und Deutungspotential zu entschlüsseln.

2. Zur Adoleszenzdebatte

Der feministische Diskurs über weibliche Adoleszenz existiert noch nicht sehr lange. In ihrem Artikel »Die Fesseln der Frau« (1998) macht Ruth Waldeck darauf aufmerksam, dass erst die gesellschaftlichen Veränderungsprozesse der letzten Jahrzehnte eine ausgeprägte, weibliche Adoleszenz haben entstehen lassen. Das hängt, wie sie schreibt, »nicht zuletzt damit zusammen, dass sie erst seit einigen Jahrzehnten als ›verlängerte Adoleszenz‹ (Bernfeld 1923) gelebt werden kann. Weibliche Adoleszenzkrisen und Generationenkonflikte brachen nicht auf, solange Töchter in ahistorischer Zyklizität die Lebensmuster der vorausgegangenen Frauengenerationen wiederholten und die Adoleszenz nur als Vorbereitung auf Ehe und Mutterschaft begreifen konnten und am Privileg der verlängerten Adoleszenz nicht teilhatten« (1998, S. 30). In ihrer Studie über Zukunftsperspektiven von Jugendlichen hat Ulrike Popp (1992) festgestellt, dass Mädchen heute dazu neigen, die traditionelle Geschlechtsrolle abzulehnen und es deshalb im weiblichen Lebensentwurf zu einer zeitlichen Ausweitung der Lebensphase kommt, die Erikson als »psychosoziales Moratorium« beschrieben hat. Mädchen, so Popp, fordern ein »Moratorium von den als weiblich deklarierten Aufgaben einer späteren Mutter und Hausfrau« (1992, S. 61).

Gesellschaftliche Modernisierungs- und Globalisierungsprozesse und nicht zuletzt die feministische Kritik an den herrschenden Geschlechterverhältnissen haben dafür gesorgt, dass heute auch junge Frauen an diesem Privileg einer verlängerten Adoleszenz teilhaben und ein psychosoziales Moratorium einfordern. Doch diese Privilegien schufen neue Konfliktlagen, die alsbald das Interesse der Wissenschaft an dieser für Identitätsbildungsprozesse zentralen Lebensphase weckten (vgl.Kaplan 1989, Flaake/King 1992, Liebsch 1996).

Während sich nun sozialwissenschaftliche Studien zur weiblichen Adoleszenz vorwiegend mit den sozialen Bedingungen des Erwachsenwerdens beschäftigten, interessierten sich sozialpsychologisch orientierte Untersuchungen für die psychosexuellen, d.h. die körperlichen Reifungs- und Entwicklungsprozesse in der Adoleszenz. Wird nämlich die Adoleszenz als eine lebensgeschichtliche Phase begriffen, »in der der Zusammenhang zwischen körperlichen, psychischen und sozialen Prozessen besonders deutlich wird« (Flaake/King 1992, S. 13), so folgt daraus zwangsläufig *auch* ein Erkenntnisinteresse, das sich auf die Untersuchung psychosozialer Reifungsprozesse, auf die Ausgestaltung der geschlechtlichen Identität, die Modifizierung des Verhältnisses zu den Eltern und die Gestaltung eigener Liebes- und Arbeitsbeziehungen richtet. Demzufolge besteht die wesentlichste Aufgabe der Adoleszenz darin, sich innerlich von den Eltern loszulösen, sich dem jeweils anderen Geschlecht zuzuwenden und die Gestaltung des eigenen persönlichen und beruflichen Lebensentwurfes aktiv in die Wege zu leiten.

Neu an dieser jüngeren, sozialpsychologischen Adoleszenzdebatte – auf die ich mich konzentrieren werde – ist vor allem die Erkenntnis, dass es sich hier um eine Lebensphase handelt, die nicht, wie bisher angenommen, quasi als Verlängerung, bzw. als Wiederholung der als weitaus entscheidender betrachteten, ödipalen Phase zu verstehen ist. Erst durch Eißler (1958) und Erdheim (1982) wurde die These in die Diskussion eingebracht, dass die Adoleszenz als eine zweite Chance zu verstehen ist, die jene in der frühen Kindheit festgelegten inneren Strukturen und Orientierungen nochmals aufweichen, in Frage stellen und neu formulieren kann. Aus dieser Perspektive betrachtet, kam der Adoleszenz eine neue Rolle im Prozess der Identitätsbildung zu, bestand doch hier die Chance, fehlgelaufene frühere Entwicklungen zu korrigieren und neue, eigensinnige Wege der Lebensgestaltung zu erproben (vgl. Streeck-Fischer 1998).

Allerdings zeigte die erst mit dem Buch von Flaake und King (1992) einsetzende sozialpsychologische Diskussion weiblicher Adoleszenz, dass es noch weiterer Korrekturen im Verständnis der Adoleszenz bedurfte. So wurde in den theoretischen Ansätzen zur weiblichen Adoleszenz etwa bei Benjamin (1990), Rohde-Dachser (1991) und schließlich vor allem bei Flaake und King (1992) deutlich, dass die weibliche Ausformung der Identität insbesondere in der Adoleszenz sehr eigensinnige Wege der Selbstverwirklichung einschlug. Ins

Blickfeld geriet erneut die bereits von Gilligan (1984) formulierte Erkenntnis, dass die Identitätsentwicklung junger Frauen keinesfalls eine ähnlich vehemente Ablösung von den Eltern vorsah, wie sie sich in männlichen Biographien immer wieder abzeichnete, dass vielmehr die Bindung zwischen Müttern und Töchtern auch durch die Turbulenzen der Adoleszenz keinesfalls unterbrochen wurde, sondern andauerte, obwohl die Auseinandersetzungen teilweise dramatisch waren.

Diese Bindung verlieh den jungen Frauen einerseits ein hohes Maß an Identitätssicherheit, an Bindungskompetenz und Empathie, erschwerte jedoch zugleich Individuierungs- und Differenzierungsprozesse.

Erst diese durch die Frauenforschung vermittelten Einsichten in weibliche Identitätsbildungsprozesse ermöglichten ein Verständnis der Entwicklungschancen und Schwierigkeiten in der weiblichen Adoleszenz.

3. Weibliche Adoleszenz und Migrationsforschung

Die sozialwissenschaftlich orientierte Forschung zur Migration hat diesen Prozess einer Aufarbeitung weiblicher Adoleszenzentwürfe in der Migration noch nicht nachvollzogen. Dabei fällt an den Studien über junge Migrantinnen auf, dass es bis in die 90er Jahre vor allem um eine Darstellung und Analyse ihrer *sozioökonomischen* Lebensverhältnisse, ihrer schulischen Leistungsbilanzen, ihrer Ausbildungschancen und -schwierigkeiten, ihrer häuslichen Situation ging (vgl. Boos-Nünning 1993; Gümen u.a. 1994; Rosen 1997; Niesner u.a. 1997; Huth-Hildebrandt 1999). Dabei wurde die Besonderheit der Migration überwiegend als eine Situation der Diskriminierung und Benachteiligung beschrieben. Nicht *Interkulturalität*, sondern die Fremdheit der Migrantin war das eigentliche Thema. In diesen Studien ist damit das Bemühen erkennbar, sich die Lebenslage der fremd erscheinenden Migrantinnen und ihrer Töchter zunächst aus der Analyse ihrer objektiven Lebensverhältnisse, als Defizit- und Differenzerfahrung zu erschließen. Das Unbehagen an dieser wissenschaftlich genährten Differenz- und Defizitorientierung hat zwar mittlerweile zu Untersuchungen geführt, die sich bemühen, Migration nicht nur als kulturelle und sozialisatorische Defiziterfahrung zu begreifen (vgl. Lutz 1999). Aber die strikte Ablehnung einer sozialpsychologischen Theorieperspektive bei der Erforschung weiblicher Sozialisationserfahrungen in der Migration wurde beibehalten.

Zu dieser Ausklammerung unbewusster Konstitutionsbedingungen weiblicher Identitätsbildung in der Migration hat eine klinisch orientierte, psychologische und medizinische Forschung beigetragen, die zumindest in ihren Anfängen zu einer Stigmatisierung der Migrantin führte. Von Seiten vieler Soziologinnen hat sich diese Forschung deshalb den Vorwurf einer ›Pathologisierung‹ der Migrantin und eine Ablehnung ihrer Forschungsergebnisse eingehandelt (Boos-Nünning 1998, S. 304 ff.), obwohl die psychotherapeutische Forschung mittlerweile mit interessanten Studien hervorgetreten ist (vgl. Köpp/Rohner 1993; Koch 1995; Möhring/Apsel 1995; Zeul 1999).

Doch nicht alleine eine eingeschränkte Theorieperspektive hat bislang ein Verständnis interkultureller, weiblicher Identitätsbildung in der Migration verhindert. Erschwerend kam noch hinzu, dass innerhalb der feministischen Migrationsforschung eine inhaltliche Tendenz zu vorschnellen Stereotypisierungen zu konstatieren war. So entstanden wenig differenzierte Bilder von jungen Migrantinnen, die häufig entweder idealisiert, oder aber pathologisiert und als ethnische Außenseiterinnen oder als bemitleidenswerte Opfer patriarchaler Herrschaft etikettiert wurden (vgl. Otyakmaz 1994; Boos-Nünning 1994). Dies hat eine zum Teil heftig ausgetragene Kontroverse entstehen lassen, in deren Mittelpunkt die Frage rückte, ob junge Migrantinnen nun von unerträglichen Konflikten heimgesuchte Opfer sind, oder ob sie in unnachahmlicher Souveränität und Autonomie sich das jeweils Passende aus beiden Kulturen heraussuchen und in sich konfliktlos integrieren können (Ehlers u.a. 1997). Ein Verständnis weiblicher Migrantenjugendlicher und ihrer besonderen, interkulturellen Lebenssituation hat sich auf Grund dieser Polarisierung in der Debatte nur ansatzweise entwickeln können, während wichtige Aspekte des migrationsgeprägten Identitätsbildungsprozesses in der Adoleszenz überhaupt noch nicht erforscht wurden. Dabei drängen sich auf dem Hintergrund der sozialpsychologischen Theoriediskussion äußerst interessante Fragestellungen in Bezug auf die

Herausbildung weiblicher, interkultureller Adoleszenzentwürfe in der Migration auf:
- Was bedeutet z.b. die These von der Adoleszenz als ›einer zweiten Chance‹ in Bezug auf weibliche Lebensentwürfe in der Migration?
- Welche Konsequenzen hat die in der Migration zu beobachtende besonders enge Bindung zwischen Müttern und Töchtern auf die Ausgestaltung eigener ›Liebes- und Arbeitsbeziehungen‹?
- Wie gestalten sich die psychosexuellen und psychosozialen, weiblichen Reifungsprozesse in der Migration?
- Wie wird die geschlechtliche Identität junger Migrantinnen in ihrer überaus starken Identifikation mit den Müttern geformt?
- Wie und in welchem Ausmaß kommt es zu einer adoleszenzbedingten und spezifischen Modifizierung der Beziehung zu den Eltern?

Diesen Fragen soll nun anhand einer Auswertung von Gesprächen, die mit jungen Migrantinnen geführt wurden, nachgegangen werden.

4. Fünf junge Migrantinnen im Gespräch

Als Vorstudie zu einem Forschungsprojekt ›weibliche Adoleszenz im interkulturellen Vergleich‹ habe ich mit fünf jungen Migrantinnen ethnopsychoanalytische Gespräche geführt. Es handelt sich hier um Fatima aus Marokko, um Aischa aus der Türkei, um Miriam aus Eritrea, um Lydia aus Ex-Jugoslawien und um Radmilla aus Bosnien. Die jungen Frauen waren zwischen 16 und 18 Jahre alt. Fatima, Aischa und Miriam besuchten das Gymnasium, Lydia und Radmilla die Hauptschule. Die Kontakte fanden über ihre Schulen und die auf Band aufgezeichneten Gespräche in schulischen Räumlichkeiten, die Gespräche mit Lydia und Radmilla in meinem Büro statt.

Bei der Auswertung dieser Gespräche interessiert mich die Frage, wie diese fünf jungen Frauen die drei zentralen Aufgabenstellungen der Adoleszenz bewältigen, bzw. welche Modifikationen diese Aufgabenstellungen unter den Bedingungen der Migration erfahren und welche Schlussfolgerungen daraus für weibliche Identitätsbildungsprozesse in der Migration zu ziehen sind. Es geht also um die Frage, wie junge Migrantinnen:

1. die Loslösung von den Eltern, besonders von der Mutter gestalten und bewältigen, wie sie
2. die Hinwendung zum anderen Geschlecht vollziehen und wie
3. die Gestaltung eigener persönlicher und beruflicher Lebensentwürfe aussieht.

4.1 Junge Migrantinnen und ihre Beziehung zur Mutter

Besonders auffällig an den Gesprächen war, dass nur in einem der Fälle (Lydia) von einer verlängerten und konflikthaften Adoleszenz gesprochen werden kann, bei den anderen vier schienen adoleszente Konflikte nicht vorhanden. Im Gegenteil: Betont wurde die enge Bindung vor allem an die Mütter und die Ablehnung eines Adoleszenzmodells, das auf Ablösung von den Eltern und einer frühen Hinwendung zum anderen Geschlecht basiert. Streitereien mit den Eltern wurden zwar keineswegs geleugnet, aber schwere Zerwürfnisse und Krisen wurden nicht geschildert. Bei allen diesen jungen Frauen stand der schulische und bei den Gymnasiastinnen, auch ein guter schulischer Abschluss im Vordergrund. Und ohne erkennbare Ambivalenz gaben sie zu verstehen, dass sie irgendwann – »in 30 oder 40 Jahren« – Kinder haben, heiraten und eine Familie gründen wollten. Ein innerer, latenter, Konflikt schien damit nicht verbunden.

Das erste überraschende Ergebnis war also, dass von einer Adoleszenz, wie wir sie in unserem Kulturkreis kennen und wissenschaftlich definieren, keine Rede sein konnte. Irritierend war darüber hinaus die Schilderung der besonders innigen Beziehungen von Mutter und Tochter, die in ihren verschiedensten Facetten in den Gesprächen zum Ausdruck kamen.

Miriam, 18 Jahre alt, aus Eritrea, lebt seit ihrem 3. Lebensjahr in Deutschland. Sie erzählt (meine Fragen sind mit R gekennzeichnet):

»und da denk' ich, muss man auch Rücksicht nehmen, da kann ich jetzt nicht sagen zu meiner Mutter: ›ist egal, was du jetzt sagst‹, oder ich würde vielleicht gerne ausziehen oder so, aber ich denk', dass wäre für meine Mutter absolut – na so›n Stich in den Rücken, wenn ich sag, ›ich möcht' hier raus!‹, weil ich hab' zuhause alles, was ich brauche, ich hab meine Freiheiten, irgendwie eingeschränkt, was Ausgehen angeht und Freunde und insofern wär' das eigentlich schon so'n bisschen bösartig von mir. Also ich bin zwar hier in Deutschland, ich habe auch viel vom deutschen Denken über-

nommen, aber deshalb muss man nicht übertreiben ... gleich vergessen, woher man kommt (lacht) oder so (leise): Ich will mich nicht trennen!«
R: »*Sie hängen sehr an Ihrer Mutter?«*
»*Ja, ja! ... Also ich denk', dass ist auch so weil – meine Schwester ist grad mal 4 Jahre alt, die kam erst jetzt, und da war ich schon 14. Und bis dahin war ich die ganze Zeit nur mit der Mama gewesen – ja, ich häng' ziemlich krass an meiner Mutter [...]«.*

Diese Passagen aus dem Gespräch mit Miriam lassen sich in zwei Aussagen zusammenfassen: »Ich will mich nicht trennen« und »ich häng ziemlich krass an meiner Mutter [...]«.

Sich von ihr zu trennen, davon ist sie überzeugt, würde die Mutter umbringen und auch von der Mutter selbst würde dies als ein Stich in den Rücken aufgefasst, als ein heimtückischer Mord. So bösartig aber kann und will sie nicht sein, schließlich hat die Mutter immer gut für sie gesorgt. Wenn Miriam behauptet, dass die Mutter die Trennung von ihr nicht überleben würde, so ist anzunehmen, dass sie glaubt, diese Trennung selbst nicht zu überleben, da sie ja so krass an ihr hängt. Das heißt die Trennung würde beide umbringen! Ein starkes, fast erschreckendes Bild für die Bindung zwischen Mutter und Tochter, das weder die Abhängigkeit, noch die Verbundenheit zwischen Mutter und Tochter verleugnet und etwas zum Ausdruck bringt, was in unserer Kultur eher verschwiegen wird und als nicht erwachsen gilt. Dieses von keinen Zweifeln getrübte Bild einer unverbrüchlichen Treue und Liebe zur Mutter, passt nicht in das Bild einer adoleszenten Tochter, die sich nach Unabhängigkeit, Autonomie und Freiheit sehnt. Da ist keine Aufsässigkeit zu spüren gegen die Mutter: im Gegenteil, mit Verständnis reagiert Miriam auf die wenigen Einschränkungen, die ihr die Mutter zumutet. Sie verhält sich wie eine verständige, erwachsene Tochter, die ihrer Mutter selbstverständlich zur Seite steht, statt sie zu bekämpfen.

Mit dieser Haltung steht Miriam nicht alleine. In dem Gespräch mit Radmilla, einer 16-jährigen Bosnierin, die seit sechs Jahren in Deutschland lebt, kommt diese Bindung an die Mutter auf eine ganz dramatische Art zum Ausdruck. Denn Radmilla wird gemeinsam mit ihrem Bruder zu ihrem serbischen Vater ziehen müssen, da die aufenthaltsrechtliche Duldung ihrer kroatischen Mutter abgelaufen ist und der Vater nur für die Kinder eine Aufenthaltsberechtigung erwirken konnte. In dieses Drama der bevorstehenden Trennung spielt noch ein anderes Drama hinein, das Drama der je unterschiedlichen ethnischen Zugehörigkeit ihrer Eltern. Radmilla fühlt sich hoffnungslos zerrissen in diesem ethnischen Chaos und leidet sehr unter dieser unauflösbaren Zwiespältigkeit und dem Gefühl, nicht vollständig zu sein. Doch fast noch mehr leidet sie unter der bevorstehenden Trennung von ihrer Mutter.

»*Ich würde lieber mit ihr nach Kroatien gehen. Also, nur weil sie es ist ... Ich kann mir nicht vorstellen, alleine mit meinem Vater und meinem Bruder zu leben. Mit meiner Mutter kann ich mir das vorstellen...*
R:»*Sie machen sich große Sorgen, wie das wird in München, denn dann sind sie alleine mit ihrem Vater und wissen gar nicht, wann ihre Mutter wiederkommt.*«
»*Ja, ... wenn ich in Ferien geh' zu meinem Vater, dann weiß ich, ich komme wieder zurück ... jetzt gibt's kein Zurück.*«
R: »*Schlimm ist, dass der Krieg ihnen jetzt ... noch die Mutter nimmt.*«
»*Ja, (lange Pause). Mutter ist was ganz anderes als'n Vater – für mich, also ist meine Meinung.*«

Radmilla ist ein groß gewachsenes, schönes Mädchen, das älter wirkt als 16 und nun völlig kraftlos und gebrochen mir gegenüber sitzt und dieses unaufhaltbare Drama nicht begreifen kann. Sie spürt nur, dieses Drama vergiftet ihr Leben. Nichts außer der Trennung von der Mutter hat Platz in ihrem Denken und Fühlen. Sie spricht voller Verzweiflung über die bevorstehende Trennung, ist oft den Tränen nahe. Dabei ist sie so aufgewühlt, dass sie nicht mehr in zusammenhängenden Sätzen sprechen kann; es ist, als würde sie sich innerlich auch so zerhackt fühlen und es sie zerreißen. »Ich weiß nicht« ist ihre häufigste Redewendung, so als würde die bevorstehende Trennung von der Mutter ihr alle Gewissheiten rauben. Es ist, als ob Radmilla in diesem fremden Land nichts dringender brauchte als eine Mutter. Nichts sonst ist ihr nach Krieg und Flucht geblieben, und diese Ereignisse haben eine sehr enge Bindung an die Mutter wachsen lassen, was ja nicht immer so war. Doch jetzt hieße sich von ihr zu trennen, alles, was sie an Sicherheit und Trost hat, zu verlieren. Dramatik erfährt diese Trennung dadurch, dass sich hier eine Trennungssituation wiederholt, die sie als Kind erlebt hat, als sie flüchteten. Weder damals noch heute wollte sie diese Trennung, jedoch konnte sie weder damals noch heute darüber bestimmen. Beängstigend ist demnach für sie die Erfahrung, sich nicht als Akteurin zu erleben, sondern immer in die Rolle der passiv Erleidenden gedrängt zu werden. Ein Trennungswunsch kann sich unter diesen Bedingungen bei ihr nicht entwickeln, eine normale Adoleszenz ebenso wenig.

Weder bei Miriam noch bei Radmilla kann von einer ›verlängerten Adoleszenz‹ die Rede sein, obwohl beide diese Lebensphase unter sehr unterschiedlichen Bedingungen erfahren. Wie lässt sich das verstehen? Das Drama von Radmilla bringt etwas zum Vorschein, was m.E. in abgeschwächter Form auf alle Migrantenfamilien zutreffen dürfte und in der bisherigen Migrationsforschung eher ignoriert wurde: Die in allen Migrantenfamilien vorhandenen und vermutlich nur unzureichend verarbeiteten Trennungserfahrungen – so meine These – machen prinzipiell alle nachfolgenden Trennungen zu einer Wiederholungstat, die es zu vermeiden gilt. Insbesondere die Trennung zwischen Müttern und Töchtern muss vermieden werden, ansonsten würde der unverarbeitete und migrationsbedingte Trennungsschmerz der Eltern wieder auftauchen. Ähnlich wie Wardi (1998) über die Kinder von Holocaust-Überlebenden schreibt, die das Trauma ihrer Eltern fesselt, wäre es denkbar, dass die Kinder der Migranten das Migrationstrauma ihrer Eltern in der Adoleszenz reinszenieren und sich gebunden fühlen an ein familiales Tabu, das es gebietet, Trennungen zu vermeiden, um den Eltern keine neuen Schmerzen zuzufügen. Dem zugrunde läge die Vorstellung, dass die Eltern ihre Eltern und Geschwister in der Heimat verlassen haben und deshalb die Kinder jetzt ihre Eltern in der Migration nicht verlassen dürfen. Denn diese Bindung wäre die einzig denkbare Wiedergutmachung an den Eltern, eine Wiedergutmachung, die zumindest eines der Kinder an die Eltern bindet und Loslösungsprozesse gänzlich undenkbar macht. Und wie bei Wardi ist es vielleicht in den Migrantenfamilien auch die älteste Tochter, die aufgrund ihrer besonders engen Beziehung zur Mutter dieses Tabu am stärksten verinnerlicht hat.

Auch wenn diese Loslösung natürlich noch durch zusätzliche Faktoren, wie kollektive und großfamiliale Lebensverhältnisse, die Angst vor ethnischem Identitätsverlust in der Fremde und einem Modernisierungsgefälle, was Individualisierung und Pluralisierung von Lebensentwürfen betrifft, zusätzlich erschwert wird, so scheint mir die migrationsbedingte Tabuisierung der Trennung doch der wesentliche

Faktor zu sein, wenn es um das Verstehen von Adoleszenzverläufen junger Migrantinnen geht. Denn auch in den Gesprächen mit Fatima und Aischa wurden ähnlich starke Bindungen an die Eltern und besonders zwischen Müttern und Töchtern deutlich, sowie ein von den Töchtern ohne Rückhalt akzeptiertes Verbot einer Trennung. Nur bei Lydia war das anders.

4.2 Bindung und Loslösung in der Migration: eine spezifische Variante

Lydia ist vor sechs Jahren nach Deutschland zu ihren Eltern gekommen, die seit 20 Jahren hier leben und ihre jüngste Tochter Lydia in der Obhut der Großmutter und der älteren Schwester in Jugoslawien zurückließen. Das hat ihre Beziehung zu den Eltern und zur Schwester und damit auch ihre adoleszente Entwicklung entscheidend geprägt: Sie erzählt:

»Meine Schwester, die war 9 Jahre älter, als die auf mich aufgepasst hat. Die war wie – meine Mutter und meine Schwester...«

Lydia begreift ihre Schwester als ihre eigentliche Mutter, nach ihr sehnt sie sich, die so weit weg lebt in Ex-Jugoslawien und so selten sieht. Sie wäre gerne ihr richtiges Kind. Diese Liebe zur Schwester, die ihr Mutter und Freundin in einem ist, lässt nicht mehr viel Raum für die Beziehung zu den Eltern. Wenn sie über ihre Eltern spricht, wird deutlich, wie sehr ihre Äußerungen sich von den Äußerungen der anderen Mädchen unterscheiden. Als es um die Frage geht, ob sie gerne auf Dauer, auch ohne Eltern, in Deutschland bleiben würde, sagt sie:

»Ja, auf jeden Fall. Ich würde sie einmal im Jahr besuchen, aber ich meine, jeder muss sein Leben führen. Ich kann jetzt nicht bei meiner Mama und meinem Papa bleiben, bis ich grau werde, ja und dann irgendwann gibt's die nicht mehr – ich habe nichts davon.«

Da spricht eine gewisse Härte aus ihren Worten, wenn sie sagt, dass es ihr nichts bringt, bei den Eltern zu bleiben, bis sie grau wird und die sterben. Das klingt fast so, als seien die Eltern sowieso schon tot für sie, vielleicht damals gestorben, als sie sie bei Schwester und

Großmutter zurückließen, um nach Deutschland zu gehen und mit dem dort verdienten Geld Häuser in Jugoslawien zu bauen. Vielleicht hat sie sich damals geschworen, dass ihr so etwas nicht mehr zustoßen wird. Bevor die Eltern sterben und sie wiederum alleine zurücklassen, wird sie sich von ihnen trennen, sich erst gar nicht mehr binden. Ihre Selbständigkeit und ihr Wunsch unabhängig zu sein, ist für Lydia ein im Gespräch immer wiederkehrendes Thema. Sie geht viel in Discos, zunächst ohne Erlaubnis der Eltern, mittlerweile mit ihrem Wissen, sie ist viel mit Freundinnen unterwegs und hat schon längere Zeit einen marokkanischen Freund, den sie jedoch vor den Eltern verbirgt. Sie legt viel Wert auf schicke Klamotten, ist stark geschminkt, im Besitz eines Handys und zur Zeit auf der Suche nach einer Lehrstelle, was sich schwierig gestaltet und sie nervös macht. Mit ihrem marokkanischen Freund verstößt sie – und darüber macht sie sich keinerlei Illusionen – gleich mehrfach gegen die kulturellen und religiösen Tabus ihrer religiös-orthodoxen, serbischen Eltern. Sie erzählt (fast genüsslich):

»Mmh – wenn die wüssten! Ich darf eigentlich keinen Moslem haben, aber von Jugoslawen halt ich überhaupt nichts und – die Deutschen interessieren mich gar nicht so richtig... ich steh' eher auf so bunteren Typen und ich weiß noch, meine Mutter hat mich mal mit einem Schwarzen gesehen, hat mich gar nicht erkannt, die lief an mir vorbei ... mit einem Schwarzen verheiratet zu sein, das wär' die Blamage aller Blamagen ... Die Menschen haben irgendwie von der Welt nichts mitgekriegt, die denken, wenn das ein Schwarzer ist oder ein Moslem, das ist irgendwas, was man nicht anfassen kann ...«

Lydia ist mit einem Marokkaner befreundet, was ihr eine tiefe Befriedigung zu verschaffen scheint. Offensichtlich versucht sie sich damit provokativ zu distanzieren von den moralischen, politischen, ideologischen und religiösen Werten ihrer Eltern und ihrer ethnischen Gemeinschaft. Lydia zeigt mithin Symptome einer adoleszenten Rebellin, wobei sich die Rebellion allerdings in Grenzen hält. Sie scheut den offenen Konflikt mit ihren Eltern, verheimlicht viele ihrer Aktivitäten. Denn einer offenen Auseinandersetzung steht der kulturell verpflichtende Respekt vor den Eltern entgegen, an den sich auch Lydia, trotz aller Rebellion, gebunden fühlt – »das wär' ungerecht.« Doch nicht Lydia allein, sondern auch die Mutter scheut den offenen

Konflikt, geht an ihr und ihrem schwarzen Freund vorbei, ohne sie zu sehen.

Lydias adoleszente Verselbständigungsversuche bleiben unkommentiert und der Rückgriff auf Heimlichkeiten sind ein Mittel zu mehr Unabhängigkeit. Fraglich ist allerdings, inwieweit diese Bestrebungen ohne Auseinandersetzung gelingen können. Vielleicht bleibt es bei der Provokation, und die Suche nach eigenständigen Lebensentwürfen kann nicht über den Protest hinaus getrieben werden. Und Lydia hat allen Grund zum Protest: Da ist ihre frühe Trennung von den Eltern, die offensichtlich, das legen ihre Biographie und ihre Äußerungen über die Eltern nahe, die Entwicklung einer engen Bindung zwischen ihr und den Eltern verhindert hat. Auf diesem Hintergrund entwickeln sich ihre adoleszenten Loslösungsprozesse, die sich kaum von den Turbulenzen deutscher Mädchen unterscheiden. Doch obwohl sich Lydia in vielerlei Hinsicht sehr ähnlich verhält wie gleichaltrige, deutsche Adoleszente, mutet ihre Adoleszenz regressiv an. Vieles deutet darauf hin, dass ihre adoleszente Entwicklung stark beeinflusst wurde von ihrer frühen Trennung von den Eltern. Könnte ihr adoleszenter Protest nicht auch als ein Versuch verstanden werden, diese frühe Trennung durch eine Umkehr, d.h. durch eine in der Adoleszenz aktualisierte Loslösung von den Eltern zu bewältigen?

Die scheinbare Anpassung Lydias an bundesrepublikanische Verhältnisse und ihre adoleszenten Loslösungsbemühungen wären dann auch als Ausdruck einer unbewältigten Trauer und Trennung zu deuten, obwohl Lydia damit anders umgeht als etwa Radmilla und Miriam. Bei Lydia wird die Adoleszenz in den Dienst ihrer Rebellion gegen die frühen und andauernden Trennungserfahrungen gestellt, indem sie aus der Rolle des Opfers in die der Akteurin schlüpft und sich ihrerseits von den nun hilflosen Eltern trennt. Diese scheinen wie gelähmt vor Angst, sehen nicht, was sie sehen könnten und kapitulieren angesichts einer rebellischen und sich abwendenden Tochter. Sind es die Trennungsbemühungen ihrer Tochter die ihre eigenen migrationsbedingten und unbewältigten Trennungserfahrungen wieder wach werden lassen? Und war etwa das Zurücklassen der Kinder eine Geste der Wiedergutmachung gegenüber der Mutter (der Großmutter Lydias), die sie verlassen haben, ein Ausdruck des schlechten Gewissens, ein Eingeständnis von Schuld? Diese von Schuld und

Sühne aufgeladenen Verstrickungen würden demzufolge eine offene Auseinandersetzung in der Familie verhindern, denn die Adoleszenz der Tochter bringt die Migration und alle damit zusammenhängenden Lebensentscheidungen auf den Prüfstand. Diese Aussicht ist so bedrohlich, dass sie unter allen Umständen vermieden werden muss.

Lydias Adoleszenz stünde damit, wenn auch nicht ausschließlich, im Dienste der Abwehr und wäre Ausdruck ihres Protestes gegen die ihr vom Anfang ihres Lebens an zugemuteten Trennungserfahrungen, gegen die sie sich nie hatte wehren können. Die Adoleszenz bietet eine Chance zur späten Rache und ist ein aus dem Wiederholungszwang geborener Versuch der Bewältigung einer frühen Beschädigung. Damit bleiben auch Individuierung und Reifung, sowie ihre Identitätsbildung ›zeichenhaft‹ (im Lorenzer'schen Sinne), ohne sichere psychische Verankerung (vgl. Lorenzer 1981). Es kommt nicht zu einer zweiten Chance, sondern zu einer Wiederholung früher Dramen, obwohl sie sich von den Eltern trennt, die sich jedoch ihrerseits früh von ihr trennten und ihr niemals die Chance einer engen Bindung boten.

Verborgen unter all diesen Trennungsdramen bleibt jedoch die Ersatzbindung an die Schwester-Mutter-Freundin unangetastet. Lydias Adoleszenz wird dadurch komplexer und erfährt eine spezifische Lösung, die ohne die Bindung an die Schwester-Mutter gar nicht verständlich würde. Denn Lydia hat offensichtlich Trennungs- und Bindungserfahrungen aufgespalten, so dass sie sich von den Eltern trennt, um damit die Bindung an die Schwester-Mutter-Freundin zu retten. D.h. sie lebt die Adoleszenz mit ihren Eltern, jedoch nicht mit ihrer Schwester, ihrem Mutterersatz. Diese Bindung aber ist für Lydia nach wie vor von zentraler Bedeutung und in Bezug auf ihre Schwester-Mutter phantasiert sie sich in eine Kindesrolle. Hier denkt sie offensichtlich gar nicht an Trennung. Dies ist um so aufschlussreicher, als ja auch ihre Schwester die Trennung von den Eltern zu verkraften hatte, und diese gemeinsam erlittene Trennung die beiden Schwestern eng aneinander gebunden haben dürfte. Gegenüber der Schwester würde damit all das zutreffen, was bereits in der Interpretation der Gespräche mit Radmilla und Miriam deutlich wurde: diese Mutter-Bindungen unterliegen einem Trennungstabu und in diesem Tabu kommt ein Wiedergutmachungsversuch angesichts der vielfach erlebten und migrationsbedingten, schmerzhaften Trennungen zum Ausdruck.

Die im Triebschub der einsetzenden Adoleszenz mobilisierten Trennungsimpulse haben bei Lydia und ihren Eltern alte Wunden aufgerissen, ähnlich wie bei Radmilla, und diese Aktualisierung alter, nicht verheilter Trennungserfahrungen verhindert, dass adoleszente Entwicklungsprozesse, wie Loslösung, Individuierung und psychosexuelle Reifung, sich entfalten können. Die durch den Triebschub ausgelöste Krise adoleszenter Spannungen wird in Lydias Fall regressiv bewältigt, durch Flucht in die Schwester- und Mutterbindung, bzw. durch die Aufspaltung von Bindung und Trennung auf verschiedene Objekte.

Es verstärkt sich also der Eindruck, dass Migrationserfahrungen in erheblichem Umfang das Aufbrechen adoleszenter Entwicklungsprozesse verhindern oder zumindest behindern.

4.3 Die Hinwendung zum Freund und die Gestaltung eigener Lebensperspektiven

Die Vermutung, dass die Trennungserfahrungen der Migration eine verlängerte Adoleszenz der Töchter verhindern oder zumindest behindern, stützte sich bislang vor allem auf das in den Gesprächen deutlich gewordene und auf die Mütter bezogene Bindungsverhalten der Töchter und – was bisher nur im Falle Lydias näher betrachtet wurde – die Phantasien und Wünsche in Bezug auf das andere Geschlecht. Doch im Unterschied zu Lydia betonen übereinstimmend Miriam, Aischa, Radmilla und Fatima, dass ein Interesse an Jungen nicht besteht und sie sich in den oft auch in der Migration bestehenden Großfamilienverbänden, im Kreis ihrer Cousins und Cousinen wohlfühlen.

Exemplarisch mag hier die Meinung von Aischa, 18 Jahre alt und in Deutschland von türkischen Eltern geboren, dies verdeutlichen:

»... *das Thema Jungs zum Beispiel, also ich weiß ... die (deutschen Mädchen, E.R.) sind total auf dem Jungstrip ... und alles so Sachen, die ich ... über die ich mir nicht den Kopf zerbreche, weil ich denke, dass ist noch viel zu früh für mich. Ich will mein Leben leben; die Sachen, die ich so hab‹ in meinem*

Kopf vielleicht verwirklichen ... kann ich ja noch heiraten in 30 oder 40 Jahren [...]«.

Das Interesse an Jungs ist nicht existent, Jungs gehören einer in weiter Ferne liegenden Zukunft an, einem ganz anderen Leben und tauchen selbst in der Phantasie nur als zukünftiger Ehemann auf, alles andere ist im wahrsten Sinne des Wortes undenkbar. Jungs als Objekte der Sehnsucht entziehen sich jedem Wunsch. Das kulturell und religiös verinnerlichte Verbot hat auch die Phantasie kolonisiert, Jungs sind daraus verbannt, exterritorialisiert – ganz den deutschen Mädchen überlassen. In deren milder Verachtung lässt sich allenfalls der Schimmer einer verbotenen Sehnsucht erkennen. Die Grenzen zum deutschen Territorium sind scharf gezogen.

Das für die Adoleszenz typische Experimentieren mit Jungen entfällt für Migrantinnen und das wiederum hängt nicht nur mit den kulturbedingten Tabus einer patriarchalen und religiös geformten, traditionellen Familie zusammen: Solange die Bindung an die Eltern, insbesondere die Bindung an die Mütter nicht problematisiert und hinterfragt werden kann, verliert auch das Verlieben in der Adoleszenz seinen Sinn und seine Bedeutung oder zumindest seine Funktion. Denn die Loslösung von den Eltern wird durch die Hinwendung zu anderen Liebesobjekten erleichtert und gefördert, dort aber, wo die Loslösung nicht zur Debatte steht, bleiben die jungen Frauen auch affektiv an die Eltern gebunden, es entfaltet sich innerlich kein wahrhaftiger Impuls und kein Raum zum Verlieben. Diese Haltung entspricht damit jener, über die bereits Burger und Seidenspinner in ihrer Studie über Mütter-Tochter-Beziehungen (1988) schrieben. Von daher ist es nur konsequent, wenn nicht etwa nur Aischa, sondern auch Fatima, Miriam und Radmilla betonen, wie wichtig ihnen die Familie ist. Aischa sagt z.B.:

»Also ich bin ein sehr sehr – wie soll ich sagen – familienverbundener Mensch, mir gefällt's zum Beispiel draußen mit der Familie zu hocken und ich habe auch 'ne große Familie – Onkel und so – find ich das besser, als wenn ich so samstags abends in der Disko rumhänge und mir die Ohren volldröhnen lasse. Ich bin also ein sehr ... Familienmensch.«

Die Anbindung an die Familie ist von zentraler Bedeutung und dies erst recht in der Migration. Dies wird von allen interviewten jungen Frauen bestätigt. Die Familie gilt ihnen nicht als lästige Pflicht und

Bürde, sondern alle betonen übereinstimmend, dass sie die familialen Feste, Picknicks und Zusammenkünfte genießen und die Familie im Mittelpunkt ihrer Freizeit und überhaupt ihres Lebens steht.

Adoleszente Strebungen, wie Individuierung, Loslösung von den Eltern und die Hinwendung zum anderen Geschlecht können sich von daher nicht entwickeln. Die Entfaltung adoleszenter Identitätsbildung in der Migration wird aufgrund der ungebrochenen Identifikation mit den Eltern und vor allem der Identifikation mit deren Trennungserfahrungen auch von den jungen Migrantinnen selbst nachhaltig tabuisiert und nur an einem zentralen Punkt partiell durchbrochen und modifiziert: nämlich dort, wo es um die Ausbildung einer beruflichen Identität und die Gestaltung einer eigenen beruflichen Perspektive geht. Diese dritte Aufgabe der Adoleszenz wird von allen jungen Frauen, mit denen ich Gespräche führte, vehement bejaht und affektiv besetzt. Denn wenn es um ihre berufliche Zukunft geht, um ihre Bildungs- und Ausbildungschancen, eröffnen sich ihnen auch von den Eltern gebilligte Freiräume, in denen sie sich entfalten dürfen und sollen.

Miriam und Aischa äußern beide z.B. recht unkonventionelle und sehr anspruchsvolle und ausgefallene Berufswünsche: Miriam möchte Online-Redakteurin und Aischa Pilotin werden, während Fatima entweder in die Werbung will oder aber ein Sozialpädagogikstudium anstrebt. Radmilla wird eine Lehre als Zahnarzthelferin beginnen und Lydia sucht eine Lehrstelle als Bürokauffrau. Hier zeigen sich auch deutliche Unterschiede zwischen den drei Gymnasiastinnen und den beiden Hauptschülerinnen mit Realschulabschluss, wobei Radmilla und Lydia von ihren beruflichen Aussichten weitaus weniger schwärmen als die drei Gymnasiastinnen, die sich in ihren Berufsperspektiven allesamt Welten von ihren Eltern entfernen und jeweils Berufe mit auffallend hohem sozialen Prestige und Modernisierungsansprüchen realisieren wollen. Bei Fatima, deren Mutter noch als Analphabetin nach Deutschland kam und die hier in der Migration den Hauptschulabschluss in Abendkursen der Volkshochschule nachholte, wird dies besonders eindringlich vor Augen geführt. Sie, wie auch alle anderen jungen Migrantinnen geben in den Gesprächen deutlich zu verstehen, dass Bildungsideale in ihren Familien ein hohes Gut sind, und die Eltern mit Stolz die Bildungsaspirationen ihrer

Töchter verfolgen und in jeder nur denkbaren Weise fördern. Fatima wie auch Aischa und Miriam sind sich dabei sehr bewusst, dass sie auch die nicht erfüllten Bildungswünsche ihrer Mütter kompensieren. Aischa sagt z.b. in Bezug auf ihre Mutter:

«meine Mutter wollte eigentlich immer einen Beruf haben und das hat sie nie gemacht und ... deswegen sagt sie immer ›ihr sollt alles machen und tun können, was ihr wollt, also nicht so wie ich‹".

Und Miriam ist außerordentlich beredt, als es darum geht zu erklären, was ihre Mutter von ihren Berufsplänen denkt:

»Also meine Mutter ist ziemlich froh, weil meine Mutter selbst hat es nach dem Abitur nicht hingekriegt zu studieren ... hat aber 'nen guten Posten gehabt in 'ner Firma, und kam also hierhin, hierher nach Deutschland, ohne praktisch irgend ein Papier zu haben und musste irgendwie auch von Null anfangen, das ist halt das Problem und deswegen findet sie's gut, dass ich studiere, sie möchte nicht, dass ich jetzt so 'ne Ausbildung bei 'ner Versicherung oder so mache, also hat sie so'n bisschen hochgeschraubte Vorstellungen von dem, was ich später machen soll, also sie findet's gut und sie unterstützt mich eigentlich auch.«

Bildung und eine gute Ausbildung bieten Halt und Sicherheit in einer durch Migration, Krieg und Flucht ins Wanken geratenen Welt. Sie bieten Schutz vor der Leere und dem Nichts, das Migrantinnen und Flüchtlingen im Aufnahmeland begegnet, die alles zurücklassen mussten, was ihnen sozialen Status, Einkommen und Zukunft in der Heimat bot.

In ihren Bildungs- und Ausbildungswünschen spiegeln sich jedoch für Miriam, Aischa und Fatima auch zentrale Aspekte ihrer Bindung an die Mütter wider, die diese Bildungschancen nicht hatten, jedoch später darunter litten und dies bereuten. Obwohl sie also mit ihren hochfliegenden beruflichen Plänen ihre Mütter überflügeln wollen, zeigt sich in eben diesem Vorhaben, wie hoch identifiziert diese jungen Migrantinnen mit ihren Müttern und deren unerfüllten Lebensträumen sind. Doch zugleich fällt auf, dass sich die Töchter in ihren Bildungsansprüchen nicht nur weit entfernt haben von der Realität ihrer Mütter, sondern dass sie sich auch mit den Ansprüchen einer Moderne angefreundet und deren Zielsetzungen bereits in wesentlichen Teilen verinnerlicht haben: Sie wollen fliegen, mobil sein, weltgewandt, global players, allseits erreichbar und verfügbar, sich in virtuellen Welten heimisch fühlen, mit modernster Technik arbeiten und sich professionell mit den Illusionen der Moderne auseinandersetzen. Mit ihren beruflichen Vorstellungen bewegen sie sich in der Märchenwelt der Postmoderne und weit über die Grenzen Deutschlands hinaus, sie sind fasziniert von den Möglichkeiten, die die Globalisierung ihnen bietet: Immer auf Reisen, weltweit, in den scheinbar grenzenlosen Sphären der neuen Medien, in der schnelllebigen und vergänglichen Bilderwelt von Illusionen. Ihre beruflichen Träume sind Konzessionen an die Moderne und an die globale Gesellschaft, in der sie gegenwärtig leben.

Wagen sie sich in ihren beruflichen Träumen deshalb so weit zu entfernen, weil sie sich so sicher gebunden fühlen und weil diese Entfernung nicht im Konflikt, sondern im Konsens mit den Müttern geschieht, die die schulischen Erfolge ihrer Töchter mit Wohlwollen und oft genug mit Stolz begleiten? Dann aber könnten die gegenwärtig ja nur in der Phantasie vorhandenen beruflichen Perspektiven nicht als eine äußerst vorsichtige Ablösung von den Müttern gedeutet werden, als Einfallstor für eine zukünftige, behutsame, langsame und nicht verletzende Trennung von ihnen. Denn die Töchter wären dann nur in die Rolle der ›besseren Mütter‹ geschlüpft, wären die Verkörperung eines mütterlichen Ich-Ideals, angetreten, die unerfüllt gebliebenen beruflichen Wunschträume ihrer Mütter zu erfüllen. Zwar lässt sich in diesem Bild ›der besseren Mütter‹ durchaus Konkurrenz und Rivalität erahnen, doch werden diese Züge der Mutter-Tochter-Bindung durch gegenseitige Idealisierungen überlagert. Diese Idealisierung zwischen Müttern und Töchtern bildet das eigentliche Fundament ihrer Bindung und ist damit Risiko und Schwachstelle zugleich: Wenn die gegenseitige Idealisierung von Müttern und Töchtern an der Realität, bzw. den Autonomiewünschen der Tochter scheitert, so gerät auch die Bindung ins Wanken und damit das psychische Fundament töchterlicher Identitätsbildung. Die aufstiegsorientierten und bildungsmotivierten Töchter der Migrantinnen werden zu einer existentiellen Stütze für ihre durch die Migration an der Verwirklichung von Lebensträumen behinderten Mütter. Das aber heißt auch, dass die Töchter der Migrantinnen nur solange von den Müttern idealisiert werden, wie sie Töchter bleiben und, ähnlich wie dies in der Literatur für westliche Gesellschaften und die davon geprägten Mutter-Tochter-Beziehungen konstatiert wurde, nicht eigenständige und autonome Identitätsentwürfe anstreben, sondern sich als eine Erweiterung ihrer Mütter, als ihre eigentliche Vervollkommnung begreifen. In der Migration aber kann diese gegenseitige Idealisierung von Müttern und Töchtern und die darauf aufbauende Bindung und Identifizierung der Töchter mit den Müttern nicht nur als regressive Variante einer konventionellen und die Tochter in ihrer Autonomieentwicklung behindernden Beziehung verstanden werden. Sondern in der Migration scheint der berufliche Erfolg der Töchter zu einer Art Therapie der durch die Migrations- und Trennungserfahrung in ihrer Identität beschädigten Mütter zu werden. Eine Art Therapie, von der auch sie profitieren, denn die Bindung an die Mütter schenkt ihnen zugleich Kraft, Potenz und Selbstbewusstsein, sie wird zur Basis einer spezifischen Form des weiblichen »Empowerments«. Zugleich aber bleibt dieses Empowerment eine labile Konstruktion und bedeutet auch Verzicht: Verzicht auf außerfamiliale Liebesbeziehungen und Verzicht auf unabhängig von elterlichen oder mütterlichen Vorstellungen zu gestaltende private wie berufliche Perspektiven. Was diese Töchter von Migrantinnen also einklagen ist ein ausgedehntes psychosoziales Moratorium, wobei sich das für die Adoleszenz typische Experimentieren und Phantasieren hier ausdrücklich nur auf die Ebene von Bildung und Ausbildung bezieht und alle anderen Bereiche ausklammert. Dieses Moratorium scheint der Kompromiss zwischen Müttern und Töchtern in der Migration zu sein, denn dieser Kompromiss ermöglicht die Wahrung der Bindung an die Mütter und gleichzeitig die Anpassung, eventuell sogar die Integration in die bundesrepublikanische Gesellschaft.

5. Fazit

Wichtigstes Ergebnis der hier nur in Auszügen wiedergegebenen und interpretierten Gespräche ist die Einsicht, dass sich in den Lebensentwürfen junger Migrantinnen Tendenzen adoleszenter Entwicklungsverläufe wenn überhaupt, dann nur ansatzweise und partiell erkennen ließen. Alleine die von Lydia zum Ausdruck gebrachte adoleszente Rebellion hat jedoch letztendlich die These, dass die

Migration und die damit verbundenen Trennungserfahrungen adoleszente Entwicklungsverläufe in ihrer Entfaltung verhindern oder zumindest stark behindern, bestätigt. Damit ist auch klar, dass die These von der Adoleszenz als einer zweiten Chance auf junge Migrantinnen und ihre psychosexuellen Reifungsprozesse nicht zutrifft. Die Bindung an die Mütter wird in der Adoleszenz nicht durch die Loslösungs- und Verselbständigungsstrebungen gelockert, sondern regressiv verstärkt. In der Konsequenz bedeutet dies auch, dass eine Hinwendung zum anderen Geschlecht nicht stattfindet, da die jungen Frauen aus den elterlichen Bindungen nicht entlassen werden und auch selbst keine Tendenzen erkennen lassen, die auf eine Befreiung aus familialen Bindungen hindeuten.

Diese familialen, insbesondere mütterlichen Bindungen scheinen Sicherheit zu verleihen in einer Welt, die durch die Migration ins Wanken geraten ist. In dieser Situation kommt es zu einer Idealisierung der Mütter, die trotz aller Erschwernisse gut für die Kinder sorgen und ihnen alles bieten, was sie brauchen. Die Töchter werden damit bis über die Adoleszenz hinaus in einer infantilen Position gehalten und mütterlich gut versorgt, um dann hinaus in die Welt geschickt zu werden und dort beruflich erfolgreich zu sein. Dies geschieht durchaus im eigenen Interesse der Mütter, denn nur wenn die Töchter groß, stark und erwachsen sind, werden sie in der Lage sein, den beruflichen Ansprüchen einer modernen Gesellschaft zu entsprechen und projektiv die unerfüllten beruflichen Sehnsüchte ihrer Mütter zu erfüllen. Solchermaßen idealisiert und von mütterlichen Sehnsüchten überfrachtet, finden sich die Töchter in der Rolle von Therapeutinnen ihrer durch Migration und Flucht beschädigten Mütter wieder, als Kompensation all ihrer erlittenen Verluste, als Ersatz für die zurückgebliebenen und verlassenen Mütter in der Heimat, als Trost für alle Schuldgefühle, die eine jede Trennung verursacht. In der Beziehung zwischen idealen Töchtern und Müttern, die als Mütter ideal, als Frauen mit eigenen Berufswünschen jedoch defizitär sind, kommt es nicht zur Rivalität, sondern zu einem Bündnis, in dem weder Männer noch Väter einen Platz haben.

Dieses auf gegenseitiger Idealisierung basierende Bündnis zwischen Müttern und Töchtern verleiht diesen zweifelsohne Stärke, Selbstsicherheit und Durchsetzungsvermögen. Jedoch bleiben wesentliche

Bereiche adoleszenter Identitätsbildung ausgeklammert und zwar so nachhaltig ausgeklammert, dass selbst in der Phantasie, am fernen Horizont keine Konflikte sichtbar werden. Männer und Kinder sind ein Thema für ein anderes Leben »in 30 oder 40 Jahren«, wie es Aischa im Gespräch formulierte. In dieser Formulierung wird die Kehrseite der gegenseitigen Idealisierungen und des Bündnisses von Müttern und Töchtern auf krasse Art und Weise zum Ausdruck gebracht, denn Männer und Kinder werden dann ein Thema, wenn diese jungen, heute etwa 18 Jahre alten Migrantinnen, nicht mehr im gebärfähigen Alter sind, wenn und dies bleibt unausgesprochen, die Mütter eventuell bereits gestorben sind.

Solange die Trennungserfahrungen der Elterngeneration unbewältigt bleiben und Rückkehrillusionen eine Auseinandersetzung mit diesen Trennungserfahrungen ausdrücklich unterlaufen, können sich adoleszente Loslösungsversuche der zweiten oder auch der dritten Generation von Migrantinnen nicht entfalten. Ihre gesellschaftliche Emanzipation und Integration bleibt auf den Bereich schulischer und beruflicher Erfolge beschränkt, wenn die Adoleszenz aufgespalten wird und junge Migrantinnen sich als Töchter nicht aus dem Schatten ihrer Mütter hinaus bewegen dürfen. Für weibliche Identitätsbildung in der Migration heißt dies, dass die Bindung an die Mütter einzige und vielleicht unersetzbare Basis inmitten einer emotional fremden Umwelt darstellt, zu der sie immerhin eine schmale, jedoch tragfähige Brücke baut, diese Bindung aber zugleich das größte Handicap für eine unabhängige, emanzipatorische Identitätsentwicklung darstellt, da adoleszente Reifungsprozesse aufgespalten und im Bereich persönlicher Identität auf einem regressiv-infantilen Niveau eingefroren werden.

Literatur

Benjamin, Jessica (1990): Die Fesseln der Liebe. Psychoanalyse, Feminismus und das Problem der Macht, Frankfurt/Main.
Bilden, Helga/Diezinger, Angelika (1988): Historische Konstitution und besondere Gestaltung weiblicher Jugend – Mädchen im Blick der Jugendforschung, in: Heinz-Hermann Krüger (Hg.), Handbuch der Jugendforschung, Opladen, S. 135-156.
Boos-Nünning, Ursula (1993): Geschlechtsspezifik der Berufswahl und Modelle der Berufsorientierung und Berufsberatung für Mädchen und junge Frauen ausländi-

scher Herkunft, in: Bundesanstalt für Arbeit (Hg.), Jugendliche ausländischer Herkunft vor der Berufswahl, Nürnberg, S. 123-181.
- (1994): Die Definition von Mädchen türkischer Herkunft als Außenseiterinnen, in: Renate Nestvogel (Hg.), ›Fremdes‹ oder ›Eigenes‹. Rassismus, Antisemitismus, Kolonialismus, Rechtsextremismus aus Frauensicht, Frankfurt/Main, S. 165-184.
- (1998): Migrationsforschung unter geschlechtsspezifischer Perspektive, in: Eckhardt Koch u.a. (Hg.), Chancen und Risiken von Migration, Freiburg. S. 304-316.

Burger, Angelika/Seidenspinner, Gerlinde (1988): Töchter und Mütter. Ablösung als Konflikt und Chance, Opladen.

Düring, Sonja (1993): Wilde und andere Mädchen. Die Pubertät, Freiburg.

Eberding, Angela (1998): Arm – hilflos – ausgeliefert? Zur stereotypen Überzeugung über Mädchen türkischer Herkunft, in: Eckhardt Koch u.a. (Hg.), Chancen und Risiken der Migration, Freiburg, S. 317-326.

Ehlers, Johanna/Bentner, Ariane/Kowalczyk, Monika (Hg.) (1997): Mädchen zwischen den Kulturen. Anforderungen an eine Interkulturelle Pädagogik, Frankfurt/Main.

Eißler, Kurt R. (1958): Bemerkungen zur Technik der psychoanalytischen Behandlung Pubertierender nebst einigen Überlegungen zum Problem der Perversion, in: Psyche, 20. Jg., 1966, S. 837-872.

Erdheim, Mario (1982): Die gesellschaftliche Produktion von Unbewusstheit, Frankfurt/Main.

Flaake, Karin (1989): Geschlechtsneutralität als Mythos. Der blinde Fleck in der psychoanalytischen Theoriebildung und Praxis, in: Gruppenpsychother. Gruppendynamik 25 : 99-109.

Flaake, Karin/King, Vera (Hg.) (1992): Weibliche Adoleszenz. Zur Sozialisation junger Frauen, Frankfurt/Main.

Gümen, Sedef/Herwatz-Emden, Leonie/Westphal, Manuela (1994): Die Vereinbarkeit von Beruf und Familie als weibliches Lebenskonzept: eingewanderte und westliche Frauen im Vergleich, in: Zeitschrift für Pädagogik 40, S. 63-81.

Hagemann-White, Carol/Rerrich, Maria S. (Hg.) (1988): FrauenMännerBilder. Männer und Männlichkeit in der feministischen Diskussion, Bielefeld.

Huth-Hildebrandt, Ch. (1999): Die fremde Frau – auf den Spuren eines Konstrukts der Migrationsforschung, Münster.

Kaplan, Louise J. (1988): Abschied von der Kindheit. Eine Studie über die Adoleszenz, Stuttgart, Klett-Cotta.

Koch, Eckhardt u.a. (Hg.) (1998): Chancen und Risiken von Migration, Freiburg.

Köpp, Werner/Rohner, Robert (1993): Das Fremde in uns, die Fremde bei uns. Ausländer in Psychotherapie und Beratung, Heidelberg.

Koptagel-Ilal, Günsel (1998): Frauen in der Migration – Position und Rollenkonflikte zwischen Ost und West, in: Eckhardt Koch u.a. (Hg.), Chancen und Risiken von Migration, Freiburg, S. 298-303.

Liebsch, Katharina (1996): Gibt es die ›zweite Chance‹ auch für Mädchen? Gründe für eine theoretische Erweiterung der Untersuchungen und Beschreibungen von weiblicher Adoleszenz, in: Psychosozial 63, Heft 1, S. 115-129.

Lorch-Göllner, Silke (1989): Lebensbedingungen und Entwicklungsmöglichkeiten junger türkischer Frauen in einem ländlich strukturierten Gebiet der Bundesrepublik Deutschland – dargestellt am Beispiel des Landkreises Marburg-Biedenkopf, Frankfurt/Main.

Lorenzer, Alfred (1981): Das Konzil der Buchhalter. Die Zerstörung der Sinnlichkeit. Eine Religionskritik, Frankfurt/Main.
Lutz, Helma (1999): »Meine Töchter werden es schon schaffen«. Immigrantinnen und ihre Töchter in den Niederlanden, in: Ursula Apitzsch (Hg.), Migration und Traditionsbildung, Opladen/Wiesbaden, S. 65-186
Möhring, Peter/Apsel, Roland (Hg.) (1995): Interkulturelle psychoanalytische Therapie, Frankfurt/Main.
Nadig, Maya (1986): Die verborgene Kultur der Frau. Ethnopsychoanalytische Gespräche mit Bäuerinnen in Mexiko, Frankfurt/Main.
Niesner, Elvira/Anonuevo, Estrella/Aparicio, Marta/Sonsiengchai-Fenzl, Petchara (1997): Ein Traum vom besseren Leben. Migrantinnenerfahrungen, soziale Unterstützung und neue Strategien gegen Frauenhandel, Opladen.
Otyakmaz, Berrin Özlem (1994): Auf allen Stühlen: Das Selbstverständnis junger türkischer Migrantinnen in Deutschland, Köln.
Popp, Ulrike: Moratorium bei Jungen und Mädchen in der Oberstufe, in: K.-J. Tillmann (Hg.), Jugend weiblich – Jugend männlich. Sozialisation, Geschlecht, Identität, Opladen, S. 51-64.
Riesner, Silke (1991): Junge türkische Frauen der zweiten Generation in der Bundesrepublik Deutschland. Sozialisationsbedingungen und Lebensentwürfe anhand lebensgeschichtlich orientierter Interviews, Frankfurt/Main.
Rohde-Dachser, Christa (1991): Expeditionen in den dunklen Kontinent. Weiblichkeit im Diskurs der Psychoanalyse, Berlin, Heidelberg, New York.
Rohr, Elisabeth (1992): Der protestantische Fundamentalismus in Lateinamerika: ein paternalistisches Surrogat?, in: beiträge zur feministischen theorie und praxis, H. 32, S. 37-46.
– (1993a): Fundamentalismus: eine Utopie der Entrechteten? Eine ethnopsychoanalytische Fallstudie aus Ecuador und einige Überlegungen zur Methode psychoanalytischer Feldforschung, in: Peripherie Nr. 50, S. 19-36.
– (1993b): Faszination und Angst, in: Mechtild Jansen/Ulrike Prokop (Hg.), Fremdenangst und Fremdenfeindlichkeit, Frankfurt/Main, S. 133-162.
– (1995): Der weibliche und der männliche Blick. Die Wahrnehmung des Fremden und das Geschlecht der Forscherin und des Forschers, in: E. Heinemann/G. Krauss, Geschlecht und Kultur. Beiträge zur Ethnopsychoanalyse, Nürnberg, S. 129-174.
– und Schnabel, Beate (1999): Persönlichkeitsentwicklung, in: Woge e.V./Institut für Soziale Arbeit e.V. (Hg.), Handbuch der Sozialen Arbeit mit Kinderflüchtlingen, Münster, S. 351-359.
Rosen, Rita (1997): Leben in zwei Welten. Migrantinnen und Studium, Frankfurt/Main.
Rosen, Rita/Stüwe, Gerd (Hg.) (1985): Ausländische Mädchen in der Bundesrepublik, Opladen.
Seidenspinner, Gerlinde/Burger, Angelika (1982): Mädchen 82, in: Deutsches Jugendinstitut/Redaktion Brigitte: Mädchen 82, Hamburg.
Streeck-Fischer, Annette (Hg.) (1998): Adoleszenz und Trauma, Göttingen.
Waldeck, Ruth (1998): Die Fesseln der Frau. Zur Psychoanalyse der weiblichen Adoleszenz, in: Zeitschrift für Sexualforschung, Jg. 11, H. 1, März, S. 30-43.
Wallner, Claudia (1995): Entwicklung und Ausdruck der Identität von Mädchen in Nordrhein-Westfalen: Expertise zum 6. Jugendbericht der Landesregierung, in:

Ministerium für Arbeit, Gesundheit und Soziales des Landes NRW: 6. Jugendbericht, Düsseldorf.

Wardi, Dina (1998): Siegel der Erinnerung, Stuttgart.

Zeul, Mechthild (1990): Rückreise in die Vergangenheit. Zur Psychoanalyse spanischer Arbeitsremigrantinnen, Opladen.

Karin Jurczyk

Patriarchale Modernisierung: Entwicklungen geschlechtsspezifischer Arbeitsteilung und Entgrenzungen von Öffentlichkeit und Privatheit

Es geht um die Verbindung zweier Gedankenstränge: zum einen um die aktuelle Arbeitsteilung zwischen den Geschlechtern, zum anderen um gegenwärtige Entgrenzungen der privaten und öffentlichen Sphäre. Diese beiden Tendenzen hängen zusammen, doch sie stehen nicht in einem deterministischen Verhältnis zueinander und lassen sich nicht aufeinander reduzieren. Als Leitthese verwende ich im Folgenden das Konzept ›patriarchaler Modernisierung‹ – verstanden als in sich widersprüchliche Veränderungsprozesse, die als Gleichzeitigkeit von ›Polarisierung‹ und ›Entgrenzung‹ gefasst werden.[1] Ausgangspunkt für diese Argumentation ist eine kurze idealtypische Skizze des ›status quo ante‹ der Geschlechterverhältnisse (Abschnitt 1). Vor diesem Hintergrund werden aktuelle Entwicklungstendenzen in der bundesdeutschen Gegenwartsgesellschaft von geschlechtsspezifischer Arbeitsteilung einerseits (Abschnitt 2.1) und Privatheit und Öffentlichkeit andererseits (Abschnitt 2.2) dargestellt. Beide Tendenzen werden mit Hilfe des Konzepts patriarchaler Modernisierung in ihrem Zusammenhang auch im Hinblick auf zukünftige Entwicklungen diskutiert (Abschnitt 3).

1. Der ›status quo ante‹ der Geschlechterverhältnisse in modernen Gesellschaften

Wenn wir heutige Veränderungen und zukünftige Entwicklungen analysieren, tun wir das notwendigerweise auf der Basis von Hintergrundannahmen, die häufig jedoch nicht expliziert werden. Ich will diese im Folgenden knapp skizzieren. Bis weit in die 60er Jahre des 20. Jahrhunderts hinein waren moderne Gesellschaften westlich-industrieller Prägung von Merkmalen gekennzeichnet, die sich im Prozess der ›ersten Moderne‹ – d.h. dem Zeitraum spätestens seit Beginn des 19. Jahrhunderts – herausbildeten. Dies gilt auch und insbesondere für die Gestalt der Geschlechterverhältnisse. Hier sei die These vertreten, dass mit der Entwicklung der Moderne im Hinblick auf die Geschlechterverhältnisse ein Prozess allumfassender *Polarisierung* zwischen Frauen und Männern in Gang gesetzt wurde, der historisch neu war.[2]

‹Geschlecht› wird im Verlauf von Industrialisierung und Aufklärung als Grundpfeiler der Modernisierung zu einer entscheidenden sozialen Trennlinie, die – neben und in Verbindung mit Klasse und Ethnie – in dieser Form und in diesem Ausmaß erst mit der Moderne entsteht. Geschlechterdifferenzen und -hierarchien gab und gibt es auch vor und jenseits von Gesellschaften der Moderne, doch ist das Verhältnis von Geschlecht und sozialer Schichtung dort i.d.R. ein anderes: In der mittelalterlichen Feudalgesellschaft etwa war die gesellschaftliche Position einer Person und die Arbeit, die sie ausübte, vorrangig von ihrem Stand und ihrer sozialen Herkunft abhängig. Standesdefinitionen rangierten für die soziale Positionierung *vor* Definitionen der Geschlechtszugehörigkeit. Mit der Moderne jedoch »wird ein partikulares durch ein universales Zuordnungsprinzip ersetzt: statt des Hausvaters und der Hausmutter wird jetzt das gesamte weibliche und männliche Geschlecht und statt der aus dem Hausstand abgeleiteten Pflichten werden jetzt allgemeine Eigenschaften der Personen angesprochen« (Hausen 1978, S. 163). Geschlecht wird zum basalen gesellschaftlichen Distinktionsmerkmal. Das sich neu formierende System der Geschlechterverhältnisse in der Moderne ist *keine Organisationsform, sondern eine Produktionsform der Differenz* (Tyrell 1986), die soziohistorisch eine neue, umfassendere Bedeutung erfährt. Geschlecht als Prinzip sozialer Gliederung (Becker-Schmidt 1993) positioniert dabei das weibliche Geschlecht unterhalb des männlichen: Männer repräsentieren das Universale, das Eigentliche, Frauen das Besondere, die Abweichung. Geschlechterverhältnisse werden damit nicht nur eine Produktionsform von Differenz, sondern auch von Hierarchie und Macht. Der binärhierarchische Geschlechtercode, der mit der Moderne ›omnirelevant‹ wird, durchzieht alle gesellschaftlichen Bereiche und wird zur *Institution*. Die Polarisierung der Geschlechter, die sich als allgegenwärtige hierarchische Differenz zwischen Frauen und Männern darstellt, wird untermauert und ideologisch begründet mit der Herausbildung der »Geschlechtscharaktere« (Hausen 1978), sie findet sich in der Konstruktion einer spezifischen Sexualität und Körperlichkeit von Frauen und Männern (Honegger 1991) und sie wird begleitet von der Dissoziation von öffentlichem und privatem Bereich und einer damit einhergehenden Arbeitsteilung zwischen den Geschlechtern. Diese beiden letztgenannten Aspekte stehen hier im Zentrum.

Im modernen *System der geschlechtshierarchischen Arbeitsteilung* wird Frauen die private Fürsorgearbeit, meist im Rahmen der Familie, zugewiesen (unabhängig davon, ob sie faktisch, wie häufig geschehen, nicht auch zusätzlich erwerbstätig sind) und Männern die außerhäusliche Erwerbstätigkeit.[3] *Diese geschlechtlich konnotierte, strukturelle Teilung der Arbeit ist Bedingung und nicht Nebenprodukt der Moderne, auf ihr fußt die Entwicklung der modernen Gesellschaft.* Denn die Ausweitung des Industriekapitalismus bedeutete die Ausweitung von außerhäuslicher Lohnarbeit als dominanter, wertschaffender und deshalb gesellschaftlich als wertvoll anerkannter Form von Arbeit. Diese Ausweitung war nur möglich unter Rückgriff auf spezifische, oft unsichtbar bleibende Ressourcen, zu denen, wie vielfach ausgeführt, v.a. die von Frauen im privaten Rahmen der Familie ausgeübte Hausarbeit der psycho-physischen reproduktiven Versorgung und Reproduktion der Familienmitglieder gehört (Ostner 1978). Sie ist als Hintergrundarbeit die notwendige Bedingung dafür, dass Männer ›freigesetzt‹ sind für die Verausgabung ihrer gesamten Arbeitskraft in der Lohnarbeit. Die strukturelle Komplementarität zweier gesellschaftlicher Bereiche – Erwerb und Familie – und zweier Arbeitsformen, die vergeschlechtlicht und als solche einander hierarchisch zugeordnet sind, ist ein konstitutives Merkmal moderner Gesellschaften. Die materiell-ökonomische Basis der Moderne liegt im System der Arbeitsteilung der Geschlechter, die bis heute das Fundament der Produktionsweise von Erwerbsgesellschaften ausmacht, zunächst unabhängig davon, ob diese vom klassischen Modell der Industriearbeit oder von Dienstleistungs- bzw. Informationsarbeit geprägt sind. Die Struktur der Erwerbsarbeit schließt (noch; s.u.) die räumliche, zeitliche und sachliche Trennung von der Sphäre persönlicher Fürsorge und Reproduktion ein, die ›ausgegliedert‹, privatisiert und intimisiert werden. Im feministisch-arbeitssoziologischen Diskurs, dem ich mich anschließe, wird diese Sphärentrennung der modernen Gesellschaft in Öffentlichkeit und Privatheit weitgehend mit der Trennung von Erwerb und Familie gleichgesetzt.[4]

Arbeitsteilung und Sphärentrennung führen zu Polarisierungen der Geschlechter auf verschiedenen Ebenen. So werden etwa den jeweiligen Sphären und Tätigkeiten – und damit den Geschlechtern – bestimmte typische Merkmale zugewiesen. Im Berufsbereich werden Qualifikation, Leistung und Rationalität verortet, im Familienbereich Fürsorge, Körperlichkeit und Emotionalität. Die private, sich verkleinernde Familie *als Vater-Mutter-Kind-Familie* in der Rechtsform der Ehe wird als Lebensmittelpunkt von Frauen angesehen, an dem sich ihr spezifisch weibliches Arbeitsvermögen, ihr Geschlechtscharakter und ihre Identität bilden. Die soziale Konstruktion ›*polarer Geschlechtscharaktere*‹ stellt die ideologische Grundlage der Geschlechterdifferenz und ihrer hierarchisierten sozialen Positionierung dar. Die Formulierung von männlichen und weiblichen ›Kontrasttugenden‹ als typischen, komplementären Eigenschaftskonstellationen dient sowohl der Zuordnung zu den jeweiligen sozialen Positionen als auch ihrer Legitimation durch den Rückgriff auf ihre vorgebliche Natürlichkeit. Familie als Gegenwelt zur versachlichten Berufswelt wird als Ort von Innerlichkeit und Fürsorge angesehen. Kern der neuen Kleinfamilie ist das Ideal der romantischen Liebe, die soziale Konstruktion von Kindheit sowie von Mütterlichkeit, die zur generalisierten und v.a. *naturalisierten* Anforderung an alle Frauen wird. Der Arbeitscharakter der Hausarbeit bleibt so hinter dem Aspekt von Liebe verborgen; die unterschiedliche gesellschaftliche Wertschätzung beider Arbeitsbereiche verhindert eine soziale Anerkennung von Frauen und der ausschließlich ihnen zugeschriebenen Tätigkeiten und Fähigkeiten.

Damit lässt sich *erstens* Differenz als Gebot der Moderne festhalten: die Vergeschlechtlichung der Moderne (in Deutschland) bedeutet die Zuordnung von strukturell dichotomisierten gesellschaftlichen Sphären und Tätigkeitsbereichen zu den gleichfalls streng dichotomisierten sozial konstruierten Genus-Gruppen ›Frauen‹ und ›Männer‹. Als zentraler Mechanismus wirkt die Konstituierung, Aufrechterhaltung und Stabilität des »sameness-taboo« (Rubin 1975), welches die ungleichwertige Differenz zwischen den Geschlechtern und die Definition des Weiblichen als ›Ort‹ des Mangels festschreibt. Die Themen, an denen die Geschlechterungleichheit verhandelt wird sowie ihre Legitimationen, sind jedoch durchaus variabel, wie am Beispiel beruflicher Professionalisierungsprozesse gezeigt wurde (Wetterer 1995). Auf diese Weise werden nicht nur Personen über die Konstruktion des »Geschlechtscharakters«, d.h. über die Zuschreibung vermeintlich naturbedingter, typischer Eigenschaften vergeschlechtlicht, sondern soziale Verhältnisse im Ganzen. Die Konstruktion der hierarchischen Geschlechterdifferenz wird kodifiziert in den sich entwickelnden gesellschaftlichen Ordnungen von Ehe- und Familienrecht, Arbeitsmarkt, Sozialstaat, Bildung etc. Die *Vergeschlechtlichung der organisatorischen Verfasstheit dieser sozialen Ordnungen* ist ein Medium der Konstitution der sozialen Ungleichheit der Geschlechter, sie stellen – im Sinne der doppelten Strukturierung von Giddens (1988) – sowohl die Grenzen als auch die Möglichkeiten geschlechterbezogenen und -produzierenden Handelns dar.

Zweitens wird deutlich, dass im Hinblick auf Geschlechterverhältnisse die Begriffe ›modern‹ und ›traditional‹ paradox sind: die aktuell als ›traditional‹ verstandenen Geschlechterverhältnisse (i.S. der Zuordnung von Frauen zu Familie, von Männern zu Beruf und zu anderen Öffentlichkeiten) sind erst mit der Moderne entstanden. ›Moderne‹ Geschlechterverhältnisse entwickeln sich dagegen erst mit dem Übergang in die zweite Moderne. Patriarchale Modernisierung meint in diesem Kontext eine zweifache Entwicklung: zum einen eine spezifische polarisierende Gestaltgebung der Geschlechterverhältnisse auf sozioökonomischer und kultureller Ebene (s.o.); zum andern eine Modernisierung dieser patriarchal-industriell-rationalen Geschlechterverhältnisse, die neue Elemente einführt, ohne die alten wirklich abzuschaffen (s.u.). *Drittens* ist darauf hinzuweisen, dass das System geschlechtsspezifischer Arbeitsteilung mehrere Orte hat: die Familie, in der Arbeit geteilt wird, sowie den Erwerbsbereich. Strukturiert, verhandelt, gedeutet und bewertet wird die Verteilung von Arbeit zudem in den Bereichen von Politik, Recht, Kultur und anderen Öffentlichkeiten.

Dies führt schließlich *viertens* zu der zusammenfassenden Feststellung, dass die aktuell beobachtbaren Tendenzen der Entgrenzung in Geschlechterverhältnissen, die im Folgenden Thema sind, nicht eine Erosion von ›Naturtatsachen‹ darstellen, sondern von historisch gebildeten Differenzen, die als Polarisierungen zugespitzt wurden.

2. Aktuelle Entgrenzungen von geschlechtsspezifischer Arbeitsteilung sowie von Privatheit und Öffentlichkeit

2.1 Geschlechtsspezifische Arbeitsteilung heute

Gemessen am Theorem der Polarisierung wird die geschlechtsspezifische Arbeitsteilung heute, d.h. seit Ende der 60er Jahre, infrage gestellt – zumindest auf den ersten Blick. Die eindeutige Zuordnung der Geschlechter zu ›ihren‹ Arbeitsbereichen scheint aufgeweicht. Es wird jedoch gezeigt, dass es ein widersprüchliches Nebeneinander von Polarisierung und Entgrenzung gibt. Dies steht auch in Zusammenhang mit Tendenzen der Globalisierung, auf die ich nur an wenigen Punkten eingehen kann (vgl. Young 1997). Bezugspunkt der Argumentation bleibt Deutschland, zumal es bislang wenig empirische Daten über Zusammenhänge zwischen Globalisierung und lokalnationaler Entwicklung gibt. Wenden wir uns zunächst dem Erwerbsbereich zu.

Arbeitsteilung im Erwerbsbereich

Frauen haben ›ihrem‹ Arbeitsbereich Familie die Erwerbsarbeit, mehr oder weniger freiwillig und gewollt[5], hinzugefügt. Die Integration von Frauen in die Erwerbswelt ist weit fortgeschritten, insofern trifft das Theorem der ›nachgeholten Individualisierung‹ von Frauen (Elisabeth Beck-Gernsheim) zu, wenngleich deren Individualisierung meist eine ›gebundene‹ ist (Diezinger 1991). In Zahlen für 1995 beträgt der Anteil der Frauen an der Gesamtzahl der Erwerbstätigen

42% (BMFSFJ 1998, S. 3), was eine leichte, aber kontinuierliche Steigerung zu den Vorjahren bedeutet. Die Frauenerwerbsquote liegt 1995 bei 74% in den alten und 87% in den neuen Bundesländern (Statistische Bundesamt (Hg.) 1997, S. 498). Zieht man die nicht aktuell Erwerbstätigen ab, so bleibt in Ostdeutschland eine Erwerbsquote von 74% und in Westdeutschland von 60% der erwerbsfähigen Frauen (BMFSFJ 1998, S. 51). Auffallend ist v.a. die zunehmende Mütter- und Ehefrauenerwerbstätigkeit. So waren 1995 von allen Frauen zwischen 15–64 Jahren mit Kindern 57% erwerbstätig, davon die Hälfte in Teilzeitverhältnissen (BMFSFJ 1998, S. 4). Selbst in der Gruppe der Ehefrauen mit Kindern unter drei Jahren sind 40,4% erwerbstätig, während der Anteil der Frauen mit Kindern von 15-18 Jahren 66,3% beträgt (ebd., S.51). Dies bedeutet, dass Frauen in allen Phasen ihrer Biografie, formell und informell Einstiege ins Erwerbsleben praktizieren. Dies findet häufig keinen adäquaten Ausdruck in den o.g. Statistiken (Born et al. 1996), denn Frauen arbeiten oft nicht in sog. Normalarbeitsverhältnissen, sondern in Graubereichen der marktförmigen Ökonomie. Hierzu zählen v.a. nicht gemeldete und nicht versicherungspflichtige Erwerbstätigkeiten von Frauen im Bereich privater Haushalte, wie Putzen und Kinderbetreuung, die zusätzlich auf einige Millionen geschätzt werden (Rerrich 1993a).

Diese eher groben Hinweise machen deutlich[6], dass Frauen den in der ersten Moderne (zumindest den ideologischen Anforderungen nach) auf Familie beschränkten Aktionsradius erheblich erweitert haben. Sie sind nicht mehr nur aus finanzieller Not heraus erwerbstätig, und ihre Erwerbstätigkeit ist keine Ausnahme mehr, sondern (wenn auch immer noch prekäre und ambivalente) Normalität. Durchgesetzt hat sich damit die *doppelte Vergesellschaftung von Frauen* in Beruf und Familie (Becker-Schmidt), die in der ersten Moderne zwar faktisch begann, jedoch nur als Abweichung vom Ideal der verhäuslichten Frau und Mutter galt. Dagegen wird heute von Frauen geradezu erwartet, dass sie in der Lage sind, bei Bedarf sich selbst zu ernähren. ›Doppelsozialisation‹ und ›Doppelorientierung‹ sind zu einer selbstverständlichen Anforderung geworden.

Damit stehen Frauen jedoch vor vielfältigen Dilemmata. Ihre Berufstätigkeit ist nicht nur immer noch eine auf ›Widerruf‹, sondern sie ist nach wie vor anders beschaffen als die von Männern. Qualitativ betrachtet ist die geschlechtsspezifische Segregation des Arbeitsmarktes bzgl. Branchen, Berufen und Positionen und entsprechenden Einkommensunterschieden nur wenig verändert (BMFSJF 1998, S. 61 ff.). Polarisierungen bestehen v.a. auf diesen Ebenen fort. Auch verdanken sich die o.g. quantitativen Zuwächse der Frauenarbeitsplätze in den letzten Jahrzehnten in Westdeutschland v.a. der Zunahme von Teilzeitarbeit: 20% aller abhängig Beschäftigten arbeiten 1999 Teilzeit, dabei liegt die Quote der Frauen bei gut 40%, die der Männer bei ca. 5% (Groß/Munz 1999). Auch bei der sog. geringfügigen Beschäftigung liegt die Zahl der Frauen mit 3,3 Mio. um ein Drittel höher als die der Männer mit 2,3 Mio. (BMFSFJ 1998, S. 112). Dies hat geringere Karriere- und Einkommenschancen von Frauen zur Folge, die jedoch auch mit dem nach wie vor eingeengten Berufswahlspektrum junger Frauen zusammenhängen (ebd., S. 56): nach wie vor sind die beliebtesten Berufe Verkäuferin, Arzthelferin, Friseuse und Bankkauffrau. Angesichts anhaltender Umstrukturierungen des Erwerbsbereichs v.a. im Zuge von Globalisierungstendenzen (s.u.), die für viele Frauen ein Abdrängen in prekäre Beschäftigungsverhältnisse bedeutet (Young 1997, S. 138), ist es allen Prognosen zufolge offen, ob und in welcher Form Frauen ihre starke Erwerbsorientierung auch künftig realisieren können.

Bezogen auf den Erwerbsbereich kann man demnach nach wie vor bzw. auch weiterhin nur von einer ›begrenzten Integration‹ (Gottschall 1995) von Frauen in den Arbeitsmarkt reden. Zwar haben Frauen die Grenzen des ihnen zugewiesenen Bereichs privater Arbeit überschritten, sie haben Polarisierungen aufgelöst, doch diese Entgrenzung war *einseitig*. Und bei genauer Betrachtung erweist sich, dass deren Resultate die im Prozess der ersten Moderne etablierten hierarchischen Geschlechterdifferenzen bislang weitgehend reproduzieren.

Arbeitsteilung in der privaten Fürsorgearbeit

Diese nur ›begrenzte Entgrenzung‹ (Minssen (Hg.) 2000) von Geschlechterpolaritäten im Erwerbsbereich ist v.a. darauf zurückzuführen, dass das Kernelement der geschlechtsspezifischen Arbeitsteilung, die Zuständigkeit von Frauen für private Fürsorgearbeit, unverändert als strukturell verankerte Verhaltensnorm und -unterstellung wirksam ist. Die fortbestehende geschlechtsspezifische Polarisierung des Erwerbsbereichs hat ihren Grund nicht nur in der generellen Aufrechterhaltung des ›Gleichheitstabus‹, sondern basal in der gleichzeitig verbleibenden Zuständigkeit von Frauen für private Versorgungsarbeit. Dies gilt ungeachtet dessen, dass ein zunehmender Teil der Frauen diese Aufgaben, zumindest als einseitig weibliche, zurückweist, etwa indem ein Drittel der Frauen im gebärfähigen Alter keine Kinder mehr bekommt (Rerrich 1993a, S. 116). Frauen wissen und antizipieren, dass ihre Partizipation am Erwerbsleben sie nicht von reproduktiven Aufgaben entlastet, was zu objektiv und subjektiv widersprüchlichen Konstellationen führt, zu äußeren Mehrfachbelastungen und inneren Zerreißproben.

Trotz der Tendenzen im Erwerbsbereich ist die familiale Arbeitsteilung zwischen Frauen und Männern über die Maßen stabil.[7] Bis heute leisten Frauen auch bei eigener umfangreicher Erwerbstätigkeit den Hauptanteil der Familien- und Hausarbeit. Die Muster traditionaler Arbeitsteilung greifen auch bei zuvor egalitär eingestellten und praktizierenden Paaren spätestens dann, wenn Kinder da sind. Männer ›helfen‹ zwar im Haushalt auf Wunsch partiell ›mit‹ und übernehmen mehr oder weniger willig einige Aufgaben, aber i.d.R. tragen sie keine Verantwortung für die gemeinsame Lebensführung. Männer sind teilweise bewusstere Väter, aber kaum aktivere Hausmänner als vor einer Generation. Auch die Reflektierteren unter ihnen unterscheiden selbst feinsinnig und realistisch zwischen zeitlicher und wirklicher Verantwortung für familiale Arbeit (Behringer 1995). Chancen auf egalitäre Arbeitsteilungen von Seiten der Männer konstatiert Michael Meuser (1998) am ehesten in ›pragmatischen Arrangements‹ im Facharbeitermilieu. Trotz einiger Modifikationen bleibt das traditionale Muster der Zuschreibung von geschlechtsspezifischen Verantwortlichkeiten insgesamt weitgehend unangetastet (Connell 1999), es gibt keine kulturell verankerte, praxiswirksame Neudefinition von Geschlechterrollen.

Wie Ursula Müller (1998) zeigt, wird diese »Mikropolitik der Geschlechterdifferenzen im Familienleben« teilweise mitgetragen durch die Strategien von Frauen. Die Entwicklungen der zweiten Moderne sind auch auf Seiten der Frauen widersprüchlich: Orientierungen und

Handlungsmuster fallen oft auseinander und sind in sich selbst gebrochen (Jurczyk/Voß 1995, S. 392 ff.; Geissler/Oechsle 1996). Angesichts der neuen Risiken und Konflikte, die ihr Anspruch auf mehr Selbstbestimmung auch für sie selber mit sich bringt, entwerfen sie ›doppelte‹ Selbstbilder und praktizieren ambivalente Strategien. So sind sie etwa aktiv und selbstbewusst im Beruf, legen aber zuhause sofort ›die Schürze‹ an (Jurczyk/Rerrich 1993). Oder sie loben in einer ›Ökonomie der Dankbarkeit‹ (Arlie Hochschild 1989) das familiale Engagement ihrer Männer über das realistische Maß hinaus, um deren Motivation zu erhalten; sie konstruieren über das Vehikel der ›Fairness‹ Gleichheit, wo Ungleichheit herrscht (Müller 1998, S. 338). Als Grund mag die psychische Unfähigkeit von Frauen gelten, den faktischen Mangel an Gleichheit zu tolerieren und zu ertragen (ebd.), oder auch die Sehnsucht nach Harmonie und das Festhalten an Geschlechterarrangements, die ihnen die Möglichkeit lassen, das eigene Leben nicht wirklich in Frage stellen zu müssen. Auch bei Frauen scheint die Reflexion der Geschlechtscharaktere zu einer Bedrohung ihrer Geschlechtsidentität zu führen. Pauschal gesprochen, lässt sich dem ›Fürsorgedefizit‹ und der ›Alltagsvergessenheit‹ von Männern ein ›Selbstverantwortungsdefizit‹ von Frauen gegenüberstellen. Frauen tragen selber – wenn auch unter immer schon hierarchisierten Bedingungen – zur Ungleichheit der Geschlechter bei, sie haben durchaus (hochambivalente) Vorteile davon, den ›Frösten der Freiheit‹ (Gisela von Wysocki) zu entgehen.[8]

Als Folge des ungelösten Dilemmas von Frauen zwischen Berufstätigkeit und ihrer fortbestehenden familialen Zuständigkeit und *anstelle der Egalisierung der geschlechtsspezifischen Arbeitsteilung* hat sich eine andere Form der Polarisierung eingestellt. Die zunehmende Teilhabe von Frauen am Erwerbsbereich führt zu neuen hierarchischen Mustern der Arbeitsteilung *zwischen Frauen,* die sich zunehmend internationalisiert (Rerrich 1993a; 2000). Die qualifizierten Frauen, die am meisten vom Strukturwandel der Erwerbsarbeit profitieren und in ›männliche‹ Segmente der Berufswelt einsteigen, greifen, um ›ihre‹ Reproduktionsarbeit zu delegieren, auf ein zunehmend internationales weibliches Dienstbotenpersonal (Friese 1995) zurück. Die neuen ›Mägde‹ – häufig aus Osteuropa – sind dagegen froh, überhaupt eine bezahlte, wenn auch meist ungesicherte Beschäftigung im privaten Haushalt zu finden. Geschlecht, Klasse und Rasse mischen sich hier auf komplexe und widersprüchliche Weise (Young 1997, S. 139). Die anderen Frauen, die zwar zunehmend berufstätig, aber nicht einkommensstark sind, lösen dieses Problem, indem sie auf Großmütter (Tanten u.ä.) zurückgreifen – europaweit immer noch die wichtigste (allerdings schwindende) Ressource der Kinderbetreuung (Rerrich 1993a).

Aufgrund der gleichzeitigen Zuständigkeit von Frauen für reproduktive Arbeiten sieht also sowohl ihre berufliche wie ihre private Situation grundlegend anders aus als die von Männern: sie praktizieren biografisch und alltäglich Balancen, in denen sie versuchen, strukturell Getrenntes individuell zu vereinbaren. Diese Balanceakte haben hohe Kosten, aber sie trainieren Frauen auch in Fähigkeiten, die vermutlich zunehmend relevant werden. Trotz struktureller Ambiguitäten und individueller Ambivalenzen, die für Frauen heute als ›normal‹ gelten können, partizipieren sie einerseits, wie gebrochen und reduziert auch immer, von den positiven Seiten der Erwerbsarbeit: von eigenem Verdienst und Selbständigkeit, von Qualifikation, Selbstbewusstsein und sozialer Anerkennung. Frauen befinden sich andererseits in der paradoxen Situation, nach wie vor auf fürsorgliches Handeln für andere verpflichtet zu werden und berufliche Interessen hintanzustellen, ohne jedoch hierdurch noch eine verlässliche Existenzsicherung in den Institutionen Ehe und Familie zu bekommen. Unter diesen Bedingungen scheinen Gesellschaften wie die deutsche auf ein bedrohliches Vakuum an Zuständigkeiten für reproduktive Arbeit zuzugehen: wer, wenn nicht länger selbstverständlich Frauen, wird Fürsorgearbeit übernehmen? Offen ist v.a., wer die wachsende Zahl alter Menschen versorgen wird. Die Verbindung bzw. die Teilung verschiedener Formen von Arbeit kann nicht länger als Frauenproblem – und noch dazu als individuelles Problem jeder einzelnen Frau – diskutiert werden: Sie ist ein grundlegendes Problem der ›kollektiven Lebenslüge der Erwerbsarbeitsgesellschaft‹, die ihre eigenen Bestandsbedingungen verleugnet.[9] Auf welchen Voraussetzungen die Erwerbsgesellschaft ruht, drückt folgende Zahl drastisch aus:»In 36 Millionen privater Haushalte werden 77 Milliarden unbezahlte Stunden Arbeit geleistet, während in der gesamten Bundesrepublik nur 47 Milliarden bezahlte Stunden geleistet werden« (Stiegler 1997, S. 6).

Auf dem Hintergrund der Ausführungen von 2.1 möchte ich die Frage diskutieren, was gegenwärtig beobachtbare Tendenzen der Entgrenzung von Privatheit und Öffentlichkeit bedeuten. Auch diesen Aspekt analysiere ich im arbeitssoziologischen Kontext.

2.2 Ein neues Verhältnis von Privatheit und Öffentlichkeit?

Anhand einiger ›Schlaglichter‹ ist zu zeigen, dass, bedingt vor allem durch Veränderungen der Erwerbsarbeit, welche zunächst geschlechtsunspezifisch gelten, die Grenzen zwischen den Sphären von Öffentlichkeit und Privatheit in zeitlicher, räumlicher, sachlicher und personaler Hinsicht durchlässiger werden. Mit Entgrenzung meine ich also nicht Auflösung von Grenzen, sondern ihr Durchlässigwerden, welches evtl. zu neuen Grenzziehungen führt, die derzeit aber (noch?) nicht deutlich sind. Ich argumentiere hier zunächst aus der Perspektive der Erwerbsarbeit.

Flexibilisierung von Arbeitszeit

Mit der weit fortgeschrittenen Flexibilisierung der Arbeitszeit verflüssigen sich die zeitlichen Trennlinien zwischen beruflichen und familiären Bereich. Arbeitszeiten geben immer weniger klare Strukturen für die Alltagsorganisation von Berufs- und Privatleben vor. Die seit 1989 kontinuierlich durchgeführte repräsentative Arbeitszeitstudie belegt die Auflösung der Normalarbeitszeit: 1999 haben nur noch 15% aller abhängig Beschäftigten in der Bundesrepublik ›normale‹ Arbeitszeiten (Groß/Munz 2000, S. 3). Die anderen 85% der ArbeitnehmerInnen leisten Schicht- und Nachtarbeit (18%), Sonntagsarbeit (16%) und Samstagsarbeit (35%), regelmäßige Überstunden (56%), sie sind zu 20% teilzeitbeschäftigt, 17% haben Gleitzeit und 37% Arbeitszeitkonten. Zwar hält der Trend zur Flexibilisierung bereits länger an, und es gab immer schon Gruppen, die zu ungewöhnlichen Zeiten gearbeitet haben wie PolizistInnen, Krankenpflegepersonal u.a. Doch Flexibilisierungen weiten sich drastisch aus: noch vor 14 Jahren waren 27% im Rahmen sog. Normalarbeitszeiten erwerbstätig (Groß et al. 1987, S. 6 ff.). Grundsätzlich steht damit zunehmend zur Disposition, wann, wie lange, in welchem Rhythmus und Tempo usw. gearbeitet wird. Das betrifft nicht nur Beginn und Ende der täglichen Arbeit oder die zeitliche Feinstruktur der Arbeit, sondern greift immer mehr auch auf Woche, Monat und Jahr sowie die Rhythmisierung des Arbeitslebens insgesamt über (vgl. Jurczyk/Voß 2000). Damit erodieren zeitliche Ordnungen wie Feierabend und Wochenende, Jahresurlaub, Lebensarbeitszeiten, ebenso wie die bislang getrennten Phasen von Berufsausbildung und Berufsausübung (s.u.).

Flexibilisierung des Arbeitsortes

Hiermit verbunden – und forciert durch den verstärkten Einsatz neuer Informations- und Kommunikationstechnologien – ist die Flexibilisierung auch des Arbeitsortes. Räumliche Entgrenzungen von Arbeit finden v.a. in Formen neuer Heimarbeit (z.b. Teleheimarbeit usw.) oder intensivierter Außendienstarbeit (z.b. bei Beratertätigkeiten) statt. Konsequenz ist, dass die Erwerbstätigen selbständiger die räumliche Strukturierung ihrer Arbeit zwischen Betrieb, Zuhause und Reisen organisieren müssen. Der Ort des Erwerbs kann also durchaus die räumliche Sphäre des Privaten – als Ort der anderen, reproduktiven Form von Arbeit und von Erholung – sein (Hochschild 1997). Anstelle der vorgegebenen räumlichen Trennung tritt die Notwendigkeit der sachlichen Trennung von Tätigkeiten.

Deregulierung der Beschäftigungsverhältnisse

Die Deregulierung der Beschäftigungsverhältnisse rührt an einer anderen Grenzziehung. Auch hier gilt, wie bei der neuen/alten Arbeitsteilung *zwischen* Frauen, dass diese im Zusammenhang mit Globalisierungsprozessen von Ökonomie und Beschäftigung zu sehen ist (Young 1997). Auf nationalstaatlicher Ebene schlägt dies durch als Abbau von arbeits- und sozialpolitischen Sicherungen, die die Konturen zwischen Selbständigkeit, dem sog. Normalarbeitsverhältnis, der Erwerbsarbeit im Graubereich der Ökonomie sowie dem privaten Leben verschwimmen lassen. Häufigere Berufs- bzw. Arbeitsplatzwechsel mit Phasen von Erwerbslosigkeit und Qualifizierung, Befristungen, neue (Schein)Selbständigkeit und geringfügige

Beschäftigung (vgl. Döhl u.a. 2000) führen zum Verlust klarer Strukturvorgaben von Privat- und Erwerbsleben. Folge der Deregulierung ist auch die Tendenz vom Beruf zum »Mehrfach-Job«. Feste Erwerbsarbeit und die Perspektive lebenslanger Berufstätigkeit im einmal erlernten Beruf in Form »monogamer Arbeit« (Gross 1996) lösen sich auf. Damit breiten sich (nicht länger nur für Frauen) patchworkartige Existenzweisen aus, die sich aus unterschiedlichen, mehr oder weniger verberuflichten Tätigkeiten zusammensetzen und die in unterschiedlicher Nähe zum formellen Arbeitsmarkt stehen. Auch hierdurch erodiert die klare Gegenüberstellung von Erwerbsarbeit und dem ›Rest des Lebens‹, eher lässt sich von einem Kontinuum verschiedener Arbeitsformen reden, das die etablierten Grenzen gesellschaftlicher Sphären überschreitet. Auch diese Tendenzen weichen zuvor betrieblich geregelte sachliche, zeitliche und räumliche Strukturvorgaben auf.

Diese Entwicklungen lassen sich in zweierlei Hinsicht und auf zwei verschiedenen Ebenen, einer personalen und einer handlungslogischen Ebene zusammenfassen.

Die personale Ebene: Vom Arbeitnehmer zum »Arbeitskraftunternehmer«

Voß/Pongratz (1998) beschreiben, dass als Reaktion auf und Verarbeitung der o.g. Entgrenzungen von Erwerbsarbeit eine neue Form der »Ware Arbeitskraft«, der »Arbeitskraftunternehmer«, entsteht. Damit ist gemeint, dass Arbeitskräfte im Vergleich zum klassischen verberuflichten Arbeitnehmer, abgesichert im ›Normalarbeitsverhältnis‹, zu »Unternehmern ihrer selbst« werden. Auslöser ist die mit neuen Arbeitsformen verbundene ›Externalisierung‹ der zentralen betrieblichen Funktion der ›Kontrolle‹ (d.h. der Sicherung einer ausreichenden Arbeitskraftverausgabung) auf die Arbeitenden, die zunehmend ihre eigene Arbeit selbst kontrollieren müssen. Dies fordert von ihnen mehr kognitive und soziale Kompetenzen, Eigeninitiative, Kreativität, eine größere Identifikation mit ihrer Arbeit sowie eine Internalisierung der Verantwortung für das Arbeitsergebnis und ihren eigenen ›Erfolg‹. Es bedeutet zusammengenommen einen zunehmenden Zugriff auf den ›ganzen Menschen‹ als Arbeitsperson. Die aktive und bewusste Produktion der eigenen Arbeitsfähigkeit, der Qualifikation sowie ihre Vermarktung hat weitreichende Konsequenzen für das Verhältnis der Arbeitenden zu sich selbst und zu ihrer Lebensführung. Die klassische Form der Lohnarbeit als strukturierter Fremdzwang löst sich damit tendenziell auf und wird zur fremdbestimmten Selbstorganisation (ebd.). Der Arbeitskraftunternehmer selber muss dauerhaft die entsprechenden Motivations- und Integrationsleistungen erbringen, sie treten an die Stelle strukturell vorgegebener systemischer Grenzen von Betrieb, Familie und Freizeit, von Arbeitskraft und Privatperson.

Die handlungslogische Ebene: die »Verarbeitlichung des Alltags«

Zusammengenommen führen die Entgrenzungen von Erwerbsarbeit[10], so sollte gezeigt werden, zu einer umfassenderen Entgrenzung: die in der ersten Moderne gezogenen Grenzen zwischen den Sphären von Öffentlichkeit und Privatheit, Erwerb und Familie, Freizeit und Arbeit werden durchlässiger. Die Familie ist nicht mehr überwiegend erwerbsarbeitsfreier Raum, Freizeit vermischt sich mit Aktivitäten permanenter beruflicher Weiterqualifizierung, Freundesnetzwerke dienen der Suche nach beruflichen Kontakten, Reisen sind Job und Vergnügen zugleich. Betrachtet man dieses Verwischen von eindeutigen zeitlichen, sachlichen, organisatorischen, räumlichen, qualifikatorischen und personalen Strukturvorgaben der Erwerbsarbeit und das zunehmende ›Überlappen‹ vordem getrennter Handlungsbereiche, so wird deutlich, dass auch Handlungstypen und Handlungslogiken einer stärkeren Durchmischung unterliegen. Dies zeigt sich an drei Aspekten: Erstens dringt gezielt zweckrationales, effizienzorientiertes Verhalten zunehmend in private Lebenszusammenhänge ein, weil die Erwerbsarbeit weniger streng segmentiert vom ›Rest des Lebens‹ ist; zweitens müssen Lebensführung und Lebensverlauf als integratives Ganzes der verschiedenen Bereiche des Lebens verstärkt und bewusst geplant und gestaltet werden und drittens erfordert umgekehrt die Erwerbsarbeit ›ganzheitlichere‹ Fähigkeiten und eine ›Subjektivierung von Arbeit‹, die weniger denn je im Modus zweckrationalen Handelns aufgehen.[11]

Eine Folge dieser neuen ›Mischungen‹ ist eine Tendenz der *»Verarbeitlichung des Alltags« bzw. des alltäglichen Handelns* [12] (vgl. Jurczyk/Rerrich (Hg.) 1993; Jurczyk/Voß 1995), die für beide Geschlechter gilt. Durch die zunehmende Komplexität und Offenheit gesellschaftlicher Bedingungen, durch institutionelle Destandardisierungen und daraus resultierende Anforderungen, Beruf, Bildung, Freizeit und Familie u.a. als eigenes ›Projekt‹ zu planen und zu gestalten, ziehen in alltägliches Handeln zunehmend Elemente von Arbeit ein.[13] Damit einher geht die Entstehung eines ›neuen‹ (bereichs)übergreifenden Handlungstypus. Die Ausbreitung des Arbeitscharakters im Handeln auch jenseits der Erwerbsarbeit meint jedoch nicht die schlichte Verlängerung der Logik des Erwerbs in private Bereiche, sondern eine neuartige Durchmischung von lebensweltlichen (d.h. verständigungsorientierten, emotional-sinnlichen, bedürfnisgeleiteten) und systemischen (d.h. zweckorientierten, instrumentell-strategischen) Handlungslogiken. Die Verarbeitlichung des Alltags ist die Antwort auf strukturelle Entgrenzungen und komplexer und offener werdende gesellschaftliche Rahmenbedingungen, eine Reaktion auf zentrale Probleme der zweiten Moderne: auf Probleme der Koordination und Kompatibilität hoch pluraler und zunehmend unwägbarer Aktions- und Optionshorizonte. Unsere Ergebnisse zur »Arbeit des Alltags« zeigen, dass ganz im Gegenteil zur These vom Ende der Arbeitsgesellschaft oder der Freizeitgesellschaft sich eher von einer Verarbeitlichung aller, auch privater Handlungsbereiche reden lässt, die weit über das klassisch-feministische Verständnis von familialer Arbeit hinausgeht: Die entgegengesetzten Logiken von Berufs- und Privatleben verschwimmen ineinander.

Die These der Entgrenzung wird auf anderer Ebene in der aktuellen Politikwissenschaft zur Entwicklung von (nicht auf Erwerbsarbeit reduzierter) Öffentlichkeit und Privatheit bestätigt (vgl. Benhabib 1994; Cohen 1994). Demnach gilt die Trennung öffentlich/privat weniger denn je einer Topographie gesellschaftlicher Räume, sondern ist Gegenstand von Aushandlung geworden. Was als privat oder öffentlich gilt, wird diskursiv festgelegt (vgl. die Diskussion um Vergewaltigung in der Ehe). Der ›Ort‹ des Privaten ist das einzelne Individuum, ob nun in Familie eingebunden oder nicht (Cohen 1994), Beziehungsprivatheit ist nur insoweit zu schützen, als diese sich nicht an anderen Rechtsgütern, wie z.B. dem Recht auf körperliche Integrität, stößt. Die aktuelle Forderung nach einem ›Recht auf Privatheit‹ zielt nicht auf den Schutz von Familie, sondern auf den Schutz von

Differenz, auf das Recht, ›anders zu sein‹ (und zu leben).[14] Auch in dieser Hinsicht stellt die Unterscheidung zwischen intim, privat, veröffentlichbar und öffentlich in der zweiten Moderne also eine offene Agenda dar.

Damit stellt sich abschließend die Frage, welche Konsequenzen die Entgrenzungen von Erwerbsarbeit und von Öffentlichkeit und Privatheit für die Arbeitsteilung der Geschlechter haben.

3. Patriarchale Modernisierung als beschränkter Horizont

Es lässt sich zusammenfassen: Formal betrachtet, nähern sich die Geschlechter sowohl in den Bedingungen ihres Arbeitnehmerstatus (als ›Arbeitskraftunternehmer‹) als auch der Handlungslogiken an. Dennoch bleiben gravierende Unterschiede. Denn der Aufbruch von Frauen aus der traditionellen Geschlechterrolle und aus der Fixierung auf den ›weiblichen‹, familialen Arbeitsbereich ist einseitig und ambivalent. Und für Männer gilt zwar, dass sich auch ihre Erwerbssituation verändert hat, doch ist im Gegensatz zu der Entwicklung bei Frauen dieser Wandel weniger durch veränderte Orientierungen als vielmehr durch äußere strukturelle Umbrüche induziert. Durch die skizzierten Tendenzen der Entgrenzung von Arbeit erodiert das sog. Normalarbeitsverhältnis, welches die übliche, auf den männlichen Alltag und Lebenslauf zugeschnittene Form beruflichen Arbeitens war. Gerade diese Form der vollzeitigen, lebenslangen, unbefristeten und abgesicherten Erwerbsarbeit wird knapper (Döhl u.a. 2000, S. 10). Damit wird dem Modell des männlichen Familienernährers mehr und mehr die Grundlage entzogen. Allerdings wird diese strukturelle Erosion nicht begleitet von einer positiven Umdefinition der männlichen Geschlechtsrolle durch die Männer selbst, was erhebliche Konflikte erwarten lässt. Folgende Szenarien für Arbeitsteilung und Geschlechterverhältnisse sind vorstellbar:

Zum einen bergen die skizzierten Entgrenzungen und Neustrukturierungen von Erwerbsarbeit und -arbeitsverhältnissen möglicherweise Chancen für Frauen. Denn erstens gibt es – zunächst geschlechtsunspezifisch – neue Anforderungen an Arbeitskräfte, die sich, wie gezeigt, immer weniger nur auf ihre ›eigentlichen‹ beruflichen Qualifikationen beziehen, sondern auch auf sog. extrafunktionale Qualifikationen. Gefordert ist – als neue Quelle von Produktivität – zunehmend die Arbeitskraft als ›ganzer Mensch‹, der oder die seine Fähigkeiten zu Flexibilität, Kreativität und Selbständigkeit, Verantwortungsbereitschaft und Kooperationsfähigkeit, zum Aushalten von Widersprüchen etc. einbringt. Gefordert sind auch Personen, die Friktionen und Mehrfachtätigkeiten in ihrer Lebensführung auszubalancieren in der Lage sind, die also weder in ihrer Biografie noch im Alltag und in ihrer Identität auf eine vollzeitige, ununterbrochene Erwerbstätigkeit fixiert sind. Der Nachfrageseite (d.h. dem Arbeitsmarkt) könnte das Geschlecht seiner Arbeitskräfte gleichgültig sein, wenn es die notwendigen Qualifikationen mitbringt. Frauen haben also nicht nur Chancen, am Gewinnersegment des auch global gespaltenen Arbeitsmarktes teilzuhaben, falls sie im engeren Sinn beruflich gut qualifiziert sind (Young 1997, S. 139). Sie haben darüber hinaus Vorteile, insofern sie Erfahrung haben mit einer mehrpoligen und flexiblen Lebensführung und etliche der ›extrafunktionalen Qualifikationen‹ besitzen. Hierin liegen Potentiale für mehr Partizipation von Frauen am Arbeitsmarkt. Dies verstärkt sich dadurch, dass ein Teil der Frauen langfristig die Zögerlichkeit von Männern bzgl. egalitärer Geschlechterbeziehungen zu umgehen scheint, indem sie andere Lebensformen praktizieren: mit weniger Kindern etwa oder getrenntem Alltagsleben. Zweitens ist denkbar, dass auch die räumliche Vermischung von Erwerb und Privatem für Frauen Chancen der sog. Vereinbarkeit bietet, gerade angesichts der Labilität der traditionellen Männerrolle. Empirische Untersuchungen zeigen allerdings, dass dies ambivalent einzuschätzen ist (vgl. Behringer/Jurczyk 1995). *Insgesamt bedeutet mehr Berufstätigkeit von Frauen noch lange nicht eine egalisierte häusliche Arbeitsteilung zwischen den Geschlechtern.*

Zum anderen gibt es reichlich Argumente für eine eher skeptische Einschätzung. Denn es ist durchaus wahrscheinlich, dass die Entwicklungen der Erwerbsarbeit als Verknappung von existenzsichernden Arbeitsplätzen zu einer Re-Traditionalisierung (d.h. einer Wiederbelebung von Polarisierungen) der Geschlechterverhältnisse führen. Der Kampf um Arbeitsplätze zwischen den Geschlechtern wird sich angesichts offen oder latent vorhandener traditioneller Gender-Bilder von Männern und egalitärer Ansprüche von Seiten eher qualifizierter Frauen, aber v.a. dem Zwang aller Frauen, sich selbst zu versorgen, verschärfen. Die typischen Tätigkeiten und Tätigkeitsmuster von Frauen werden weiterhin eher wenig Geld und niedrigen Status bringen, und es spricht nichts dafür, dass Männer freiwillig mehr Fürsorgearbeit übernehmen. Denn die Verteilung der Arbeit zwischen den Geschlechtern wird mit der Idee eines »richtigen« Lebens als Mann (bzw. als Frau) verbunden, sie ist fest in alltäglichen Praktiken und in Identitätskonzepten verankert. Es geht deshalb bei ihr nicht nur um materielle Notwendigkeiten und Privilegien, sondern auch um Wertschätzungen, Sehnsüchte, Identitäten, Sicherheiten, Macht und Anerkennung. Offensichtlich vermeiden es Männer nach wie vor, reproduktive, als wertlos und unmännlich angesehene Tätigkeiten zu den ihren zu machen, indem sie sie abspalten, ignorieren und damit unter der Hand zur ›Frauensache‹ machen. Die Aufrechterhaltung der Arbeitsteilung scheint ein zentraler Mechanismus für die Aufrechterhaltung des Gleichheitstabus zu sein, nachdem ›natürliche‹ (d.h. biologische) sowie ökonomisch-technische Gründe (d.h. die Verfasstheit industrieller Arbeit) an legitimatorischer Kraft verlieren – auch wenn sich hier bereits heute ein Mangel an überzeugenden Begründungen auftut.

Die Hoffnung auf eine Egalisierung der Arbeitsteilung wird v.a. dadurch getrübt, dass die skizzierten Entwicklungen des Erwerbsbereichs auch die Situation von Frauen im Erwerbsleben eher prekarisiert. Damit sinken die Chancen von Frauen auf eigenständige ökonomische Absicherung. Dieser Trend zeigt sich weltweit und ist bedingt durch weltweite Veränderungen: »Die Transformation der Industriegesellschaften in eine globale Dienstleistungsgesellschaft geht vor allem einher mit einer Spaltung zwischen hochqualifizierten, ›entterritorialisierten‹ Arbeitskräften – meist weiß und männlich – und den geringqualifizierten, ›territorialisierten‹ Arbeitskräften – Frauen aller Hautfarbe sowie auch junge und unqualifizierte Männer« (Young 1997, S. 147). Hier reproduziert und dramatisiert sich aktuell das strukturelle Dilemma der Inkompatibilität von Berufs- und Hausarbeit: Auf der einen Seite ist insbesondere qualifizierte Erwerbsarbeit in Form des Normalarbeitsverhältnisses nach wie vor als »Eineinhalb-Personen-Beruf« (Beck-Gernsheim 1980) konzipiert, was eine aktive und regelmäßige Übernahme von Fürsorge fast unmöglich macht. In der neuen Form des deregulierten ›Arbeitskraftunternehmers‹ erhöhen sich sogar noch die Anforderungen an Flexibilität, Mobilität und permanente Weiterqualifikation. Nur ›ungebundenen‹ und ›entterritorialisierten‹ Frauen (und Männern) ist eine volle Teilhabe an dieser Form von Erwerbsarbeit möglich.[15] Auf der anderen Seite führen Flexibilisierung und Deregulierung von Erwerbsarbeit zu ihrer Prekarisierung bzgl. Bezahlung, sozialer Absicherung, zeitlicher Einbindung, Arbeitsplatzsicherheit, Status etc. Gerade an diesem problembeladenen Segment der ›bad jobs‹ und der ›working poor‹ partizipieren überproportional Frauen; es stellt die unsichtbare, aber unverzichtbare Kehrseite der prosperierenden ›global cities‹ dar und erhöht die Standortqualität von Orten bzw. Ländern für internationale Unternehmen. Zudem zeigt die Geschichte der Geschlechterverhältnisse in der Moderne bislang, dass die Nachfrageseite der Beibehaltung der Geschlechterhierarchie jenseits der Frage nach der Qualifikation der Arbeitskräfte meist den Vorrang einräumt.

Ob der Geschlechterdualismus – oder anders ausgedrückt: das Gleichheits-Tabu – weiterhin das ›eherne‹ Gesetz moderner Gesellschaften bleibt, ob Frauen eher Gewinnerinnen oder Verliererinnen aktueller Modernisierungsprozesse sein werden, bzw. wie sich diese Entwicklung *zwischen* Frauen ausdifferenziert, hängt letztlich von ihren aktiven Durchsetzungsstrategien ab, davon, ob sie sich als Akteurinnen des sozialen Wandels verstehen und ihren Subjektstatus realisieren. Angesichts derart differenzierter und widersprüchlicher Ergebnisse ist die Hoffnung auf eine quasi selbstläufige Entwicklung der Geschlechterverhältnisse als Prozess der Emanzipation ›der‹, d.h. aller, Frauen auch in der zweiten Moderne mehr als unangemessen. Es ist derzeit nicht mehr in Sicht als eine Fortsetzung des Prozesses patriarchaler Modernisierung als widersprüchlicher Gleichzeitigkeit von Polarisierung und Entgrenzung, wobei die räumliche, zeitliche und sachliche Trennung von Öffentlichkeit und Privatheit an Bedeutung verloren hat, ohne damit aber die funktionale Trennung der spezifischen Aufgaben von Erwerb und Fürsorge aufzuheben. Es kann im Gegenteil sein, dass etwa die Notwendigkeit, diese Tätigkeiten mit unterschiedlicher Handlungslogik am gleichen Ort auszuführen, sie verkompliziert. Jedenfalls ist die einseitige Zuständigkeit von Frauen für umfassende Fürsorgetätigkeit ungeachtet o.g. gesellschaftlicher Veränderungen und unabhängig vom Ort, an dem sie stattfindet, der Fels in der Brandung der Moderne – oder besser: die Ressource, von der diese nach wie vor zehrt.

Anmerkungen

1 Den Begriff ›patriarchaler Modernisierung‹ habe ich gemeinsam mit Maria S. Rerrich entwickelt und diskutiert, obgleich die Kontexte der Verwendung unterschiedlich sind (Rerrich (2000), Jurczyk/Voß 1995: 389ff.), vgl. auch Geissler/Oechsle 1996.
2 Diese Polarisierung ist kein Gegensatz dazu, dass die Moderne als Erosion vielfältiger Strukturelemente traditionaler Gesellschaften entsteht (Klinger 2000). Der Prozess der Moderne ist als Gleichzeitigkeit des Ungleichzeitigen, als Paradox zu beschreiben: Die Erosionsprozesse der ersten Moderne führten zu neuen Strukturbildungen, von denen die Geschlechterverhältnisse besonders markant sind (vgl. hierzu ausführlicher Jurczyk 2000).
3 Zwei wichtige Differenzierungen können hier nicht näher ausgeführt werden. Erstens ist darauf hinzuweisen, dass der Modernisierungstypus und -verlauf in Deutschland nur einer von möglichen Modernisierungspfaden auch innerhalb Europas ist. Im Zusammenhang mit der spezifischen Ausformung der Geschlechterverhältnisse (Pfau-Effinger 1998) treffen deshalb die folgenden Aussagen nur für Gesellschaften zu, die der deutschen ähnlich sind. Zweitens hat sich ab 1948 mit der Gründung der zwei deutschen Republiken auch innerhalb Deutschlands die Entwicklung gespalten: Das Modell der Hausfrauenehe gilt nur für Westdeutschland (ebd.). Im genauen Sinn treffen deshalb bestimmte Merkmale der Geschlechterverhältnisse *ab den 50er Jahren* nur dort zu.
4 Dabei definiere ich den Erwerbsbereich als den Kern von Öffentlichkeit, daneben gibt es andere Teilöffentlichkeiten. Dieses spezifische, enge Verständnis von Öffentlichkeit unterscheidet sich vom politikwissenschaftlich-sozialphilosophischen, dort ist Öffentlichkeit der Raum nichtzweckgebundener Kommunikation (Cohen 1994; Habermas 1981). Ebenso ist der Begriff ›Familie‹ eine Einengung von ›Privatheit‹, gibt es doch viele verschiedene private Formen des Miteinanderlebens.
5 Einerseits lässt sich ein selbstbewusstes Streben von Frauen in Berufstätigkeit feststellen, was auch mit ihrem gestiegenen und in vielen Feldern den Männern angeglichenen Bildungsniveau zu tun hat. Andererseits aber gibt es eine Spirale von Frauenberufstätigkeit, veränderten Geschlechterrollen, instabiler werdenden Familien, steigenden Scheidungsraten sowie der Notwendigkeit zur Qualifizierung von Frauen für eine eigenständige Existenzsicherung. Deswegen trifft der Begriff der ›Freiwilligkeit‹ oder der ›Intentionalität‹ diese komplizierten Verkettungen nicht.
6 Genauere Ausführungen hierzu finden sich in Jurczyk 2001.

7 Vgl. die Ergebnisse der Studie Jurczyk/Rerrich 1993 (Hg.); sowie als Überblick Müller 1998; Garhammer 1997.
8 Diese These wird am Beispiel »Zeit« in Jurczyk 1994 untersucht.
9 In Anlehnung an Christel Eckart (1987), die von der »Lebenslüge der Arbeitsmonade« redet.
10 Hier werden diejenigen Entgrenzungen, die sich im familial-privaten Bereich entwickeln, beiseitegelassen.
11 Dies ist eher eine Forschungsthese als ein Ergebnis, vgl. Hinweise in Döhl u.a. 2000: 12f.; Kleemann u.a. 1999: 10f..
12 Alltag und Lebensführung sind keine Orte, keine Sphären, die sich entlang der Dichotomie Privat/Öffentlich einordnen lassen. Sie sind personengebundene (wenngleich gesellschaftlich bedingte und geprägte) Leistungen der Vermittlung gesellschaftsstrukturell (bislang) getrennter Bereiche (Voß 1991).
13 Zum relationalen Arbeitsbegriff vgl. ausführlich Voß 1991: 235 ff.
14 Insofern profitieren Frauen (erst) heute von den basalen Errungenschaften der Moderne wie dem Naturrecht, das Personen als ausgestattet mit natürlichen Rechten und dem Recht, diese durchzusetzen, sieht. Für Frauen bedeutet die Inanspruchnahme des Rechts auf Privatheit, als Individuum und nicht nur als Ehefrau und Mutter wahrgenommen und ›geschützt‹ zu sein.
15 Eine solche Behauptung trifft nur unter den allerdings real gegebenen Bedingungen zu, dass Frauen weder durch eine gleiche Verantwortlichkeit ihrer Partner noch durch öffentliche Infrastrukturen entlastet werden.

Literatur

Beck-Gernsheim, Elisabeth (1980): Das halbierte Leben. Männerwelt Beruf, Frauenwelt Familie, Frankfurt/Main.
Becker-Schmidt, Regina (1993): Geschlechterdifferenz-Geschlechterverhältnis: soziale Dimensionen des Begriffs ›Geschlecht‹, in: Zeitschrift für Frauenforschung. Institut Frau und Gesellschaft, H. 1/2., Jg. 11, S. 37-46.
Behringer, Luise (1995): Veränderungen und Beharrungstendenzen in der familialen Arbeitsteilung. Die ›zeitlichen‹ und die ›wirklichen‹ Zuständigkeiten in Familien, in: Hauswirtschaft und Wissenschaft, H. 6, Jg. 43, S. 251-256.
Behringer, Luise/Jurczyk, Karin (1995): Umgang mit Offenheit. Methoden und Orientierungen in der Lebensführung von JournalistInnen, in: Projektgruppe »Alltägliche Lebensführung« (Hg.), a.a.O., S. 71-120.
Benhabib, Seyla (1994): Feministische Theorie und Hannah Arendts Begriff des öffentlichen Raums, in: Brückner/Meyer (Hg.), a.a.O., S. 270-299.
Born, Claudia/Krüger, Helga/Lorenz-Mayer, Dagmar (1996): Der unentdeckte Wandel. Annäherung an das Verhältnis von Struktur und Norm im weiblichen Lebenslauf, Berlin.
Brückner, Margrit/Meyer, Birgit (Hg.) (1994): Die sichtbare Frau. Die Eroberung der gesellschaftlichen Räume, Freiburg.
Bundesministerium für Familie, Senioren, Frauen und Jugend (BMFSFJ) (Hg.) (1998): Frauen in der Bundesrepublik Deutschland, Bonn.

Cohen, Jean L. (1994): Das Öffentliche und das Private neu denken, in: Brückner/Meyer (Hg.), a.a.O., S. 300-326.
Connell, Robert W. (1999; Or. 1995): Der gemachte Mann. Konstruktion und Krise von Männlichkeiten, Opladen.
Diezinger, Angelika (1991): Frauen: Arbeit und Individualisierung, Opladen.
Döhl, Volker/Kratzer, Nick/Sauer, Dieter (2000): Krise der NormalArbeit(s)Politik. Entgrenzung von Arbeit – neue Anforderungen an Arbeitspolitik, in: WSI-Mitteilungen, H.1, Jg. 53, S. 5-17.
Eckart, Christel (1987): Verschlingt die Arbeit die Emanzipation? Von der Polarisierung der Geschlechtscharaktere zur Entwicklung der Arbeitsmonade, in: Widersprüche, H. 23, S. 7-18.
Friese, Marianne (1995): Modernisierungsfallen im historischen Prozess. Zur Entwicklung der Frauenerwerbsarbeit in einem gewandelten Europa, in: Berliner Journal für Soziologie, H. 4, Jg. 5, S. 149-162.
Garhammer, Manfred (1997): Familiale und gesellschaftliche Arbeitsteilung – ein europäischer Vergleich, in: Zeitschrift für Familienforschung, Heft 1, 9. Jg., S. 149-162.
Geissler, Birgit/Oechsle, Mechtild (1996): Lebensplanung junger Frauen. Zur widersprüchlichen Modernisierung weiblicher Lebensläufe, Weinheim.
Giddens, Anthony (1988): Die Konstitution der Gesellschaft. Grundzüge einer Theorie der Strukturierung, Frankfurt/Main, New York.
Gottschall, Karin (1995): Geschlechterverhältnis und Arbeitsmarktsegregation, in: Regina Becker-Schmidt/ Gudrun-Axeli Knapp (Hg.), Das Geschlechterverhältnis als Gegenstand der Sozialwissenschaften, Frankfurt/Main, New York, S. 125-162.
Groß, Hermann/Prekuhl, Ulrich/Thoben, Cornelia (1987): Arbeitszeitstrukturen im Wandel, in: Der Minister für Gesundheit und Soziales des Landes Nordrhein-Westfalen (Hg.), Arbeitszeit ›87. Teil II, Düsseldorf, Busse druck, Herford.
Groß, Peter/Munz, Eva (1999): Erste Ergebnisse einer 1999 durchgeführten repräsentativen Beschäftigungsbefragung zu Arbeitszeitformen und -wünschen, Köln, ISO-Institut.
Gross, Peter (1996): Das Verschwinden monogamer Arbeit, in: Hauswirtschaft und Wissenschaft, Jg. 44, H. 3, S.99-105.
Habermas, Jürgen (1981): Theorie des kommunikativen Handelns, Bd. 1 u. 2, Frankfurt/Main.
Hausen, Karin (1978): Die Polarisierung der »Geschlechtscharaktere«. Eine Spiegelung der Dissoziation von Erwerbs- und Familienleben, in: Heidi Rosenbaum (Hg.), Familie und Gesellschaftsstruktur, Frankfurt/Main, S. 161-191.
Hochschild, Arlie/Machung, Anne (1989): The Second Shift. Working Parents in the Revolution at Home, New York.
Hochschild, Arlie (1997): ›Time-Bind‹. When Work becomes Home and Home becomes Work, New York.
Honegger, Claudia (1991): Die Ordnung der Geschlechter. Die Wissenschaft vom Menschen und das Weib, Frankfurt/Main, New York.
Jurczyk, Karin (1994): Zwischen Selbstbestimmung und Bedrängnis. Zeit im Alltag von Frauen, in: Brückner/Meyer (Hg.), a.a.O., S. 198-233.
Jurczyk, Karin (2000): Zeithandeln. Moderne Lebensführung, Geschlecht und der Umgang mit Zeit, Unveröff. Ms., Gießen.

Jurczyk, Karin (2001): Individualisierung und Zusammenhalt. Neuformulierungen von Geschlechterverhältnissen in Erwerb und Familie, in: Margit Brückner/Lothar Boehnisch (Hg.), Geschlechterverhältnisse, Weinheim und München, S. 11-37.

Jurczyk, Karin/Rerrich, Maria S. (Hg.) (1993): Die Arbeit des Alltags. Beiträge zu einer Soziologie der alltäglichen Lebensführung, Freiburg.

Jurczyk, Karin/Rerrich, Maria S. (1993): Wie der Alltag Struktur erhält. Objektive und subjektive Einflussfaktoren der Lebensführung berufstätiger Mütter, in: Claudia Born/ Helga Krüger (Hg.), Erwerbsverläufe von Ehepartnern und und die Modernisierung weiblicher Lebensläufe, Weinheim, S. 173-190.

Jurczyk, Karin/Voß, G. Günter (1995): Zur gesellschaftsdiagnostischen Relevanz der Untersuchung von alltäglicher Lebensführung, in: Projektgruppe »Alltägliche Lebensführung« (Hg.), a.a.O., S. 371-407.

Jurczyk, Karin/Voß, G. Günter (2000): Entgrenzte Arbeitszeit – Reflexive Alltagszeit. Die Zeiten des Arbeitskraftunternehmers, in: Hildebrandt, Eckart (Hg.), Reflexive Lebensführung, edition sigma, Berlin, i.E.

Kleemann, Frank/Matuschek, Ingo/Voß, G. Günter (1999): Zur Subjektivierung von Arbeit, Paper 99-512 des Wissenschaftszentrum Berlin.

Klinger, Cornelia (2000): Auf dem Weg ins utopie-lose Jahrhundert. Vortrag bei der Interdisziplinären Arbeitsgruppe Frauenforschung der Universität Gießen, Januar 2000.

Meuser, Michael (1998): Geschlecht und Männlichkeit. Soziologische Theorie und kulturelle Deutungsmuster, Opladen.

Minsen, Heiner (Hg.) (2000): Begrenzte Entgrenzungen, Wandlungen von Organisation und Arbeit. Berlin.

Müller, Ursula (1998): The Micropolitics of Gender Differences in Family Life, in: Virginia Ferreira/Teresa Tavares/Silvia Portugal (Hg.): Shifting Bonds, Shifting Bounds. Women, Mobility and Citizenship in Europe, Oeiras (Portugal), Celta Editora, S. 329-344.

Ostner, Ilona (1978): Beruf und Hausarbeit. Zur Arbeit der Frau in unserer Gesellschaft, Frankfurt/Main, New York.

Pfau-Effinger, Birgit (1998): Der soziologische Mythos von der Hausfrauenehe – soziohistorische Entwicklungspfade der Familie, in: Soziale Welt, H. 2, Jg. 49, S. 167-182.

Projektgruppe »Alltägliche Lebensführung« (Hg.) (1995): Alltägliche Lebensführung. Arrangements zwischen Traditionalität und Modernisierung, Opladen.

Rerrich, Maria S. (1993a): Auf dem Weg zu einer neuen internationalen Arbeitsteilung der Frauen in Europa? Beharrungs- und Veränderungstendenzen in der Verteilung von Reproduktionsarbeit, in: Bernhard Schäfers (Hg.), Lebensverhältnisse und soziale Konflikte im neuen Europa, Frankfurt/Main, New York, S. 93-102.

Rerrich, Maria S. (1993b): Familie heute: Kontinuität oder Veränderung?, in: Jurczyk/Rerrich (Hg.), a.a.O., S. 112-132.

Rerrich, Maria S. (2000): Neustrukturierungen der Alltagsarbeit zwischen Lohn und Liebe – Überlegungen zu möglichen Entwicklungspfaden bezahlter häuslicher Dienstleistungen, in: Marianne Friese (Hg.), Modernisierung personenorientierter Dienstleistung, Opladen, S. 44-57.

Rubin, Gayle (1975): The Traffic in Women: Notes on the »Political Economy« of Sex, in: Rayna Reiter (Hg.), Toward an Anthropology of Women, New York/London, S. 157-210.

Stiegler, Barbara (1997): Das 654-Milliarden-Paket. Unveröff. Manuskript, Friedrich-Ebert-Stiftung, Bonn.
Statistisches Bundesamt (Hg.) (1997): Datenreport 1997. Zahlen und Fakten über die Bundesrepublik, Bonn.
Tyrell, Hartmut (1986): Geschlechtliche Differenzierung und Geschlechterklassifikation, in: Kölner Zeitschrift für Soziologie und Sozialpsychologie, Jg. 38, S. 450-489.
Voß, G. Günter (1991): Lebensführung als Arbeit. Über die Autonomie der Person im Alltag der Gesellschaft, Stuttgart.
Voß, G. Günter (1998): Die Entgrenzung von Arbeit und Arbeitskraft. Eine subjektorientierte Interpretation des Wandels von Arbeit. Mitteilungen aus der Arbeitsmarkt- und Berufsforschung, Jg. 31, S. 473-487.
Voß, G. Günter/Pongratz, Hans (1998): Der Arbeitskraftunternehmer. Eine neue Grundform der Ware Arbeitskraft?, in: Kölner Zeitschrift für Soziologie und Sozialpsychologie, H. 1, Jg. 50, S. 131-158.
Wetterer, Angelika (Hg.) (1995): Die soziale Konstruktion von Geschlecht in Professionalisierungsprozessen, Frankfurt/Main, New York.
Young, Brigitte (1997): Politik und Ökonomie im Kontext von Globalisierung. Eine Geschlechterkritik, in: Eva Kreisky/Birgit Sauer (Hg.), Geschlechterverhältnisse im Kontext politischer Transformation. Politische Vierteljahreszeitschrift, Sonderheft 28, Opladen, S. 137-154.

Karola Maltry

Neuer Gesellschaftsvertrag als feministischer Transformationsdiskurs

1. Der Diskurs über einen neuen Gesellschaftsvertrag: Vom Krisendiskurs zum Zukunftsdiskurs

Der Jahreswechsel 1999/2000 bescherte uns, werbeträchtig als ›Jahrtausendwechsel‹ vermarktet, zahlreiche neue Publikationen rund um das Thema ›Zukunft‹, das nicht nur in Wissenschaft und Politik eine neue Konjunktur erlebte. Die nähere Analyse zeigt allerdings, dass diese Entwicklung einhergeht mit einem faktischen Mangel an konkreten Zukunftsvisionen. Gerade im politischen Bereich wird allenthalben das Fehlen tragfähiger Zukunftskonzepte beklagt (vgl. Holland-Cunz 2000).

Ausreichend Anlass zur wissenschaftlichen Auseinandersetzung mit Fragen der zukünftigen Entwicklung der Gesellschaft bestand bereits lange vor dem ›Jahrtausendwechsel‹, wie der Diskurs über einen neuen Gesellschaftsvertrag zeigt, der sich in Deutschland Mitte der 90er Jahre entwickelte. Seinen Ausgang nimmt dieser Diskurs in der Suche nach möglichen Antworten auf die ökonomische, ökologische, soziale und politische Krise unserer Gesellschaft. Die krisenhaften, destabilisierenden Veränderungen in den entwickelten westlichen kapitalistischen Industriegesellschaften, die sich im Kontext des weltweiten Globalisierungsprozesses vollziehen, bedrohen den gesellschaftlichen Grundkonsens, da die Normen und Institutionen, die die Effizienz des alten Gesellschaftsvertrages bestimmt hatten, nicht länger in der Lage zu sein scheinen, eine Kohärenz von ökonomischem Wachstum und Produktivitätssteigerung auf der einen sowie von sozialer und politischer Integration auf der anderen Seite herzustellen (vgl. Deppe 1994, S. 25). Es handelt sich bei dem Diskurs über einen neuen Gesellschaftsvertrag sowohl um einen Krisendiskurs, der die Ursachen zunehmender Konflikte thematisiert, als auch um einen Zukunftsdiskurs, da er die Frage nach deren Lösungsmöglichkeiten aufwirft. Einen zentralen Stellenwert nimmt in diesem Zusammenhang das Problem der Zukunft der Arbeit ein.

Die Beiträge dieses Diskurses repräsentieren unterschiedliche gesellschaftliche Interessengruppen, ihnen liegen unterschiedliche Politikbegriffe zugrunde, und auch die verwendeten Vertragsbegriffe bleiben häufig undeutlich (vgl. ebd., S. 34).

Gemeinsam ist den Befürwortern eines neuen Vertragsdiskurses die Erkenntnis, dass eine grundlegende Transformation der Gesellschaft notwendig ist, die in einen neuen Gesellschaftsvertrag münden muss. Bezüglich ihrer Zukunftskonzepte weisen die meisten Beiträge nur einen geringen Konkretionsgrad auf, was gleichermaßen für die bisherige feministische Intervention in den Diskurs über einen neuen Gesellschaftsvertrag gilt.[1]

Seit den 80er Jahren ist die politische Praxis der Frauenbewegung durch eine Entwicklung zur Institutionalisierung gekennzeichnet, in deren Mittelpunkt der Kampf für Quotenregelungen, Gleichstellungsstellen und Gleichstellungsgesetze steht. Gleichzeitig hat die autonome Frauenbewegung erheblich an politischer Bedeutung verloren. Die institutionelle Verankerung der Gleichberechtigung ist zwar notwendig, sie reicht aber nicht aus, um die gesellschaftlichen Strukturen der Geschlechterhierarchie zu verändern oder zu beseitigen. Dazu bedarf es grundlegender gesellschaftlicher, politischer, ökonomischer und kultureller Veränderungen. In diesem Zusammenhang ist auch zukunftsorientiertes und utopisches Denken notwendig, um die gesamtgesellschaftlichen Zukunftsperspektiven aufzuzeigen (vgl. Holland-Cunz 1992).

Nachdem in den letzten Jahren die Kontroverse um Gleichheit und Differenz die feministische Theorie-Diskussion dominierte, kann der feministische Diskurs über einen neuen Gesellschaftsvertrag dazu beitragen, die Aufmerksamkeit wieder verstärkt auf die gesamtgesellschaftlichen Zusammenhänge der Geschlechterhierarchie sowie auf den transformativen Charakter feministischer Theorie und Praxis zu richten. Gleichzeitig könnte ein Beitrag zur Wiederherstellung der

Politikfähigkeit der Frauenbewegung und zur Wiederaneignung der gesamtgesellschaftlichen Dimension feministischer Politik geleistet werden, eine wichtige Voraussetzung für die aktive Einflussnahme auf die Prozesse gesellschaftlich-kultureller Transformation im Kontext der Globalisierung.

Der noch wenig konkrete Stand der Bestimmung eines neuen Gesellschaftsvertrages – der Diskurs ist heute deutlich mehr Krisendiskurs als Zukunftsdiskurs – stellt eine Herausforderung an die feministische Theorie und die Frauenbewegung dar und eröffnet die Möglichkeit, gestaltend in den Diskurs einzugreifen.

2. Gesellschaftsvertrag als analytische Kategorie: zur Begriffs- und Funktionsbestimmung

Zwischen dem Vertragsbegriff in den klassischen Vertragstheorien und den Theorien des ›Neokontraktualismus‹, vor allem von Rawls, Nozick und Buchanan, einerseits und im Diskurs über einen neuen Gesellschaftsvertrag andererseits gibt es in Bezug auf seine inhaltliche und funktionale Bestimmung erhebliche Unterschiede. In den klassischen Vertragstheorien und dem ›Neokontraktualismus‹ fungiert der Gesellschaftsvertrag als Legitimationsmodell politischer Institutionen und politischen Handelns. Er besitzt den Charakter einer hypothetischen Konstruktion, der die Rolle einer regulativen Idee zukommt. Der Gesellschaftsvertrag kann dort nicht als etwas Wirkliches, nicht einmal als etwas real Mögliches vorgestellt werden (vgl. Koller 1986, S. 8 ff.).

Anders verhält es sich mit dem Vertragsbegriff im Rahmen des Diskurses über einen neuen Gesellschaftsvertrag. Sowohl der alte Gesellschaftsvertrag als auch der neue Gesellschaftsvertrag gewinnt hier an Realität, wobei das jeweilige Ausmaß unbestimmt bleibt. Wenn davon die Rede ist, dass der Konsens des alten Gesellschaftsvertrages brüchig sei bzw. eine Erosion des alten Gesellschaftsvertrages konstatiert wird, so bezieht sich dies auf reale Prozesse. Auch die Forderung nach einem neuen Gesellschaftsvertrag als einem grundlegend »neuen politisch-institutionellen Arrangement« (Lutz 1984,

S. 266) impliziert die Möglichkeit einer realen Transformation des alten und der Konstituierung eines neuen Gesellschaftsvertrages. Während der Vertragsbegriff in den klassischen Vertragstheorien die Funktion der Legitimation bestehender Verhältnisse und der Herstellung eines Konsenses besaß, wird er in der Debatte über einen neuen Gesellschaftsvertrag mit dem Ziel der Transformation der Gesellschaft und der Herstellung eines neuen Grundkonsenses im Rahmen eines neuen Gesellschaftsvertrages eingesetzt. Die in dem neuen Vertragsdiskurs verwendeten Vertragskategorien sind deshalb dahingehend zu untersuchen, ob und, wenn ja, wie sich der historisch-transformative Charakter in ihnen manifestiert, der unabdingbare Voraussetzung ihrer Anwendung für die Analyse gesellschaftlicher Transformationsprozesse ist.

So wird der Gesellschaftsvertrag u.a. als Klassenkompromiss verstanden oder als ›ungeschriebene Verfassung des historischen Blocks‹, wie der kanadische Theoretiker Robert W. Cox den Gesellschaftsvertrag in Anlehnung an Antonio Gramsci bezeichnet (vgl. Deppe 1994, S. 30; Cox 1987, S. 281). Klaus Eder sieht den historischen Charakter des Gesellschaftsvertrages in seinen formalen Strukturen angesiedelt, die zugleich Bedingung der Möglichkeit der Revision des Vertrages seien. »Der Prozess, in dem Verträge durch immer wieder stattfindende Einigungsprozesse revidiert werden, ist ein kollektiver Lernprozess. In einem solchen kollektiven Lernprozess wird eine gemeinsame Welt aufgebaut, die die Beteiligten dazu zwingt, das Ergebnis dieses gemeinsamen Lernens for the time being zu akzeptieren oder ihm mit Gründen zu widersprechen. Dieser Widerspruch ist selbst wiederum ein Beitrag zu einer Revision dessen, was als gemeinsame Welt gelten soll. Die soziologische Umformulierung der Gesellschaftsvertragstheorie kulminiert somit in der Idee eines *permanenten Gesellschaftsvertrags*, der real als kollektiver Lernprozess in der Gesellschaft stattfindet und dessen empirische Form abhängig ist vom Grad der Repression freier und gleicher Einigung auf das, was kollektiv gelten soll« (Eder 1986, S. 77 f., Hervorhebung im Original). Eder betont zwar die Notwendigkeit der Klärung der objektiven Bedingungen der Reproduktion solcher kollektiver Lernprozesse und ihrer antagonistischen Verlaufsformen, aber die Geschlechterhierarchie als Strukturprinzip unserer Gesellschaft wird von ihm nicht in Betracht gezogen (vgl. ebd., S. 79).

Die bisherigen feministischen Beiträge zum Vertragsdiskurs führten zur Erweiterung des kategorialen Spektrums, jedoch nicht unbedingt zur Klärung des Vertragsbegriffes. Mit der feministischen Kritik am Doppelcharakter des klassischen Gesellschaftsvertrages, der zugleich ein durch Machtbeziehungen und Herrschaftsstrukturen gekennzeichneter Geschlechtervertrag sei, wird bereits der rein fiktive Charakter des klassischen Gesellschaftsvertrages in Frage gestellt und mit dem Geschlechtervertrag um eine reale Dimension erweitert. Besonders deutlich wird dies in den folgenden Ausführungen Ute Gerhards zu den Forderungen der Frauenbewegung nach neuen Formen des Politischen und einem neuen Verhältnis von Politischem und Privatem: »Die Umkehrung der Prioritäten oder auch die Neudefinition des Politischen rührt an die Grundfesten der bürgerlichen Gesellschaft und der bestehenden politischen Ordnung, die auf einem Gesellschaftsvertrag mit doppeltem Boden beruht: dem Staatsvertrag zwischen den – historisch und idealtypisch gesehen – männlichen Bürgern als Staatsbürgern und dem privaten Ehevertrag (dem ›sexual contract‹ bei Pateman 1988; Gerhard 1990a, S. 30f.), der in diesem Modell von bürgerlicher Gesellschaft an die Stelle des Gesellschaftsvertrages tritt und ihn zugleich privat absichert« (Gerhard 1995, S. 252). Ute Gerhard setzt hier den Ehevertrag, bei dem es sich um einen realen Vertrag handelt, mit dem Geschlechtervertrag gleich. Carol Pateman versteht den Geschlechtervertrag jedoch als einen umfassenderen Vertrag, der die politische Herrschaft der Männer über die Frauen festlegt. »Der (Geschlechter)Vertrag ist das Instrument, mit dem Männer ihre natürliche Macht über Frauen in die Sicherheit der bürgerlichen patriarchalen Ordnung überführen« (Pateman 1994, S. 79). Der Ehevertrag ist ihr zufolge nur ein – allerdings zentraler – Teil des Geschlechtervertrages. Das Verhältnis von Fiktion und Realität, bezogen auf den Geschlechtervertrag, bleibt bei Pateman ungeklärt. Barbara Schaeffer-Hegel und Andrea Leist zweifeln gar, ob der Begriff Geschlechtervertrag angemessen ist, um den Unterdrückungscharakter des Geschlechterverhältnisses auszudrücken: »Während der moderne Verfassungsstaat in der Tat mit einem Vertragskonzept unter Männern begründet wurde, ist ein nur annähernd vergleichbarer Vertrag zwischen den Geschlechtern weder historisch noch systematisch auszumachen. Zu einem Vertrag gehören wechselseitig artikulierte und gewollte Vereinbarungen, und solche hat es zwischen den Geschlechtern in geschichtlicher Zeit nicht gegeben« (Schaeffer-Hegel/Leist 1997, S. 19).

Eine intensivere Auseinandersetzung mit der Kategorie ›Geschlechtervertrag‹ und ihrer Funktionalität sowohl für einen feministischen Vertragsdiskurs als auch zur Erklärung des Herrschaftsverhältnisses zwischen den Geschlechtern ist auch vor allem deshalb notwendig, weil in verschiedenen feministischen Beiträgen zum Diskurs über einen neuen Gesellschaftsvertrag ein neuer Geschlechtervertrag gefordert wird, häufig kombiniert mit der Forderung nach einem neuen Gesellschaftsvertrag, ohne die verwendeten Kategorien und ihre Beziehung zueinander näher zu definieren (vgl. Jansen 1995, S. 74; Kahlert 1995; Haug 1995).

Gesellschaftsvertrag als hegemonialer Diskurs

Ein Vertragsbegriff, der den Anforderungen an eine analytische Kategorie gerecht wird, muss folgende Bedingungen erfüllen: Erstens muss er geeignet sein, das Verhältnis von fiktiven und realen Aspekten des Gesellschaftsvertrages zu klären. Da es sich bei dem alten Gesellschaftsvertrag um einen Herrschaftsvertrag handelt, der gleichzeitig eine legitimatorische, Konsens stiftende Funktion besitzt, müssen zweitens auch die Kategorien Macht, Herrschaft und Konsens in die Begriffsbestimmung des Gesellschaftsvertrages einbezogen werden. Ferner enthält der Vertragsbegriff eine subjektive Komponente, die näher zu analysieren ist. Versteht man den Gesellschaftsvertrag als Übereinkunft zwischen freien und gleichen Vertragssubjekten, stellt sich die Frage, wer die Vertragssubjekte sind, warum sie einen Vertrag schließen und unter welchen Bedingungen sie einen Vertrag eingehen. Insofern muss der Vertragsbegriff drittens sowohl die ihm inhärente subjektive Komponente als auch die notwendige Anbindung des Gesellschaftsvertrages an die sozialstrukturellen Bedingungen berücksichtigen. Der historische Charakter des Gesellschaftsvertrages und die Möglichkeiten seiner Transformation erschließen sich erst in der Analyse seiner Verortung im Zusammenhang von objektiven Strukturen und subjektiven Faktoren.

Die genannten Anforderungen könnte m.E. ein Vertragsbegriff erfüllen, der den Gesellschaftsvertrag als hegemonialen Diskurs definiert. Unter Rückgriff auf Antonio Gramsci werden die Kategorien Hegemonie und Ideologie neben den Kategorien Macht, Herrschaft und Konsens in die Begriffsbestimmung einbezogen. Erst unter Zuhilfenahme der Kategorien Hegemonie und Konsens, wie sie von Gramsci entwickelt wurden (vgl. Anderson 1979, S. 10-70; Buci-Glucksmann 1981), ist der im Gesellschaftsvertrag, aber auch im Ehevertrag, enthaltene Widerspruch von Herrschaft und Zustimmung begrifflich zu fassen und zu erklären.

Andrea Maihofer benutzt den Begriff des ›hegemonialen Diskurses‹ bezogen auf das Geschlecht. Indem sie in ihrer Begriffsbestimmung Hegemonie auf Dominanz reduziert und den hegemonialen Diskurs nur als dominanten Diskurs fasst (vgl. Maihofer 1995, S. 80 ff.), schließt sie wesentliche Aspekte des hegemonialen Diskurses aus ihrer Analyse aus, insbesondere die Dimension des Konsenses. Hegemonie ist bei Gramsci Herrschaft durch Konsens, sie beinhaltet beide Momente. Durch die Ausklammerung von Konsens, Ideologie sowie der strukturellen Bedingungen der Hegemonie verliert ihr Diskursbegriff den Bezug zu den objektiven und subjektiven Bedingungen gesellschaftlicher Transformation. Regina Becker-Schmidt ist deshalb zuzustimmen, wenn sie kritisiert, dass Maihofer keine Kriterien dafür entwickelt, wann ein Diskurs angesichts gesellschaftlichen Wandels veraltet ist, wie sozialer Wandel zustande kommt und was Diskurse verändert (vgl. Becker-Schmidt 1996, S. 7).

Die Bestimmung des Gesellschaftsvertragsdiskurses als feministischer Transformationsdiskurs erfordert sowohl die Analyse des Verhältnisses von Macht, Herrschaft, Hegemonie und Konsens in Bezug auf den Gesellschaftsvertrag als auch die Klärung des Verhältnisses von Vertrag und Diskurs. Zu prüfen wäre, ob sich dabei Möglichkeiten der Verbindung von diskurstheoretischem und strukturanalytischem Ansatz eröffnen. Ausgehend von einem Diskursbegriff, »der als das Strukturprinzip der Gesellschaft, der gesellschaftlichen Institutionen, von Denkweisen und individueller Subjektivität gesehen wird [...]« (Weedon 1991, S. 59), kann der Gesellschaftsvertrag als hegemonialer Diskurs in seiner herrschaftssichernden und Konsens stiftenden Funktion ebenso untersucht werden wie seine Beziehung zu den strukturellen und subjektiven Bedingungen gesellschaftlicher Transformation.

Mit der Einbeziehung der Kategorien Hegemonie, Konsens und Ideologie in die Begriffsbestimmung des Gesellschaftsvertrages lässt sich aufzeigen, wie der Gesellschaftsvertrag, obwohl hypothetisches Konstrukt, auch Realität konstituiert und sich in der gesellschaftlichen Praxis, u.a. im Recht und in der Verfassung, materialisiert. Auf Grundlage dieser begrifflichen Differenzierung kann schließlich geklärt werden, in welchen Bereichen feministische Forderungen im Rahmen des Diskurses über einen neuen Gesellschaftsvertrag tatsächlich als Vertrag realisiert werden könnten beziehungsweise ein neuer gesellschaftlicher Konsens jenseits der konkreten Vertragsform hergestellt werden müsste.

3. Rezeption der Vertragsdiskurse in der feministischen Theorie

In der feministischen Rezeption der Vertragstheorien nimmt die kritische Auseinandersetzung mit den Klassikern Hobbes, Locke, Rousseau und Kant noch immer den größten Raum ein. Feministische Wissenschaftlerinnen analysierten den patriarchalen Gehalt der klassischen Vertragstheorien (vgl. Benhabib/Nicholson 1987; Pateman 1988; Gerhard 1990a; Phillips 1995). Sie arbeiteten den Herrschaftscharakter des Gesellschaftsvertrages in Bezug auf das Geschlechterverhältnis heraus und kritisierten den dort verwendeten Begriff des Individuums als Kategorie des Patriarchats sowie die Trennung von privater und öffentlicher Sphäre, die mit dem Gesellschaftsvertrag vollzogen wird.[2]

Von den neueren Vertragstheoretikern wird hauptsächlich John Rawls in der feministischen Theorie rezipiert, allerdings zumeist im Zusammenhang mit Fragen einer feministischen Ethik (vgl. u.a. Benhabib 1995; Klinger 1994) und seltener bezogen auf den Diskurs über einen neuen Gesellschaftsvertrag. Vor allem Susan Moller Okin beschäftigt sich mit Rawls' Gesellschaftsvertragstheorie und versucht, sie ihres patriarchalen Charakters zu entkleiden und für feministische Zwecke nutzbar zu machen (vgl. Okin 1993; Thompson 1995).

Die feministischen Beiträge, die sich auf den neuen Gesellschaftsvertrag beziehen, sind insgesamt recht heterogen. Manche Autorinnen erwähnen den neuen Gesellschaftsvertrag en passant ohne weitere Begriffserläuterung (so z.B. Jansen 1995, S. 74; Hauser 1996, S. 491; Nickel 2000). Diejenigen, die das Thema intensiver behandeln, setzen unterschiedliche Akzente und operieren auch mit unterschiedlichen Vertragsbegriffen, die leider nicht immer hinreichend definiert werden.

Janna Thompson plädiert in ihrer Arbeit für einen neuen Gesellschaftsvertrag, in dem die Fürsorgebeziehungen den gleichen Stellenwert wie die Gerechtigkeitsbeziehungen besitzen (vgl. Thompson 1995, S. 504 f.). Da sie in ihrer alternativen ›Vertragserzählung‹ von Familienmüttern als Vertragssubjekten ausgeht, scheint ihr Modell, auch wenn sie es selbst als ebenso einseitig und inadäquat wie das des patriarchalen Gesellschaftsvertrages beurteilt (vgl. ebd., S. 506 ff.), Gefahr zu laufen, den Geschlechterdualismus zu perpetuieren. Erna Appelt formuliert in Auseinandersetzung mit Rawls, Okin und Thompson als Anspruch an einen neuen Gesellschaftsvertrag, dass er der Versorgungsgerechtigkeit gegenüber der Verteilungsgerechtigkeit Vorrang einräumen müsse (vgl. Appelt 1997, S. 133 f.). Es sei für menschliche Gesellschaften unabdinglich, institutionelle Vorsorge für jene Gesellschaftsmitglieder zu treffen, die entweder noch nicht oder vorübergehend nicht oder nicht mehr selbst für sich sorgen können. Das Fehlen dieses Gedankens in allen bisherigen Gesellschaftsverträgen führt sie auf den verdeckten Familialismus dieser Theorien zurück, d.h. auf die stillschweigende oder explizite Annahme, dass Frauen im Rahmen von Familien sich dieses Problems der Versorgung annehmen. In ihrem Aufsatz »Staatsbürgerin und Gesellschaftsvertrag« erörtert Appelt Fragen eines feministischen Staatsbürgerkonzeptes und unterstreicht die Notwendigkeit einer Neukonzeption einer Theorie des politischen Subjekts im Rahmen des Diskurses über einen neuen Gesellschaftsvertrag (vgl. Appelt 1995, S. 539).

Einen kurzen Überblick über die Vertragstheorie in der schwedischen feministischen Diskussion liefert Kristina Boréus. Sie beschäftigt sich vor allem mit der Vertragsvorstellung Yvonne Hirdmans, die sich auf reale Geschichte bezieht und nicht als Fiktion zu verstehen ist. Hirdman benutzt den Vertragsbegriff als heuristisches Mittel und betrachtet den Geschlechtervertrag nicht als Resultat tatsächlicher kollektiver Verhandlungen (vgl. Boréus 1995, S. 513). Geschlechterverträge seien unsichtbare ›Verträge‹ zwischen einzelnen Männern und Frauen im sozialen Raum und zwischen den Genusgruppen, »mithin Vorstellungen von den idealen Beziehungen zwischen den Parteien, mithin normativ. Jede Zeit und jeder Ort haben ihre speziellen Verträge – sie sind historisch bestimmt« (Boréus 1995, S. 514). Interessant ist, dass Hirdman die schwedische Geschichte in drei Perioden einteilt, die jeweils durch eine bestimmte Art des Geschlechtervertrages gekennzeichnet sind: den Hausfrauenvertrag (1930–1960), den Gleichheitsvertrag (1965–1975/80) und den Gleichstellungsvertrag (1975/80 bis heute) (vgl. ebd.). Der Gleichstellungsvertrag wird noch ausgehandelt.

Frigga Haug fordert die Orientierung feministischer Politik auf einen neuen Gesellschafts- und Geschlechtervertrag (vgl. Haug 1995, S. 525 f.), ohne diese Kategorien näher zu definieren. Sie verbindet den Diskurs über einen neuen Gesellschaftsvertrag mit der Quotierungsforderung der Frauenbewegung, indem sie auf die systemsprengende Kraft des Kampfes um die Frauenquote verweist, der die Dimensionen von Hegemonie und Konsens in unserer Gesellschaft berühre. Damit sei auch der Gesellschaftsvertrag in Frage gestellt. Die Quotierung könne nur unter grundlegend veränderten gesellschaftlichen Bedingungen realisiert werden. In einem späteren Text konkretisiert Haug ihre Vorstellungen bezüglich eines neuen Geschlechtervertrages. Er solle nicht in erster Linie die Beziehungen zwischen den Geschlechtern neu regeln, sondern vom Standpunkt beider Geschlechter aus Veränderungen der Produktions- und Geschlechterverhältnisse anstreben. In den Geschlechtern sieht sie die kollektiven AkteurInnen, die den neuen Gesellschaftsvertrag konsensuell regeln müssten und hofft, dass die Geschlechter, wenn sie ihre Aufmerksamkeit auf ihre Verhältnisse richten, gleichzeitig die gesamtgesellschaftlichen Verhältnisse als dringend zu verändernde erkennen (vgl. Haug 1996, S. 692 – 695). Heike Kahlert dagegen verfolgt ein anderes Ziel, wenn sie für einen neuen Geschlechtervertrag plädiert. Sie versteht darunter einen Vertrag, der zwischen Frauen als ›Gesellschaftsvertrag der Schwestern‹ geschlossen werden soll (Kahlert 1996, S. 176 ff.; Kahlert 1995). Dieser kursorische Überblick über das Spektrum unterschiedlicher feministischer Positionen im Diskurs über einen neuen Gesellschaftsvertrag zeigt, dass noch erheblicher Bedarf an Konkretion und Präzisierung besteht.

4. Dimensionen eines feministischen Diskurses über einen neuen Gesellschaftsvertrag

Das umfassende Ziel eines feministischen Transformationsdiskurses ist die Schaffung einer Gesellschaft, in der das Geschlecht seine Funktion als sozial relevantes Klassifikationskriterium verliert. Es geht also nicht nur um die Enthierarchisierung der Geschlechterdifferenz, sondern um die Dekonstruktion des Geschlechterdualismus (vgl. Gildemeister/Wetterer 1992, S. 249). Die Hegemonie der Geschlechterverhältnisse und die Ideologie des Geschlechterdualismus müssen in Frage gestellt und letztlich überwunden werden (vgl. Hauser 1996, S. 500 ff.). Dies kann nur auf der Grundlage einer feministischen Strategie gelingen, die die Gesamtheit der gesellschaftlichen Ebenen, in denen sich die Geschlechterverhältnisse reproduzieren, einbezieht. Insofern ist der Diskurs über einen neuen Gesellschaftsvertrag der geeignete Rahmen zur Entwicklung einer transformativen feministischen Strategie. Er rückt die strukturellen Zusammenhänge ins Blickfeld und trägt dazu bei, die Einzelaktivitäten der Frauenbewegung in ihren gesellschaftlichen Kontext einzuordnen.

Der männlich dominierte Diskurs über einen neuen Gesellschaftsvertrag konzentriert sich auf zwei Dimensionen, den ökonomischen und den politischen Bereich sowie die sich verändernden Wechselbeziehungen zwischen diesen beiden Sphären. Analog zu der klassischen Vertragstheorie bleibt auch hier der Reproduktionsbereich mit wenigen Ausnahmen ausgeklammert. Die Trennung von privater und öffentlicher Sphäre, die dem klassischen Gesellschaftsvertrag immanent ist, wird nicht in Frage gestellt. Für eine feministische Konzeptualisierung eines neuen Gesellschaftsvertrages ist die Aufhebung der geschlechtsspezifischen Arbeitsteilung und deshalb die Überwindung der Trennung von Produktions- und Reproduktionsbereich sowie eine Umgestaltung des Verhältnisses von öffentlicher und privater Sphäre zwingend notwendig und unverzichtbarer Bestandteil des Vertragsdiskurses. Aus diesem Grunde muss der Reproduktionsbereich als weitere Dimension eines neuen Gesellschaftsvertrages aufgenommen werden. Hinzu kommt als vierte wichtige Dimension die Ebene der symbolischen Ordnung, der kulturellen Normen, Kodifikationen und Deutungssysteme.

Ökonomischer Bereich

Der Bereich der Ökonomie umfasst die unmittelbare ökonomische Entwicklung in ihrem krisenhaften Verlauf, die Eigentumsverhältnisse, die weltwirtschaftlichen Verflechtungen, die Ökologieproblematik und die Frage der ›Zukunft der Arbeit‹. Gerade das Problem steigender Massenarbeitslosigkeit und die damit verbundenen sozialen Spaltungstendenzen in unserer Gesellschaft bildete einen Anstoß zur Aufnahme der Debatte um einen neuen Gesellschaftsvertrag, in der die Frage nach der Umverteilung der Gesamtarbeit und ihrer Vergütung eine zentrale Rolle spielt. Das Thema ›Zukunft der Arbeit‹ ist auch für die Frauenbewegung von besonderer Relevanz, weil es die materiellen Bedingungen der Frauenemanzipation berührt.

Die im Rahmen des Diskurses über einen neuen Gesellschaftsvertrag vorgelegten Entwürfe zur Zukunft der Arbeit sind unter der Frage zu analysieren, welchen Beitrag sie zu dem notwendigen Paradigmenwechsel der Arbeitsgesellschaft und zur Entpatriarchalisierung, Enthierarchisierung und Ökologisierung des gesellschaftlichen Arbeitsprozesses leisten (vgl. Kurz-Scherf 1994, S. 62 f.). Besondere Aufmerksamkeit gilt dabei der Frage, ob die jeweiligen Zukunftsentwürfe die Aufhebung der geschlechtshierarchischen Arbeitsteilung fördern oder behindern. Welche aktuellen Entwicklungstendenzen der geschlechtsspezifischen Arbeitsteilung und damit verbundenen Auswirkungen auf das Verhältnis von öffentlicher und privater Sphäre sich vor dem Hintergrund des Globalisierungsprozesses in Deutschland abzeichnen, untersucht Karin Jurczyk in ihrem Beitrag zu diesem Band.

Wie gesellschaftliche Zukunftsentwürfe aussehen, wenn sie die geschlechtsspezifische Arbeitsteilung als hierarchisches Verhältnis unberücksichtigt lassen, sei kurz anhand eines Vorschlags von Ulrich Beck illustriert. Er befürwortet als Bestandteil eines neuen Gesellschaftsvertrages die Einführung von öffentlicher Arbeit bzw. Bürgerarbeit. Diese Bürgerarbeit, die »bisher ehrenamtlich geleistete Arbeit für alte Menschen, Behinderte, Obdachlose, Aids-Kranke, Analphabeten, Ausgeschlossene, ökologisches Engagement und vieles mehr [...]« solle in Form eines ›Bürgergeldes‹ etwa in Höhe der Sozialhilfe entlohnt werden (Beck 1997, S. 236). Beck zufolge könnte Bürgerarbeit die Städte bewohnbar und die Demokratie lebendiger machen, gar die demokratische Substanz der Gesellschaft sichern. Es gehe ihm nicht darum, die Erwerbsarbeit zu ersetzen, sondern zu ergänzen. »Bürgerarbeit wäre am Ende vielleicht eins von drei Beinen, neben Erwerbsarbeit, die der ökonomischen Grundsicherung dient, und der Eigenarbeit, die der Kindererziehung und/oder der Selbstverwirklichung dient« (ebd.). Offen bleibt, ob er die hier nicht benannten Tätigkeiten wie Putzen, Waschen, kranke Familienmitglieder pflegen und sonstige Hausarbeiten, die in der Regel unentgeltlich von Frauen geleistet werden, unter ›Selbstverwirklichung‹ subsumiert oder schlicht vergessen hat. Da bekanntermaßen der größte Teil der ehrenamtlichen Arbeit von Frauen erbracht wird, ist zu befürchten, dass in diesem Modell auch die Bürgerarbeit überwiegend ›Frauensache‹ sein würde, schlecht bezahlt, aber »für alle [für wen eigentlich? – K.M.] attraktiv« und gesellschaftlich wertvoll. Es lässt sich nicht erkennen, dass die Bürgerarbeit einen Beitrag zur Beseitigung der Geschlechterhierarchie leisten könnte. Im Gegenteil: Frauen würden nicht nur wie bisher durch ihre unentgeltliche Reproduktionsarbeit das Funktionieren des ökonomischen Systems garantieren, sondern zusätzlich mit ihrer schlecht bezahlten Bürgerarbeit als ›Schmiermittel‹ der Demokratie fungieren, um durch den Globalisierungsprozess bedingte gesellschaftliche Probleme kostengünstig einzudämmen.

Bereich der materiellen Reproduktion

Wie in dem vorangegangenen Beispiel wird der Reproduktionsbereich im bisherigen Diskurs über einen neuen Gesellschaftsvertrag, von wenigen Ausnahmen, zu denen André Gorz zählt (vgl. Gorz 1994), abgesehen, überwiegend ignoriert. Da er in seiner vom Produktionsbereich separierten Existenz eine wesentliche Ursache der Diskriminierung der Frauen in unserer Gesellschaft darstellt, muss ein gesellschaftliches Zukunftskonzept für ein nichthierarchisches Geschlechterverhältnis auf jeden Fall Alternativen sowohl in Bezug auf die Struktur des heutigen Reproduktionsbereiches als auch bezüglich Form und Inhalt der Reproduktionsarbeit enthalten. Für die Familie bedeutet dies z.b., dass sowohl die patriarchale Struktur der Familie als gesellschaftliche Institution in Frage gestellt werden muss als auch Form und Inhalt der hauptsächlich von Frauen unentgeltlich geleisteten Haus- und Familienarbeit. Die verschiedenen Modelle zur Umgestaltung der Reproduktionsarbeit sind dahingehend zu analysieren, welchen Beitrag sie zur Aufhebung der geschlechtsspezifischen Arbeitsteilung leisten.

Politischer Bereich

Der politische Bereich umfasst den Staat im engeren Sinne, die Hegemonieapparate und das Militär. Der Staat ist für ein feministisches Zukunftskonzept von besonderer Bedeutung, weil sich erstens die Frauenbewegung mit vielen Forderungen direkt auf den Staat als Adressaten bezieht, er zweitens für die Regulierung und Aufrechterhaltung ökonomischer Verhältnisse im Produktionsbereich eine zentrale Rolle spielt und drittens mit seiner Sozial- und Familienpolitik in den Bereich der Reproduktion eingreift. Er ist außerdem einer der wichtigsten Arbeitgeber für Frauen und erfährt durch die Gleichstellungsgesetzgebung eine zusätzliche Bedeutung für das Geschlechterverhältnis bzw. die Lebenssituation der Frauen. Sein ambivalenter Charakter als Herrschaftsinstrument des Kapitals und Patriarchats einerseits und als Institution zur Durchsetzung von Frauenrechten andererseits (vgl. Gerhard 1990b, S. 76 f.) ist daher ebenso näher zu analysieren wie die Rolle des Staates und des Rechts für die Durchsetzung eines neuen Gesellschaftsvertrages. Das Recht und die Verfassung sind Institutionen, in denen sich der Gesellschaftsvertrag materialisiert, in denen er konkrete Realität annimmt. Ein neuer Gesellschaftsvertrag kann sich allerdings nicht nur in einer neuen

Verfassung manifestieren, sondern bedingt entscheidende Veränderungen in allen gesellschaftlichen Dimensionen. So spielt die Frage des Verhältnisses von Demokratie, Gleichheit und Differenz einerseits eine wichtige Rolle in der feministischen Diskussion über soziale, politische und bürgerliche Rechte im Hinblick auf die politische Handlungsfähigkeit von Frauen und Frauenbewegung, andererseits verweist sie auf die vierte Dimension eines neuen Gesellschaftsvertrages, die Ebene der ideellen Reproduktion der Gesellschaft und Probleme einer feministischen Ethik.

Unter Hegemonieapparaten werden in Anlehnung an Antonio Gramsci die Institutionen verstanden, die die Orte der Reproduktion des gesellschaftlichen Konsenses bilden (vgl. Buci-Glucksmann 1981, S. 53 ff.). Da sie auch für die Reproduktion patriarchaler Herrschaft und Ideologie von zentraler Bedeutung sind und einen wesentlichen Bestandteil der öffentlichen Sphäre darstellen, spielen sie für einen neuen Gesellschaftsvertrag ebenfalls eine entscheidende Rolle. Der militärische Sektor wird bisher im Diskurs über einen neuen Gesellschaftsvertrag kaum berücksichtigt. Aus der Perspektive feministischer Gesellschaftskritik ist die Auseinandersetzung mit dem Militär als Reproduktionsstätte patriarchaler Herrschaft jedoch unverzichtbar.

Ebene der symbolischen Ordnung, der kulturellen Normen,
Kodifikationen und Deutungssysteme

Die Ebene der Kultur, der Ideologie, der Normen und Werte ist eine wichtige Ebene der Reproduktion sowohl der hierarchischen Geschlechterverhältnisse, u.a. durch das geschlechtsdualistische Normensystem, als auch der zentralen Normen des Gesellschaftsvertrages. Insbesondere im Rahmen des Diskurses über feministische Ethik befassen sich Wissenschaftlerinnen mit der Analyse des Androzentrismus und des patriarchalen Gehalts gesellschaftlicher Normen und Werte und der Entwicklung feministischer Alternativen. Für die Konzeptualisierung eines neuen Gesellschaftsvertrages wird in diesem Zusammenhang u.a. die Frage des Stellenwerts der Gerechtigkeit relevant. So wirft Sandra Harding die Frage auf, ob Gerechtigkeit als wichtigste Norm zur Maximierung gesellschaftlichen Wohlergehens genügt (vgl. Harding 1989, S. 443). Verschiedene feministische Wissenschaftlerinnen, u.a. Thompson (s.o.), sehen die Antwort in der Aufwertung der Fürsorglichkeit als zentraler Norm eines neuen Gesellschaftsvertrages. An den universalistischen Vertragstheorien von Hobbes bis Rawls wird der androzentrische Charakter einer Moraltheorie, in der allein Gerechtigkeit im Mittelpunkt steht, kritisiert, weil sie auf der Trennung von privater und öffentlicher Sphäre basiert. Seyla Benhabib dazu: »Die Sphäre der Gerechtigkeit wird von Hobbes über Locke und Kant als der Bereich betrachtet, wo unabhängige, männliche Haushaltsvorstände untereinander verhandeln, während die häuslich-intime Sphäre von der Sphäre der Gerechtigkeit säuberlich getrennt und auf die reproduktiven und affektiven Bedürfnisse des bürgerlichen *pater familias* zurechtgeschnitten wird« (Benhabib 1995, S.170, Hervorhebung im Original). Die private Sphäre, der Bereich der Reproduktion, der Liebe und der Fürsorge, der mit der Entwicklung der bürgerlichen Gesellschaft zur Sache der Frauen wurde, wird »aus allen moralischen und politischen Überlegungen ausgeklammert und dem Bereich der ›Natur‹ zugeordnet« (ebd.). Eine der wichtigen Aufgaben eines feministischen Diskurses über einen neuen Gesellschaftsvertrag ist deshalb die antizipatorisch-utopische Kritik der Normen und Werte unserer gegenwärtigen Gesellschaft und Kultur, die im alten Gesellschaftsvertrag zum Ausdruck kommen, um so aus feministischer Perspektive neue Formen gesellschaftlichen Zusammenlebens, der Beziehung der Menschen untereinander und zur Natur zu entwerfen (vgl. ebd., S. 166).

5. Zum Verhältnis von öffentlicher und privater Sphäre

Die Trennung von öffentlicher und privater Sphäre ist einer der wesentlichen Punkte feministischer Kritik an der patriarchalen Struktur der bürgerlichen Gesellschaft. Sie spiegelt sich sowohl in den Vertragstheorien als auch in der Politikwissenschaft wider (vgl. Kreisky 1995, S. 45 ff.). Unter der berühmten Parole »das Private ist politisch« forderte die Frauenbewegung die Überwindung der Trennung beider Bereiche als Voraussetzung einer gleichberechtigten gesellschaftlichen Partizipation. Neuere feministische Analysen des Verhältnisses von Öffentlichkeit und Privatheit führten zu einer differenzierteren Beurteilung und werfen u.a. die Frage auf, ob die Beseitigung der Spaltung der beiden Sphären tatsächlich sinnvoll und notwendig ist, um die geschlechtsspezifische Zuordnung der Männer zum öffentlichen und der Frauen zum privaten Bereich sowie die hierarchische Beziehung zwischen beiden zu überwinden (vgl. Holland-Cunz 1994; Lang 1995). Es existierte nie eine völlige Trennung zwischen beiden Sphären, sondern eine Gleichzeitigkeit von Trennung und Durchlässigkeit. Ihre Durchlässigkeit ist durch das hierarchische Verhältnis der Sphären zueinander so strukturiert, dass der dominante öffentliche Bereich in den privaten Bereich hineinwirkt, aber nicht umgekehrt. Bereits der Ehevertrag stellt eine öffentliche Regulierung der Privatsphäre dar, selbst wenn er in den Vertragstheorien konstitutiv für die Trennung beider Sphären ist. Weite Bereiche staatlicher Politik, insbesondere Familienpolitik, Sozialpolitik, Rechtspolitik, Arbeitsmarktpolitik, greifen ebenso in die Sphäre des Privaten, der Reproduktion, ein wie die ökonomischen Prozesse.

Zur Klärung der Frage, wie die für einen neuen Gesellschaftsvertrag notwendige Neustrukturierung des Verhältnisses von öffentlicher und privater Sphäre aussehen muss, damit eine gleichberechtigte Partizipation der Frauen in der Öffentlichkeit und die Einbeziehung der Männer in den Reproduktionsbereich gewährleistet ist, bedarf es einer genaueren Analyse der Wechselbeziehungen zwischen der Trennung der beiden Sphären einerseits und der parallelen geschlechtsspezifischen Zuordnung der Sphären andererseits. Dabei darf allerdings nicht vergessen werden, dass die öffentliche Sphäre nicht mit dem politischen Bereich identisch ist, sondern sie umfasst vielmehr auch den ökonomischen Bereich. Insofern spielt das Problem der geschlechtsspezifischen Arbeitsteilung in diesem Zusammenhang ebenfalls eine wichtige Rolle.

6. Vertragssubjekte eines neuen Gesellschaftsvertrages

Im Rahmen des Diskurses über einen neuen Gesellschaftsvertrag stellt sich die Frage nach den Vertragssubjekten anders als in den klassischen Vertragstheorien, da es nun nicht mehr um ein hypothetisches Konstrukt, sondern um die aktive Herstellung eines neuen gesellschaftlichen Konsenses geht. Im männlich dominierten Vertragsdiskurs werden neben Individuen gesellschaftliche Gruppen und Organisationen, Klassen und soziale Bewegungen als Vertragssubjekte diskutiert (vgl. Deppe 1994, S. 29 f.). In verschiedenen feministischen Beiträgen wird ein neuer Geschlechtervertrag vorgeschlagen, der entweder zwischen den Geschlechtern als kollektiven Akteur(inn)en (so u.a. bei Haug 1996, S. 695) oder zwischen Frauen als ›Gesellschaftsvertrag der Schwestern‹ (Kahlert 1996, S. 176 ff.; Kahlert 1995) geschlossen werden soll. Da häufig parallel dazu die Forderung nach einem neuen Gesellschaftsvertrag erhoben wird, müssten sowohl die verschiedenen feministischen Konzepte eines Geschlechtervertrages als auch ihr Verhältnis zu einem neuen Gesellschaftsvertrag näher bestimmt werden.

Dies wiederum ist nur möglich unter Einbeziehung der feministischen Debatte um Gleichheit und Differenz sowie um die Dekonstruktion des Subjekts ›Frau‹ innerhalb des poststrukturalistischen Feminismus (vgl. Gerhard/Jansen u.a. 1990; Benhabib/Butler u.a. 1993). Wird z.B. ein neuer Gesellschaftsvertrag angestrebt, in dem das Geschlecht seine Funktion als sozial relevantes Klassifikationskriterium verliert (vgl. Gildemeister/Wetterer 1992, S. 249), kann dies kein Geschlechtervertrag, kein zwischen Geschlechtern vereinbarter Vertrag, sein. Die dekonstruktivistische Perspektive eröffnet die Möglichkeit, das Subjekt nicht nur in seiner Geschlechtsidentität zu fassen, sondern als ›Knotenpunkt‹ von Geschlecht, Sexualität, Ethnizität und Klasse.

Um gesellschaftliche Veränderungen durchsetzen zu können, bedarf es einer Form kollektiver Praxis. Dies impliziert die Frage nach Interessenidentitäten zwischen den Subjekten, die als einzelne Individuen keine politische Macht entfalten können. Auf welcher Grundlage erfolgen aber die kollektiven Zusammenschlüsse der Individuen in der politischen Praxis? Gerade im Hinblick auf einen neuen Gesellschaftsvertrag, der zu seiner Realisierung eine grundlegende Veränderung der ökonomischen Verhältnisse erfordert, wird hier das Verhältnis von Klasse und Geschlecht relevant (vgl. Rausch 1996). Zu analysieren ist auch die Rolle der neuen sozialen Bewegungen[3], und in diesem Zusammenhang natürlich insbesondere die der Frauenbewegung, als mögliches politisches Subjekt im Rahmen des Vertragsdiskurses. So bilden z.b. für André Gorz nicht mehr die Klassen, sondern die sozialen Bewegungen die systemtranszendierenden Kräfte in unserer Gesellschaft. Nicht zuletzt stellt sich für die Frauenbewegung die Frage nach den bündnispolitischen Implikationen, die sich aus dem Diskurs über einen neuen Gesellschaftsvertrag ergeben.

Unter den Bedingungen der Globalisierung bedeutet dies auch die Frage nach dem Wechselverhältnis von nationalem und internationalem politischen Handeln. Zwei konkrete Formen kollektiver Praxis von Frauen, die in den internationalen Kontext eingebunden sind, werden in diesem Buch vorgestellt: einerseits lokale Frauenprojekte zur Agenda 21, die in ihren Aktionen gezielt den globalen Kontext gesellschaftlicher Entwicklung einbeziehen[4], und andererseits die Aktivitäten der internationalen Frauenbewegung und ihre Rückwirkungen auf die nationale Ebene der Frauenpolitik am Beispiel Lateinamerika[5]. Diese Beispiele zeigen, dass eine kollektive Praxis von Frauen und ihre aktive Einmischung in die sich vollziehenden gesellschaftlichen Transformationsprozesse trotz aller Differenzen zwischen den Frauen nicht nur notwendig, sondern auch möglich ist.

Anmerkungen

1 Vgl. für die bundesdeutsche Diskussion Jansen 1995; Das Argument Nr. 210, 37. Jg., mit dem Themenschwerpunkt »Für einen neuen Geschlechtervertrag«; Haug 1996; Hauser 1996; Pfau-Effinger 1993; Kahlert 1995 und 1996.
2 Auf die kritische Auseinandersetzung innerhalb der feministischen Kritik an der klassischen Vertragstheorie soll hier nicht näher eingegangen werden. Vgl. dazu die interessanten Aufsätze von Brigitte Hansen zum Verhältnis von Egalität und Androzentrismus bei Hobbes und Locke (Hansen 1994) und von Kathrin Braun/Anne Diekmann über die individuelle und generative Reproduktion in den politischen Philosophien von Hobbes, Locke und Kant (Braun/Diekmann 1994) sowie Nagl-Docekal 1999; Pauer-Studer1998.
3 Vgl. zu den Bestimmungsmerkmalen einer sozialen Bewegung Maltry 1993, S. 18-29.
4 Vgl. Christina Schachtner, Fraueninitiative vor Ort. Gestaltungsversuche im Kontext der Globalisierung.
5 Vgl. Renate Rausch, Vielfalt und Utopie einer globalen Frauenbewegung.

Literatur

Anderson, Perry (1979): Antonio Gramsci. Eine kritische Würdigung, Berlin.
Appelt, Erna (1995): Staatsbürgerin und Gesellschaftsvertrag, in: Das Argument Nr. 210, 37. Jg., S. 539-554.
Appelt, Erna (1997): Familialismus. Eine verdeckte Struktur im Gesellschaftsvertrag, in: Eva Kreisky/Birgit Sauer (Hg.) (1997): Das geheime Glossar der Politikwissenschaft, Frankfurt/Main, New York.
Beck, Ulrich (1997): Was ist Globalisierung?, Frankfurt/M.
Becker-Schmidt, Regina (1996): Einheit – Zweiheit – Vielheit. Identitätslogische Implikationen in feministischen Emanzipationskonzepten, in: Zeitschrift für Frauenforschung, 14. Jg., H. 1+2, S. 5-18.
Benhabib, Seyla/Nicholson, Linda (1987): Politische Philosophie und die Frauenfrage, in: Iring Fetscher/Herfried Münkler (Hg.), Pipers Handbuch der politischen Ideen, Band 5, München/Zürich, S. 513-562.
Benhabib, Seyla (1995): Selbst im Kontext. Kommunikative Ethik im Spannungsfeld von Feminismus, Kommunitarismus und Postmoderne, Frankfurt/Main.
Benhabib, Seyla/Butler, Judith/Cornell, Drucilla/Fraser, Nancy (1993): Der Streit um Differenz. Feminismus und Postmoderne in der Gegenwart, Frankfurt/Main
Boréus, Kristina (1995): Vertragstheorie in der schwedischen feministischen Diskussion, in: Das Argument Nr. 210, 37. Jg., S. 513-518.
Braun, Kathrin/Diekmann, Anne (1994): Individuelle und generative Reproduktion in den politischen Philosophien von Hobbes, Locke und Kant, in: Elke Biester/Barbara Holland-Cunz/Birgit Sauer (Hg.), Demokratie oder Androkratie? Theorie und Praxis demokratischer Herrschaft in der feministischen Diskussion, Frankfurt/Main, New York, S. 157-187.
Buci-Glucksmann, Christine (1981): Gramsci und der Staat, Köln.
Cox, Robert W. (1987): Production, Power, and World Order, New York.
Deppe, Frank (1994): Ein neuer Gesellschaftsvertrag. Anmerkungen zu einem transnationalen Krisendiskurs, in: Sozialismus, H. 7/1994, S. 25-37.
Eder, Klaus (1986): Der permanente Gesellschaftsvertrag. Zur kollektiven Konstruktion einer sozialen Ordnung, in: Lucian Kern/Hans-Peter Müller (Hg.), Gerechtigkeit, Diskurs oder Markt? Die neuen Ansätze in der Vertragstheorie, Opladen, S. 67-81.
Fraser, Nancy (1994): Widerspenstige Praktiken. Macht, Diskurs, Geschlecht, Frankfurt/Main.
Gerhard, Ute/Jansen, Mechtild/Maihofer, Andrea/Schmid, Pia/Schultz, Irmgard (1990): Differenz und Gleichheit, Frankfurt/Main.
Gerhard, Ute (1990a): Gleichheit ohne Angleichung. Frauen im Recht, München.
Gerhard, Ute (1990b): Patriarchatskritik als Gesellschaftsanalyse. Ein nicht erledigtes Projekt, in: Arbeitsgemeinschaft Interdisziplinäre Frauenforschung und -studien (Hg.), Feministische Erneuerung von Wissenschaft und Kunst, Pfaffenweiler, S. 65-80.
Gerhard, Ute (1995): Die »langen Wellen« der Frauenbewegung – Traditionslinien und unerledigte Anliegen, in: Regina Becker-Schmidt/Gudrun-Axeli Knapp (Hg.): Das Geschlechterverhältnis als Gegenstand der Sozialwissenschaften, Frankfurt/Main, New York, S. 247-278.

Gildemeister, Regine/Wetterer, Angelika (1992): Wie Geschlechter gemacht werden. Die soziale Konstruktion der Zweigeschlechtlichkeit und ihre Reifizierung in der Frauenforschung, in: Gudrun-Axeli Knapp/Angelika Wetterer (Hg.): Traditionen Brüche, Freiburg i.Br., S. 201-254.

Gorz, André (1994): Kritik der ökonomischen Vernunft. Sinnfragen am Ende der Arbeitsgesellschaft, Hamburg.

Hansen, Brigitte (1994): Egalität und Androzentrismus. Zur Kritik der politischen Anthropologie von Hobbes und Locke, in: Elke Biester/Barbara Holland-Cunz/Birgit Sauer (Hg.), Demokratie oder Androkratie? Theorie und Praxis demokratischer Herrschaft in der feministischen Diskussion, Frankfurt/Main, New York, S. 131-156.

Harding, Sandra (1989): Geschlechtsidentität und Rationalitätskonzeptionen. Eine Problemübersicht, in: Elisabeth List/Herlinde Studer (Hg.), Denkverhältnisse. Feminismus und Kritik, Frankfurt/Main, S. 425-453.

Haug, Frigga (1995): Paradoxien feministischer Realpolitik. Zum Kampf um die Frauenquote, in: Das Argument Nr. 210, 37. Jg., S. 519 -537.

Haug, Frigga (1996): Das neoliberale Projekt, der männliche Arbeitsbegriff und die fällige Erneuerung des Geschlechtervertrags, in: Das Argument Nr. 217, 38. Jg., S. 683-695.

Hauser, Kornelia (1996): Die Kategorie Gender in soziologischer Perspektive, in: Das Argument Nr. 216, 38. Jg., S. 491-504.

Holland-Cunz, Barbara (1992): Utopien der anderen Subjekte. Geschlechterverhältnis, Naturverhältnis und nichtteleologische Zeitlichkeit, in: Richard Saage (Hg.),»Hat die politische Utopie eine Zukunft?«, Darmstadt, S. 238-250.

Holland-Cunz, Barbara (1994): Öffentlichkeit und Intimität – demokratietheoretische Überlegungen, in: Elke Biester/Barbara Holland-Cunz/Birgit Sauer (Hg.), Demokratie oder Androkratie? Theorie und Praxis demokratischer Herrschaft in der feministischen Diskussion, Frankfurt/Main, New York, S. 227-246.

Holland-Cunz, Barbara (2000): Visionenverlust und Visionenverzicht. Dominante und frauenpolitische Bilder von »Zukunft« vor dem Jahr 2000, in: Österreichische Zeitschrift für Politikwissenschaft, 29. Jg., H. 1, S. 29-44.

Jansen, Mechtild (1995): Gleichstellungspolitik zwischen Anpassung an ›den Mann‹ und Abbau patriarchaler Strukturen, in: Utopie. Richtiges im Falschen?, beiträge zur feministischen theorie und praxis, 18. Jg., S. 71-78.

Kahlert, Heike (1995): Demokratisierung des Gesellschafts- und Geschlechtervertrags. Noch einmal: Differenz und Gleichheit, in: Zeitschrift für Frauenforschung, 13. Jg., H. 4/95, S. 5-17.

Kahlert, Heike (1996): Weibliche Subjektivität. Geschlechterdifferenz und Demokratie in der Diskussion, Frankfurt/Main, New York.

Klinger, Cornelia (1994): Zwischen allen Stühlen. Die politische Theoriediskussion der Gegenwart in einer feministischen Perspektive, in: Erna Appelt/Gerda Neyer (Hg.), Feministische Politikwissenschaft, Wien, S. 119-143.

Koller, Peter (1986): Theorien des Sozialkontrakts als Rechtfertigungsmodelle politischer Institutionen, in: Lucian Kern/Hans-Peter Müller (Hg.), Gerechtigkeit, Diskurs oder Markt? Die neuen Ansätze in der Vertragstheorie, Opladen, S. 7-33.

Kreisky, Eva (1995): Gegen »geschlechtshalbierte Wahrheiten«. Feministische Kritik an der Politikwissenschaft im deutschsprachigen Raum, in: Eva Kreisky/Birgit Sauer (Hg.), Feministische Standpunkte in der Politikwissenschaft, Frankfurt/Main, New York, S. 27-62.

Kurz-Scherf, Ingrid (1994): Es gibt nur zwei Freiheiten – Plädoyer für eine konsequente Politik der Arbeitszeitverkürzung, in: Oskar Negt (Hg.), Die zweite Gesellschaftsreform. 27 Plädoyers, Göttingen, S. 55-64.

Lang, Sabine (1995): Öffentlichkeit und Geschlechterverhältnis. Überlegungen zu einer Politologie der öffentlichen Sphäre, in: Eva Kreisky/Birgit Sauer (Hg.), Feministische Standpunkte in der Politikwissenschaft, Frankfurt/Main, New York, S. 83-121.

Lutz, Burkart (1984): Der kurze Traum immerwährender Prosperität, Frankfurt/Main, New York.

Maihofer, Andrea (1995): Geschlecht als Existenzweise, Frankfurt/Main.

Maltry, Karola (1993): Die neue Frauenfriedensbewegung. Entstehung, Entwicklung, Bedeutung, Frankfurt/Main, New York.

Nagl-Docekal, Herta (1999): Feministische Philosophie, Frankfurt/Main.

Nickel, Hildegard Maria (2000): Ist Zukunft feministisch gestaltbar? Geschlechterdifferenz(en) in der Transformation und der geschlechtsblinde Diskurs um Arbeit, in: Ilse Lenz/Hildegard Maria Nickel/Birgit Riegraf (Hg.), Geschlecht – Arbeit – Zukunft, Münster, S. 243-268.

Okin, Susan Moller (1993): Von Kant zu Rawls: Vernunft und Gefühl in Vorstellungen von Gerechtigkeit, in: Herta Nagl-Docekal/Herlinde Pauer-Studer (Hg.), Jenseits der Geschlechtermoral. Beiträge zur feministischen Ethik, Frankfurt/Main, S. 305-334.

Pateman, Carole (1988): The Sexual Contract, Cambridge.

Pateman, Carole (1994): Der Geschlechtervertrag, in: Erna Appelt/Gerda Neyer (Hg.), Feministische Politikwissenschaft, Wien, S. 73-95.

Pauer-Studer, Herlinde (1998): ›Vereinbarungen unter freien und gleichen Bürgern‹? Das zwiespältige Verhältnis von Vertragstheorie und Feminismus, in: Detlef Horster, Weibliche Moral – ein Mythos?, Fankfurt/Main, S. 189-229.

Pfau-Effinger, Birgit (1993): Macht des Patriarchats oder Geschlechterkontrakt?, in: Prokla, 23. Jg., H. 93, Nr. 4/93, S. 633-663.

Phillips, Anne (1995): Geschlecht und Demokratie, Hamburg.

Rausch, Renate (1996): Geschlechterverhältnisse und Klassentheorie, in: Z., 7. Jg., H. 27, S. 114-125.

Schaeffer-Hegel, Barbara/Leist, Andrea (1997): Sozialer Wandel und Geschlecht: Für eine Neubestimmung des Privaten, in: Mechtild M. Jansen/Regine Walch (Hg.), Backlash? Antworten aus der Praxis. Über die Barrieren von Veränderung und Strategien ihrer Überwindung, Wiesbaden, S. 17-32.

Thompson, Janna (1995): Wollen Frauen den Gesellschaftsvertrag neu fassen? in: Das Argument Nr. 210, 37. Jg., S. 497-512.

Weedon, Chris (1991): Wissen und Erfahrung: feministische Praxis und poststrukturalistische Theorie, Zürich.

III. Kommunikation und Medien

Ulrike Gräßel

Globalisierung und interkulturelle Kommunikation von Geschlecht

Im Zuge der Globalisierung wird eine multikulturelle Gesellschaft zunehmend zur Realität. Zunehmend mehr Frauen und Männer aus einer wachsenden Anzahl unterschiedlicher Kulturen werden im öffentlichen wie im privaten Sektor miteinander in – nicht nur – sprachliche Interaktion treten.

Im Folgenden sollen zwei Aspekte des Zusammenhangs von Globalisierung und der Kommunikation von Geschlecht betrachtet werden: In einem ersten Schritt die Konstruktion der fremden Frau, der ›anderen Anderen‹, und wozu das ›gut‹ ist, und darauf aufbauend die Auswirkungen der Globalisierung auf die Konstruktion von Geschlecht in – durch die Globalisierung bedingte – interkultureller Kommunikation.

Die Konstruktion der anderen Anderen

Ausgangspunkt der folgenden Überlegungen ist das Szenarium der Globalisierung – der weltweiten Vernetzung ökonomischer Aktivitäten – wie es Jürgen Friedrichs (1997) jüngst aus soziologischer Perspektive gezeichnet hat. Friedrichs erwartet Rückwirkungen der Prozesse der Globalisierung auf Nationen, auf Unternehmensstrukturen, auf Städte, Stadtteile und Haushalte: Die Stätten der Produktion und Dienstleistungen werden sich in Niedriglohnländer verlagern, zumeist in ›andere Länder‹, in solche der ›Dritten Welt‹. Es werden nur wenige Städte sein, in denen sich produktionsbezogene Dienstleistungen, Finanzwesen und die Koordination weltweiter ökonomischer Aktivitäten konzentrieren: die global cities, z.B. London, New

York und Tokio. Große Unternehmen weiten ihre wirtschaftlichen Aktivitäten noch mehr aus durch Neugründungen von Produktionsstätten in zahlreichen Ländern; sie werden zu transnationalen Unternehmen.

Die Folgen dieser Prozesse: Die Verhandlungsmacht transnationaler Unternehmen gegenüber nationalen Regierungen und Städten nimmt zu, wohlfahrtsstaatliche Sicherungssysteme werden abgebaut, die Einkommensverteilung wird ungleicher. Die Beschäftigungsstrukturen in den Städten polarisieren sich, und zwar da ein Bedarf besteht zum einen an hochqualifizierten, zum anderen an unqualifizierten Arbeitskräften. Das heißt, die Einkommensverteilung wie die Beschäftigungsstrukturen werden u-förmig, da die mittlere Einkommensebene wegfällt. Diese Polarisierungen reichen bis zu einer extremen Segregation, einer räumlichen Trennung sozialer Gruppen nach Wohnvierteln.

Im Folgenden soll der Frage nachgegangen werden, welche spezifischen Tätigkeiten diese unterschiedlich qualifizierten Gruppen von Arbeitskräften in Zukunft ausführen werden. Zentral in diesem Zusammenhang ist: Was tun vor allem die Unqualifizierten?

Saskia Sassen (1988) meint, dass der Lebensstil der ersten Gruppe, der Qualifizierten, aufrechterhalten wird und abhängig ist von den Arbeitsleistungen der letzten Gruppe: Arbeitsleistungen wie die Zubereitung von Spezialitäten und Delikatessen, die Herstellung dekorativer Gegenstände oder von Luxuskleidungsstücken oder aber auch alltägliche Dienstleistungen wie Putzen, Reparaturen und Botengänge.

Ergänzt und erweitert werden kann dieses Szenarium durch das von Maria S. Rerrich (1993), die eine internationale Arbeitsteilung zwischen den Frauen in Europa prognostiziert. Ausgangspunkt ihrer Überlegungen ist die Feststellung, dass sich die Hoffnungen auf die Umverteilung von Haus- und Familienarbeit zwischen den Geschlechtern bislang nicht erfüllt haben. Trotz zunehmender Erwerbstätigkeit von verheirateten Frauen und Müttern verrichten Männer keine nennenswerten Anteile der Reproduktionsarbeit.

Dennoch konstatiert sie Anzeichen für Prozesse der Umverteilung von Arbeit in Haus und Familie. *Was* sich verändert, ist offensichtlich die Verteilung der Arbeit zwischen *Frauen*: Rüstige Großmütter, schwarzarbeitende Putzfrauen und Kinderfrauen setzen andere Frauen für Erwerbsarbeit frei. Da die Zunahme der Anzahl erwerbstätiger Frauen bisher keine entsprechenden Veränderungen der sozialpolitischen Rahmenbedingungen nach sich gezogen hat, hängt die Berufstätigkeit von Frauen weitgehend davon ab, welche *weiblichen* Ressourcen sie für die Haus- und Familienarbeit mobilisieren können.

Rerrich geht davon aus, dass die dadurch entstehenden neuen Hierarchien zwischen Frauen den klassischen ungleichheitsrelevanten Dimensionen folgen: Bildung und soziale Herkunft, aber auch: Rasse und Nation. Sie vermutet, dass sich eine neue Arbeitsteilung zwischen den Frauen in Europa anbahnt – ich stelle die These auf, dass sich im Zuge der Globalisierung eine neue Arbeitsteilung zwischen den Frauen der Welt anbahnt. Bei gleichbleibenden Rahmenbedingungen sind interdependente Berufskarrieren von Frauen unterschiedlicher nationaler Herkunft wahrscheinlich. Während Frauen aus den Industrienationen zunehmend vergleichsweise privilegierte und sozial gesicherte Arbeitsplätze besetzen können, werden Frauen aus Süd- und Osteuropa, aus Dritte Welt-Ländern, aus den Verlierer-Ländern, Frauen aus den ›anderen‹ Ländern also, ihren Lebensunterhalt in Zukunft möglicherweise zunehmend damit verdienen, dass sie in ungeschützten oder in schlecht bezahlten Beschäftigungsverhältnissen in deutschen Familien putzen, Kinder und Alte betreuen.

Diese Dienstleistungen durch Minderqualifizierte für Privilegierte, und zwar für privilegierte Männer *und* Frauen, sind notwendig, um zum einen den Kernanspruch eines privilegierten Lebensstils zu befriedigen, nämlich von ›niederen Arbeiten‹ freigestellt zu sein, zum anderen um diesen Stil aber überhaupt erst zu ermöglichen, also die Basis für dieses Privileg zu schaffen. Wenn der Kern eines privilegierten Lebensstils nun ist, von niederen Arbeiten – damit ist meistens die Reproduktionsarbeit gemeint – freigestellt zu sein, muss jemand gefunden werden, der, besser natürlich: *die* diese Arbeit erledigt. Die Zuschreibung dieser Jobs an Frauen gelingt nun am besten, ohne dass zum ersten ›man‹, zum zweiten ›frau‹ ein schlechtes ›weißes‹ Gewissen haben muss, mit der Konstruktion der Dienstleistenden als ›anderer‹ und damit einhergehend als ›Nicht-privilegierter‹. Das Motto dieser Konstruktion ist zwar simpel, aus dem Anspruch eines privilegierten Lebensstils aber zwingend: »Nicht ich putze – putzen tut die Andere«. Diese Andere ist für den Mann die Frau, wobei anzunehmen ist, dass vielen Männern relativ egal ist, ob dies eine Angehörige der eigenen oder der Fremdkultur ist, für die Frau ist die Andere die Fremde.

Das heißt, Männer brauchen zur Konstruktion der Anderen die Konstruktion des anderen Geschlechts, also der Frau. Die »Frau der Frau« (Pelz 1991, S. 186) ist dagegen die Fremde: Frauen brauchen zur Konstruktion der Anderen die Konstruktion der Fremden.

Zum Schluss sind also Frauen der jeweils nicht eigenen Kultur andere Andere: Zur Konstruktion des Geschlechts kommt die Konstruktion des Fremden (vgl. Pelz 1991).

Die Konstruktion von Geschlecht in intrakultureller Kommunikation

Bevor die Konstruktion von Geschlecht in durch die Globalisierung bedingten *interkulturellen* Kommunikationssituationen erfasst werden kann, ist ein Blick darauf notwendig, wie dies zunächst innerhalb der Eigenkultur funktioniert.

Ausgangspunkt für die Beantwortung der Frage nach der Konstruktion von Geschlecht ist das Konzept des ›doing gender‹, das Konzept, dass Geschlecht in realen Situationen hergestellt wird, dass Geschlechterdifferenzen bzw. -hierarchien in Interaktionen konstruiert werden. Eine wichtige – und auch die Sache verkomplizierende – Prämisse bei empirischen Untersuchungen entsprechender Interaktionen ist allerdings die, dass die Identitätskategorie Geschlecht niemals ›pur‹ inszeniert wird, »sondern immer nur in Interaktion mit anderen Kategorien. Dazu gehören u.a. der sozioökonomische Hintergrund, der professionelle Status, die ethnische Zugehörigkeit, das Alter und nicht zuletzt auch die individuelle Biographie. Obwohl ›doing gender‹ unvermeidlich ist, spielt die Identitätskategorie ›Geschlecht‹ ihre Rolle verwoben mit anderen Kategorien; sie ist keineswegs immer der zentrale Identifikationsfaktor« (Frank 1995, S. 169).

Die Kommunikation von Geschlecht geschieht also als »komplexes, vernetztes Gefüge situations-, rollen- und gesellschaftsabhängiger Sprechverhaltensweisen« (Heilmann 1998, S. 119).

Relativ unbestritten ist die Konstruktion von Expertentum in der Kommunikationssituation Fernsehdiskussion: In einer Fernsehdiskussion ist ein Experte nur dann aktuell ein Experte, »wenn er sich als solcher präsentiert und diese Rollenaushandlung von den anderen Interaktionspartner/inne/n bestätigt wird« (Kotthoff 1993, S. 81). Wie dies funktioniert, wurde bereits gezeigt (Kotthoff 1993; Gräßel 1991; Gräßel 1997).

Ich bin nun der Frage nachgegangen, ob eine solche Konstruktion wie von Expertentum in Fernsehdiskussionen auch für die Kategorie Geschlecht erfolgt (Gräßel 1997). Und in der Tat: die Ergebnisse der Analyse des Sprachverhaltens von zehn Expertinnen und 14 Experten in fünf Fernsehdiskussionen über 14 Stunden zeigen zum einen, dass für Männer und Frauen in Fernsehdiskussionen auf der Expertenebene ein spezifischer Status konstruiert wird, und dass zum andern Männer und Frauen in unterschiedlicher Hinsicht an der Konstruktion dieses spezifischen Status von Männern und Frauen beteiligt sind: Dreht sich auf den ersten Blick für Frauen und Männer jeweils alles um das andere Geschlecht, wird auf den zweiten Blick deutlich, dass dies sehr viel ausgeprägter für Frauen gilt als für Männer. Frauen sind sehr viel mehr (bei zehn Untersuchungsmerkmalen) auf Männer fixiert, als Männer auf Frauen (bei sieben Merkmalen). Dabei hat die weitere Betrachtung gezeigt, dass Männer durch bestimmte Orientierungen eher auf eine Demontage eines dominanten Gesprächsstatus für Frauen ausgerichtet waren (durch Unterbrechungen und Scheinbezüge), dagegen auf die Montage eines dominanten Status für andere Männer (durch Unterstützungen und Worterteilungen), auf keinen Fall aber für Frauen. Fatales Ergebnis für die Frauen: Nicht nur keine Männer, auch keine anderen Frauen arbeiteten an der Konstruktion eines dominanten Status für Frauen. Frauen bestätigten eher einen dominanten Status für Männer durch Unterstützungen und die Tatsache, dass Männer für sie die bevorzugten Ansprechpartner sind.

Fazit: Männer konstruieren in ihrem Kommunikationsverhalten in Fernsehdiskussionen für Frauen, für ›die Anderen‹, eine untergeordnete Position.

Die Konstruktion des Fremden

Im weiteren soll der Frage nachgegangen werden, welche Positionen für ›die Anderen‹ insgesamt, unabhängig vom Geschlecht konstruiert werden. Viele Autorinnen zum Thema Ethnizität, unter ihnen auch Ilse Lenz (1996), gehen davon aus, dass Ethnizität in bestimmten sozialen Verhältnissen geschaffen wird. Sie kritisieren also naturalisierende oder rein kulturalistische Ansätze, die Ethnizität als vorgegeben auffassen. Ethnie und Rasse werden wie die Kategorie Geschlecht als sozial geschaffen angesehen.»Sie erscheinen als soziale Konstruktion der Wirklichkeit, mit der diese nach Unterschieden geordnet wird. Diese Unterschiede erhalten aber eine strukturierende Bedeutung im Zusammenhang mit Prozessen gesellschaftlicher Herrschaft: Die Unterdrückung resultiert nach dieser Hypothese nicht daher, dass es – soziale oder kulturelle – Unterschiede zwischen Frauen gibt, sondern daher, dass sie so bewertet und stereotypisiert werden, dass Ungleichheit und Gewalt damit legitimiert werden können. Zentral sind nicht die Differenzen, sondern die Hierarchien, die ihre Legitimation darauf stützen« (Lenz 1996, S. 213).

Soziale und kulturelle Unterschiede zwischen Menschen sind also vorhanden, sie dürfen durchaus konstatiert werden, wobei nicht einmal die Ignoranz von fremden Kulturen rassistisch ist, denn: »In diesem Fall«, so Ilse Lenz (1996, S. 210), »wären ca. 80-90% der Menschheit rassistisch, denn dass das Eigene bekannt ist und das Andere als fremd erscheint, ist eine gängige Erscheinung in allen Gesellschaften. Rassismus ist erst dann gegeben, wenn daraus die Überlegenheit der eigenen Gruppe oder Person oder der eigenen Ansichten hergeleitet und in einem Machtverhältnis durchgesetzt wird.«

Und erst dann wird auch die Konstruktion der Anderen problematisch. Problematisch wird die Konstruktion der Anderen, wenn Kultur und/oder ethnische Unterschiede zu einer grundlegenden Differenz umgedeutet werden, die zum einen *alle* darin einbezogenen Individuen, also die gesamte Gruppe umgreifen, und zum zweiten selbstverständlich Ausbeutung und Herrschaft einschließen sollen. »Dabei werden einerseits die Kultur oder ›Rasse‹ naturalisiert, zu einem quasi-naturhaften Verhältnis gemacht. Andererseits gilt dies auch für die Ungleichheit: Sie wird etwa zwischen Schwarzen und Weißen quasi naturhaft vorausgesetzt. Das erinnert an Tendenzen, in denen von einer globalen Dominanz der Männer überall auf der Welt ausgegangen wurde. Der zugrundeliegende Dualismus ist ähnlich« (Lenz 1996, S. 209).

Weg vom Individuum hin zu einer ›globaleren‹ Sicht: Auf der Makro-Ebene werden nun nahezu die gleichen Bilder wie auf dieser Mikro-Ebene konstruiert: »Die ›Dritte Welt‹ wird als Einheit und reines Objekt der Ausbeutung betrachtet; sie bildet das Draußen und das Andere zum westlichen Fortschritt« (Lenz 1996, S. 208).

Problematisches Fazit, das Ilse Lenz (1992, S. 20) zieht: Die »andere Kultur« – und zwar egal, welche – erscheint in der Regel »als geschlossene Einheit: Im Gegensatz zu unserer modernen Gesellschaft wird sie als traditionell, rückständig und ganz besonders patriarchalisch gesehen« und damit auch die ihr Angehörigen – Männer wie Frauen!

Die Konstruktion von Geschlecht in interkultureller Kommunikation

Es ist zu nun vermuten, dass ein ganz besonders ›pikantes‹ Konstrukt entsteht, wenn die einzelnen Konstruktionsmerkmale der Kategorie Geschlecht und der Kategorie ›Anders-sein‹ miteinander ›kombiniert‹ werden.

Die Bilder von Weiblichkeit, die der Konstruktion der Anderen in intrakultureller Kommunikation zugrunde liegen, sind in unserem kulturellen Zusammenhang geprägt von der Zuschreibung von Personenbezogenheit, emotionaler Ausdrucksfähigkeit, Solidarität und des ›Daseins für andere‹ an weibliche Menschen mit weißer Hautfarbe und zusätzlichen Ausdrucksmerkmalen westlicher kultureller Sozialisation. Solche Weiblichkeitsstereotypen muten vergleichsweise differenziert an, betrachtet man z.B. die Darstellung *anderer, fremder* *Frauen* in US-amerikanischen Medien: So werden schwarze Frauen entweder als Dienstmädchen oder ständig lüsterne sexuelle Tiere dargestellt, amerikanische Ureinwohnerinnen entweder als Prinzessinnen oder Squaws, asiatische Frauen entweder als ›dragon ladies‹

oder exotische und unterwürfige Sexualobjekte, und Latinas als leidende Mütter oder ›cantina girls‹ (Rakow/Wackwitz 1998, S. 108 ff.).

Geschlechterstereotypen werden in der sprachlichen Interaktion konstruiert. Sie werden zum einen kommuniziert, z.b. durch ein spezifisches sprachliches Verhalten von Männern und Frauen, zum anderen werden sie bestätigt bzw. korrigiert, auf jeden Fall mitgestaltet (vgl. Kotthoff 1993; Gräßel 1997).
Konstruktionsgrundlage ist das jeweilige Bild von Männlichkeit bzw. Weiblichkeit der Beteiligten, das, was in der sprachlichen Interaktion auf das Gegenüber an ›männlichen‹ oder ›weiblichen‹ Merkmalen projiziert wird.

Das Problem interkultureller Kommunikation ist nun, dass in einer sprachlichen Interaktion sehr unterschiedliche, teilweise völlig unbekannte und teilweise auch völlig unvereinbare Vorstellungen von Männlichkeit und Weiblichkeit aufeinandertreffen und natürlich auch von männlicher und weiblicher Lebenswirklichkeit.

Zunächst ein Beispiel für ein Missverständnis, das auf unterschiedlichen Lebenswirklichkeiten von Frauen aus unterschiedlichen politischen Systemen – Kulturen? – beruht:

Die Ost-Soziologin Barbara Bertram (B.B.) unterhält sich mit der West-Soziologin Ursula Müller (U.M.):

»B.B.: Unsere Frauen wollen von keinem Mann abhängig sein; gleichzeitig sind sie sehr familienorientiert. In allen Untersuchungen wird der Familie Vorrang vor dem Beruf gegeben.
U.M.: Diesen Widerspruch verstehe ich nicht.
B.B.: Wo ist denn da ein Widerspruch«

Des (nur für westliche Vorstellungen) Rätsels Lösung aus östlicher Sicht: Frauen im Osten konnten jederzeit jedweden Ehemann verlassen, ohne sich um ihre Existenzsicherung, das Sorgerecht oder das Recht auf die Familienversorgung sorgen zu müssen« (Bertram/Müller 1992, S. 59). Familie zu haben und zu leben, und zwar unabhängig von der Versorgung durch einen Mann, war im Osten kein Widerspruch.

Die Konstruktion von geschlechtstypischen Sprachstilen

Ein herausragendes Instrument zunächst zur Konstruktion von Geschlecht sind Sprach›stile‹, eine spezifische Art und Weise, wie Menschen kommunizieren, und zwar Menschen unterschiedlichen Geschlechts *oder bzw. und* auch unterschiedlicher Kulturkreise. Treten nun im Zuge von Globalisierungsprozessen Männer und Frauen aus unterschiedlichen Kulturen in Interaktion, kann dies zu Missverständnissen führen. Es handelt sich hierbei um Missverständnisse, die auf kulturell bedingtem *individuellen sprachlichen Verhalten* beruhen, und zwar auf spezifischen Sprach›stilen‹, die offensichtlich in allen Kulturen vorhanden sind und auch von Männern und Frauen realisiert werden.

Eine bestimmte Art, etwas zu tun, eine ›Stilisierung‹ des Verhaltens, ist nach Erving Goffman notwendig, um einem Gegenüber in sozialen Situationen Informationen über die eigene soziale und auch persönliche Identität zu geben. Und in jeder Kultur wird ein bestimmtes Spektrum dieses Ausdrucksverhaltens spezialisiert, »damit es regelmäßiger und vielleicht effektiver diese informierende Funktion erfüllen kann« (Goffman 1976, S. 10). Neben vielen anderen Merkmalen, die ein Mensch ausdrücken kann, gehört die Geschlechtszugehörigkeit zu den am tiefsten verankerten Merkmalen des Menschen: »Weiblichkeit und Männlichkeit sind gewissermaßen Prototypen des essentiellen Ausdrucks – also etwas, das in jeder sozialen Situation mühelos vermittelt werden kann, und doch zugleich etwas, das die elementarste Charakterisierung eines Menschen abgibt« (Goffman 1976, S. 34). Dabei ist das Ausdrucksverhalten »sozial gelernt und sozial geprägt; es ist eine gesellschaftliche Kategorie, die einen bestimmten Ausdruck findet« (1976, S. 35).

Nun sind nach Goffman Männlichkeit und Weiblichkeit nicht Ausdruck der Realität der Geschlechter, nicht Ausdruck einer vermeintlichen ›Natur‹ der Geschlechter. Ein männlicher und ein weiblicher Verhaltensstil sind vielmehr Abbilder gesellschaftlich vermittelter Vorstellungen von Männlichkeit und Weiblichkeit, davon, wie Männer und Frauen zu sein haben.

Wenn im Folgenden von einem weiblichen und männlichen Sprachstil die Rede ist, heißt das selbstverständlich nicht, dass alle

Männer und alle Frauen in jeder Kommunikationssituation ›so‹, also ›typisch männlich‹ bzw. ›typisch weiblich‹, und nicht anders reden. Selbstverständlich lassen sich »bestimmte sprachlich/sprecherische Besonderheiten nicht einfach linear Frauen oder Männern zuordnen« (Heilmann 1998, S. 113). Männer und Frauen realisieren selbstverständlich je nach Kommunikationssituation ein sprachliches Verhalten, das neben der Kategorie Geschlecht noch von unzähligen anderen Faktoren beeinflusst wird. Doch trotzdem sich auch in meiner Untersuchung der Kommunikationssituation Fernsehdiskussion gezeigt hat, dass der Status einer Person das sprachliche Verhalten sehr viel mehr beeinflusst als das Geschlecht (Gräßel 1991), sind geschlechtstypische sprachliche Verhaltensweisen so überzeugend nachweisbar, dass es durchaus legitim ist, von einem männlichen und weiblichen Gesprächsverhalten bzw. von einem männlichen und weiblichen Gesprächsstil zu reden.

Ein weiblicher Gesprächsstil ist nun gekennzeichnet zum einen durch ein ausgesprochen aufmerksames und unterstützendes Hörverhalten, zum anderen durch Formen der Abschwächung – z.B. die Formulierung einer Aussage in Frageform oder ein Lächeln an ›unpassenden‹ Stellen – und schließlich durch das Fehlen von Formen dominanten Sprachverhaltens.

Ein weiblicher Stil ist ein indirekter Stil und insgesamt Ausdruck von Gesprächsarbeit, von Arbeit daran, dass Kommunikation gelingt. Die Realisierung eines solchen Stils ist sicherlich in einer Vielzahl privater Kommunikationssituationen überlegen, im öffentlichen Bereich ist dieser Stil derjenige, der in professionellen Beratungsgesprächen gefordert wird. Ansonsten ist dies in unserer öffentlichen Gesprächskultur kein Stil, mit dem man ›gewinnen‹ kann.

Dies ist in unserem Kulturraum so, wo ›anders‹ kann das ›anders‹ sein, so z.B. in Madagaskar: Auf Madagaskar legen die Männer einen indirekten Redestil an den Tag, eine Sprache, die sich windet. »Dieser Stil gilt als harmoniefördernd und zielt darauf ab, Konfrontationen und Gesichtsbedrohungen zu vermeiden. Gleichzeitig wird der männliche Stil aufgrund seiner ›Indirektheit‹ als ›besser‹ und ›schöner‹ betrachtet und hat einen höheren Status in der madegassischen Gesellschaft als der weibliche Stil. Der weibliche Stil weist sich nämlich durch seine Direktheit aus und gilt als Quelle des Konflikts und als Bedrohung für soziale Beziehungen. [...] In öffentlichen Gesprächen ist der männliche Stil obligatorisch, da Konflikte vermieden werden sollen. Aus diesem Grund sind auch alle öffentlichen Sprecher Männer« (Günthner/Kotthoff 1991, S. 34).

Die Bewertung[1] des madegassischen männlichen Stils als ›schöner und besser‹ steht ganz klar konträr zu unseren kulturellen Vorstellungen: In öffentlichen Gesprächen herrscht in unserer Gesellschaft das Ideal der Direktheit, der Klarheit, der Konfrontation. Dagegen entspricht die Tatsache, dass fast alle öffentlichen Sprecher Männer sind, nahezu unseren Verhältnissen. Sind solche Wertungen also nur eine Frage der Definition und der Frage, in wessen Händen in einer Gesellschaft die Definitionsmacht liegt? Frei nach dem Motto: Wenn Männer so reden und Männer haben die Macht, dann ist die Art, wie Männer reden, eben die bessere? Eine solche Argumentation lässt meines Erachtens einen wichtigen Aspekt außer Acht: Die Bewertung eines indirekten Sprachstils in der Öffentlichkeit als überlegen ist vielmehr eine Frage der Kommunikationsintention, die Frage danach, ob öffentliche Gespräche konfliktorientiert oder konsensorientiert geführt werden sollen. In Madagaskar ist ganz offensichtlich die Konsensorientierung der ›höhere Wert‹, wobei allerdings offen bleibt, wer die Konsensorientierung in der Öffentlichkeit als ›höherwertig‹ definiert.

Die Konstruktion von kulturtypischen Sprachstilen

‹Indirekt› zu sprechen und dadurch offene Uneinigkeit zu vermeiden – der bevorzugte Sprachstil in der madegassischen Öffentlichkeit – ist ein Merkmal des sprachlichen Verhaltens ›kollektivistischer‹ Kulturen, im Gegensatz zu ›individualistischen‹ (vgl. Slembek 1998). Im kollektivistischen Kulturtyp werden Bedürfnisse, Ziele und Werte der Gruppe höher eingeschätzt als die des Individuums, was in den meisten asiatischen, in afrikanischen und auch in indianischen Kulturen der Fall ist. In individualistischen Gesellschaften – den meisten westlichen – werden dagegen die individuellen Bedürfnisse, Werte und Ziele vor die der Gruppe gesetzt. »Die Menschen in dem einen oder anderen Kulturtyp haben unterschiedliche Selbstkonzepte, unterschiedliche Vorstellungen von Identität und unterschiedliches Sozialverhalten. Das hat Konsequenzen dafür, wie sie kommunizieren, wie ihre Zusammenarbeit geregelt ist, wie Ziele festgelegt werden, wie Meinungsverschiedenheiten gelöst werden, wie Entscheidungen zustande kommen« (Slembek 1998, S. 30). In einem Konfliktfall tendieren beispielsweise Mitglieder individualistischer Kulturen dazu, direkt zu sein, ihre Position entschieden zu vertreten, um ihre Ziele zu erreichen. Direkte Konfrontationen, auch Angriffe sind durchaus üblich. In solchen Fällen wird Konflikt als Kampf verstanden, als Gewinndialog. Mitglieder kollektivistischer Kulturen dagegen vermeiden Konfrontationen gegenüber Mitgliedern einer Gruppe, der sie sich zugehörig fühlen. Aufgrund dieser Unterschiede geht Edith Slembek (1998, S. 33) so weit, die Frage zu stellen, ob Arbeitsgruppen, »gebildet aus unterschiedlichen Kulturen, mit unterschiedlichen Identitäten, Selbst-Konzepten, Verhaltensweisen und Kommunikationsstilen [...] überhaupt sinnvoll zusammenarbeiten können.«

So berechtigt diese Frage auch sein mag: Interkulturelle Zusammenarbeit ist eine Grundvoraussetzung für die weltweite Vernetzung ökonomischer Aktivitäten. Interkulturelle Kommunikation ist die Basis der Globalisierung. Um möglichem gegenseitigen Nicht-Verstehen vorzubeugen, um Missverständnisse zu vermeiden, um Zusammenarbeit zu ermöglichen, muss unser Wissen um kulturell vorgegebene Kommunikationsregeln erweitert werden.

Missverständnisse in interkultureller Kommunikation

Missverständnisse in interkultureller Kommunikation können sich z.B. bei Aspekten nonverbalen Verhaltens ergeben, was beispielsweise die räumliche Nähe bei sprachlicher Interaktion anbelangt. Während in Mitteleuropa bei Arbeitskontakten die angenehme Kommunikationsdistanz bei ungefähr 1,20m liegt, wobei die Kommunikationspartner/innen im offenen Winkel zueinander stehen, bevorzugen Lateinamerikaner/innen eine Position genau gegenüber dem/der Gesprächspartner/in und eine deutlich geringere Distanz. Treffen nun Kommunikationspartner/innen dieser unterschiedlichen Kulturkreise aufeinander und verhalten sich entsprechend ihrer kulturellen Kommunikationsnormen, ist die Gefahr groß, dass die einen die anderen als aufdringlich und aggressiv empfinden, die anderen die einen als kalt und unhöflich (vgl. Slembek 1998). In der Interaktion zwischen Männern und Frauen aus diesen unterschiedlichen Kulturen können nun neben diesen kulturspezifischen Aspekten zusätzlich geschlechtsspezifische relevant werden: In Mitteleuropa wird der Raum von Frauen wie von statusniedrigen Personen in der Regel leichter verletzt, als der von Männern und statushohen Personen, und zwar sowohl durch Männer als auch durch Frauen bzw. sowohl durch Statushohe als auch durch Statusniedrige. Räumliche Nähe – in ihrer letzten Konsequenz die Berührung – hat neben einer Dominanz- aber immer auch eine sexuelle Konnotation. Realisieren Frauen nun ›dominante‹ Gesten gegenüber Männern, wird ihnen dies aber sehr häufig nicht als Dominanz ausgelegt, sondern – darauf hat Nancy Henley (1988) hingewiesen – als sexuelle Avance. Die kulturell vermittelte räumliche Distanz bzw. Nähe einer Lateinamerikanerin einem Mitteleuropäer gegenüber in einer formalen Kommunikationssituation wäre für sie: ›normal‹, für ihn: ›unnormal‹, auf jeden Fall verwirrend, eventuell bedrohlich – wenn er die Nähe als Dominanzgeste interpretieren würde – eventuell aber auch eine sexuelle Einladung!

Für unterschiedliche Kommunikationssituationen hat also jede Kultur ihre eigenen kommunikativen Verhaltensregeln. Ein weiteres Beispiel für mögliche Missverständnisse, das Helga Kotthoff (1991) berichtet: So muss ein Chinese oder ein Westgeorgier ein ihm angebotenes Stück Kuchen zunächst einmal ablehnen, um dadurch Bescheidenheit zu demonstrieren, was zum Höflichkeitsgebaren in seiner Kultur gehört. Entsprechend muss die Gastgeberin es mehrmals anbieten und erst nach mehreren Versuchen darf der Gast das Angebot akzeptieren. In den meisten deutschsprachigen Kulturräumen wird dagegen mehrmaliges Anbieten als Nötigung aufgefasst, insofern wird ein ›nein‹ relativ schnell akzeptiert. »Mit einer deutschen Gastgeberin entsteht die Kette mehrmaliger Angebote nicht mit der gleichen Wahrscheinlichkeit, wie mit einer chinesischen oder westgeorgischen. Die pragmatischen Kommunikationsnormen entsprechen sich in dieser Situation nicht« (Kotthoff 1991, S. 42). Wird nun ein solches ›nein‹ einer Chinesin oder eines Georgiers von einer deutschen Gastgeberin plötzlich akzeptiert – ein kommunikativer Fehlschlag aufgrund der Unkenntnis kultureller Kommunikationsnormen – ist die Gefahr groß, dass die Chinesin und der Georgier die Deutsche unhöflich finden, die Deutsche ihre Gäste umgekehrt als »schwierig«, als jemand, den man »zigmal bitten muss« (ebd.).

Abschließend noch einmal zurück zu dem vorher angesprochenen weiblichen Stil, der nunmehr wohl besser als ›westlicher, weißer, weiblicher Stil‹ zu bezeichnen ist:

Eine Form der Abschwächung, die Frauen häufiger als Männer verwenden, ist ein ›unpassendes Lächeln‹, ein Lächeln an unpassenden Stellen, das zur Entschuldigung, zur Abschwächung einer ›negativen‹ Botschaft oder zur teilweise Zurücknahme des Gesagten dient. In unserem Kulturkreis findet sich grundsätzlich die kommunikative Regel, dass freundliche, positive, ›lustige‹ Botschaften lachend oder lächelnd nonverbal begleitet werden, ernste, negative, ›traurige‹ Botschaften mit einer entsprechend ernsten Mimik. Menschen – nach vorliegenden Forschungsergebnissen meist Frauen – die gegen diese Kommunikationsnorm verstoßen, werden entsprechend als widersprüchlich, unglaubwürdig oder auch unterwürfig beurteilt (Gräßel 1991, S. 92 ff.), und zwar entweder als gesamte Person, günstigstenfalls ›nur‹ ihre Botschaft.

Als völlig inakzeptables nonverbales Verhalten würde nun in unserem Kulturkreis gelten, wenn eine Frau nicht nur nicht weinend, sondern sogar lachend vom Tod ihres Mannes erzählen würde. Ein Lächeln oder gar Lachen in dieser Situation würde als extrem unangemessen empfunden. Anders in Japan: Dort ist Lachen bzw. Lächeln eine übliche und auch kulturell erwartete Verhaltensweise, um die Gefühle zu verbergen. Eine Japanerin, die in einer interkulturellen Kommunikationssituation lachend vom Tod ihres Mannes erzählt, verhält sich also den Kommunikationsregeln ihres Kulturkreises entsprechend absolut angemessen, ›unseren‹ Regeln entsprechend allerdings mehr als widersprüchlich, unglaubwürdig, auf jeden Fall ›merkwürdig‹ und in den Augen ihres Gegenübers auch noch ›typisch weiblich‹ – obwohl dieses ›von uns‹ als unpassend empfundene Lächeln überhaupt nichts mit ihrer Geschlechtsrolle zu tun hat.

Eine weitere Form der Abschwächung, die weiße Frauen aus westlichen Kulturkreisen häufiger als Männer verwenden, ist die Formulierung einer Aussage in Frageform, wobei Frauen auch insgesamt mehr Fragen stellen, was bereits allein durch die – steigende – Intonation geschieht. Inder und Inderinnen nun äußern eine Frage mit *fallender* Intonation. Man stelle sich jetzt – so ist eben Globalisierung – einige Inderinnen z.b. auf einem Sekt-Empfang vor, allerdings nicht als Gast sondern – so ist eben Globalisierung – als Bedienerinnen, die den Gästen das Tablett entgegenhalten und sagen: »Sekt!« (vgl. Maltz/Borker 1991, S. 57) – Missverständnisse sind vorprogrammiert. Was den Sprecherinnen dieses ›Angebots‹ zum Nachteil gereichen würde, ist, dass sie sicherlich als unfreundlich und unhöflich wahrgenommen werden. Vielleicht bieten solche interkulturellen Kommunikations-Fehlschläge aber auch Vorteile, Chancen für ein neues Kommunizieren der Geschlechter: Ein so geäußertes Angebot würde nämlich nicht nur als unhöflich gelten, sondern – zumindest in westlichen Augen – auch als völlig ›unweiblich‹ – vielleicht ein erster Schritt weg von Geschlechterklischees?

Anmerkung

1   Zu Bewertungen unterschiedlicher Sprachstile vgl. auch Günthner (1997): So werden z.b. bei den Wolof im Senegal, einer männlich dominierten, hierarchisch-organisierten Kastengesellschaft rhetorische Fertigkeiten prinzipiell negativ und als Ausdruck eines niedrigen Status bewertet, während Schweigen Ausdruck eines hohen Status ist. Die strikte Hierarchisierung der Gesellschaft spiegelt sich nun zum einen im Gesprächsverhalten ständig wider, zum andern wird es ständig reproduziert, indem Frauen und Männer der unteren Kasten viel und oft, adelige Männer kaum reden und sogar professionelle Redner angestellt haben, die bei öffentlichen Auftritten an ihrer Stelle sprechen. Dabei reden adlige Frauen immer noch mehr als adlige Männer, was wiederum als Zeichen ihres niedrigeren Status interpretiert wird. Dagegen wird in Burundi, einer ebenfalls stark hierarchisch gegliederten Kastengesellschaft, Eloquenz hoch geschätzt. Bereits mit zehn Jahren bekommen Jungen der oberen Kasten ein spezielles Sprechtraining. Die Mädchen dagegen werden unterwiesen, ruhig zu sein und sich als gute Zuhörerinnen zu üben. Öffentliches Reden ist ihnen untersagt, es wird von ihnen wie auch von Angehörigen niedriger Kasten erwartet, dass sie nur dann reden, wenn sie aufgefordert werden.

Literatur

Bertram, Barbara/Müller, Ursula (1992): Geschlechterbeziehungen hüben und drüben, in: Gudrun-Axeli Knapp/Ursula Müller (Hg.), Ein Deutschland – zwei Patriarchate? Dokumentation der Jahrestagung der Sektion Frauenforschung in Hannover, 21.-23, Juni 1991, Bielefeld/Hannover, S. 54-62.

Frank, Karsta (1995): F-R-A-U buchstabieren: Die Kategorie ›Geschlecht‹ in der linguistischen Frauenforschung, in: Ursula Pasero/Friederike Braun (Hg.), Konstruktion von Geschlecht, Pfaffenweiler, S. 153-181.

Friedrichs, Jürgen (1997): Globalisierung – Begriff und grundlegende Annahmen, in: Aus Politik und Zeitgeschichte B33-34, S. 3-11.

Goffman, Erving (1976): Geschlecht und Werbung, Frankfurt/Main.

Gräßel, Ulrike (1997): »Aber Sie wissen sicher da mehr darüber!« Orientierungen von Expertinnen und Experten in Fernsehdiskussionen, in: Friederike Braun/Ursula Pasero (Hg.), Kommunikation von Geschlecht, Pfaffenweiler, S. 88-104.

Gräßel, Ulrike (1991): Sprachverhalten und Geschlecht. Eine empirische Studie zu geschlechtsspezifischem Sprachverhalten in Fernsehdiskussionen, Pfaffenweiler.

Günthner, Susanne/Kotthoff, Helga (1991): Von fremden Stimmen. Weibliches und männliches Sprechen im Kulturvergleich, in: dies. (Hg.), Von fremden Stimmen, Frankfurt/Main, S. 7-51.

Heilmann, Christa M. (1998): Das Gesprächsverhalten von Frauen – Zeichen fehlender ethnolinguistischer Identität?, in: Ingrid Jonach (Hg.), Interkulturelle Kommunikation, Sprache und Sprechen 34, München, Basel, S. 110-120.

Kotthoff, Helga (1991): Kommunikative Fehlschläge zwischen Frauen und Männern, in: Das Wort: Germanistisches Jahrbuch, Moskau 1991, S. 42-50.

Kotthoff, Helga (1993): Kommunikative Stile, Asymmetrie und ›Doing Gender‹. Fallstudien zur Inszenierung von Expert(inn)entum in Gesprächen, in: Feministische Studien 11 (2) S. 79-95.

Lenz, Ilse (1992): Fremdheit/Vertrautheit. Von der Schwierigkeit im Umgang mit kulturellen Unterschieden, in: Gudrun-Axeli Knapp/Ursula Müller (Hg.), Ein Deutschland – zwei Patriarchate? Dokumentation der Jahrestagung der Sektion Frauenforschung in Hannover, 21.-23. Juni 1991, Bielefeld/Hannover, S. 11-27.

Lenz, Ilse (1996): Grenzziehungen und Öffnungen: Zum Verhältnis von Geschlecht und Ethnizität zu Zeiten der Globalisierung, in: Ilse Lenz/Andrea Germer/Brigitte Hasenjürgen (Hg.), Wechselnde Blicke. Frauenforschung in internationaler Perspektive, Opladen.

Maltz, Daniel M./Borker, Ruth A. (1991): Missverständnisse zwischen Männern und Frauen – kulturell betrachtet, in: Susanne Günthner/Helga Kotthoff (Hg.), Von fremden Stimmen, Frankfurt/Main, S. 52-74.

Pelz, Annegret (1991): Reisen in die eigene Fremde. Reiseliteratur als autogeographische Schriften von Frauen, Köln, Wien.

Rakow, Lana F./Wackwitz, Laura (1998): Communication of Sexism, in: Michael L. Hecht (Hg.), Communicating Prejudice, Thousand Oaks, S. 99-111.

Maria S. Rerrich (1993): Auf dem Weg zu einer neuen internationalen Arbeitsteilung zwischen den Frauen in Europa? Beharrungs- und Veränderungstendenzen in der Verteilung von Reproduktionsarbeit, in: Agnes Elting-Camus, Heiner Meulemann (Hg.), 26. Deutscher Soziologentag Düsseldorf, Abstract-Band, Düsseldorf.

Saskia Sassen (1988): The Mobility of Labor and Capital. A Study of International Investment and Labor Flow, Cambridge, Mass.

Edith Slembek (1998): Grundfragen der interkulturellen Kommunikation, in: Ingrid Jonach (Hg.), Interkulturelle Kommunikation, Sprache und Sprechen 34, München, Basel, S. 27-36.

Ruth Albert, Tamara Faschingbauer, Christa M. Heilmann

Geschlechtstypisches Kommunikationsverhalten und dessen gesellschaftliche Bewertung

1. Zur Problemstellung und Forschungssituation

«Nur was zuvor unterschieden wurde, läßt sich auch in ein hierarchisches Verhältnis setzten. So gesehen ist die Herstellung der Geschlechterdifferenz eine unabdingbare Voraussetzung für die Herstellung der Hierarchie zwischen den Geschlechtern. Und aus eben diesem Grund scheint mir das Insistieren auf der Differenz, die Konstruktion der Differenz in der Frauenforschung selbst und erst recht die Ontologisierung der Differenz schon im Ansatz kontraproduktiv zu sein: Sie bestätigt gewissermaßen die Bedingung der Existenz dessen, was sie eigentlich abgeschafft sehen möchte» (Wetterer 1992, S. 206).

Das Dilemma, einerseits geschlechtsbezogene Merkmale des Sprechens in das Zentrum von Untersuchungen rücken zu müssen, um deutlich zu machen, dass es sich um sprechende Frauen und Männer handelt, andererseits mit der Dekonstruktion des Merkmals Geschlecht auf die Bedeutung anderer soziokultureller Kriterien und deren Einfluss auf das Gesprächsverhalten hinzuweisen, lässt sich nur schwer auflösen. Lediglich die explizite Darstellung dieser dialektischen Beziehung eröffnet den Lösungsweg: »Wenn Differenzen zwischen den Geschlechtern feststellbar sind, dann kann eine Veränderung bedeuten, diese Differenzen zugunsten von Gleichheit abzubauen. Sie kann aber auch das Gegenteil beinhalten, nämlich die Differenzen zu erhalten und anders mit ihnen umzugehen« (Faulstich-Wieland 1998, S. 5/6).

Die verkürzte Annahme früher, zunächst als ›Frauenforschung‹ bezeichneter Studien, dass die Frauensprache/das Frauensprechen eine defizitäre Variante der Männersprache/des Männersprechens sei, wie aufgrund der sogenannten ›Defizithypothese‹ angenommen, hat sich in dieser Form aus unterschiedlichen Gründen als nicht haltbar erwiesen. So zeigten sowohl Frauen als auch Männer in differenten Kommunikationssituationen und auf unterschiedlichem soziokulturellen Hintergrund je verschiedene Sprachverwendung und unterschiedliches Sprechverhalten, so dass einerseits ›die‹ Frauensprache und ›die‹ Männersprache nicht stringent deutlich wurden, andererseits Frauen Gesprächsverhalten demonstrierten, das keinen vorgeprägten männlichen Kategorien zuzuordnen war:

> »Statt Frauen als mißratene oder minderwertige Varianten des ›eigentlichen Menschen‹, des Mannes nämlich, zu beschreiben, hat die Frauenforschung gegen diesen Standard des Mannes als Muster opponiert. Bei ihrer Beschreibung des weiblichen Wesens standen die Orientierung der Frauen auf zwischenmenschliche Beziehungen und ihr Suchen nach Nähe, ihre ›Fürsorgerationalität‹ und ihre ›Verantwortungslogik‹ im Zentrum. In diesem Lichte wurden Handlungen und Denkweisen von Frauen, die vorher als ›unlogisch‹ abgetan wurden, da sie nach männlichen Prämissen bewertet wurden, verständlich und logisch.«[1]

Die folgerichtige Konsequenz bestand in der Entwicklung der sogenannten ›Differenzhypothese‹, in welcher das Merkmal Geschlecht als selbständige Untersuchungskategorie Eingang fand, in unabhängigen Fokussierungen für Frauen und Männer.

Sprechende Personen sind weiblichen und männlichen Geschlechts, jedoch unter Einbezug einer Differenzierung zwischen geschlechtsbezogenen und geschlechtsgebundenen Merkmalen, wie Degenhardt sie vornimmt, wird eine Trennung in biologisches und kulturelles Geschlecht eröffnet: »*Geschlechtsspezifisch*« ist ein Merkmal nur dann, wenn es ausschließlich bei einem Geschlecht vorkommt (Degenhardt 1979, S. 12). Die übrigen Merkmale, die geschlechtsbezogen auftreten, bezeichnet Degenhardt als »geschlechtstypisch« (Degenhardt 1979, S. 12).

Von dieser Annahme ausgehend existieren neben biologisch bedingten Eigenschaften z.B. kommunikative Fähigkeiten, Sprachverwendungs- und Sprechweisen, die situativ und bezogen auf die jeweiligen Gesprächsbeteiligten variabel sind. Derartige Überlegungen führten zum Begriff des ›doing-gender‹, der den kausalen Zusammenhang zwischen biologischem und soziokulturellem Geschlecht aufhebt.

Problematisch bleibt der terminologische Zugriff: Wenn Sprechende ihr Geschlecht soziokulturell setzen, also rollen- und situationsspezifisch unterschiedlich ausprägen können, bedingt dies als unabdingbare Voraussetzung, dass ein Verhaltensrepertoire zur Verfügung steht, das jeweils abrufbar ist, und zwar ein geschlechtsmarkiertes. Ist ›doing-gender‹ stringent begrifflich anzunehmen, inszenieren sich die jeweils Gesprächsbeteiligten als Männer oder Frauen, was jedoch im Umkehrschluss bedeutet, dass doch Frauen- und Männertypisches existiert: Attribution und Darstellung bleiben zentrale Kategorien.

Die theoretische Weiterentwicklung genderspezifischer Forschung führte daher folgerichtig zur Dekonstruktion von Geschlecht als Betrachtungsfokus und im Gegensatz dazu zur Orientierung auf soziokulturelle Strukturen, Rollenerwartungen und Wirkungsanalysen kommunikativer Kompetenzen.

»Wenn in bestimmten Personengruppen Geschlechtsrollenidentität und biologisches Geschlecht systematisch kovariieren (Nichtandrogyne), in anderen hingegen voneinander völlig unabhängig sind (Androgyne), so verweist dies darauf, dass die Entwicklung der Geschlechtsrollenidentität von psychologischen Situations- oder Kontextfaktoren anhängig ist. Wenn dies der Fall ist, dann sollte auch nachweisbar sein, dass sich *die Geschlechtsrollenidentität einer Person mit dem* aktuellen Kontext verändert: Unabhängig von interindividuellen Unterschieden in der Geschlechtsrollenidentität sollten bestimmte Kontextfaktoren eine androgyne und andere Kontextfaktoren eine nicht androgyne Informationsverarbeitung begünstigen« (Hannover 1999, S. 133).

Das belegen schon sehr frühe Studien, die z.B. zeigen, dass die Frauen, die sich in gleichgeschlechtlichen Gesprächsgruppen als souverän und kompetent darstellen, in gemischtgeschlechtlich zusammengesetzten Gruppen weniger kompetenten Männern unterordnen (vgl. z.B. Aries 1976). Aber auch eine Examensarbeit von 1998 (Gangl), die eine Bilddokumentation von Marianne Wex aus dem Jahre 1979 (Wex) 20 Jahre später nachstellt, belegt erneut, dass spezifische Körperhaltungen jeweils bei Männern oder Frauen häufiger anzutreffen sind, jedoch niemals auf nur ein Geschlecht beschränkt sind. Ausgehend von der oben benannten Definition von Degenhardt (vgl. Linke/Nussbaumer/Portmann (Hg.) 1994, S. 319), dass von geschlechtsspezifisch, also an ein bestimmtes Geschlecht gebunden, nur dann gesprochen werden kann, wenn eine Verhaltensweise ausschließlich nur bei einem der beiden Geschlechter auftritt, zeigt sich, dass die Geschlechtsrollenidentität in Bezug auf extralinguale Merkmale (›Körpersprache‹) von psychologischen Situations- und Kontextfaktoren abhängig ist. Die Studentin stellte als Bilddokumentation Sitzpositionen und Körperhaltungen im Stehen im Bushaltestellenbereich einer deutschen Universitätsstadt zusammen. Auch eine Studie von Heilmann zum gestischen Verhalten bei Zurückweisungen (Heilmann 1993 a sowie Heilmann 1993 b) belegt, dass sich die Teilnehmenden je nach kommunikativer Gesprächssituation unterschiedlicher Gestik bedienen, dass das gestische Verhalten nicht unabdingbar personenbezogen ist. Alle Handgesten, die im Zusammenhang mit Zurückweisung von Meinungsäußerungen im Rahmen einer Fernsehdiskussion in 3SAT wahrnehmbar waren, wurden analysiert und in Relation zu inhaltlich markierten Zurückweisungstypen gesetzt. Es zeigte sich, dass weder eine typusspezifische Geste (z.B. für das argumentierende Zurückweisen ein anderer Gestenkanon als für das direktive Zurückweisen) noch eine personenspezifische Gestik (Gesprächsbeteiligte benutzen, wenn sie zurückweisen, eine für sie spezifische Zurückweisungsgeste) belegt werden konnte.

Selbst bei geschlechtsspezifischen, also biologisch gegebenen Merkmalen, lassen sich soziokulturell und kontextabhängig zumindest Verhaltensvariationen wahrnehmen: Zwischen Männerstimmen und Frauenstimmen besteht ein durchschnittlicher Unterschied von 100 Hz, d.h. die Frequenzen von Sprecherinnen liegen um etwa diese Größe höher als die der Sprecher. Diese starke Polarisierung lässt sich, wie Linke darstellt (Linke/Nussbaumer/Portmann (Hg.) 1994), nur z.T. biologisch erklären, eine starke sozial bedingte Geschlechtsstereotype sei als mitverantwortlich anzusehen. In dieser Richtung ist auch Slembek (1993) zu verstehen, die darauf hinweist, dass in der ›Stimmenmode‹ der Medien heute tiefere Frauenstimmen bevorzugt werden als früher. So sind Hör- und Sprechgewohnheiten jeweils kulturellen

Präskriptionen unterworfen, was zu stärkeren Ausprägungen oder Reduzierungen von biologischen Gegebenheiten beim Sprechen führen kann. Das am Beispiel des Stimmumfangs exemplarisch Dargestellte lässt sich auf alle weiteren Konstituenten der sprechsprachlichen Kommunikation übertragen: auf den dynamischen, temporalen, melodischen und den artikulatorischen Akzent, auf den Stimmklang, aber auch auf Fragen von Strukturierung und Darstellung von Äußerungen. Denn auch Planung und sprachliche Vorstrukturierung von Gedanken im Denk-Sprech-Prozess können geschlechtsabhängig different verlaufen. Je nach vorherrschenden gesellschaftlichen Erwartungen, Rollenverständnis und Hierarchisierung von Sprechsituationen können demnach im Rahmen biologischer Varianz unterschiedliche Entscheidungen getroffen werden, Erwartungen zu entsprechen, sich divergent dazu zu verhalten oder über explizites Reflektieren auf Voreinstellungen Einfluss zu nehmen.

Eine einfache geschlechtsbezogene Zuschreibung reicht nicht aus, um wahrnehmbare Spezifika zu erklären, eher ist von einem komplexen Gefüge situations-, rollen- und kontextabhängiger Sprechverhaltensweisen auszugehen, die Biologisches mit einbeziehen. Indem das sprecherische Verhalten von Frauen und Männern sich einerseits über die Situationshierarchie entwickelt und andererseits in Abhängigkeit von der Soziostruktur der Hörenden entsteht, erscheint geschlechtsbezogenes Gesprächsverhalten als ein von allen Beteiligten miteinander konstituierter Prozess.

Frank formuliert in diesem Zusammenhang:

»Die Identitätskategorie ›Geschlecht‹ wird niemals ›pur‹ inszeniert, sondern immer nur in Interaktion mit anderen Kategorien. Dazu gehören u.a. der sozioökonomische Hintergrund, der professionelle Status, die ethnische Zugehörigkeit, das Alter und nicht zuletzt auch die individuelle Biografie. Obwohl ›doing gender‹ unvermeidlich ist, spielt die Identitätskategorie ›Geschlecht‹ ihre Rolle verwoben mit anderen Kategorien; sie ist keineswegs immer der zentrale Identitätsfaktor. [...] Deshalb können in bestimmten Situationen auch andere Kategorien relevanter gemacht werden als die Inszenierung von Geschlecht« (Frank 1995, S. 169).

Bezogen auf den zentralen Kontext dieses Themenbandes, die Geschlechterverhältnisse im Kontext der Globalisierung, führen die dargestellten Überlegungen zu erheblichen Konsequenzen: Indem durch Globalisierungsprozesse stabilisierende ethnische Zugehörigkeitskategorien, sozioökonomische Strukturen und soziokulturelle Normen ihr bestehendes Substrat verlieren und in komplexen Entwicklungsprozessen neue Vernetzungen erfahren, verlieren traditionelle Rollenbilder auch in Bezug auf die Kategorie Geschlecht ihre Fixierungen. Dieser Prozess führt jedoch nicht automatisch (vgl. Gräßel in diesem Band) zur Enthierarchisierung weiblichen und männlichen Interaktionsverhaltens, sondern einerseits globalisiert er zunächst einen ohnehin komplexen Vorgang, gekoppelt mit dem Verlust an bekannten Verhaltensmustern. Andererseits impliziert diese Entwicklung die Chance individueller Identitätsfindung, weil tradierte Erwartungshaltungen aufgebrochen werden und sich im Zusammenhang neuer sozioökonomischer Bedingungen auch veränderte soziokulturelle Strukturen entwickeln (können).

Die Vorannahmen vieler Autorinnen (vgl. Albert, Frank, Gräßel, Heilmann, Schnyder u.a.), dass geschlechtsbezogen unterschiedliches Gesprächsverhalten wahrnehmbar ist, aber andere Kategorien als das Geschlecht für deren Herausbildung sich als zentral erweisen, könnten hier ihre Bestätigung finden.

Kotthoff bezeichnet den Prozess, dass andere Kategorien sich als zentraler erweisen können als die Inszenierung von Geschlecht, als Relevanzgraduierung (Kotthoff 1996, S. 13).

Im Fokus der Globalisierung sowohl Prozesse der Relevanzgraduierung in Bezug auf die Kategorie Geschlecht zu untersuchen als auch die Veränderung von Erwartungshaltungen an tradiertes Rollenverständnis von Frauen und Männern, z.B. im Gesprächsverhalten, ist Aufgabe künftiger theoretischer und empirischer Forschung.

Die Ergebnisse einer derart angelegten Teilstudie werden im nachfolgenden Abschnitt diskutiert.

Der vorliegende Aufsatz thematisiert die Variable ›Geschlecht‹ im kontextualen Zusammenhang mit dem Gelingen und Misslingen von Gesprächsbeteiligungsrollen. Indem die kommunikative Situation, die Sprechrolleninszenierung der Gesprächsbeteiligten und die Funktionalität der untersuchten Merkmale als komplexes Gefüge mit wechselnder Fokussierung in den Analyseprozess eingeflossen sind, wurde eine Relevanzgraduierung im Sinne Kotthoffs hergestellt. So werden auch Antworten auf Fragen zu dem Verhältnis zwischen biologischem Determinismus und sozialer Konstruktion gegeben werden können.

2. Konkrete Projekte am Zentrum für Gender Studies und Zukunftsforschung

Linguistische und sprechwissenschaftliche Forschung zu »Frauenfragen« beschäftigt sich meist mit zwei Themen, nämlich einerseits mit der Frage, wie man es erreichen kann, dass Frauen in der Sprache überhaupt Erwähnung finden und nicht hinter einem »generischen Maskulinum« versteckt werden (vgl. dazu die feministische Sprachkritik), andererseits mit der in der Einleitung behandelten Frage, ob und in welcher Weise man davon sprechen kann, dass sich männliches von weiblichem Kommunikationsverhalten unterscheidet. Eine recht neue Fragestellung dabei ist, welche Auswirkungen eventuell verschiedene kommunikative Verhaltensweisen auf den Erfolg beim Durchsetzen der eigenen Ziele haben.

Am Interdisziplinären Zentrum für Gender Studies und Zukunftsforschung betrachten wir vor allem den zweiten Themenbereich, und zwar in einem von Christa M. Heilmann beantragten sprechwissenschaftlichen Projekt: »Sprechwissenschaftliche Gesprächsanalyse unter geschlechtsspezifischer Sicht. Geschlechtsspezifische Aspekte des rhetorischen Kommunikationsprozesses« und in einem von Ruth Albert beantragten Projekt »Bewertung von frauentypischem Kommunikationsverhalten« sowie in einem gemeinsam beantragten Projekt »Geschlechtsspezifisches Kommunikationsverhalten«, das vor allem der Lehre dient. Hieraus ging das Online-Seminar »Sprache und Geschlecht« hervor, das über http://online-media.uni-marburg.de/germanistik/tp-germanistik.html zur Verfügung gestellt wird. Ein ebenfalls der Lehre dienendes Projekt zu feministischer Sprachkritik soll Anfang Februar 2001 abgeschlossen werden.

3. Projekt: Bewertung von ›frauentypischem‹ Kommunikationsverhalten

Die Frage, ob es so etwas wie ein geschlechtsspezifisches oder auch nur geschlechtstypisches Kommunikationsverhalten gebe, ist auch auf der empirischen Ebene keineswegs ein- für allemal beantwortet. Frühere Arbeiten, die dies vehement behaupteten (Trömel-Plötz 1984, 1994; Tannen 1991, 1992, 1995) erwiesen sich als methodisch angreifbar. Wie Tamara Faschingbauer (1997) gezeigt hat, können empirisch keine Aussagen darüber getroffen werden, was ›typisch Mann‹ und was ›typisch Frau‹ ist, solange nicht intervenierende Variablen mit Sicherheit auszuschließen sind. Eine bei dieser Fragestellung höchst wichtige intervenierende Variable ist der Status der untersuchten Personen. Wenn man das Kommunikationsverhalten von statushöheren Männern mit dem von statusniedrigeren Frauen vergleicht, dann können schlecht Aussagen darüber getroffen werden, ob das unterschiedliche Geschlecht oder der unterschiedliche Status die Ursache für ein unterschiedliches Kommunikationsverhalten waren. Die Auszählungen, die Tamara Faschingbauer an einem umfangreichen Textkorpus (ca. 500 Seiten ausgedruckte Transkripte, 116.596 Wörter insgesamt) aus drei sehr unterschiedlichen Gesprächsformen (Psychosoziale Beratungsgespräche, Schlichtungsgespräche vor dem Schiedsmann, Talkshows) vorgenommen hat, zeigen, dass für verschiedene in der Literatur als ›weibliches‹ Kommunikationsverhalten beschriebene Verhaltensweisen die Variable ›niedriger gesellschaftlicher Status‹ erheblich bessere Erklärungsadäquatheit besitzt als das Geschlecht der jeweiligen Sprecher. Das heißt, statushöhere Frauen zeigten diese Verhaltensweisen im Gespräch mit statusniedrigeren Männern und Frauen kaum oder nicht, statusniedrigere Männer gebrauchten sie aber durchaus gegenüber Statushöheren beiderlei Geschlechts. Da in unserer Gesellschaft jedoch ›weibliches Geschlecht‹ und ›niedriger sozialer Status‹ (leider immer noch) hoch korrelieren, konnte es zu dieser Fehlinterpretation vieler früher Veröffentlichungen der feministisch geprägten Gesprächsanalyse kommen.

Die Ausgangsfrage des Projekts lautete: Nehmen Frauen eventuell Nachteile in Kauf, wenn sie sich anders verhalten, als es von Frauen erwartet wird? Um dies zu klären, geht es in diesem Forschungsprojekt zur »Bewertung von frauentypischem Kommunikationsverhalten«, das nun in seiner Endphase ist, um Urteile über geschlechtstypisches und nicht geschlechtstypisches Kommunikationsverhalten. Die bisherige Literatur zu weiblichem Gesprächsverhalten und auch die darauf basierende Praxis der Kommunikationsberatung von Frauen ist immer von der Annahme ausgegangen, dass Frauen sich in einer klassischen ›double-bind-Situation‹ befinden. Verhalten sie sich so, wie es von ›weiblichem‹ Verhalten erwartet wird, dann gelten sie bei ihren Gesprächspartnern als ›nett‹, aber sie werden als inkompetent angesehen. Verhalten sie sich dagegen entgegen den Erwartungen so wie es dem ›männlichen‹ Kommunikationsverhalten zugeschrieben wird, dann gelten sie zwar als kompetent, aber als unangenehme Menschen. Kurz gesagt, bisher nahm man an, Frauen hätten die Wahl, als angenehme Frau oder als kompetente Arbeitskollegin wahrgenommen zu werden.

In dem Projekt wurde die Vorannahme gemacht, dass wohl ein großer Teil der Merkmale, die man als ›weibliches Kommunikationsverhalten‹ in der Literatur findet, zumindest in einem statistischen Sinne als frauentypisch anzusehen sind. Das heißt, Frauen können sich anders verhalten, nicht alle Frauen verhalten sich so, vor allem nicht in jeder Kommunikationssituation, aber trotzdem treten viele dieser Merkmale vermutlich im Schnitt bei Frauen häufiger auf als bei Männern. Genau genommen sind diese Annahmen nicht restlos bewiesen, jedoch nehmen wir an, wenn ein solches Merkmal von mehreren der feministischen Gesprächsanalytikerinnen übereinstimmend gefunden wurde, dass bei allen methodischen Fehlern, die man ihnen vorwerfen kann, doch ›etwas dran ist‹, und wenn es nur so ist, dass dieses Verhalten von Frauen erwartet wird. So haben wir auch in eigenen Auszählungen von Gesprächen zwischen Statusgleichen für einige der Merkmale gefunden, dass sie von Frauen tatsächlich häufiger praktiziert wurden als von Männern. Statistisch signifikant war dabei allerdings nur der Unterschied im Geben von Hörersignalen, und das auch nicht für jede Gesprächsform (in psychosozialen Beratungsgesprächen gaben Männer auch sehr viele Hörersignale).

3.1 Projektdesign

Das Projekt ging wie folgt vor: Es wurden insgesamt vier etwa 15-minütige Filme von gemischtgeschlechtlichen Diskussionsrunden gedreht mit identischem Inhalt der Argumentationen, in denen jeweils eine Frau die in der Literatur beschriebenen Merkmale ›weiblichen‹ Kommunikationsverhaltens und in der anderen Version alle beschriebenen Merkmale ›männlichen‹ Kommunikationsverhaltens zeigt. Die in den aufgezeichneten Diskussionsrunden gezeigten geschlechtsspezifischen Kommunikationsmerkmale orientierten sich an den Beschreibungen von typischen männlichen und weiblichen Redezügen bisheriger Untersuchungen (Überblick in Samel 1995). Die Akteurinnen und Akteure sprachen frei nach festgelegten Scripts. Um sicherzugehen, dass das Aussehen der Frauen nicht Grundlage für die Beurteilung war, spielte dieselbe instruierte Frau in Filmversion 1 die ›weiblichen‹ Kommunikationsmerkmale und in Filmversion 2 die ›unweiblichen‹. Auch ein männlicher Kommunikationspartner spielt je in einem der Filme ›männliches‹ und im anderen ›weibliches‹ Kommunikationsverhalten. Gruppen von Raterinnen und Ratern (Studierende beiderlei Geschlechts) sahen jeweils Filmversion 1 oder Filmversion 2 an und beurteilten auf einer Rating-Skala von 1-7 jeweils Merkmale wie ›sympathisch‹, ›überzeugend‹, ›aggressiv‹, ›höflich‹, ›intelligent‹ u.a.m. Mit diesem Experiment sollte ein für den kommunikativen Erfolg der Frauen nicht unwichtiges Phänomen untersucht werden, nämlich die Wirkung von ›weiblichem‹ und ›unweiblichem‹ Kommunikationsverhalten von Frauen auf Beobachter beiderlei Geschlechts.

Die zuerst genannten Zahlen entsprechen den Ratings zum 1. Filmset A (Anzahl der Beurteilenden 119), die als zweite genannten Zahlen den Ratings zum 2. Filmset B (Anzahl der Beurteilenden 166). Bei beiden Filmsets gab es keinen signifikanten Unterschied in der Beurteilung der Konfidentin durch Frauen und Männer, obwohl wir ja teilweise sehr große Mittelwertunterschiede sehen.

Wir betrachten zunächst die ›Kompetenzwerte‹, also die Werte, für die man bisher annahm, dass Frauen besser abschneiden, wenn sie ›männliches‹ Kommunikationsverhalten zeigen. Dabei zeigt sich, um es vorweg zu nehmen, dass diese Erwartung im Großen und Ganzen durch unsere Daten bestätigt wird. Es zeigt sich auch, dass das Filmset B erheblich kleinere Unterschiede in der Beurteilung zeigt als das Filmset A und dass sie teilweise auch nicht der Tendenz des Filmsets A entsprechen. Die Ergebnisse im Detail: [2]

3.2 Ergebnisse

• *kompetent*: In beiden Filmsets wurde die Konfidentin als signifikant kompetenter bewertet, wenn sie ein ›männliches‹ Kommunikationsverhalten zeigte (F (3,645) = 12,01; p<0.002), wobei eine leicht gegenläufige Tendenz in der Beurteilung durch die männlichen Rater beim Filmset A ausgeglichen wird durch das Votum der weiblichen Rater.

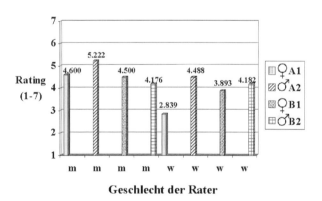

(F (3,645) = 12,01; p<0.002)

Grafik 1, kompetent

- *intelligent*: In beiden Filmsets wurde die Konfidentin signifikant als intelligenter bewertet, wenn sie ein ›männliches‹ Kommunikationsverhalten zeigte (F (3,543) = 11,04; p<0.001). Auch gibt es eine kleine gegenläufige Tendenz, nämlich die Beurteilung des Filmsets B durch die weiblichen Rater.

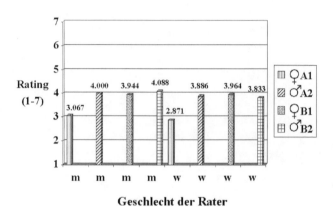

(F (3,543) = 11,04; p<0.001)

Grafik 2, intelligent

- *überzeugend*: In Filmset A wurde die Konfidentin signifikant als überzeugender bewertet, wenn sie ein ›männliches‹ Kommunikationsverhalten zeigte (F (3,700) = 18,18; p<0.0001). An diesem Beispiel kann beobachtet werden, dass der Unterschied in der Beurteilung bei den A-Filmen so enorm ist, dass er die an sich gegenläufigen schwächeren Unterschiede bei der Beurteilung der B-Filme nicht aufheben kann.

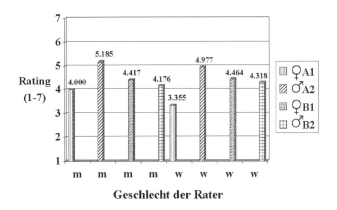

(F (3,700) = 18,18; p<0.0001)

Grafik 3, überzeugend

Die Ergebnisse zu den Kompetenzwerten entsprechen im wesentlichen den Erwartungen. Für die Sympathiewerte wäre die gegenläufige Beurteilung zu erwarten, was sich jedoch nicht bestätigen ließ.

- *sympathisch*: In beiden Filmsets wurde die Konfidentin signifikant als sympathischer bewertet, wenn sie ein ›männliches‹ Kommunikationsverhalten zeigte (F (3,700) = 26,55; p<0.0001). Die Mittelwerte im Detail:

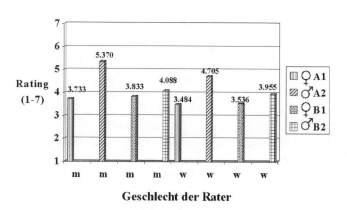

(F (3,700) = 26,55; p<0.0001)

Grafik 4, sympathisch

- *höflich*: In beiden Filmsets wurde die Konfidentin signifikant als höflicher bewertet, wenn sie ein ›männliches‹ Kommunikationsverhalten zeigte (F (3,477) = 24,56; p<0.0001).

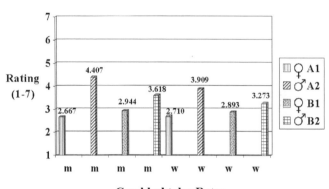

(F (3,477) = 24,56; p<0.0001)

Grafik 5, höflich

- *aggressiv*: In beiden Filmsets wurde die Konfidentin signifikant als weniger aggressiv bewertet, wenn sie ein ›männliches‹ Kommunikationsverhalten zeigte (F (3,692) = 20,23; p<0.0001). Wenn die Daten der Vergleichbarkeit halber so umgerechnet werden, dass ›nicht aggressiv‹, also der gesellschaftlich positiv besetzte Wert auf ›1‹ gesetzt wird, und ›aggressiv‹ auf ›7‹, ergibt sich das folgende Bild:

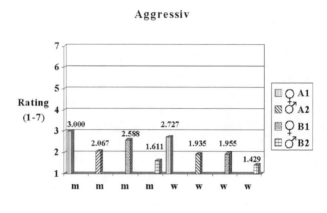

(F (3,692) = 20,23; p<0.0001)

Grafik 6, aggressiv

- **rücksichtsvoll**: In beiden Filmsets wurde die Konfidentin signifikant als rücksichtsvoller bewertet, wenn sie ein ›männliches‹ Kommunikationsverhalten zeigte (F (3,572) = 14,31; p<0.0001).

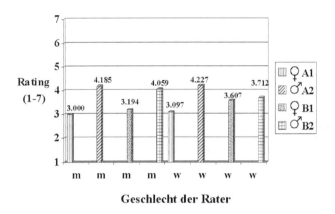

(F (3,572) = 14,31; p<0.0001)

Grafik 7, rücksichtsvoll

Zusammenfassend kann man sagen, dass sich bei den Sympathiewerten erheblich eindeutiger als bei den Kompetenzwerten zeigt, dass das ›männliche‹ Kommunikationsverhalten bevorzugt wird, und zwar ausnahmslos, in beiden Filmsets und in der Beurteilung durch männliche und durch weibliche Rater. Dadurch ergibt sich auch das wesentlich höhere Signifikanzniveau, wir haben hier Irrtumwahrscheinlichkeiten von einem Zehntel Promille. Es gibt also offensichtlich keinerlei Grund für die Annahme einer ›double-bind‹-Situation, Frauen mit ›männlichem‹ Kommunikationsverhalten werden, wenn es sonst keine Unterschiede gibt, nicht als unsympathischer wahrgenommen als Frauen mit ›weiblichem‹ Kommunikationsverhalten.

3.3 Diskussion

Bei der Interpretation dieser Ergebnisse wird man zunächst einmal auf zwei Probleme hinweisen müssen. Zunächst einmal sind bisher nur studentische BeurteilerInnen mit den Filmen konfrontiert worden. Es könnte sein, dass Personen aus anderen sozialen Schichten nicht exakt dieselben Beurteilungsmaßstäbe haben und deshalb auch in Teilen zu anderen Ergebnissen kommen können. Dies muss noch überprüft werden.

Außerdem könnte es sein, dass sich die instruierten Personen, die zwar in beiden Filmsets eine ›Rolle gespielt‹ haben, doch in einer der beiden Rollen wohler gefühlt haben als in der anderen, dass eine der beiden Rollen ihrem üblichen Kommunikationsverhalten näher kam als die andere. Das könnte die Ergebnisse insofern verzerren, dass sie in einer der beiden Rollen weniger authentisch wirkten als in der anderen, und das wiederum könnten die BeurteilerInnen bemerkt und in ihren ›Noten‹ ausgedrückt haben. Wir haben, weil wir dieses Problem haben kommen sehen, aber unsere Forschungsmittel nicht ausreichen zum Engagieren von ausgebildeten SchauspielerInnen und Schauspielern, als Konfidentin eine junge durchsetzungsfähige Wissenschaftlerin gewählt, die keineswegs in ihrem alltäglichen Kommunikationsverhalten besonders viele ›frauentypische‹ Merkmale zeigt.

3.4 Schlussfolgerungen

Auch wenn es diese Randbedingungen gibt, die die Möglichkeiten der Generalisierung dieser Ratings einschränken, so ist doch eine Gesamttendenz zu ersehen, die so deutlich ist, dass man sie nicht weginterpretieren kann. Die in der obigen Darstellung möglicherweise trocken erscheinenden Ergebnisse, die im Original- und im Wiederholungsversuch in dieselbe Richtung weisen, haben durchaus erhebliche praktische Konsequenzen, wenn man sie ernstnimmt. Wenn bestimmte Teile des kommunikativen Verhaltens dazu führen, dass die agierenden Frauen als sympathisch oder unsympathisch, als kompetent oder inkompetent usw. wahrgenommen werden, dann spielt das sicherlich eine Rolle für ihren kommunikativen Erfolg, im

Beruf und auch außerhalb davon. Dies ist gerade in beruflichen Kommunikationssituationen, in denen kurze Einmalkontakte (z.B. in Verkaufs- und Verhandlungssituationen) den Erfolg bedingen, von großer Wichtigkeit. Konsequenzen sind also ganz besonders zu ziehen bei der Beratung von Frauen in ihrem beruflichen kommunikativen Verhalten, denn ein falsches bzw. situativ nicht adäquates Verhalten dort kann die Karriere der betroffenen Frauen erheblich behindern. Die Ergebnisse dieser linguistischen Untersuchung erfordern sicherlich ein Umdenken in der Praxis vieler Kommunikationstrainings für Frauen. Das bedeutet natürlich nicht, dass man Frauen generell raten muss, sich so zu verhalten, wie es als ›männertypisch‹ beschrieben wird. Die Kommunikationstrainings für Frauen werden ihnen nicht unbedingt – eventuell entgegen den eigenen Neigungen – das antrainieren müssen, was den BeurteilerInnen dieser Filme als besonders sympathisch und als besonders intelligent erschienen ist, man muss jedoch jeder Frau die Gelegenheit geben, in Kenntnis der Fakten über die Beurteilung ›frauentypischen‹ kommunikativen Verhaltens eine bewusste Entscheidung über ihren Umgang mit diesen Verhaltenserwartungen zu fällen. Eine sinnvolle Aufgabe für LinguistInnen und SprechwissenschaftlerInnen wäre hier sicher die ›Beratung der BeraterInnen‹, denn es wird keine Patentrezepte für ›das erfolgversprechende weibliche Verhalten‹ geben, sondern es wird Aufgabe von Kommunikationstrainings sein, Frauen zu helfen, im Rahmen ihres authentischen Verhaltensrepertoires ihre kommunikativen Mittel situativ adäquat einzusetzen, damit sie die gewünschten Erfolge beim Gesprächspartner bzw. der Gesprächspartnerin fördern.

Anmerkungen

1   Ericcson, Kjersti (1996): Die Geschlechterfalle, Düsseldorf, S. 106. Ausführlich diskutiert bei Lakoff (1975), Key (1975) und Samel (1995).
2   Ausgewertet wurden die Daten mittels einer Varianzanalyse, deren Ergebnisse wir in einer Überblicksdarstellung präsentieren.

Literatur

Albert, Ruth (1997): Sprechen Frauen anders als Männer? Orbis Linguarum 7, S. 139-150.
Aries, Elisabeth (1976): Interaction patterns and themes of male, female and mixed groups. Small group behavior 7; S. 7-18.
Bardeleben, Renate von/Plummer, Patricia (Hg.) (1998): Perspektiven der Frauenforschung, Tübingen.
Bock, Ulla/Alfermann, Dorothee (Hg.) (1999): Androgynie. Vielfalt der Möglichkeiten, Querrelles, Jahrbuch der Frauenforschung, Stuttgart/Weimar.
Bußmann, Hadumod/Hof, Renate (Hg.) (1995): Genus. Zur Geschlechterdifferenz in den Kulturwissenschaften, Stuttgart.
Coates, Jennifer/Cameron, Deborah (1989): Women in their Speech Communities, London/New York.
Coates, Jennifer (1993): Women, Men and Language, London/New York.
Degenhardt, Annette/Trautner, Hanns Martin (Hg.) (1979): Geschlechtstypisches Verhalten: Mann und Frau in psychologischer Sicht, München.
Degenhardt, Annette (1979): Geschlechtstypisches Verhalten über die Lebensspanne, in: Annette Degenhardt/Hans Martin Trautner (Hg.), Geschlechtstypisches Verhalten: Mann und Frau in psychologischer Sicht, München, S. 26-49.
Ericcson, Kjersti (1996): Die Geschlechterfalle, Düsseldorf.
Faschingbauer, Tamara (1997): Die Auswirkungen von Statusunterschieden auf das Kommunikationsverhalten weiblicher und männlicher Sprecher, Marburg, unveröffentlichte Staatsexamensarbeit.
Faulstich-Wieland, Hannelore (1998): Perspektiven der Frauenforschung, in: Renate von Bardeleben/Patricia Plummer (Hg.), Perspektiven der Frauenforschung, Tübingen, S. 1-13.
Frank, Karsta (1992): Sprachgewalt: die sprachliche Reproduktion der Geschlechterhierarchie, Tübingen.
Gangl, Evelyn (1998): Vergleich zwischen geschlechtstypischen Körperhaltungen in den Jahren 1979 und 1997, unveröffentlichte Examensarbeit, Marburg.
Graddol, David/Swann, Joan (1989): Gender Voices, Oxford.
Hannover, Bettina (1999): Androgynie: Die Kontextabhängigkeit der Geschlechtsrollenidentität, in: Ulla Bock/Dorothee Alfermann (Hg.), Androgynie. Vielfalt der Möglichkeiten, Querrelles, Jahrbuch der Frauenforschung, Stuttgart, Weimar, S. 131-141.
Heilmann, Christa M. (1993)a: Geschlechtsspezifische Aspekte des Zurückweisens, in: Klaus Pawlowski (Hg.), Sprechen – Hören – Sehen. Sprache und Sprechen, Bd. 26, München, Basel, S. 72-80.
Heilmann, Christa M. (1993)b: Die sprechbegleitende Geste beim Zurückweisen, in: Geert Lotzmann (Hg.), Körpersprache. Sprache und Sprechen, Bd. 27, München, Basel, S. 42-49.
Heilmann, Christa M. (Hg.) (1995): Frauensprechen – Männersprechen: geschlechtsspezifisches Sprechverhalten, Basel.
Holmes, Janet (1990): Hedges and boosters in women's and men's speech, in: Language and Communication 10/3, S. 185-205.
Key, Mary Ritchie (1975): Male/Female Language, New York.

Kootz, Johanna/Lind, Helga (Hg.) (1992): Studentinnen im Blick der Hochschulforschung, Berlin.

Kotthoff, Helga (1996): Die Geschlechter in der Gesprächsforschung. Hierarchien, Theorien, Ideologien, in: Der Deutschunterricht 1, S. 9-15.

Lakoff, Robin (1975): Language and Women's Place, New York.

Linke, Angelika/Nussbaumer, Markus/Portmann, Paul R. (Hg.) (1994): Studienbuch Linguistik, Tübingen.

Samel, Ingrid (1995): Einführung in die feministische Sprachwissenschaft, Berlin.

Schmidt, Claudia (1988): »Typisch weiblich – typisch männlich«. Geschlechtstypisches Kommunikationsverhalten in studentischen Kleingruppen, Tübingen.

Schoenthal, Gisela (1998): Geschlechtstypisches Kommunikationsverhalten: Ergebnisse, Konsequenzen, Perspektiven, Germanistische Linguistik 139-140; S. 155-174.

Slembek, Edith (1993): Frauenstimmen am Mikrophon – Das Radio pflegt die alten Klischees, Gazette Nr. 3, S. 24-26.

Tannen, Deborah (1991): Du kannst mich einfach nicht verstehen. Warum Männer und Frauen aneinander vorbeireden, Hamburg (You just don't understand. Women and Men in conversation, deutsch).

Tannen, Deborah (1992): Das hab' ich nicht gesagt! Kommunikationsprobleme im Alltag, Hamburg (That's not what I meant! How Conversational Style Makes or Breaks Relationship, deutsch).

Tannen, Deborah (1995): Job-Talk. Wie Frauen und Männer am Arbeitsplatz miteinander reden, Hamburg (Talking from Nine to Five, deutsch).

Trömel-Plötz, Senta (Hg.) (1984): Gewalt durch Sprache, Frankfurt/Main.

Trömel-Plötz, Senta (1994): Frauensprache: Sprache der Veränderung, Frankfurt/Main.

Wetterer, Angelika (1992): Enthierarchisierung oder Dekonstruktion der Differenz. Kritische Überlegungen zur Struktur von Frauenförderung, in: Johanna Kootz/Helga Lind (Hg.), Studentinnen im Blick der Hochschulforschung, Berlin, S. 195-213.

Wex, Marianne (1979): »Weibliche« und »männliche« Körpersprache als Folge patriarchalischer Machtverhältnisse, Hamburg.

Gabriele Clement, Ulrike Prokop, Anna Stach

Das große »Wir« – oder: Was verbindet *Schreinemakers live* mit der *Harald Schmidt Show*?

Das Fernsehangebot an Talkshows ist in den letzten Jahren sprunghaft gestiegen. Die massenhafte Rezeption verweist auf bedeutsame kollektive Bedürfnisse, die in diesen Angeboten befriedigt werden. Unsere Wirkungsanalyse kreist um diese Wunsch- und Bedürfnisprofile.

Nach unserer Auffassung liefern Talkshows weniger Information als Modelle der Selbstdarstellung. Angesichts der neuen Unübersichtlichkeit werden hier Modelle geboten, die zum Nachahmen von Gesten, inneren Haltungen, moralischen Standpunkten und Verhaltensnormen einladen. Die Talkshows reagieren damit auf die Unsicherheit, die sowohl ethische Fragen als auch das Verhalten betreffen, da einst fest gegründete Regeln für zwischenmenschliche Beziehungen hinterfragt oder schlicht außer Kraft gesetzt werden. Die Ehe und die Beziehungen zwischen den Geschlechtern stehen vor dem Hintergrund der Pluralisierung von Lebensformen im Zentrum der Auseinandersetzungen. In Bezug auf die Inszenierung des Neuen nimmt die körperliche Darstellung einen hohen Stellenwert ein. Eine neue Körpersprache wird gesucht für Frauen, aber auch für Männer.

Von Bedeutung sind in der gegenwärtigen Gesellschaft die Lebensstile der sozialen Milieus, die aus Schichten- und Klassentraditionen hervorgehen und die geschlechtsspezifisch strukturiert sind. Immer geht es dabei auch um soziale Differenzierung als Hierarchie. Zum Teil werden diese Milieus mit ihren Weltauffassungen und Wunschmustern auf der Ebene der Massenkultur repräsentiert, da sie große Publikumsgruppen – also Subkulturen, Konsumentengruppierungen – bilden. Aus der Innenperspektive sozialer Milieus bilden andere

Milieus das ›Fremde‹, und es werden die üblichen Mechanismen der Abgrenzung verwandt. Das sind vor allem Strategien der Abwertung und der Stereotypisierung. Talkshows geben einen besonderen Einblick in milieuspezifische Wunschformeln, Konfliktlagen und Lösungen. In der Debatte über die ›Qualität‹ der bedeutenden Talkshows spiegelt sich auch der Kampf um ›Definitionsmacht‹ im öffentlichen Raum und die Hierarchie der Milieus. Unsere Talkshow-Analyse kreist also vor allem um zwei Dimensionen: Die Suche nach einer neuen Ethik des Alltäglichen und um die Inszenierung der neuen Lebensformen. Unser Arbeitsziel ist die Beschreibung der neuen Inszenierungen im Blick auf die Selbstverständigung über strittige Fragen von allgemeiner Bedeutung (Ethik der Lebensführung) und auf die Entwürfe neuer Körperbilder. Dabei schließen wir auch folgenden Aspekt mit ein: Die Tabuierung und Marginalisierung von Themen, die konflikthaft sind, verläuft über Techniken der Desymbolisierung, des Unbewusst-Machens. Unsere Analyse bezieht daher die unbewusste Dimensionen der Inszenierungen mit ein (vgl. Lorenzer 1986, 1990, 1992).

Wir möchten im Folgenden einen Ausschnitt aus unserem Forschungsvorhaben vorstellen. Wir haben zwei ›Dinosaurier‹ der Talkszene näher betrachtet. Die Sendung *Schreinemakers live* stellt das Grundmuster des Affekt-Talks für die kleinbürgerliche und proletarische Lebenswelt dar und bildet in der öffentlichen Diskussion eine kanonisierte Größe. Der Gegenpol ist *Die Harald Schmidt Show*, deren Publikum der dominanten Gegenwartskultur zuzuordnen ist: dem technokratisch-liberalen und dem aufstiegsorientierten Milieu.

Schreinemakers live lief von Januar 1992 bis Dezember 1997 zunächst bei RTLplus, dann bei Sat1 und zuletzt bei RTL *(Schreinemakers tv)* und wurde wöchentlich donnerstags von 21 Uhr bis 24 Uhr gesendet. In Spitzenzeiten erreichte die Sendung bis zu 7 Millionen Zuschauer, vor Auslaufen der Sendung Ende 1997 waren es im Durchschnitt 2,7 Millionen. *Die Harald Schmidt Show* läuft eine Stunde drei- bis viermal wöchentlich, jeweils nach 23 Uhr bei Sat1. Die Einschaltquote liegt bei durchschnittlich 1,2 Millionen.

Beide Sendungen liefern einen festen Erlebniswert, der sich über alle Themen hinweg einstellt. Der Erlebniswert ist das Ergebnis der Mischung im Sendeschema, das ein regelmäßig wiederkehrendes Bad der Gefühle garantiert. Auf diesen ist die Fan-Gemeinde festgelegt. Ein wesentliches Element ist die Erwartung von Sensationen und Grenzüberschreitungen. Das ist in *Schreinemakers live* nicht anders als in der *Harald Schmidt Show*. Natürlich ist die Frage jeweils: Welche Sensationen? Welche Tabu-Brüche? Schreinemakers und Schmidt beliefern ein unterschiedliches Publikum. *Schreinemakers live* steht dabei für die Orientierung im sogenannten »Harmonisierungsmilieu«; das sind die eher einkommensschwachen und bildungsfernen sozialen Schichten, insbesondere Frauen und vorwiegend Ältere. Wir beschreiben diese Sendung, obgleich sie nicht mehr im Programm ist. Sie ist ein Indikator für den Umgang mit Modernisierung bei diesen eher traditionellen Gruppen. Die *Harald Schmidt Show* bildet sozial gesehen den Gegenpol. Doie Sendung findet ihr Publikum vor allem bei den hochqualifizierten Jungen, vor allem bei jungen Männern des technokratisch-liberalen Milieus. Sind die einen wirklich ›die Blöden‹ (Schreinemakers SeherInnen) und die anderen die ›aufgeklärte Elite‹ (die Schmidt-Fans)? Oder ist es vielleicht so, dass *Die Harald Schmidt Show* vor allem den Szene-Geschmack derer trifft, die über Definitionsmacht verfügen?

Die öffentlich verhandelten Affekte – zum Rang der beiden Sendungen in der deutschen Öffentlichkeit

Das Biest und der Beste

Mit dem Erfolg der Sendung *Schreinemakers live* stellt sich auch früh schon Kritik ein, auffälligerweise immer sehr zentriert auf die Moderatorin, zunächst aber noch nicht so stark in Richtung einer ›gläsernen‹ Schreinemakers, wie das dann 1996 anlässlich des Verdachts der Steuerhinterziehung der Fall wurde. Schreinemakers alldonnerstäglicher Erfolg erscheint mit Blick auf die Regeln der Fernsehkunst unverständlich, fast als Mysterium. Ihre Infotainmentshow wird als zu lang, unübersichtlich, kompliziert und gemischtwarenartig empfunden. Zumindest wird von Klaudia Brunst 1994 noch die Frage gestellt: »Wie kommt es also, dass ausgerechnet ein so unmediales Format zum medialen Paradigma des Unterhaltungsfernsehens werden konnte?« Brunst macht sich die Mühe, eine Antwort, die den Erfolg erklären könnte, zu formulieren: »Margarethe Schreinemakers holt mir Menschen, die ich aus gesellschaftlichen Gründen zwar nicht kennenlernen möchte, aus Neugier aber sehr wohl gerne kennen würde, einmal die Woche in mein Wohnzimmer. Ohne die Regeln der Höflichkeit zu verletzen, kann ich mich von meinem Sessel aus, so lange ich möchte, an ihnen weiden. Kann sie begaffen, verlachen, und schließlich – so ich will – als Idioten verdammen« (TAZ, 9.6.1994).

Diese analysierende Sehweise bleibt eine Ausnahme, und ab 1994 dominieren Rundumschläge, die kein gutes Haar an Margarethe Schreinemakers lassen: »Jeden Donnerstagabend inszeniert sie Jahrmarktsunterhaltung, ohne dass die Leute noch das Haus verlassen müssen. Wie früher auf den Rummelplätzen Zwerge mit Riesenschwänzen vorgeführt wurden [...], so zeigt Schreinemakers die Mutanten des modernen Lebens, aber immer so, als sei sie kein Jahrmarktsschreier, sondern eine von der Heilsarmee« (Der Spiegel 35/95). Bereits hier wird in der Beurteilung keine Mühe mehr an den Tag gelegt; die Kritikergemeinde zeigt geschlossene Reihen und brüderliche Harmonie in ihrem Urteil über *Schreinemakers live*. Auch in der Titulierung der Sendung setzt sich die Polemik fort, die sich bereits zur Person Schreinemakers deutlich abzeichnet.

Eine Auflistung von insgesamt über 80 Titulierungen ihrer Person zeigt, in welchem Maße die Schreinemakers die Nerven ihrer vorwiegend männlichen Kollegen strapaziert hat. Hier nun einige Beispiele: Mutter Theresa des Fernsehens. Jungfrau von Köln-Ossendorf. Heilsarmeeangehörige. Kreissäge. Tränensuse. TV-Domina. TV-Saurier. Seelenmasseuse. Flintenweib. Die eher positiven Beschreibungen sind schnell aufgezählt: Showtalent. Quotenkönigin. Top-Moderatorin. Powerfrau. Margarethe von nebenan. Energiebündel. Quotenbringerin. Diese Zusammenstellung zeigt, wie intensiv sich die Printmedien und auch die Fachliteratur mit der Person Schreinemakers beschäftigt haben (berücksichtigt wurden Veröffentlichungen ab 1993). Schnell lässt sich anhand der Negativliste auch ablesen, in welchem Tenor über sie geschrieben wurde und immer noch geschrieben wird. Statt auf das Angebot und die Wirkung richtet sich der Blick akribisch auf die ›dunklen‹ und mafios anmutenden Hintergründe der Sendung, auf deren Produktion, auf das ›System‹, d.h. den Familienbetrieb Schreinemakers und zunehmend auch auf das Geschäft Schreinemakers und dessen Gewinne (vgl. Der Spiegel 35/1995). »Macht ausüben heißt bei TV-Unternehmerinnen wie Schreinemakers [...] Selbermachen.« Und: »Diese Macherinnen interessieren sich mehr für ihren Kontostand als für die Frauenbewegung« (Der Spiegel 23/1994). Warum – so stellt sich hier die Frage – äugt die männliche Medienkritik in einer auffälligen und moralisierenden Weise auf den Kontostand derer, die ihren »Aufstieg im Nähkränzchen« (Der Spiegel 23/1994) betreiben?

Dagegen wird im Oktober 1998 *Die Harald Schmidt Show* in der ZEIT als »beste Kultursendung im deutschen Fernsehen« bezeichnet (Die Zeit 45/1998). Der Jahresrückblick 98 des SPIEGEL zählt Schmidt neben Verona Feldbusch, Guildo Horn und Anke Engelke zu den Kultfiguren und hedonistischen Protagonisten, »die inzwischen einen starken Gegentrend zur schwermütig-tiefgründigen Misanthropie deutscher Geistestradition etabliert haben« (Der Spiegel 53/1998). Ein gnadenloser Zynismus und Sarkasmus wird dem »ungekrönten Meister der Aufklärung nach der Aufklärung« nachgesagt (Der Spiegel 53/1998). 1992 wird über den durch ›Gala‹ oder ›Schmidteinander‹ bekannten Entertainer gesagt: »So eine Spannbreite wie der ausgebildete Kirchenmusiker aus Neu-Ulm hat kein Entertainer im deutschen Fernsehen« und »Der Brillenträger, der wie ein Sparkassenangestellter aussieht und wie ein Intellektueller spotten kann, verwirrt seine Mitmenschen« (Der Spiegel 49/1992). Schmidt verwirrt, regt aber wegen seines Erfolgs zu Fragen an: »Hat etwa Ironie das stahlharte Gehäuse volksnaher Fernsehunterhaltung aufgebrochen?« (Der Spiegel 49/1992). Die Antwort auf das Verwirrspiel liest sich leicht: »Tatsächlich hat sich – langsam und kaum wahrnehmbar – im Fernsehen alles geändert [...] Grenzgänger zwischen Kabarettwürze und Massenschmus wie Schmidt waren früher undenkbar. Heute gehört solchen Typen die Zukunft.« Das Erfolgsrezept des Harald Schmidt, wird seinem Auftreten als »erbarmungsloser Entdecker von Schwächen«, als unberechenbarer »Ausnützer« und »Aufsauger« zugeschrieben (Der Spiegel 21/1994). Als Erfolg wird auch der Wechsel Ende 1995 zu Sat 1 in das ›Dream-Team‹ (Kogel, Gottschalk, Schmidt) gewertet. Schmidt als ein Zugpferd des

Kogelschen Renovierungskonzepts bekommt eine neue Plattform, um den Sender wieder nach vorn zu bringen: *Die Harald Schmidt Show*. Während der Showdown der Schreinemakers anläuft, bekommt Schmidt von Kogel volle Rückendeckung («Für den Start verspricht Kogel ein ›breites Kreuz zu zeigen« [Der Spiegel 49/1995]). Mittlerweile ist Schmidt zur »Sucht« einer Info-Elite und zu deren Kultfigur geworden. Belohnung und Anerkennung, das heißt »intellektuelle Weihen«, folgen in Form der Verleihung des Medienpreises für Sprachkultur durch die Gesellschaft für deutsche Sprache (1998).

Die Wertungen, mit denen Schreinemakers und Schmidt belegt werden, sind interessant. Bei der Beschreibung von Schreinemakers fällt erstens auf, dass es geradezu eine überbordende Sprachflut gibt, die mit einem deutlichen Erregungspegel vorgetragen wird. Zweitens wird Schreinemakers als weiblich und zwar als unangenehm, als unpassend, als eine Frau, die durchaus nicht gefällt, abgewertet. Drittens wird Schreinemakers als Rivalin – Thema Geld – erlebt und beneidet. Viertens wird immer wieder auf Schreinemakers ›niedrige Herkunft‹ angespielt. Die Intensität der Stereotype geht über das übliche kritische Geplänkel hinaus. Es ist eine Herzensangelegenheit. Die Wut ist echt und kann sich um so ungehemmter zeigen, da weitgehend Einigkeit besteht. Es sind nicht redaktionelle Vorgaben und Rücksichtnahme auf das Opportune am Werk, sondern freudig machen sich Journalisten in SPIEGEL, ZEIT, FR etc. ans Werk, ihre Wut und ihr Unbehagen in donnernde Worte zu fassen. Eine genaue Analyse der Sendung wird nicht durchgeführt. Vielmehr liefert Schreinemakers einen Stimulus für freie Assoziation. Wir tun gut daran, uns zu erinnern, dass Journalismus auch mit der Erfindung von phantasierten Objekten zu tun hat. Betrachten wir Schreinemakers als Anlass für Phantasietätigkeit, so sind die Beschimpfungen aufschlussreich. Über die Verachtung von Schreinemakers erfolgt eine Distanzierung von der unangenehmen Weiblichkeit der Schreinemakers, von den Themen, die sie verhandelt und von dem Stil, den sie erfunden hat. Ebenso einhellig wie die leidenschaftliche Verachtung von Schreinemakers ist die freudige Begrüßung der *Harald Schmidt Show*. Wieder entsteht ein Phantasieobjekt der Schreibenden. Die Imago, die sich an Schmidt heftet, deutet diesen als rastlos aktiven, als den erfolgreichen Macher, der in nächtlichen Begegnungen mit den Medien-Mächtigen Pläne schmiedet. (Bademantel-Treff bei Sat1). Auch hier setzt der kritische Verstand einer Analyse der Sendung und ihrer Wirkung erst gar nicht ein, sondern es wird geschwelgt. Bilder des unerhört frechen Machers und der mächtigen Bündnisse unter starken Männern prägen das Bild.

Inszenierungen sozialer Konflikte in *Schreinemakers live*

Schreinemakers entwickelte für Deutschland die »Ur-form« der erfolgreichen Affekt-Talkshow. Elemente, die sie entwickelt hat, bestimmen das Format bis heute. Die Drei-Stunden-Sendung vereinte so unterschiedliche Genres wie Lebensberatung, Wertedebatten und Personality Show. Die Szenerie in *Schreinemakers live* ist in ihrem Setting immer gleich: eine Tribüne, die aufsteigend ein Halbrund bildet. Im Publikum verteilt die Experten, die sich plötzlich aus der Masse heraus erheben. Vorn auf dem Podium die Sessel der Moderatorin (rot) und der Gäste (rechts und links gruppiert; in anderen Farben, z.B. blau). Die Dramaturgie bedient sich eines einführenden Kurzfilms und anschließend: Talk mit Betroffenen vor Publikum. Eingespielt werden – in die Gesprächssituation – Telefonanrufe von Zuschauern. Während des Talks werden verdeutlichende Untertitel eingeblendet, die die Wahrnehmung für den Zuschauer stark strukturieren. Kurzfilme stimmen die Zuschauer auf das Genre ein, das jeweils benutzt wird. Jeder thematische Abschnitt des abends wird mit der Musik und dem Logo der Sendung eröffnet. Die Kamera schwebt in der Vogelperspektive über dem Saal, zeigt Bühne und Publikum und schließt mit dem Einblenden der Moderatorin in der Rolle der Gastgeberin.

Bevor wir uns der Deutung einiger Sequenzen zuwenden – einige Anmerkungen zu unserem Vorgehen. Wie haben wir unsere Ergebnisse gewonnen? Wir haben Inhaltsanalyse und Gruppendiskussion kombiniert. Im ersten Schritt, in der Inhaltsanalyse, werden die Sendungen im Bezug auf Themenblöcke und auf die typische thematische Abfolge hin (Sendeschema) chronologisch beschrieben. Es wird für jeden Themenblock die spezielle Thematik und die Umformung dieser Thematik in ein spezifisches Genre beschrieben. Für uns ist das Genre ein Schlüsselbegriff, da es nicht nur um Information, sondern auch um die Rhetorik und damit um den Appellcharakter der Angebote geht: Welche Haltung soll eingenommen werden? Im Anschluss an die inhaltsanalytische Beschreibung haben wir Gruppendiskussionen mit Publikumsgruppen durchgeführt.

Auf der Landkarte möglicher Unternehmen der Wirkungsforschung sind wir im Bereich der hermeneutischen Inhaltsanalyse und der psychoanalytisch orientierten Alltagsforschung angesiedelt. Das Verfahren der Gruppendiskussion gibt Einblicke in Ambivalenzen und Dynamiken, die an konkrete Themen gebunden sind. Außerdem ermöglicht die Gruppendiskussion über die freie Assoziation und über Wahrnehmungsprotokolle einen Einblick in latente Phantasien. Insofern stellt unser Verfahren eine Methode dar, die es ermöglicht, in exemplarischer Weise bewusste und unbewusste Muster in der Rezeption und im Umgang mit dem Angebot zu verdeutlichen.

Selbstverständlich ist uns bewusst, dass die vorgeschlagene Rezeptionssituation nicht mit den alltäglichen Sehsituationen übereinstimmt. Wir gehen davon aus, dass es keine unendliche Breite der Variation in der Reaktion auf die vorgegebenen Angebote gibt. Dies wird ja auch belegt durch die große Gruppe der regelmäßigen SeherInnen, die ›ihr Seherlebnis‹ erwarten. Diese Konstanz kann zwar einerseits als Ritualisierung von Fernsehrezeption im Alltag beschrieben werden; sie ist aber zugleich an bestimmte Angebotsmuster und an festgelegte, sich wiederholende Erlebniswerte – d. h. konkrete Angebote – gebunden (vgl. Fritz 1984; Mikos 1993). Unser Verfahren gehört zu den Methoden der teilnehmenden Beobachtung und der Gruppendiskussionsverfahren, unter Einbeziehung unbewusster Anteile, wie dies in der tiefenhermeneutischen Kulturanalyse und der Ethnopsychoanalyse entwickelt worden ist (vgl. Nadig 1992; Leithäuser/Vollmerg 1997). Wie bereits erläutert, umfasst die Wirkung die verhandelten Themen, die Informationen und die Bilderwelten, die vorgeführt werden (vgl. Prokop, Dieter 1995). Die leitenden Fragen lauten also: Welche Themen werden angesprochen? In welcher Form werden sie behandelt, und welche Gedanken, Gefühle und Assoziationen werden in Gang gesetzt?

Nach diesen Vorbemerkungen kehren wir zum Gegenstand zurück. Zunächst gilt es festzuhalten, dass das Sendeschema von

Schreinemakers live drei zentrale Bereiche umfasst: 1. Tabu-Bruch, meist *Gewalt/Sexualität*; 2. *Lebensberatung*. Dazu gehören die Aspekte ›Gesundheit‹, ›Ehe und Erziehung‹ sowie der Kampf der einfachen Leute gegen ›die da oben‹ und 3. *Unser deutsches Haus*. Diese drei Themenkomplexe verteilen sich in *Schreinemakers live* auf ungefähr zehn Sequenzen. Die Wirkung der Sendung stellt sich im Fluss der Bilder und Affekte her. Es ist schwer, einzelne Sequenzen zu analysieren, da die Wirkung durch die vorangegangenen Eindrücke mitbestimmt wird. Das Sendeschema bildet einen Aufbau, der gewisse Regelmäßigkeiten hat. Besonders erregende Themen werden durch Neutrales oder erheiternde Passagen wieder beruhigt.

Bereits durch die Zuordnung von Themen zu Genres wird eine erste Entscheidung über die Phantasiedimension und den Appellcharakter getroffen. Eine solche Genre-Struktur wird in den einzelnen Sequenzen streng durchgehalten. Alle Sendungen von *Schreinemakers live* haben ungefähr den gleichen Aufbau. So sind auch die Genres in bezug auf die Themen immer die gleichen. Die affektiv bedeutsamen Themenkreise sind:

1. Leidenschaft: Liebe im Kontext von Gewalt und Tod.
2. Lebensberatung: Das Leben ist machbar.
3. Unser deutsches Haus: Das aufgeräumte Haus gegen das Chaos; Helden des Alltags.
4. Skurriles: Die Vielfalt des Lebens in entdramatisierter Form.

Betrachten wir zum Beispiel die Sendung vom 7.11.1996. Sie beginnt mit einer Sequenz unter dem Titel »Selbstjustiz«. Was verbirgt sich hinter diesem Titel? Eine junge Frau hat als Antwort auf sexuellen Missbrauch durch einen Lehrer den Täter gemeinsam mit ihrem Freund überfallen und niedergeschossen. Der Mann hat überlebt. Die junge Frau wurde zu einer Gefängnisstrafe verurteilt. Das Thema wird durch einen Kurzfilm präsentiert, in dem die Missbrauchssituation und der spätere Überfall auf den Lehrer nachgestellt werden. ›Die Täterin‹ spielt sich selbst. Mehrfach wird das Laufband eingeblendet: »Ich wollte ihn umbringen.« Auffallend ist die Typisierung: der Lehrer ist im Kurzfilm nach dem Modell ›Professor Unrat‹ gestaltet. Ein älterer, unattraktiver Mann mit Nickelbrille wird einer dramatisch sexuell aufgeputzten jungen Frau konfrontiert. Diese sitzt matisch sexuell aufgeputzten jungen Frau konfrontiert. Diese sitzt anschließend als Gast im Studio. Sie trägt eine Sonnenbrille, hat auffallende, lange rote Haare, trägt ein schwarzes Kleid und sieht höchst zweideutig aus. Die Inszenierung ruft die Vorstellung einer Prostituierten hervor.

In der Wahrnehmung dominiert das visuelle Moment über die Rede. Vom Visuellen angeleitet – vor allem durch die immer wiederkehrende Großaufnahme des Gesichts – kreisen die Gedanken darum, wie diese Frau ohne Brille aussähe, und dass sie sehr hübsch ist; und während man sie in Gedanken ohne die verbergende Brille sieht, fragt man sich, ob die Haare echt sind. Die Frau erklärt, dass sie Gewalt mit Gewalt beantwortet und sich so auf das Niveau des Nötigers begeben habe; das tue ihr leid. Sie ist sehr starr in der Mimik. Die Moderatorin erweckt in dieser Szene mit weit aufgerissenen Augen und gebrochener Stimme die Assoziation: ›Schicksalhafte Verstrickung, Schuld, Tragik‹. Aber die Sendung verfährt zugleich streng in der Verurteilung der Tat und in der Bejahung der Gefängnisstrafe, die – wie mehrfach wiederholt wird – das Leben der jungen Frau zerstört habe. Der Kamerablick auf das Gespräch wird immer wieder durch eingespielte Gesichter aus dem Publikum unterbrochen, die Entsetzen und Anspannung ausdrücken. Während die Frau sprechend, in Großaufnahme, auf dem Bildschirm erscheint, wird immer wieder ein Schriftband eingeblendet: »Sabine Hansen nimmt blutige Rache.« Der Sachverhalt ist kompliziert: Das Opfer wurde zur Täterin. Es stellt sich die Frage nach dem Missbrauch an dem Mädchen durch den Lehrer. Außerdem stellt sich die moralische Frage, ob Gewalt als Strafe und Rache erlaubt ist. Und: das Missbrauchsopfer sieht aus wie eine Verführerin. In dieser Spannungslage erfolgt eine Unterbrechung: Eingeblendet wird -mitten aus dem Publikum – ein Strafverteidiger, der als Inkarnation der männlichen Klarheit, Logik und Entscheidungssicherheit auftritt. Er repräsentiert die Autorität des Experten, was sich in seinem exakten und von Gefühlen unbewegten Sprachgestus ausdrückt. Er verkörpert die Gewissheit, dass Recht streng angewendet wurde und dass das richtig ist. Dann schwenkt die Kamera zurück auf die Bühne. Die Frau sitzt bedrückt da. Das Thema des Missbrauchs kommt zur Sprache, vor allem geht es aber um ihre Schuld. Mit gebrochener Stimme wird ihr von der

Moderatorin für die Zukunft ein guter Job gewünscht. Mit einem innigen Händedruck und einem intensiven teilnehmendem Blick wird der Gast verabschiedet. Mit diesem Ausklang wird die Szene geschlossen.

Die Missbrauchsthematik steht im Gegensatz zu der Inszenierung der Frau sowohl im vorab gezeigten Kurzfilm wie als Gast. Dass sie einerseits als Opfer bezeichnet, aber optisch als Verführerin und potentielle Mörderin präsentiert wird, bestimmt die Wahrnehmung. Es wird beim Sehen eine Phantasie hervorgerufen: Die Frau ist die aktive Verführerin und sie ist schuld. Der Lehrer wurde ebenso von ihr verführt, wie der Freund, der sogar für sie morden wollte. In dieser Vorstellung wird der Mann zwar zum Täter, aber er wird es, weil er von der Verführungsmacht der Frau beherrscht wird. Dieses latente Thema bestimmt die affektive Wirkung. Es ist die Phantasie einer gefährlichen Überschreitung durch die Frau. Im Verlauf der Sequenz wird diese Phantasie nicht in Worte gefasst. Sie entsteht beim Zuschauen und bildet ein eigenes Narrativ: Hemmungsloses Tun wird inszeniert und es folgt die Buße. Die männliche Stimme der Ordnung repräsentiert durch den Experten, gefolgt von der mütterlich strengen Stimme der Moderatorin mit der Rede von Verzeihen und Pflicht. Es geht im Sehen um beides: um Bilder für Lüste, Überschreitungen und Aggressionen und um die Einordnung dieser Bilder in beruhigende Deutungen und Regeln. Für das Außerordentliche, das in der Sendung immer unter das Thema Sexualität/Gewalt gefasst wird, gilt es, ein Erleben von Grenzüberschreitungen und die Rückkehr zum Vertrauten herzustellen. Ein Element ist hier immer die Aktivierung verbotener Phantasien und die Inszenierung von Strafen. Die Szenerie *im Themenkomplex Sexualität/Gewalt hat immer Züge einer Gerichtsverhandlung*: Angeklagte, Verteidiger und Ankläger treten auf. Es gibt den Regelbruch, der verhandelt wird. Das kollektive ›Wir‹ befreit sich von der Tat durch Verurteilung (Externalisierung). Das ›Wir‹ konstituiert sich über die geteilten Empfindungen: Erregung und Reinigung von Schuld.

Ganz anders erscheint Sexualität in der gleichen Sendung vom 7.11.1996 unter dem Titel: *Anmache in der Ehe*. Der eingespielte Kurzfilm betont in diesem Fall das Komische. Er behandelt das Thema Eheberatung als pornographischen Witz. Der Kurzfilm zeigt als

Slapstick Paare, die versuchen, sich durch die Ausstattung mit Strapsen und Reizwäsche und durch alle erdenklichen Tricks zu stimulieren. Die beiden eingeladenen Ehepaare berichten anschließend über Versuche, der Leidenschaft im Ehealltag aufzuhelfen. Die Moderatorin, die Beteiligten und das Publikum im Studio geraten ins Kichern, was schon der Kurzfilm nahelegte. Der Eheexperte aus dem Beratungswesen äußert sich gravitätisch und erklärt alle Probleme für normal, *für das, was alle teilen.* Die Moderation betont *die gemeinsame Erfahrung* und demonstriert *fortschrittliche Unabhängigkeit.* Sie hat keine Berührungsangst und vermittelt mimisch und gestisch eine Botschaft, die etwa lautet: »Wir sind alle erwachsene Menschen und haben unsere Erfahrungen und unsere Probleme.« Das hemmungslose Kichern der Moderatorin stellt Nähe zum Volk her und besagt: Auch sie ist sexuell aktiv; auch sie teilt das, was alle erleben; dabei bleibt sie, wie alle anderen, sauber – aber mit Erfahrung. Die Moderation hat die Funktion zu beschwichtigen. Sie betont vor allem, dass ›alles‹ normal ist – und es gibt das Wichtigste: die Kameradschaft. Im *Themenkomplex Beratung* wird grundsätzlich bei *Schreinemakers live* entdramatisiert. Hier wird immer die Machbarkeit des Lebens behauptet. Leidenschaft kommt in diesem Zusammenhang nicht vor. Diese gehört immer in den *Themenkomplex Sexualität/Gewalt.* Hier wird prinzipiell verlockende Grenzüberschreitung gezeigt und abgeurteilt.

Von Bedeutung ist auch ein weiterer Aspekt: Wie weit können sich die Gäste frei zu den Themen äußern? Prüfen wir die hier skizzierten Szenen so wird deutlich: für die Beteiligten in der Situation wird ein dominierender Kontext geschaffen (Kurzfilm, Laufband, Publikumsstimmung). *Gegen die Definition des Genres kommt die Rede der Betroffenen nicht an.* In der Sequenz *Selbstjustiz* kommt entsprechend die Tragödie zum Zuge. Den Gästen in der folgenden Sequenz *Anmache in der Ehe* wird wiederum nicht erlaubt, ein ernstes Wort zu sprechen, wozu einige ansetzen. Schreinemakers treibt in die Richtung des Genres – egal was das Gegenüber sagt. So wird im Interesse an Dramatisierung in *Selbstjustiz* mehrfach von ›Mord‹ gesprochen, obgleich der attackierte Lehrer ja überlebte. Entgegen den Mitteilungen der jungen Frau, dass sie ihre Schulbildung abgeschlossen hat und recht aufgeschlossen ihrer Zukunft entgegensieht, wird immer wieder von der Lebenskatastrophe mit tödlichem Ausgang gesprochen. *Die Moderation ist auf das gewählte Genre fixiert und definiert in diesem Sinn einseitig die Situation.* Eine wichtige Rolle spielen dabei unterstützend die Laufbänder, die aus der Perspektive der Zuschauer den Gast und seine Mitteilungen stereotyp benennen. Analoges gilt für das Genre Porno-Komödie in *Anmache in der Ehe*. Diese Dominanz des Genres ist ein durchgehendes Merkmal der kontrollierten Kommunikation bei scheinbarer Spontaneität.

Kommen wir zurück zu den Themen der Sendung und zu dem Zusammenspiel zwischen Moderatorin, Publikum und Gästen. Das Thema *Leidenschaft, Gewalt* und die Szene der Verurteilung bilden feststehende, zusammengehörige Elemente. Sie bilden ein Muster. Ganz anders funktioniert der *Themenkomplex Beratung*. Die Themen reichen dabei von Gesundheitsfragen bis zur Anlageberatung. Bei aller Unterschiedlichkeit besteht im Bereich ›Lebensberatung‹ eine Gemeinsamkeit: es geht um Ängste und um Angstbeschwichtigung. Aus einer verwirrenden Vielfalt von Problemlagen und Informationen erheben sich die beruhigenden Stimmen der Experten und die mütterliche Sorge der Moderatorin. Hier wird im Zusammenspiel von Gästen, Moderation und Publikum für die Zuschauenden ein Erleben nach dem ›Eltern-Kind-Schema‹ hergestellt. Das Wir-Gefühl hat eine besondere Ausprägung. *Das ›Wir‹, das sich im Themenkomplex Lebensberatung herstellt ist an die Imagination der Versorgung durch mächtige Helfer gebunden.* Vor allem sind es die Experten, die gemeinsam mit der Moderatorin die Phantasie inszenieren, dass alles unter Kontrolle sei. Das muss nicht heißen: alles wird gut, sondern es geht um die Imagination der Geborgenheit. Niemand ist allein. Alle sind bei ihm/ihr. Gefahren werden archaisch in Szene gesetzt und anschließend durch das Ritual öffentlicher Teilnahme – verkörpert durch die Moderatorin – zum Verschwinden gebracht. Es geht um ein magisches Verhältnis zur Realität. Dafür ist die Sequenz *Infektion* der Sendung vom 7.11.1996 ein gutes Beispiel. In diesem Beitrag erfolgt zunächst die drohende Mitteilung, dass »viele infiziert sind, es aber nicht wissen«. Dann wird verraten: es geht um Herpes. Die Dramaturgie appelliert an das Gefühl einer diffusen Bedrohung aus dem Körperinneren und betont die gefährliche Ansteckung durch zärtliche Berührung. Die Assoziation zu Aids drängt sich auf. Dazu tragen auch die Bilder aus dem vorangegangenen Beitrag *Zaire, ein Land stirbt* (Bilder von Flüchtlingsströmen in Afrika) bei. Die Überlappung der Bildassoziationen verstärkt die Wirkung. Der Kurzfilm zum Thema *Infektion* zeigt Claudia Schiffer mit zerfressener Haut. Worum geht es dabei? Welche Assoziationen und Phantasien sind angesprochen? Im gesamten *Themenbereich Lebensberatung* inszeniert die Sendung Ängste, die wir alle haben und befriedigt den Wunsch, nicht allein zu sein. Eine solche Inszenierung von Angst und Versorgung durch mächtige Helfer enthält auch die nüchterne Sequenz über falsche Vermögensberatung durch Großbanken. Ein vorausgehender Kurzfilm zeigt ein Rentnerpaar und junge Sparer, die alle Ersparnisse verloren haben. Als Experte erhebt sich aus dem Publikum der Verbraucherschützer. Alte und junge Paare berichten im Gespräch mit Schreinemakers, wie sie um ihre Ersparnisse gebracht wurden. Die Banken verweigern Entschädigungen. Der Saal rast vor Empörung. Schreinemakers scheut sich nicht, »Namen zu nennen« und »die Großen« anzugreifen, zum Beispiel »die Dresdner Bank«. Wenn die Moderatorin hier als Volkstribunin auftritt, so nimmt sie eine machtvoll mütterliche Rolle ein. Gemeinsam mit dem Experten vom Verbraucherschutz ist sie voller Sorge. Wieder geht es um die kollektive Phantasie von Bedrohung, Kontrollverlust, Hilflosigkeit und um die Rettung durch mächtige Helfer.

Unser deutsches Haus: Entgrenzung und Kontrolle. Hier geht es um andere Assoziationen und Gefühle als in den vorangegangenen Themenbereichen. Das Thema ist die *Heimat* und das *Fremde*. Für ›Heimat‹ steht in der hier besprochenen Sendung vom 7.11.1996 die Sequenz *Stress in deutschen Wartezimmern.* Der Kurzfilm präsentiert in slapstickartiger Form (kleiner Patient, mächtige Krankenschwestern) ein lästiges Alltagsproblem, das aber von kompetenten Frauen durch Verbesserung der Organisation zu beheben ist. Wir sehen helle Arbeitsplätze mit energischen Menschen. Die Praxen in schöner heimatlicher Landschaft sind geordnet, gut ausgestattet und die Umgebung ist schön. Diese Vergegenwärtigung eines geordneten Landes mit tüchtigen Menschen schließt gut gelaunt mit ›Grüßen an alle‹.

Den Beitrag *Zaire ein Land stirbt* rechnen wir ebenfalls zu: *Unser deutsches Haus.* Das Fremde konturiert das Eigene. Eingespielt werden Bilder von Flüchtlingsgruppen aus der Vogelperspektive, große Landschaften voller Menschen, Kinderaugen, ein Wagen vom Roten Kreuz. Dann die Rückkehr der deutschen Helfer in die Heimat – ›zurück aus dem Chaos‹. Der Film berichtet: »Sie konnten nicht bleiben; es war alles zu unsicher. Niemand wusste, wer gegen wen kämpfte.« Der geordnete Zugriff deutscher Helden in ungeordnete Verhältnisse ist der Eindruck, der stark dominiert. So haben die Bilder von afrikanischer Weite und der sich in dieser Weite bewegenden Massen, die Darstellung von hilflosen Kindern, Frauen und Alten die Wirkung, dass die Zuschauer sich selbst als die Starken, Eingreifenden imaginieren. *Es entsteht die Phantasie, dass man das Chaos gerecht ordnet und in der Fremde durchgreift*. Auch ein anderes Assoziationsfeld entsteht: das Thema *Wir hier drinnen, die da draußen* und das Draußen erscheint als *gefährliche verlockende Weite*, in der man sich verlieren, aber sich auch bewähren kann. Der Wunsch nach der Ferne ist dabei mit dem Streben nach Sicherheit und Macht verwoben: ›Im Auftrag mächtiger Institutionen in die Weite ziehen!‹ Das ›Wir‹, das in diesem Kontext inszeniert wird, *hat Züge einer Schicksalsgemeinschaft* und beruht auf der Vorstellung geteilter Leiden und Freuden. Es ist leicht anschlussfähig an konservative und nationalistische Bilder vom Volksganzen. Auf diese Verbindung wird auch in der Sendung immer wieder angespielt. *Das gute Deutschland* wird nach dem Familienmodell als Haus mit gerechten Eltern vorgestellt, in dem für alle gesorgt ist, *wenn sie dazu gehören*. Die Autoritätsimago hat fürsorgend-mütterliche Züge.

Was ist das Resultat unserer Überlegungen? Man könnte also alle drei Themenkomplexe (›Sexualität/Gewalt‹, ›Lebensberatung‹, ›Unser deutsches Haus‹) als Inszenierung von Ängsten charakterisieren. Das zentrale Thema Angst tritt in Erscheinung: als Angst, nicht richtig zu leben; als Angst um soziale Sicherheit und als Angst vor Körperzerfall.

Alle Themen in *Schreinemakers live* sind als Polarisierungen angeordnet:
1. *Sexualität/Gewalt*: Lust an der Grenzüberschreitung und Sehnsucht nach dem Außerordentlichen steht gegen Ordnung und Strafe.
2. *Lebensberatung*: Die Angst um soziale Sicherheit und die Wut, hilflos zu sein, steht gegen das Vertrauen zu guten Elternfiguren,

insbesondere zu der mütterlichen Figur. Und: Die Angst vor Kontrollverlust, was besonders durch archaische Körperängste symbolisiert wird, steht gegen Vertrauen in machtvolle Vaterfiguren (der rettende Experte und der Glaube an das Machbare).
3. *Unser deutsches Haus*: Die Angst vor dem Fremden und die Sehnsucht nach Entgrenzung steht gegen die Imagination machtvoll kontrollierender Eingriffe.

Es findet in den drei Themenbereichen eine Bewegung zwischen den Polen, aber keine Klärung statt. Beide Aspekte der Polarität werden inszeniert: die erregenden Vorstellungen und die Instanzen der Beruhigung und Disziplinierung.

Inszenierungen in der *Harald Schmidt Show*

Die Harald Schmidt Show umfasst zwei Elemente: *Schmidt spielt mit seinem Publikum* und *Schmidt spricht mit Prominenten*. Wir untersuchen hier die Gesprächssituationen (im zweiten Teil der Sendung), die mit dem Zusammenspiel von Moderation und Gästen bei *Schreinemakers live* vergleichbar sind.

Die Sitzordnung von Schmidt und seinen Gästen ist immer die gleiche. Der Gast nimmt neben dem Schreibtisch in einem Sessel Platz, wobei der Moderator hinter dem Schreibtisch auf einem Bürostuhl sitzt. Zur Begrüßung steht Harald Schmidt auf.

Selbstverständlich gehören zur Inszenierung in der Show beide Seiten, der Gast und der Moderator. Beide müssen zusammen ein Spiel herstellen, das für das Publikum sehenswert ist. Da es sich um eine gemeinsame Erfindung einer lebendigen und attraktiven Gesprächssituation handelt, zeigen beide Beteiligte etwas Lebendiges von sich selbst. Das Verhältnis von Moderator und Gast kann in Bildern des Raumes, den der Gast beziehungsweise der Moderator einnimmt, beschrieben werden. Die folgenden Gesprächsverläufe sind dadurch zu charakterisieren, dass eine extreme Geschlechtsdifferenz auftritt.

Zu der Moderation und Gesprächsführung in der Harald-Schmidt Show erbrachte unsere Inhaltsanalyse einige feste Muster, die wir hier nur benennen, aber nicht ausführen können (Clement/Prokop/Stach 2000): Die weiblichen Gäste befinden sich in einer Art Prüfungssituation. Schmidts Repertoire beschränkt sich auf das Inszenierungsmuster: Macho-Wolf trifft Frauen. Aus der Perspektive der Frauen, die das wissen, stellt sich jeweils im Vorfeld die Frage, mit welcher Haltung sie in das Gespräch hineingehen wollen. Gelungene Spiele weiblicher Eigenständigkeit sind nur begrenzt möglich und äußerst selten. Sehr viel breiter gefächert ist das Angebot an Kommunikation für die männlichen Gäste. Die folgende Szene ist ein Beispiel für ein reiches und spielerisches Angebot für den Umgang mit männlichen Gästen. Dabei wird auch das abweichende Erscheinungsbild eines Mannes locker in das Spiel eingeschlossen – ganz im Gegensatz zum Repertoire im Umgang mit weiblichen Gästen.

Ottfried Fischer, der ›Bulle von Tölz‹, schiebt sich behäbig zum extragroßen Sessel, der für ihn wegen seines überproportionalen Körpers hingestellt wurde, und lässt sich genüsslich hineinfallen (Fischer, Harald Schmidt Show, 15.10.1998). Es breitet sich Gemütlichkeit aus. Fischer und Schmidt kommen abwechselnd mit dem Kopf in Nahaufnahme ins Bild. Der Gast spricht in sich ruhend und schwer atmend. Beide spielen sich Fangbälle zu. Das Gespräch kreist zunächst um den Film ›Solo für Klarinette‹, mit Götz George. Danach kommt Schmidt auf die neuen Folgen vom ›Bullen von Tölz‹ zu sprechen. Schmidt über die Serie: »Versteht das jeder, oder ist das wieder so ein intellektueller Hammer?« Das Publikum johlt und klatscht. Fischer kontert ihm, nimmt das Bild des George-Films auf und gibt zur Antwort: »Der nächste ist mit noch zwei anderen Schauspielerinnen, der wird dermaßen intellektuell, der heißt Trio mit Klarinette. Der Hauptdarsteller ist Götz von Berlichingen.« Schmidt treibt das Spiel in seiner Rede weiter: »Mensch, das ist ja dermaßen intellektuell!« Vorausgesetzt wird bei diesem Spiel die Phantasie, dass beide natürlich über Intellekt verfügen. Sie mimen die nicht-intellektuellen Intellektuellen. Ohne Liebesverlust zu fürchten, spielt Fischer mit seiner Hässlichkeit. Selbstverständlich teilt er seine Abneigung gegen Wohnmobile mit, da er mit seinem Hintern nicht in die Kabine passt. »Spätestens bei der ersten Notdurft ist es dann vorbei.« Schmidt zeigt Begeisterung, aus beiden bricht das Schuljungen-Lachen heraus. Locker-flockig nimmt das Interview seinen Lauf. Die Rede beider ist gemütlich langsam. Der Tonfall von Fischer ist selbstbewusst-überheblich. Der Bulle von Tölz noch einmal: »Frauen und Weizenbier von unten.« Schmidt: »Siehst du, mein Publikum schweigt wie eine Klarinette im Koffer.« Es folgt wieder Gejohle und rauschender Beifall. In unerschütterlichem Einvernehmen - gleichgültig gegenüber Fischers ungewöhnlichem Äußeren - geht das Gespräch zu Ende. Wichtiger Bestandteil der Kommunikation mit Ottfried Fischer ist die Gemeinschaft gegen den Türken Üzgür, der während dieses Gasttalks Prüfungen zu absolvieren hat, um Deutscher zu werden.

Schmidt bietet seinen männlichen Gästen die Teilhabe am Männerbund und gegenseitige Anerkennung. Das Spiel von Moderator und männlichem Gast ist eine Inszenierung zweier Gleichstarker. Wichtig ist dabei, dass Schmidt nicht überboten wird. Das würde den Verlust seiner Führungsposition bedeuten, und damit das Kernstück der Zuschauererwartung zerstören. Im gelungenen Spiel werden Zoten gerissen und gemütlich über Fußball, Karriere und Privates geplaudert. Da geht es vor dem Hintergrund eines festen Bundes bissig zu. Denn, wie auch immer die männlichen Stars auftreten, das Einvernehmen mit Schmidt ist ihnen gewiss: Schmidt hat für alle Männer ein angenehmes Kommunikationsrepertoire zur Verfügung, das ohne Bedingungen dem Gast angeboten wird.

Problematische Parodien

Allerdings ist festzustellen, dass zur Szene mit Ottfried Fischer noch eine dritte Figur auf der Bühne gehört. Inszeniert wird der Türke Üzgür, der Prüfungen zu absolvieren hat, um Deutscher zu werden. In dieser Sequenz vermischen sich der Promi-Talk und die Parodie. Die Absicht ist, eine Kritik an Vorurteilen zu liefern – indem Schmidt den Vorurteilsvollen spielt und so im Zuschauer eine kritische Haltung zum Vorurteil provoziert. Häufig endet das in Zweideutigkeiten. Es soll das Abstoßende des Vorurteils gezeigt werden – zum Beispiel durch Übertreibung. Dabei wird das Vorurteil zugleich in Szene gesetzt. Kritik und Parteilichkeit werden nicht in Worte gefasst. Es entsteht eine schwebende Situation. Das In-Szene-setzen des Vorurteils – vor allem als Witz – hat eine prekäre Eigendynamik. Vor allem die Betroffenen, meist Frauen, Ausländer oder Öko-Freaks, können nicht ohne weiteres mitlachen. Oft genug entsteht etwas Kränkendes für die Objekte des Witzes und oft genug entgleist das Spiel und wandelt sich von der Kritik am Vorurteil zum reaktionären Stereotyp – wie in dem Fall, den wir im Folgenden beschreiben.

Ein türkischer Mann spielt Üzgür, den Underdog. Diese Rolle des Versagers, des ›Unter-Menschen‹ ist ein regelmäßig wiederkehrendes Element in den Inszenierungen der *Harald Schmidt Show* . Im Rahmen des Mottos ›Hallo, sei auch du ein Deutscher‹ will Schmidt seinem »persönlichen Freund, langjährigen Vertrauten und Fahrer Üzgür« die deutsche Staatsbürgerschaft zukommen lassen, wofür der Anwärter drei Prüfungen bestehen muss. Üzgür kommt in Chauffeur-Uniform langsam aus dem Hintereingang auf die Bühne, nimmt seine Mütze ab und verbeugt sich demütig lächelnd vor dem Publikum, das laut applaudiert (Üzgür, Harald Schmidt Show, 15.10.1998).

Zunächst schwört Üzgür auf das deutsche Sparbuch. Schmidt wird vergrößert, so dass Üzgür wie ein Winzling erscheint. Der Zuschauer bekommt so den Hinweis, dass es sich hier um die Ironisierung des deutschen Sparkultes handelt. Die Rede unterstreicht den ironischen Charakter. Lachend und überzeichnet spricht Schmidt die Worte des Eides vor, die Üzgür gehorsam wiederholt. Unter Lachen und Applaus des Publikums wird diese Szene mit den Worten: »Großes Pfadfinderehrenwort« abgeschlossen.

Als weitere Prüfung muss Üzgür einen Schweinebraten essen. Demonstrativ wird in diesem Spiel darüber hinweggegangen, dass ein Moslem kein Schweinefleisch essen darf. Lauernd fragt Schmidt, während er mit Ottfried Fischer am Schreibtisch plaudert: »Schmeckt's Üzgür?« Dieser wiederum antwortet mit gekonnt devotgebrochener Stimme: »Danke Chefe. Das ist ein guter Koch.« Üzgür sitzt während dieser Prüfung abseits des Schreibtisches nahe dem Hinterausgang, an einem extra für ihn hinplatzierten kleinen Tisch. Die Kamera bringt ihn im Lauf des Interviews immer wieder Schweinefleisch mümmelnd ins Bild. Seine Kaubewegungen werden deutlich gezeigt. Er sitzt allein, ausgeschlossen aus der Gemeinschaft Schmidt-Fischer, und dient zur Belustigung der beiden. Spielerisch leben Moderator und Gast ihre Aggression aus. Brüderlich, mit zusammengesteckten Köpfen schauen sie in Herrenmenschen-Manier Richtung Üzgür, aus dessen Perspektive diese Szene eingeblendet wird. Das Publikum verfolgt gespannt das Spiel Fischer/Schmidt gegen Üzgür. Die unerträgliche Wirkung der Szene hat mit der Dauer zu tun, die Üzgür benötigt, seinen Braten hinunter zu würgen. Der Effekt ist eine überlange sadistische Inszenierung. Damit wird der Spaß zum Ernst. Die Anwesenheit des Gastes Fischer verstärkt die Vermischung von Spiel und Ernst; auch dieses Element bietet dem Zuschauer das genüssliche Ausleben seiner Ausländerfeindlichkeit als Möglichkeit an. Die ironische Intention kommt in der verfolgend-sadistischen Szene nicht mehr zur Geltung. Sie kann allerdings als Rationalisierung beschworen werden. Der aufklärerische Impuls hat hier keine affektive Basis.

Die Überschreitung kulminiert, als Üzgür für die dritte Prüfung stramm neben dem Schreibtisch steht und mit leierig-krächzender Stimme die deutsche Nationalhymne singt. Die Kamera wird bis zum Schluss auf Üzgür gehalten und zeigt ihn als den Inbegriff des ›Undeutschen‹, der ›das deutsche Lied‹ pervertiert. Auch hier bedingt die Einführung der Realzeit die Unerträglichkeit der Szene. Das Publikum brüllt vor Begeisterung und spendet tosenden Beifall. Nebenbei spielen sich Fischer und Schmidt Kommentare über Üzgür zu. Wir erleben mit, wie die Identität eines Türken Schritt für Schritt vernichtet wird. Schmidt überreicht dem neuen Deutschen eine große, bunte Urkunde, und Üzgür verabschiedet sich mit unterwürfig dankbarer Miene mit den Worten: »Ich bin so glücklich, Chefe.«

‹Das Große Wir› – Zum Vergleich der beiden Sendungen

Lässt sich ein inneres Thema benennen, das die beiden Muster *Schreinemakers live* und die *Harald Schmidt Show* eint?

Herausragend bei der Schmidt-Inszenierung ist der Dompteur-Charakter der Moderation. Schmidt etabliert sich als dominierende Figur durch die Demonstration ungehemmter Aggression. Diese richtet sich auch spielerisch gegen das Publikum. Die Unabhängigkeit von dem gemeinsamen Gefühlsrausch etabliert ihn als Führer, dem die anderen in der Situation folgen – und nicht umgekehrt. Die demonstrative Autarkie, die Unberechenbarkeit ist es vor allem, die ihn zum Herrn auf der Bühne macht. Ob Bisse oder Küsse verteilt werden, kann vorher niemand wissen. Die gleiche Verfügungsmacht zeigt sich in dem immer möglichen Tabu-Bruch. Schmidt inszeniert mit seinem Publikum ein Zusammenspiel nach dem Muster von Führer und Gefolgschaft. Die Inszenierung bietet das Angebot, sich mit einem mächtigen und gefährlichen Führer eins zu fühlen. Dabei darf in der Phantasie angegriffen und verfolgt werden, was auch sonst Gegenstand der Abgrenzung im Männerbund ist: Frauen, Fremde und Versager (Underdogs). Das Bedürfnis nach autoritärer Führung ist aber offenbar für die hier angesprochene Sehergruppe nicht unproblematisch. Die Inszenierung Schmidts befriedigt beides: den tiefen Wunsch nach Dominiert Werden und Verfolgen und das Verbot, sich der Destruktion hinzugeben. Die Mischung der *Harald Schmidt Show* enthält gegensätzliche Elemente und löst daher extrem unterschiedliche Wahrnehmungen und Affekte aus. Die manifeste Botschaft von Schmidt ist natürlich, dass er keine Botschaft hat. Dies erweist sich bei näherer Betrachtung als irrig. Die Vorstellung, Schreinemakers verkaufe beschränkte Werte und Schmidt die große Distanz und Ironie, ist insofern eine Täuschung, als Schmidt ebenfalls starre Wertvorstellungen bedient. Mit seinem Koordinatensystem liegt er im Trend: Die Seher- und Fan-Gruppe schätzt Schmidts Negativ-Figuren: Ausländerwitze, sexistische Ausfälle und Hitleranspielungen, das heißt, alle Arten von Tabu-Bruch gegen die 68er Szene. Sie schätzt auch seine positiven Werte: *Erfolg haben, cool sein, gut drauf sein*. Diese autoritär-konservative Haltung wird zugleich als Rolle vorgeführt. Es soll immer offen bleiben, ob Ausländerwitze, sexistische Ausfälle und Hitleranspielungen ›als ob – Spiele‹ sind – oder nicht. Es ist besonders interessant, dass die Sendung, die als intellektuell raffiniert gilt und vor allem die gebildeteren Jüngeren anspricht, vom Thema der Faszination durch das Autoritäre geprägt ist. Dieses Autoritäre wird zugleich ausgelebt und verleugnet. Das ist der Wirkungseffekt des Verweises auf das ›Bodenlose‹ der Parodie.

Beide Sendungen lassen sich als Inszenierung sozialer Konflikte beschreiben. Verhandelt wird in beiden Fällen die Frage nach dem ›richtigen Leben‹. Dabei werden ganz unterschiedliche Genres gewählt: Harald Schmidt und sein Publikum lassen sich auf die Frage im Gewand der zwanghaften Ironie ein. Jedoch liegt die Regression auf eine autoritär- aggressive Masse und die aggressive Aktion kontinuierlich im Angebot.

Die Frage nach dem richtigen Leben stellt sich in *Schreinemakers live* ganz anders dar. Hier geht es vor allem um die Frage, was erlaubt ist und was als normal gelten soll. Außerdem stehen Ängste im Zentrum. Es geht um Kontrollverlust und soziale Deklassierung. Diese Themen werden in der Dreistunden-Sendung von Schreinemakers ohne jede ironische Distanz dramatisch behandelt.

Auf die Verunsicherung, was als das Richtige anzusehen ist, reagieren interessanterweise sowohl *Die Harald Schmidt Show* als *Schreinemakers live* mit der demonstrativen Inszenierung einer kollektiven Norm, deren Erlebnisaspekt von uns als ›Das Große Wir‹ bezeichnet wird.

Das ›Wir-Gefühl‹ wird im Zusammenspiel zwischen Moderation und Publikum als Mitspieler sichtbar. Durch die Vorführung der Zustimmung, Gleichgültigkeit oder Ablehnung der zum Publikum versammelten Gäste erlebt sich auch der TV-Zuschauer als Teil einer sichtbaren Gruppe. Dem dienen die formalen Techniken der Einspielung des anwesenden Publikums, die in beiden hier besprochenen Shows strukturgleich sind: der Blick auf die versammelten Gäste aus der Vogelperspektive, verknüpft mit rauschenden Beifalleinspielungen, gesehen als Totale, die auch die Bühne einschließt, ruft die Phantasie eines Massenereignisses hervor. Großaufnahmen zu einzelnen Sequenzen des Ablaufs zeigen Gesichter von Gästen im Publikum und verdeutlichen die Affekte. Das vorgeführte Publikum dient dem TV-Seher als Modell für ›die richtige Empfindung‹. Zugleich bedeutet der reichlich eingespielte Beifall: hier findet ein Ereignis statt, und hier herrscht Einigkeit.

Schreinemakers live ist als Inszenierung von Ängsten zu charakterisieren. Es sind Ängste derer, die sich fürchten, zu den Modernisierungsverlierern zu gehören, an den Rand der Gesellschaft zu geraten. Die Unsicherheit, was erlaubt ist; was man verpassen kann, ab wann man hoffnungslos unmodern und damit vom ›main stream‹ abgehängt ist, wird in den Gesprächssituationen verhandelt. Moderatorin, geladene Experten und Publikumsreaktionen bilden das beruhigende Setting, das es gestattet, sich heißen Themen anzunähern, in der Gewissheit, dass diese immer eingegrenzt bleiben und nicht bis zum unerwartet Unerträglichen Gestalt annehmen. Unter dieser Voraussetzung ist eine Annäherung möglich. Immerhin sehen sich Leute, die aus eher traditionellen und wertkonservativen Milieus stammen, fremdartige Menschen und Situationen an – teils aus Anpassungsdruck, teils aus Neugier, teils aus dem Wunsch nach Grenzüberschreitungen und dem Wunsch nach Verständigung mit anderen über Erfahrungen und über ethische Regeln, die man anerkennen kann.

Die Angstbeschwichtigung verläuft im Zusammenspiel zwischen Moderation und Publikum durch Verleugnung und Ungeschehenmachen. Die Katastrophe, das Angstobjekt, auch die Lust, die mit der Grenzüberschreitung verbunden ist, werden gezeigt, dann wird der Vorhang wieder zugezogen und der Affekt gelöscht. Dieses Löschen verläuft über die Rituale der Normalität, die Schreinemakers autoritär mütterlich-weiblich vollzieht. Das imaginäre Kollektiv, das phantasierte ›Wir‹, das in der Sendung *Schreinemakers live* entsteht, hat Züge einer Schicksalsgemeinschaft. Es wird aggressiv beim Phantasma der Normverletzung. Dieses ›Wir‹ ist leicht anschlussfähig an konservative nationalistische Bilder vom Volksganzen (Prokop, Ulrike 1995). Auf diese Verbindung wird auch in der Sendung immer wieder angespielt. Auch hier geht es also um Autorität. Jedoch wird diese zum Zweck der Angstbindung beschworen.

In der öffentlichen Diskussion wird die Zweideutigkeit und das autoritäre Potential ausschließlich der Variante *Schreinemakers live* zugeschrieben. In dieser Verachtung spiegelt sich die hierarchische Anordnung der sozialen Milieus. Die einen verfügen über Definitionsmacht und kulturelles Kapital – die anderen eben nicht.

Literatur

Bente, Gary/Fromm, Bettina (1997): Affektfernsehen: Motive, Angebotsweisen und Wirkungen, Oplanden.

Clement, Gabriele/Prokop, Ulrike/Stach, Anna (2000): Talk-Shows: Verhandlungen über das Fremde, in: E. Eisenbach-Stangl/W. Stangl (Hg.), Das innere und das äußere Ausland, Wien.

Flaig, Berthold Bodo/Meyer, Thomas/Ueltzhöffer, Jörg (1993): Alltagsästhetik und politische Kultur, Bonn.

Fritz, Angela (1984): Die Familie in der Rezeptionssituation. Grundlage zu einem Situationskonzept für die Fernseh- und Familienforschung, München.

Goffmann, Erving (1971): Interaktionsrituale. Über Verhalten in direkter Kommunikation. Frankfurt/Main.

Krotz, Friedrich (1993): Emotionale Aspekte der Fernsehnutzung. Konzeptionelle Überlegungen zu einem vernachlässigten Thema.

Leithäuser, Thomas/Vollmerg, Ute (1977): Empirie des Alltagsbewusstseins, Frankfurt/Main.

Lorenzer, Alfred (1986): Kultur-Analysen, Frankfurt/Main.

Lorenzer, Alfred (1992): Das Konzil der Buchhalter, Frankfurt/Main.

Lorenzer, Alfred (1990): Verführung zur Selbstpreisgabe – psychoanalytisch-tiefenhermeneutische Analyse eines Gedichtes von Rudolf Alexander Schröder, aus: Kulturanalysen. Zeitschrift für Tiefenhermeneutik und Sozialisationstheorie, 2. Jg, H. 3, November.

Mikos, Lothar (1993): Situative Bedingungen und Strukturen des Umschaltverhaltens, Berlin.

Mikos, Lothar (1994): Fernsehen im Erleben der Zuschauer, München.

Nadig, Maya (1992): Ethnopsychoanalyse, Frankfurt/Main.

Prokop, Dieter (1995): Medien – Macht und Massen – Wirkung, Freiburg im Breisgau.

Prokop, Ulrike (1995): Elemente des weiblichen Autoritarismus. Die Sehnsucht nach der Volksgemeinschaft in der bürgerlichen Frauenbewegung vor 1933, in: C. Eckhart/D. Henze/M. Jansen/S. Stolt (Hg.), Sackgassen der Selbstbehauptung. Feministische Analysen zu Rechtsextremismus und Gewalt, Kassel.

Prokop, Ulrike/Welniak, Christian/Stach, Anna (2000): Die Talk-Show Arabella. Elemente einer Wirkungsanalyse, in: H. Lahme-Gromostaj/M. Leuzinger-Bohleber (Hg.), Identität und Differenz. Zur Psychoanalyse der Geschlechterverhältnisse, Opladen.

Weischenberg, Siegfried (1997): Neues vom Tage. Die Schreinemakerisierung unserer Medienwelt, Hamburg.

Gabriele Winker

Ausgrenzung durch Ignoranz: Zur mangelnden Präsenz von Frauen in vernetzten Systemen

1. Stellenwert vernetzter Systeme

Vernetzte Systeme gewinnen gegenwärtig in unserer Gesellschaft an Bedeutung. Sie stellen einerseits – vor allem in Form des Internet – die technische Basis der Informationsgesellschaft[1] dar. Andererseits entstehen auf der Grundlage der technischen Vernetzung neue Kooperationsmöglichkeiten zwischen Personen, Gruppen und Organisationen, die unsere sozialen Beziehungen prägen. Somit kommt es mit den breit verfügbaren Anschlussmöglichkeiten an elektronische Netze, mit multimedialer interaktiver Software und mit der Integration bislang getrennter Datenbestände zu tiefgreifenden Veränderungen unserer Arbeits- und Lebenswelten. Dieser Strukturwandel findet in einer Zeit statt, in der sich wegen der geschlechtshierarchischen Arbeitsteilung Frauenarbeit und Frauenleben immer noch deutlich von Männerarbeit und Männerleben unterscheiden. Deswegen haben auch vernetzte Systeme unterschiedliche Auswirkungen auf die Geschlechter. In dem Maße, wie diese vorhandene Geschlechterhierarchie ignoriert wird, tauchen Fraueninteressen als Gestaltungsoption beim Entwurf vernetzter Systeme nicht auf und werden damit ausgegrenzt.

In diesem Artikel geht es mir darum, die personelle und inhaltliche Unterrepräsentanz von Frauen in vernetzten Systemen deutlich zu machen. Ich werde mich mit diesem mehrdimensionalen Problem auf vier unterschiedlichen Abstraktionsebenen auseinandersetzen:

- Zunächst stelle ich den ungleichen Zugang von Frauen und Männern zum Internet dar. Dabei wird deutlich, wie umfassend Frauen im Internet unterrepräsentiert sind.
- In einem zweiten Schritt beleuchte ich die Internet-Inhalte, die an typisch männlichen Interessen ausgerichtet sind und Lebenssituationen von Frauen kaum in den Blick nehmen.
- In einem dritten Schritt setze ich mich mit unzureichenden Netzanwendungen im Reproduktionsbereich auseinander. Im Erwerbsarbeitsbereich werden vernetzte technische Systeme selbstverständlich zur Produktivitätssteigerung eingesetzt, im Bereich der Haus- und Sorgearbeit fehlt deren Einsatz zur Arbeitserleichterung und Zeitersparnis.
- Abschließend gehe ich auf die Organisation von Erwerbsarbeit ein, die sich durch die Informations- und Kommunikationstechnologien stark verändert. Dabei ist auffallend, dass Telearbeit immer mehr zur Männerarbeit wird.

Auf allen vier Ebenen möchte ich nicht bei einer feministischen Technikkritik stehen bleiben, sondern gleichzeitig Ansatzpunkte für frauenpolitisches Handeln aufzeigen. Bevor ich jedoch auf obige Bereiche eingehe, verdeutliche ich im Folgenden kurz die auf der Basis von elektronischen Netzen neu entstehenden Kooperations- und Qualifikationsanforderungen.

1.1 Neue Koordinationsanforderungen

Die informationelle Abbildung von Sachverhalten, ihre Speicherung und Manipulation in Computernetzwerken ermöglicht einen weitgehend ortsunabhängigen und damit globalen Zugriff auf Informationen. So führt der Einzug vernetzter Systeme in viele Arbeits- und Lebensbereiche nicht nur zu starken Produktivitätsfortschritten im Erwerbsbereich, sondern auch zu einer raum-zeitlichen Entkoppelung von Erwerbsarbeitsprozessen im lokalen und globalen Sinne. Dies geht mit starken, neuen Koordinations- und Kooperationsanforderungen einher, die wiederum mit Hilfe der elektronischen Netze über räumliche Entfernungen hinweg unterstützt werden können. So sind Unternehmen, die sich auf ihre Kernkompetenzen konzentrieren, alle anderen Funktionen in unterschiedliche Länder auslagern und gleichzeitig Just-in-Time Lieferungen auf verschiedensten Märkten realisieren wollen, auf weltweit vernetzte technische Systeme angewiesen. Damit steigt auch bei den Beschäftigten der Koordinationsaufwand gewaltig an, und die beruflichen Anforderungen ändern sich. Nicht nur bei informationstechnischen Berufen, sondern auch bei vielen anderen Arbeitstätigkeiten ist Medienkompetenz gefordert, da persönliche face-to-face Kommunikation immer häufiger durch technikunterstützten Austausch von Informationen ersetzt wird.

1.2 Medienkompetenz als Schlüsselqualifikation

Nur BürgerInnen und Beschäftigte mit Medienkompetenz können die neu entstehenden Informations-, Kommunikations- und Beteiligungsformen nutzen. Medienkompetenz wird somit zur Grundlage gesellschaftlicher und beruflicher Teilhabe. Wer medienkompetent ist, kann sich am gesellschaftlichen Denken und Handeln beteiligen und sich beruflich engagieren. Wer sich in globalen Netzen nicht kompetent bewegen kann, wird an den Rand gedrückt und hat wenig Chancen der aktiven Teilnahme am beruflichen und gesellschaftlichen Leben. Was nun ist Medienkompetenz genau? Es gibt eine Reihe unterschiedlichster Definitionsversuche (vgl. Schell/Stolzenburg/Theunert 1999). Aus meiner Sicht lassen sich folgende drei Bereiche der Medienkompetenz festmachen:

1. Medienkompetenz ist zunächst die Fähigkeit, mit Medien selbstbestimmt und kundig umzugehen. Dazu gehört die Befähigung, Medien zur Informationssuche, Informationsbereitstellung und Kommunikation nutzen zu können. Grundvoraussetzungen sind damit Wissen über heutige Computersysteme sowie Kenntnisse über Hintergründe, Strukturen, Funktionsweisen, Programme und Inhalte gerade auch der neuen Medien. Wichtig ist gleichzeitig die technische Handhabung, d.h. die Fähigkeit, die neuen informationstechnischen Geräte bedienen zu können und sich im Internet zurechtzufinden. Dies beinhaltet die Fähigkeit, Informationen über Suchmaschinen im Internet recherchieren, E-Mails absetzen, sich und das eigene Projekt im Internet darstellen zu können.
2. Medienkompetenz meint darüber hinaus die Fähigkeit, ein kritisches Urteilsvermögen und einen verantwortlichen Umgang mit

den Medien zu entwickeln. Menschen müssen gezielt und bewusst Medienangebote auswählen sowie die Medieninhalte einschätzen und bewerten können. Dazu gehört die Fähigkeit, die neuen Medien als Werkzeuge aufgabenangemessen einsetzen zu können. Die NutzerInnen müssen z.b. wissen, ob das Internet tatsächlich für die jeweilige Aufgabe eine angemessene Hilfe darstellt oder ob sie darauf verzichten können. Gleichzeitig ist auch die Fähigkeit wichtig, mit geschlechterstereotypen oder gewaltverherrlichenden Inhalten angemessen umzugehen, sie auszusortieren oder aber sich kritisch mit ihnen auseinander zu setzen.

3. Medienkompetenz beinhaltet drittens die Befähigung, sich mit Hilfe der Medien Lebenswelten anzueignen und sie mit zu gestalten. Medienkompetenz meint die Fähigkeit, eigene Sichtweisen von relevanten Themen und von persönlichen Problemen in den Medien zum Ausdruck bringen und sich mit Sprache, Bildern, Tönen und Symbolen darstellen zu können. Medienkompetenz beinhaltet damit eine aktive und einflussnehmende Teilhabe an der Medienentwicklung.

Medienkompetenz wird über den alltäglichen individuellen und kollektiven Umgang mit Medien erworben. Sie bedarf allerdings auch der Förderung in allen Bildungsbereichen. Das große Problem ist, dass Frauen weit weniger Zugang zu den neuen Medien als Männer haben sowie in der Aus- und Weiterbildung im IT-Bereich kaum vertreten sind.

2. Zugang zum Internet

2.1 Unterrepräsentanz von Frauen

Frauen sind im Internet unterrepräsentiert. Noch immer ist der idealtypische Online-Nutzer jung, gebildet, berufstätig und männlich. Allerdings geht mit dem Zuwachs der Teilnehmerzahlen im Internet auch eine ›Normalisierung‹ der Nutzergruppe einher. Die soziodemographische Zusammensetzung der Internetgemeinde gleicht sich immer mehr der Gesamtpopulation in der Gesellschaft an. So werden die Anwender nicht nur immer älter und von den Berufsgruppen durchmischter, sondern es gehen auch immer mehr Frauen ›ins Netz‹. Inzwischen liegt der prozentuale Frauenanteil im Internet bei rund 31 % (Fittkau/Maaß 1995-2000).

Eine Ursache für die schwache Beteiligung von Frauen im Netz liegt darin, dass es nach wie vor ungleiche Zugangsmöglichkeiten zu den Netzen für Frauen und Männer gibt. Frauen besitzen deutlich weniger Computer als Männer. Im Vergleich zu ihrem durchschnittlich niedrigeren Einkommen stellen die Anschaffungs- und Betriebskosten eine höhere Belastung dar. Darüber hinaus haben Frauen weniger Erfahrungen mit den technischen Strukturen, um Computer entsprechend zu installieren. Auch fehlt vielen Frauen die Zeit, sich surfend im Netz treiben zu lassen. Der Zugang zum Internet geht oft über den Beruf. Frauen sind jedoch nicht nur weniger erwerbstätig als Männer, sondern vor allem in höheren Positionen unterrepräsentiert, in denen ein Internet-Zugang inzwischen zum Statussymbol geworden ist. Auch bekommen Mädchen seltener als Jungen von ihren Eltern einen Computer geschenkt (vgl. Feierabend/Klingler 1999). Nach wie vor greift die stereotype Gleichsetzung von Technik mit Männlichkeit.

2.2 Universeller Zugang zum Internet

Wichtig ist, dass Frauen ausprobieren können, wie sie die neuen Medien für ihre Interessen einsetzen wollen. Die Möglichkeit, das Netz auf ihre Art zu benutzen, muss auch jeder einzelnen Frau offen stehen. Es ist eine politische Aufgabe, den universellen Zugang zum Internet für alle sicherzustellen. Dringend erforderlich sind öffentliche BürgerInnen- bzw. Informationsterminals, an denen Frauen mit fachlicher Hilfe erste Hürden überspringen können. Viele Frauen benötigen einen Raum, in dem sie sich das neue Medium frei von Versagensängsten mit der Unterstützung von Expertinnen aneignen können. Es ist sinnvoll, öffentlich finanzierte Medien-Beratungsstellen bei Frauenorganisationen einzurichten. In all diesen Einrichtungen muss der direkte, kostenlose Zugang zu entscheidungsrelevanten Informationen sichergestellt und die Nutzung neuer Dienste ermöglicht werden. Auch erste Frauen- und Mädchen-Internet-Cafés haben sich als Anlaufstelle für Interessierte bewährt. Aufgabe ist, diese Angebote in allen Kommunen zur Verfügung zu stellen.

Frauenanteil im deutschsprachigen Internet

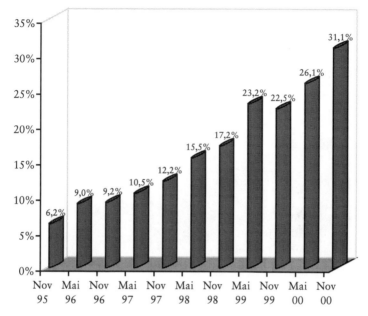

Quelle: Fittkau, Susanne; Maaß, Holger: W3B-Umfragen von 1995–2000, http://www.w3b.de/ergebnisse

Die Angebote der Internetqualifizierung für Frauen und Mädchen sind nach einer Untersuchung von »die media« in den letzten Jahren erheblich breiter und differenzierter geworden (Brauckmann/Dickel 1999). Dass es allerdings nach wie vor einen riesigen Informations- und Qualifizierungsbedarf gibt, haben 1999 die über 100.000 Interessierten bei der Aktion »Frauen ans Netz« gezeigt. So muss bei Frauenqualifizierungen sowohl die regionale Verbreitung als auch gleichzeitig ein inhaltlicher Ausbau in Richtung wirtschaftlicher Fragestellungen wie z.B. E-Commerce vorangetrieben werden. Auch müssen zielgruppenspezifische Angebote ausbaut werden (z.B. für alleinerziehende Frauen, für bildungsferne Frauen). Spezifische Frauenqualifikationen sind deswegen so wichtig, weil gerade Frauen ein gebrauchswertorientierter Umgang mit Technik nachgesagt wird. Das heißt, Technik wird von ihnen nicht spielerisch um ihrer selbst willen, sondern in einer Weise genutzt, die sich aus einem konkreten

Anliegen ergibt. Deswegen ist über konkrete Frauenprojekte darauf zu achten, dass bei Frauen die für eine umfassende Medienkompetenz ebenfalls notwendige instrumentelle Handhabung der neuen Medien nicht zu kurz kommt. Wichtig ist also, Frauen für eine spielerische Offenheit gegenüber den neuen Medien zu gewinnen, ohne dabei den gebrauchswertorientierten Umgang mit Information, Kommunikation und Unterhaltung zu verdrängen.

3. Inhalte im Internet

3.1 Einseitigkeit bei den Themen

Eine weitere entscheidende Ursache für die zögernde Netzbeteiligung von Frauen ist in fehlenden Angeboten im Internet zu sehen, die für unterschiedliche Gruppen von Frauen interessant sein könnten. Die Netze sind inhaltlich nicht universell. Die Inhalte liegen hauptsächlich im Bereich der Erwerbsarbeit und der Freizeit; breit vertreten sind Themen rund um den Computer, das Auto und den Sport. Inhalte aus dem Bereich des privaten Alltags und damit aus weiblichen Arbeitsrealitäten sind deutlich unterrepräsentiert. So sind Themen wie z.B. Verhütung, Diskriminierung, Magie, Kindererziehung, Mädchen, Selbstverteidigung, Teilzeitarbeit, nicht-sexistische Sprache (vgl. Tangens 1996) im Netz kaum präsent. Die Netzinhalte werden stark von den Interessen der derzeitigen WWW-NutzerInnen geprägt, die zu 75 % als Interessengebiet Computer angeben (Fittkau/ Maaß 1999).

Aber nicht nur im privaten WWW-Angebot, sondern auch auf öffentlichen WWW-Seiten fehlen speziell für Frauen interessante Informationen, was sich am Beispiel der Stadtinformationssysteme zeigen lässt. In vielen Stadtinformationssystemen findet eine Netznutzerin gerade einmal die Kommunale Frauenbeauftragte und die Frauenbeauftragte der Universität. Politische und kulturelle Frauengruppen sowie frauenspezifische Beratungsangebote fehlen oft vollständig oder stehen ohne nähere Informationen nur mit ihrer Anschrift im Netz (vgl. Winker/Preiß 2000). Wenn wirklich ein Anliegen im Vordergrund steht, wie die Suche nach Frauen-Internet-

Kursen oder Brustkrebs-Selbsthilfegruppen, nach Frauentagen in öffentlichen Saunen oder nach dem Frauen-Nachttaxi, sind darauf kaum Antworten in Stadtinformationssystemen zu finden. Zusammenfassend lässt sich festhalten, dass die virtuelle Abbildung von Frauenrealitäten im Netz noch deutlich schlechter ist als die reale Situation.

Allerdings gibt es bereits eine breite ›autonome Frauenzone‹ im Internet. Diese WWW-Seiten von Frauen für Frauen sind untereinander über Links gut verknüpft, sind allerdings oft nicht mit städtischen oder kommunalen Informationsangeboten verbunden und auch über Suchmaschinen kaum zu erreichen. Sie bleiben damit für viele Netznutzerinnen unentdeckt. Damit stellt sich die Frage, welche Seiten überhaupt im Internet präsent sind. Nach Rötzer (1996) sind es nur die, die eine Aufmerksamkeit erlangen. Und diese Aufmerksamkeit ist in der Informationsflut des Internets nur über die sogenannten Portale zu erzielen. Zu diesen Portalen gehören bekannte WWW-Adressen wie die Stadtinformationssysteme sowie vor allem die Suchmaschinen, die zum Auffinden der gesuchten Informationen dienen sollen.

3.2 Inhaltliche Verengung durch Suchmaschinen

Je mehr frauenrelevante Themen im Netz angeboten werden, umso wichtiger wird das Auffinden dieser Seiten, da das Internetangebot sich zunächst völlig unstrukturiert darstellt. Und gerade bei der Lösung dieser Aufgabenstellung durch Suchmaschinen und Internet-Katalog lässt sich feststellen, dass es Seiten gibt, die öfters und von mehr Suchmaschinen gefunden werden als andere. Das vorhandene inhaltliche Informationsangebot erfährt im Netz durch die häufig benutzten Suchmaschinen eine weitere deutliche Verengung. Wie ich im Folgenden zeigen werde, unterstützen diese Suchmaschinen den Mainstream und damit auch den Malestream im Netz.

Grundsätzlich lassen sich im Netz zwei unterschiedliche Arten von Suchsystemen unterscheiden: die computergesteuerten Indizes, die auf Volltextrecherche basieren, und der manuell erstellte Katalog, in dem das Internetangebot gesichtet, verschlagwortet und kategorisiert wird (vgl. Karzauninkat 1998). Das Problem bei der computergesteuerten Suche besteht darin, dass zunächst diejenigen Seiten aufgesucht werden, auf welche die meisten Links zeigen. Auch werden die WWW-Seiten nur an der Oberfläche durchsucht, in der Regel bis zur dritten Hierarchie. Damit finden Suchmaschinen all diejenigen WWW-Seiten, die mit möglichst vielen anderen Seiten über Links verbunden und möglichst hoch in der Hierarchie einer Institution im Netz eingebunden sind. Meistens befinden sich Frauenseiten jedoch etwas tiefer in der Hierarchie einer Institution und werden damit nicht mehr erfasst, es sei denn, sie werden direkt angemeldet. Sowohl die direkte Anmeldung bei den unterschiedlichen Suchmaschinen als auch ihre intensive Verlinkung mit anderen häufig besuchten Seiten, um die Wahrscheinlichkeit der Aufnahme zu erhöhen, werden von Frauenprojekten eher gering genutzt.

Im Gegensatz zur computergesteuerten Suchmaschine werden Kataloge von Menschen gemacht. Eine Redaktion besucht Seiten und sortiert sie in einen Schlagwortkatalog ein. Bei der rapide wachsenden Anzahl von Internetseiten kann die Suche, Verschlagwortung und Katalogisierung von Informationsangeboten nie vollständig sein. Der Androzentrismus in diesem Verfahren steckt vor allem im Aufbau des Schlagwortkatalogs.

So führt z.B. der größte deutsche Katalog – www.web.de – wahrscheinlich einmalig in der Welt »Auto« als eigene Hauptkategorie, während dagegen im Vergleich zu Yahoo, dem größten amerikanischen Suchkatalog »Bildung und Ausbildung« und »Gesundheit« auf der ersten Ebene fehlen. Im Vergleich zum amerikanischen Yahoo fällt auch die starke konsum- und freizeitorientierte Gliederung auf. Yahoo fasst ›Sport‹ und ›Freizeit‹ in eine Kategorie, während das deutsche WEB.DE die beiden Bereiche trennt. Bei der Suche nach Kategorien, unter denen speziell für Frauen interessante Einträge gefunden werden können, lassen sich nur zufällige Ergebnisse erzielen. So gibt es auf der zweiten Ebene unter »Organisationen« die Rubrik »Frauen« mit 99 Einträgen und auf der dritten Ebene unter »Sozialwissenschaften« eine Kategorie »Frauenforschung« mit gerade einmal 18 Einträgen (Stand: 23.9.2000). Gleichzeitig taucht die Kategorie ›Frauen‹ z.B. im Bereich der Kultur unter der Kategorie »Literatur« oder »Projekte« nicht auf. Auf keiner Ebene gibt es ein Schlagwort ›Mädchen‹. Ein Schlagwortkatalog, der Frauenfragen sehr willkürlich unter bestimmten Rubriken berücksichtigt und dann kaum mit Inhalten füllt, oft aber vollständig im Aufbau des Katalogs unberücksichtigt lässt, ermöglicht kein gezieltes Suchen nach Frauenthemen. Besonders bemerkenswert ist dann auch die Einordnung von Hausfrauenseiten. Da es ›Haushalt‹ als Kategorie nicht gibt, wird eine Hausfrauenseite unter dem Pfad »Freizeit -> Essen & Trinken -> Rezepte«, eine andere unter »Freizeit -> Unterhaltung -> Humor« gefunden.

Zusammenfassend lässt sich festhalten, dass nicht nur wegen der einseitigen Inhalte, sondern auch wegen der an den (männlichen) Netznutzern orientierten Suchmaschinen und Kataloge davon gesprochen werden kann, dass die Inhalte im Netz androzentrisch sind und es deswegen in diesem Bereich frauenpolitischen Handlungsbedarf gibt.

3.3 Frauenadäquate Netzinhalte und Suchmaschinen

Nicht Technik, sondern die Inhalte müssen in den Vordergrund der Internet-Diskussion gebracht werden. Gerade öffentliche Einrichtungen müssen darauf verpflichtet werden, Frauenrealitäten auf ihren Internetseiten qualitativ hochwertig, den Möglichkeiten des Mediums entsprechend, abzubilden und damit für Frauen wissenswerte Informationen bereitzustellen. Denn nur wenn sich Frauenalltag im Internet widerspiegelt, kann auch für die Mehrheit von Frauen das erreicht werden, was mit dem Begriff der Medienkompetenz als aktive gesellschaftliche Teilhabe und Einflussnahme mit Recht gefordert wird.

Zwar war es gerade zu Beginn der Internet-Euphorie für Randgruppen in der Gesellschaft wie z.B. Lesben oder Frauen in Technik und Naturwissenschaft verhältnismäßig einfach, über das Netz voneinander zu erfahren und sich zu informieren. Heute sind im Netz vor allem die Normal-Netzbenutzer – jung, gebildet und männlich – mit ihren immer noch ganz oben stehenden Computerinteressen sichtbar und auf ihnen liegt der Fokus der Aufmerksamkeit. Es genügt deswegen nicht, in Randbereichen einzelne schöne Frauenseiten zu gestalten. Notwendig ist es, neue frauenrelevante Inhalte z.B. über angemessene Links mit anderen Inhalten im Netz zu integrieren und damit eine Sichtbarkeit dieser Inhalte herzustellen. Es gilt, das männerzentrierte Medium mit Fraueninhalten zu besetzen, und diese frauenrelevanten Inhalte ersichtlich und zugänglich für alle Frauen zu machen. Ein erster wichtiger Schritt könnte sein, einen bundesweiten Frauen-Server einzurichten und seine kontinuierliche Pflege sicherzustellen.

Um der dargestellten Problematik der Suchmaschinen und Kataloge zu entgehen, wurden im amerikanischen Raum zwei Suchmaschinen – WWWomen und Femina – speziell für Frauen erstellt, bei denen durch die Art der Suche und die redaktionelle Aufbereitung des Informationsangebots frauenrelevante Themen und Perspektiven besonders berücksichtigt werden. Im deutschsprachigen Raum ist dieser Sonderweg von speziellen Frauensuchmaschinen zur Zeit wenig erfolgreich, da die finanziellen Ressourcen fehlen, um einen tatsächlich umfassenden Katalog aufzubauen. Wichtiger ist deswegen, frauenrelevante Schlagworte in die vorhandenen Kataloge zu integrieren. Anregungen dafür lassen sich aus dem Bibliotheksbereich gewinnen. Dort sind auch für die deutschsprachigen Länder bereits frauengerechte Thesauri erstellt worden (vgl. Schwarzer/Scheu 1994; Klösch-Melliwa/Zach 1996; Carstensen 1997). Bei einem frauengerechten Thesaurus handelt es sich um ein Verzeichnis genormter Begriffsbezeichnungen, das im Dokumentationsgebiet der Frauen- und Geschlechterthematik eingesetzt wird und in diesem Bereich als ›Orientierungsinstrument‹ wirkt. Es muss jetzt erreicht werden, dass die in feministischen Thesauri vorgenommene Verschlagwortung in die Hauptsuchkataloge im Internet wie z.B. WEB.DE übernommen wird. Das bedeutet, dass Schlagworte wie Schwangerschaft, Mädcheninitiative, Frauenprojekt, Lesbe uvm. im Sinne des Gender-Mainstreaming integraler Bestandteil der großen Suchmaschinen werden und darunter eingeordnete Seiten damit auch auffindbar sind.

4. Anwendungen im Netz

4.1 Fehlender Einsatz vernetzter Systeme im Haushalt

Der Schwerpunkt vorhandener Anwendungen über das Netz liegt in der Erwerbsarbeit, wie z.b. Groupware für internationale Projektgruppen. Dabei wird übersehen, dass sich auch im Reproduktionsbereich neue Koordinationsanforderungen ergeben, und zwar durch Individualisierungsprozesse, die über die Erosion des Normalarbeitsverhältnisses ebenfalls mit der technologischen Basis der vernetzten Systeme zusammenhängen. Dadurch, dass kollektive Lebensmuster ihre Verbindlichkeit verlieren, eröffnen sich für die einzelnen Individuen einerseits neue Entscheidungsmöglichkeiten beim Entwurf der eigenen Lebensbiographie. Andererseits erfordern gerade die weiblichen Patchwork-Biographien neue Formen der Absprachen zwischen PartnerInnen und insbesondere zwischen Menschen aus unterschiedlichen Generationen. Die Koordinationsanforderungen in der privaten Sphäre nehmen zu. Gleichzeitig fallen in der Informationsgesellschaft für die Haushalte neue Tätigkeiten an, da bisher bezahlte Erwerbsarbeit als unbezahlte Arbeit z.b. über Telebanking oder Telereisebuchungen zu den KundInnen verlagert wird.

Und auch die Koordinierungsleistung zwischen der beruflichen und der privaten Sphäre wird in der Informationsgesellschaft tendenziell schwieriger. Denn durch die Arbeitszeitflexibilisierung im Unternehmensinteresse dehnt sich der von der beruflichen Sphäre definierte Bereich weiter aus. Die Beschäftigten geraten damit in eine stärkere zeitliche Abhängigkeit von nicht absehbaren und schon gar nicht beeinflussbaren Marktrhythmen. Soziale und zwischenmenschliche Beziehungen sind vom Problem einer permanenten Terminabstimmung geprägt. Frauen nehmen verstärkt Pufferfunktionen zwischen Betrieb und Familie wahr. Obwohl also in der Informationsgesellschaft der Koordinierungsaufwand auch im Reproduktionsbereich zunimmt, fehlen vernetzte Systeme im Alltag und damit auch im Haushalt.

Dies ist nicht verwunderlich, da sich die geschlechtshierarchische Arbeitsteilung bei der Entwicklung der Hauswirtschaftstechnologie am deutlichsten auswirkt: Männer in ihrer Eigenschaft als Ingenieure, Informatiker und Produzenten, denen Hausarbeit weitgehend fremd ist, gestalten Technik für den Gebrauch durch Frauen in ihrer Eigenschaft als Hausarbeiterinnen (Wajcman 1994, S. 128). So werden bisher kaum Überlegungen angestellt, wie vernetzte Systeme in den Haushalten zu Arbeitseinsparungen und Zeitreduzierung beitragen könnten. Welche Handlungsoptionen es gibt, um Computernetze für Zeiteinsparungen im Haushaltsbereich und für Verbesserungen bei der Integration unterschiedlicher Arbeitsbereiche nutzbar zu machen, möchte ich in den folgenden beiden Abschnitten am Beispiel des Teleshopping und eines neuen Zeitmanagementsystems zeigen.

4.2 Arbeitseinsparung im Haushaltsbereich

Viele Frauen wollen berufliche und private Lebensbereiche verbinden. Dies führt gerade für berufstätige Frauen mit Kindern zu enormen zeitlichen Belastungen. So ist es auch nicht verwunderlich, dass in einer Untersuchung von Meyer und Schulze (1996, S. 54) auf eine Frage nach Akzeptanzkriterien für einen Technikansatz im Alltag als erste Prioritäten Arbeitsreduzierung und Arbeitserleichterung genannt wurden. Technik-unterstützte Dienstleistungen, mit denen der permanenten Zeitnot begegnet werden könnte, sind von besonderem Interesse. Zu einer Erleichterung im Alltag und zur Zeiteinsparung könnte Teleshopping beitragen. Damit ließen sich Wegezeiten reduzieren und der Aufwand einschränken, unterschiedliche Anforderungen zeitlich zu synchronisieren.

Die Idee des elektronischen Einkaufens ist keinesfalls neu. In Deutschland wurde mit der Einführung von Bildschirmtext 1983 der elektronische Einkauf möglich. Allerdings war dies wegen geringer Übertragungskapazitäten und software-ergonomischer Schwachstellen unattraktiv. Heute gibt es zwar Angebote im Bereich des Online-Shopping, allerdings beziehen sich diese primär auf die Interessen der meist männlichen Netzbenutzer, die sich für Computer interessieren. Die Kauferfahrungen hängen damit beim derzeitigen Internet-Klientel nicht mit Dingen des alltäglichen Bedarfs zusammen.

So ist es auch nicht verwunderlich, dass es im deutschen Web-Katalog zwar 10.682 Einträge unter Online-Einkaufen gibt (Stand: 23.9.2000), die allermeisten betreffen allerdings Computer und Zubehör. Unter

Nahrungs- und Genussmittel finden sich gerade noch 1.389 Einträge, wobei davon 798 die Online-Getränkebestellung betreffen, eine der wenigen von Männern durchgeführten Haushaltstätigkeiten. Unter Supermärkten werden dann nur noch 39 Angebote aufgeführt. Sie bieten Waren des täglichen Bedarfs an, von den Grundnahrungsmitteln bis zur Kosmetik, von Haushaltswaren bis zu Süßigkeiten. »Direkt Kauf« z.b. liefert Waren bundesweit innerhalb von 48 Stunden direkt an die Haustür. Das Unternehmen wirbt mit günstigen Preisen, da teure Ladenmieten wegfallen. Die Bezahlung erfolgt bargeldlos über Bankeinzug. Neben dieser Kette gibt es auch bereits erste kleine Online-Shopping Läden, die vor Ort innerhalb eines Tages liefern. In Stuttgart arbeitet z.b. ein »Onkel Emma Laden« – welch schöne androgyne Bezeichnung angesichts des Zusammenprallens der Welt der weiblich stereotypisierten Hausarbeit und der männlichen Computerfaszination.

Bei der großen Zurückhaltung von Seiten der Anbieter wie der KundInnen, zumindest die Großeinkäufe im Supermarkt über Direktbestellung abzuwickeln, drängt sich die Frage nach den Gründen dafür geradezu auf. Trifft sich hier das traditionelle Bild der Hausfrau, das der männliche Softwareentwickler mit sich herumträgt, mit den Einschätzungen vieler einkaufender Frauen, die durch den Technikeinsatz soziale Isolation und menschliche Verkümmerung befürchten? Festzuhalten ist, dass die Geschlechterstereotype tief sitzen und den Status quo aufrechterhalten, so dass das Feld der Hausarbeit nicht einmal von der betriebswirtschaftlichen Suche nach neuen profitablen Online-Absatzmärkten ins Auge gefasst wird. Hier wird die Struktur einer männlich geprägten Technikentwicklung sichtbar, bei der Arbeitsreduzierungsmöglichkeiten nicht forciert werden, da die Haushaltstätigkeit unbezahlte Frauenarbeit darstellt. Um diesen starren Status quo zu durchbrechen, müssen zügig die Bedürfnisse der unterschiedlichen Nutzerinnengruppen durch Interviews und andere Recherchen ermittelt werden. Darauf aufbauend könnten gezielt und bedarfsorientiert technische Lösungsvarianten für die privaten Haushalte entwickelt werden.

4.3 Managementsystem zur Koordination heterogener Zeitstrukturen

Es soll noch eine weitere Anwendung im Netz exemplarisch benannt werden, die bisher blind gegenüber den Anforderungen der Integration unterschiedlicher Arbeits- und Lebensbereiche ist. Gemeint sind die elektronischen Terminplaner wie z.b. Schedule und Outlook von der Firma Microsoft. Dort gibt es ausgereifte Funktionen, um unterschiedlichste berufliche Termine zu planen und mit KollegInnen zwecks Terminabsprachen zu verknüpfen. Die zweite Arbeitsrealität – das unbezahlte Tätigsein im Bereich der Haus- und Sorgearbeit – ist diesen elektronischen Terminkalendern gerade einmal einen Button wert. Es können private Termine aufgenommen und als privat gekennzeichnet werden. Dies bedeutet dann, sie werden genauso behandelt wie berufliche Termine mit einem eindeutigen zeitlichen Anfang und einem eindeutigen zeitlichen Ende. Der einzige Unterschied besteht darin, dass der Inhalt dieser privaten Termine wie z.b. das Geburtstagskaffeetrinken bei Oma bei Dritten nicht eingeblendet wird.

Hier wird von den Software-Entwicklern vergessen, dass sich Zeitbedarfe aus den verschiedenen Arbeitswelten in ihren Formen unterscheiden. Die Alltagsorganisation von Frauen insbesondere mit Kindern wird durch die »miteinander konkurrierenden Zeitimperative der verschiedenen gesellschaftlichen Bereiche« (Meyer/Schulze 1996, S. 53) geprägt. Gerade in der Informationsgesellschaft müssen vor allem Frauen unterschiedliche Zeitstrukturen synchronisieren und mit unterschiedlichsten Zeitordnungen leben: der eigenen flexibilisierten Erwerbsarbeitszeit und derjenigen des oder der PartnerIn, den Kindergarten- und Schulzeitplänen, den Freizeit- und Sportterminen der Kinder, den unterschiedlichsten Zeiten in der Stadt von der Ladenöffnung bis zu den Sprechzeiten bei ÄrztInnen und Behörden. Um diese Aktivitäten zu koordinieren, werden vor allem von Familienfrauen hohe Anpassungsleistungen erwartet. Diese hohe Belastung von Frauen lässt sich grundsätzlich nur durch Verkürzung der Erwerbsarbeitszeit, durch Übernahme von Reproduktionsarbeiten von Männern und durch flexiblere Öffnungszeiten in Kindergärten, Schulen, Ämtern und Dienstleistungsangeboten abbauen.

Gleichzeitig könnten jedoch bereits heute Frauen bei ihren komplexen zeitlichen Koordinationsleistungen durch umfassende und vernetzte Zeitmanagement-Systeme unterstützt werden. Es ist eine Software vorstellbar, mit der für eine Person unterschiedliche Terminkalender geführt werden könnten – z.b. für eigene berufliche Termine und für die Termine der Kinder –, die je nach Bedarf übereinander gelegt werden könnten. Dabei müsste berücksichtigt werden, dass es Aufgaben gibt, die zwar wegen z.b. der Aufsicht von Kindern und pflegebedürftigen Menschen an einem bestimmten Ort gebunden sind, zu denen aber parallel auch andere Aufgaben abgewickelt werden können wie z.b. kleinere Besprechungen. Auch ließen sich eigene Termine mit dem Terminkalender von möglichen Betreuungspersonen verknüpfen. Ein Terminkalender, der softwaretechnisch in der Lage ist, die Unterschiedlichkeit der Zeitstrukturen aufzunehmen und mit Aufgabenüberschneidungen umzugehen, könnte das heterogene Zeitmanagement, das vor allem von Frauen tagtäglich gefordert wird, technisch unterstützen.

4.4 Frauen in die Hard- und Softwareentwicklung

Um mögliche Netz-Anwendungen im Interesse von unterschiedlichen Gruppen von Frauen auszuloten und voranzubringen, müssen allerdings Frauen an der Gestaltung der Soft- und Hardware beteiligt sein. Bisher sind gerade einmal 23 % der Computerfachleute weiblich (Dostal 1996). Mit zur Zeit 12 % Informatikstudentinnen-Anteil an bundesdeutschen Hochschulen (Statistisches Bundesamt 1999) und einem Frauenanteil von 14 % bei den neuen informationstechnischen Ausbildungsberufen (Statistisches Bundesamt 1998) ist ohne aktives Handeln kaum eine Verbesserung der Situation in Sicht. Deswegen muss alles daran gesetzt werden, deutlich mehr Frauen für den IT-Bereich zu gewinnen.

Eine Studienreform und damit eine curriculare Erneuerung in den informationstechnischen Studiengängen an Hochschulen ist mehr als überfällig. Es muss erreicht werden, dass technische Kompetenz im Sinne der oben definierten Medienkompetenz verstanden wird, dass sie Anwendungsbezug, Nutzen und kritische Reflexion der Technik beinhaltet. Es gilt, betriebs- und sozialwissenschaftliche Studienelemente in die technischen Ausbildungen einzubeziehen und dafür Sorge zu tragen, dass neue kooperative und kommunikative Lernformen praktiziert werden. Damit wird sowohl den Erfordernissen des Berufslebens als auch den speziellen Wünschen und Fähigkeiten von Frauen Rechnung getragen. Die an der Universität Bremen bereits zum dritten Mal erfolgreich durchgeführte Sommerhochschule für Informatikstudentinnen »Informatica Feminale« sollte auf alle Bundesländer übertragen werden. Sie könnte mit Angeboten für Schülerinnen und Unternehmensbesichtigungen verbreitert werden. In der Beratung von Frauen muss auf Aufstiegschancen in zukunftsfähigen informationstechnischen Berufen hingewiesen werden, damit sie sich nicht für Berufe ohne mittelfristige Perspektive entscheiden. Mädchen und Frauen sollte Mut zu ungewöhnlichen Entscheidungen gemacht werden.

5. Organisation der Arbeit auf Netzwerkbasis

5.1 Flexible Arbeitsformen in der Informationsgesellschaft

Auf der Grundlage der technischen Netzsysteme kommt es nicht nur zu neuer Software, sondern auch zu neuen Arbeitsformen wie der Telearbeit, die als informations- und kommunikationstechnisch unterstützte Erwerbsarbeit außerhalb einer zentralen Betriebsstätte definiert wird. Nach einer aktuellen Untersuchung des Forschungsunternehmens empirica (2000) gibt es in den 15 EU-Ländern bereits 6 Mio. reguläre Telearbeitende, die mindestens einen Tag pro Woche außerhalb des Büros tätig und mittels Computer und Telekommunikationsverbindung mit Arbeit- oder Auftraggeber verbunden sind. Dazu kommen 3 Mio. sogenannte supplementäre Telearbeitende, die unterhalb der zeitlichen Beschränkung von einem Tag pro Woche zuhause arbeiten. Von der europäischen Erwerbsbevölkerung sind damit 4 % im engeren und 6 % im weiteren Sinn als Telearbeitende tätig. In Deutschland sind es über 1,5 Mio. und damit 4,4 % aller Erwerbstätigen, die regelmäßig (mindestens einen Tag in der Woche) telearbeiten. Dazu kommen noch einmal 570.000 supplementäre Telearbeitende, das entspricht 1,6 % aller Erwerbstätigen. Die Steigerungsraten sind hoch. Es wird erwartet, dass auch in Zukunft die Zahl der Telearbeitenden weiter zunehmen wird, da Unternehmen damit ihre wirtschaftliche Zukunftsfähigkeit aufrechterhalten wollen. Durch die Einsparung von teurem zentralem Büroraum und durch die gemeinsame Nutzung eines Schreibtisches im Büro von mehreren Telebeschäftigten können Kosten reduziert werden. Durch Mitarbeitermotivation, Verringerung der Fehlzeiten und Zunahme der Arbeitsintensität kann die Produktivität gesteigert werden.

Weiter gedacht bedeutet dies, dass ortsflexible Erwerbsarbeit unter Nutzung von Informations- und Kommunikationstechnologien – sprich Telearbeit – zum Bestandteil vieler Arbeitsplätze und damit zu einem Stück Normalität wird. Was heute noch ›Telearbeit‹ heißt, wird in absehbarer Zukunft normaler Bestandteil der Erwerbsarbeit sein. Damit wird der Begriff ›Telearbeit‹ wegen seiner abnehmenden Trennschärfe genauso in den Hintergrund treten, wie heute bereits das Modewort der 80er Jahre ›Bildschirmarbeit‹ nicht mehr relevant ist. Telearbeit ist allerdings ein Katalysator für den grundlegenden Wandel des Arbeitslebens. Je mehr Telearbeit von einer Sonderform der Erwerbsarbeit für immer mehr Beschäftigtengruppen zur Normalität wird, umso wichtiger ist die Frage nach den Auswirkungen dieser technologisch bedingten Veränderung der Arbeitswelt auf das Geschlechterverhältnis.

Offensichtlich werden die alten Grenzen zwischen der vornehmlich von Männern ausgeübten bezahlten Erwerbsarbeit im Unternehmen und der unbezahlten Familienarbeit zu Hause, die Frauen zugeordnet ist, brüchig. Was folgt aus dieser Entwicklung für die geschlechtshierarchische Arbeitsteilung und wie gehen Telebeschäftigte als Pioniere und Pionierinnen der neuen Arbeitsformen mit dieser ungewohnten Situation um? Hier liegt ein breites und erst in ersten Ansätzen entwickeltes Forschungsgebiet der Frauen- und Geschlechterforschung. Denn mit dieser Entwicklung kommt der vom wissenschaftlichen Main- und Malestream ausgeblendete Arbeitsplatz zu Hause in den ökonomischen, soziologischen und auch technischen Forschungszusammenhang zurück. Plötzlich hängt Arbeitsproduktivität im engen betriebswirtschaftlichen Sinne direkt vom Tätigsein am häuslichen Arbeitsplatz ab und Telearbeit scheint – wie viele Untersuchungen zeigen – erhöhte Produktivität aufzuweisen.

Und in dem Maße, wie Telearbeit von immer mehr Unternehmen als eine wichtige technisch-arbeitsorganisatorische Rationalisierungsstrategie gesehen wird, geht der Frauenanteil zurück. Die oben erwähnte neueste Studie von empirica (2000) kommt in Europa gerade noch auf einen Frauenanteil bei der regulären Telearbeit von ca. 20 %. Während europaweit dieses deutliche Übergewicht der Männer nicht nur für mobile Telearbeit und telearbeitende Selbständige gilt, sondern auch für die häusliche Telearbeit, liegt hingegen in Deutschland der Frauenanteil bei der häuslichen Telearbeit bei 34 %. Diese geringen Prozentzahlen hängen mit einer europaweit sehr geringen Teilzeitquote bei Telearbeit, dem hohen Anteil von Telearbeit in Großbetrieben und bei Führungs- und Managementaufgaben zusammen – beides Bereiche, in denen Frauen grundsätzlich unterrepräsentiert sind.

Diese niedrigen Prozentzahlen sind deswegen problematisch, da über alternierende Telearbeit für Frauen und Männer durchaus eine bessere Integration von bezahlter Erwerbsarbeit und unbezahlter Haus- und Sorgearbeit erreicht werden kann. Dies bestätigen u.a. auch erste qualitative Ergebnisse aus einem zweijährigen Forschungsprojekt der Autorin zum Thema »Telearbeit – Chancen für eine bessere Integration beruflicher und familiärer Lebensbereiche«, das seit Mai 1999 in der Region Schwarzwald-Baar-Heuberg durchgeführt und vom Sozialministerium Baden-Württemberg gefördert wird (vgl. www.telechance.de). Im Folgenden gehe ich auf ausgewählte Ergebnisse dieses Forschungsprojekts ein.

5.2 Ortssouveränität als Chance zur Verzahnung verschiedener Lebensbereiche

Bei den befragten telearbeitenden Pionierinnen und Pionieren lassen sich zwei große Gruppen unterscheiden: erstens Mütter, für die Familien- und Berufsarbeit gleichberechtigt nebeneinander stehen. Sie nutzen Telearbeit, primär in Teilzeit, um Anforderungen aus beiden Bereichen zeitlich besser zu koordinieren. Zweitens gibt es eine Gruppe Vollzeit arbeitender Männer, die deutlich ihren Arbeitsschwerpunkt auf die Berufsarbeit legen, sich aber gleichzeitig über die neue Arbeitsform verstärkt um die Kinderbetreuung und

-erziehung kümmern. Hier einige erste Ergebnisse aus den qualitativen Interviews:

Klar ist, dass sich Hausarbeit und Erwerbsarbeit nicht gleichzeitig ausüben lassen, daran ändert auch die Telearbeit nichts. Da Schule und Kindergarten nur unzureichende Betreuung anbieten, organisieren die von uns befragten Telearbeiterinnen häufig noch eine private Betreuung in der Verwandtschaft, in der Nachbarschaft oder durch Aupairmädchen. Über Telearbeit gelingt den Müttern allerdings eine flexiblere zeitliche Anpassung der beruflichen Aufgaben an die vorhersehbaren sowie an die kurzfristigen Anforderungen der Familienmitglieder. Die Anwesenheit zu Hause gibt Müttern die Sicherheit, in Notsituationen für ihre Kinder greifbar zu sein. Vor allem bei der Krankheit von Kindern oder von Angehörigen sowie bei Ausfall des Betreuungspersonals ist die direkte Erreichbarkeit diesen Frauen besonders wichtig.

Die häufig genannten Vorteile der Telearbeit ›freie Zeiteinteilung‹, ›Arbeiten nach dem eigenen Rhythmus‹ gelten für Mütter allerdings nicht. Ihr Tagesablauf wird von den Bedürfnissen der Familie bestimmt. Besonders für Mütter kleinerer Kinder verlagert sich die Erwerbsarbeit oft auf die Abendstunden, wenn die Kinder schlafen (nicht selten bis 23 Uhr) oder aufs Wochenende, wenn der Ehemann bzw. Lebensgefährte sich um die Kinder kümmern kann. Trotz dieser zeitlichen Verschiebung der Erwerbsarbeit in die Abendstunden hinein sehen Frauen in der Familienphase die Telearbeit für sich positiv. Über die Telearbeit können sie die Kontinuität ihrer Erwerbsbiographie und ihre Qualifikation aufrecht erhalten. Voraussetzung für eine familienadäquate alternierende Telearbeit ist allerdings, dass Telebeschäftigte weitgehend selbstbestimmt entscheiden können, wann und wo sie erwerbstätig sind. Sie müssen in der Lage sein, auch kurzfristig bei unvorhersehbaren familiären Anforderungen den Arbeitsort zu wechseln und die Lage ihrer Arbeitszeit zu variieren.

Im Unterschied zu Frauen in der Familienphase haben Männer andere Beweggründe für die Wahl eines Telearbeitsplatzes, wie kürzere Pendelzeiten oder ungestörtes Arbeiten zu Hause. Doch es gibt erste Hinweise darauf, dass telearbeitende Männer, obwohl ihr Hauptgrund für Telearbeit nicht die Nähe zur Familie war, sich dennoch mehr um ihre Kinder kümmern. Sehr konkret schildert ein

Telearbeiter, wie er in der alten Erwerbsarbeit ohne Telearbeit abends müde nach Hause kam und sich von den alltäglichen Problemen der Familie – angefangen von den Hausaufgaben der Kinder bis zu diversen Konflikten innerhalb und außerhalb der Familie – richtiggehend überfallen fühlte. Sorge um die Familie war für ihn mit Stress und Überforderung verbunden. Heute bekommt er diese Diskussionen zeit- und hautnäher beim Mittagessen oder Kaffee trinken mit. Er fühlt sich gefordert und nicht mehr überfordert.

Während telearbeitende Mütter über die akzeptierte Zuständigkeit für Kinder und Haushalt ihre alte Geschlechterrolle eher festigen, könnten männliche Telearbeiter über neue Erfahrungen bei der Übernahme von Verantwortung für die Kinderbetreuung und -erziehung zu einer schrittweisen Veränderung der Geschlechterrollen beitragen.

Zukunftsfähige Modelle, welche die geschlechtshierarchische Arbeitsteilung tatsächlich aufbrechen, sind im Einzelfall auch bereits zu sehen. Bei einem interviewten Ehepaar arbeiten beide mit reduziertem Arbeitsvertrag – in unserem Beispiel mit jeweils einem 60 %-Vertrag – in alternierender Telearbeit. Dort werden Lebensmodelle mit dem Anspruch der Gleichberechtigung zu einer nicht immer einfach zu lebenden Realität.

Die Einrichtung eines Telearbeitsplatzes auf Wunsch der Beschäftigten wird in der Region Schwarzwald-Baar-Heuberg fast ausschließlich langjährigen Betriebsangehörigen gewährt. Dies erfahren die Telearbeitenden als Vergünstigung und Vertrauensbeweis mit der Folge, dass sie dieser Auszeichnung auch gerecht werden wollen. So reagieren sie äußerst flexibel auf die Bedürfnisse des Unternehmens und stehen ihrem Betrieb auch außerhalb ihrer Erwerbsarbeitszeit unbezahlt zur Verfügung. Die Zunahme unbezahlter Arbeit wird von den Telebeschäftigten selbst nicht in Frage gestellt. Auch werden vormals bezahlte Tätigkeiten schnell als Nicht-Arbeit gewertet und damit zusätzlich unbezahlt geleistet. Dies kann das Reinigen des Arbeitszimmers ebenso betreffen wie den wichtigen informellen persönlichen Austausch unter Kollegen und Kolleginnen. Die Zunahme der Mehrarbeit wird auch sehr eindrucksvoll von der oben bereits erwähnten Studie von empirica (2000) bestätigt. Während europaweit unter den Nicht-Telearbeitern nur jeder zweite mehr Stunden pro Woche arbeitet als vertraglich festgelegt, sind es unter den Telearbeitern ca. 80 %. Allerdings kann aus dieser Studie die Frage nach der Kausalität nicht beantwortet werden.

5.3 Maßnahmen zur Reduzierung der Selbstausbeutung

Wichtig ist auf alle Fälle, die sowohl in der empirica-Studie europaweit als auch in unserer eigenen Untersuchung deutlich sichtbare unbezahlte Mehrarbeit ernst zu nehmen. Damit über Telearbeit nicht auch noch der private Bereich den betriebswirtschaftlichen Effizienzkriterien untergeordnet wird, muss es gelingen, die Mehrarbeit und damit die Selbstausbeutung der Telearbeitenden in Grenzen zu halten. Dieser insgesamt erhöhten zeitlichen Belastung kann über organisierten und regelmäßigen Erfahrungsaustausch zwischen Telebeschäftigten entgegengewirkt werden. Gleichzeitig ist wichtig, Schlüsselqualifikationen über Fortbildungsveranstaltungen zu fördern. Darunter fallen u.a. die Fähigkeiten zum eigenständigen Arbeiten und zur Selbstorganisation von Alltag, Kompetenzen zum persönlichen Zeitmanagement, Kommunikations- und Kooperationsqualifikationen, die Fähigkeit zur Selbstbehauptung. Voß und Pongratz sind der Meinung, dass gegen Selbstausbeutung eine »individuell konsultierte Psychologie und Beratung« (Voß/Pongratz 1998, S. 152) sinnvoll ist. Auch sind neue Modelle von Arbeitspausen, Weiterbildungszeiten, Sabbaticals und Urlaub zu erproben. Denn in dem Maße, wie Erwerbsarbeit flexibler wird, müssen auch ungewöhnliche Formen von individuell realisierbaren Arbeitspausen einen wichtigen Stellenwert bekommen.

Mittelfristig muss es das Ziel sein, die starre Grenze zwischen Telebeschäftigten und Nicht-Telebeschäftigten aufzuheben. Anzustreben ist eine möglichst weitgehende individuelle Orts- und Zeitsouveränität für Frauen und Männer, die technisch sinnvoll unterstützt wird. Ähnlich wie unter individueller Zeitsouveränität die Einflussmöglichkeiten der Beschäftigten auf die Dauer, Lage und Verteilung der persönlichen Arbeitszeit verstanden wird, bedeutet individuelle Ortssouveränität, dass die Beschäftigten auch den Ort ihrer Erwerbsarbeit – zu Hause, beim Kunden, im Büro, im Telecenter – eigenständig bestimmen können. Dabei steht dann nicht mehr eine einmalige Entscheidung pro oder contra Telearbeit im Vordergrund, sondern alle Beschäftigten erhalten die Möglichkeit, individuell zu entscheiden, ob, wann und für wie lange sie zu Hause erwerbstätig sein wollen. Erwerbsarbeit in der Privatwohnung könnte dann je nach Lebenslage gebündelt über einen längeren Zeitraum oder aber nur kurzfristig für einzelne Tage bei Krankheit der Kinder und Angehörigen stattfinden.

Wenn es gelingt, die Ausdehnung der unbezahlten Mehrarbeit zu Hause einzugrenzen und individuelle Ortssouveränität für Frauen und Männer zu erzielen, gibt es über das Aufbrechen der örtlichen Trennung von öffentlicher Erwerbsarbeit und privater Familienarbeit Chancen, traditionelle Geschlechterrollen zur Diskussion zu stellen und neue Lebensmodelle zu praktizieren.

6. Ausblick

Zusammenfassend lässt sich festhalten, dass die vernetzten Systeme in den hier untersuchten Bereichen das gesellschaftlich Herrschende und damit das patriarchale Geschlechterverhältnis stützen. In vier Bereichen sehe ich den Androzentrismus in den Netzen: im ungleichen Zugang zum Netz, in den einseitigen Netzinhalten, in den an der männlichen Normalbiographie ausgerichteten Anwendungen im Netz und in der geschlechtsspezifisch geprägten Organisation der Arbeit auf Netzbasis. Dies ist nicht weiter verwunderlich, da eine im sozialen Prozess entstandene Computertechnologie nicht die grundlegenden Rahmenbedingungen geschlechtshierarchischer Arbeitsteilung aufbrechen kann. Dazu bedarf es struktureller Veränderungen wie der Umverteilung und Neubewertung von Arbeit durch Begrenzung der Erwerbsarbeitszeit, durch neue Formen sozialer Absicherung und durch Aufwertung von Haus- und Sorgearbeit (vgl. Winker 1998).

Vernetzte Computertechnologie kann jedoch den Informationsbedürfnissen und Koordinierungsanforderungen Rechnung tragen, die sich aus den weiblichen Patchwork-Biographien ergeben. Denn die Feststellung, dass die Entwicklung vernetzter Systeme bisher durch männliche Sichtweisen geprägt und an der männlichen Normalarbeitsbiographie orientiert ist, heißt gerade nicht, dass es keinerlei

Ansatzpunkt für Veränderung gibt. Die Zukunft der Netztechnik ist offen, da sie von gesellschaftlichen Prozessen beeinflusst wird. Dies beinhaltet, dass vernetzte Systeme durch aktiv vorgetragene und durchgesetzte Fraueninteressen veränderbar sind.

Um neue Möglichkeiten im Interesse von unterschiedlichen Frauenbiographien auszuloten und voranzubringen, darf es bei den strategischen Überlegungen zum Umgang mit vernetzten Systemen nicht nur darum gehen, dass mehr Frauen im Netz vertreten sind. Darüber hinaus müssen Frauen beteiligt sein an der Erstellung des inhaltlichen Netzangebots, an der Gestaltung der Soft- und Hardware und an der Veränderung der heutigen Arbeitsformen, in die Netze als Organisationstechnologie eingebettet sind.

Die Frauenbewegung hat die Trennung von Privatem und Öffentlichem als wesentliche Ursache der Frauendiskriminierung verdeutlicht. Frauenpolitik und Frauenforschung müssen sich heute damit beschäftigen, wie die Informationsgesellschaft, in der vernetzte Systeme in beiden Bereichen zum Einsatz kommen, gestaltet werden kann, um die Spaltung zwischen öffentlich und privat aufzubrechen. Darüber hinaus muss gefragt werden, welchen Beitrag dazu Netztechnologien leisten können. Wichtig sind dafür nicht mehr nur Softwarespezialistinnen und Systemexpertinnen, sondern auch aktive Netzanwenderinnen, die darüber nachdenken, wie ihre Zukunftsvisionen von vernetzten Systemen unterstützt werden können.

Über den freien Zugang zu Informationsterminals in öffentlichen Räumen und über Weiterbildungsangebote können mehr Frauen auch über die Netze selbst aktiv werden und auf politische Entscheidungen Einfluss nehmen. Sobald es gelingt, über öffentliche Institutionen wie über Frauen-Organisationen neuartige frauenbezogene mediale Informations- und Kommunikationsdienste aufzubauen, kann das Netz zu einer breiten frauenpolitischen Vernetzung beitragen und damit Demokratisierung unterstützen.

Dieser breite Diskurs ist auch für den Technikgestaltungsprozess entscheidend. Wenn in Zukunft durch Abbau der Geschlechterstereotype die Informations- und Kommunikationstechnologie mit von Frauen entwickelt, gestaltet und eingesetzt wird, wenn dann diese Entwicklung und Gestaltung von Technik ganzheitlich und partizipativ geschieht, wenn also Hardware und Software nicht weiter isoliert, sondern in ihrem sozialen Umfeld betrachtet werden, dann lassen sich über eine solche menschenorientierte Technikgestaltung auch Weichen für eine Informationsgesellschaft stellen, die nicht nur Märkte erobert, sondern auch menschliche Bedürfnisse befriedigt.

Anmerkung

1   Ich verwende hier den Begriff ›Informationsgesellschaft‹ nicht als ideologischen Begriff, mit dem im politischen Raum Vollbeschäftigung und Wohlstand versprochen wird, sondern als analytischen Begriff, der auf die technologische Grundlage gesellschaftlicher Veränderungen fokussiert.

Literatur

Brauckmann, Carolina/Dickel, Helga (die media) (1999): Ein bundesweiter Überblick – Internetkurse für Frauen und Mädchen, eine Erhebung im Auftrag des Bundesministeriums für Bildung und Forschung,
http://www.diemedia.de/erhebung.htm.
Carstensen, Corinna (1997): Reclaiming the power of naming. Frauenthesaurus Bibliothek – Kultur – Information, Projektbericht, FH Stuttgart, Hochschule für Bibliotheks- und Informationswesen.
Dostal, Werner (1996): Arbeitsmarkt für Computerberufe leicht erholt, in: Materialien aus der Arbeitsmarkt und Berufsforschung (MatAB) Nr. 2.
empirica (2000): Benchmarking Telework in Europe 1999,
www.empirica.de/ecatt/indexresultsnww.html.
Feierabend, Sabine/Klingler, Walter (1999): Kinder und Medien 1999. Ergebnisse der Studie KIM 99 zur Mediennutzung von Kindern, in: Media Perspektiven 12, S. 610-625.
Fittkau, Susanne; Maaß, Holger (1995-2000): W3B-Umfragen von 1995–2000,
http://www.w3b.de/ergebnisse
Fittkau, Susanne/Maaß, Holger (1999): W3B-Ergebnisband. WWW-Benutzeranalyse, April/Mai 1999, Hamburg.
Karzauninkat, Stefan (1998): Die Suchfibel, Leipzig.
Klösch-Melliwa, Helga/Zach, Angelika (1996): ThesaurA. Österreichischer Frauenthesaurus, Wien.
Meyer, Sibylle/Schulze, Eva (1996): Ein neuer Sprung der technischen Entwicklung: Vernetzte Systeme für private Haushalte, in: Sylvia Gräbe (Hg.), Vernetzte Technik für private Haushalte. Intelligente Haussysteme und interaktive Dienste aus Nutzersicht, Frankfurt/Main, New York, S. 35–63.
Rötzer, Florian (1996): Aufmerksamkeit – der Rohstoff der Informationsgesellschaft, in: Stefan Bollmann/Christiane Heibach (Hg.), Kursbuch Internet. Anschlüsse an Wirtschaft und Politik, Wissenschaft und Kultur, Mannheim, S. 83-97.
Schell, Fred/Stolzenburg, Elke/Theunert, Helga (Hg.) (1999): Medienkompetenz. Grundlagen und pädagogisches Handeln, München.

Schwarzer, Alice/Scheu, Ursula (Hg.) (1994): Feministischer Thesaurus, Köln.
Statistisches Bundesamt (1998): 4.700 Ausbildungsanfänger in den neuen Berufen der Informations- und Telekommunikationstechnik. Mitteilung für die Presse am 25. 6. 1998, http://194.95.119.6/presse/deutsch/pm/p8188071.htm.
Statistisches Bundesamt (1999): Präsentation anlässlich der Konferenz »Frauenstudiengänge in Ingenieurwissenschaften und Informatik«, 14./15. Dezember 1999, Bonn – Bad Godesberg.
Tangens, Rena (1996): Ist das Internet männlich? Androzentrismus im Netz, in: Stefan Bollmann/Christiane Heibach (Hg.), Kursbuch Internet. Anschlüsse an Wirtschaft und Politik, Wissenschaft und Kultur, Mannheim, S. 355-378.
Voß, Günter G./Pongratz, Hans J. (1998): Der Arbeitskraftunternehmer. Eine neue Grundform der »Ware Arbeitskraft«?, in: Kölner Zeitschrift für Soziologie und Sozialpsychologie, 50, H. 1, S. 152.
Wajcman, Judy (1994): Technik und Gesellschaft. Die feministische Technikdebatte, Frankfurt/Main, New York.
Winker, Gabriele (1998): Virtuelle Unordnung im Geschlechterverhältnis. – Umverteilung von Arbeit als Chance, in: Gabriele Winker/Veronika Oechtering (Hg.), Computernetze – Frauenplätze. Frauen in der Informationsgesellschaft, S. 13-32.
Winker, Gabriele/Preiß, Gabriele (2000): Unterstützung des Frauen-Alltags per Mausklick? Zum Potenzial elektronischer Stadtinformationssysteme, in: Zeitschrift für Frauenforschung und Geschlechterstudien, H. 1+2, S. 49-80.

Autorinnen

Ruth Albert, Prof. Dr., Habilitation in Germanistik, Professorin am Institut für Germanistische Sprachwissenschaft, Fachbereich Germanistik und Kunstwissenschaften der Philipps-Universität Marburg, Leitung der Abteilung ›Deutsch als Fremdsprache‹ (Studiengang). Arbeitsschwerpunkte: Psycholinguistik, dort besonders bilinguales mentales Lexikon, Lernbarkeit von sprachlichem und kommunikativem Verhalten.

Annette Allendorf, Diplom-Pädagogin, zur Zeit tätig als freie Wissenschaftlerin. Arbeitsschwerpunkte: Netzwerkmodelle und Vernetzungsprozesse, Neue Medien, Feministische Theorie.

Gabriele Clement, Erziehungswissenschaftlerin, wissenschaftliche Mitarbeiterin am Institut für Erziehungswissenschaft der Philipps-Universität Marburg mit dem Schwerpunkt Erwachsenenbildung. Forschungsschwerpunkte: Kulturgeschichte, Medienwissenschaft, tiefenhermeneutische Kulturanalyse.

Tamara Faschingbauer, Staatsexamen in Anglistik und Germanistik, wissenschaftliche Mitarbeiterin am Institut für Germanistische Sprachwissenschaft, Abteilung ›Deutsch als Fremdsprache‹ der Philipps-Universität Marburg. Arbeitsschwerpunkte: Soziolinguistik, Gender Studies, Deutsch als Fremdsprache.

Ulrike Gräßel, Prof. Dr. phil., Professorin für Soziologie an der Hochschule Zittau/Görlitz (FH). Arbeitsschwerpunkte: Sprachverhalten und Geschlecht, Institutionalisierte Frauenpolitik/Kommunale Gleichstellungsbeauftragte, Soziale Arbeit mit Mädchen und Frauen.

Christa M. Heilmann, Dr. phil., Diplomsprechwissenschaftlerin, Leiterin der Abteilung Sprechwissenschaft, Habilitation am Fachbereich Germanistik und Kunstwissenschaften an der Philipps-Universität Marburg.

Karin Jurczyk, Dr. phil., Diplomsoziologin, Lehrbeauftragte am Institut für Soziologie, Habilitation am Fachbereich Gesellschaftswissenschaften der Justus-Liebig-Universität Gießen. Arbeitsschwerpunkte: Arbeit, alltägliche Lebensführung, Zeit und Arbeitszeit, Moderne, Geschlechterverhältnisse.

Karola Maltry, Dr. phil., Diplompolitologin, Wiss. Geschäftsführerin des Zentrums für Gender Studies und feministische Zukunftsforschung der Philipps-Universität Marburg. Forschungsschwerpunkte: Theorie und Praxis neuer sozialer Bewegungen, insbesondere der Frauenbewegung und der Frauenfriedensbewegung, feministische Macht- und Herrschaftsanalyse, Diskurs über einen neuen Gesellschaftsvertrag.

Eva Neidhardt, Dr. phil., Diplom und Promotion in Psychologie, Habilitandin mit DFG-Stipendium am Fachbereich Psychologie der Philipps-Universität Marburg. Forschungsschwerpunkt: kognitive Entwicklung.

Ursula Nissen, Dr. phil., Wissenschaftliche Referentin im Deutschen Jugendinstitut München, Leiterin des Wissenschaftlichen Referats beim Vorstand. Arbeitsschwerpunkte: Kindheits- und Geschlechterforschung.

Ulrike Prokop, Prof. Dr., Professorin am Institut für Erziehungswissenschaft der Philipps-Universität Marburg mit dem Schwerpunkt Sozialisationstheorie/Sozialgeschichte der Geschlechterverhältnisse. Forschungsschwerpunkte: Medienwissenschaft, tiefenhermeneutische Kulturanalyse, Kultursoziologie.

Renate Rausch, Prof. Dr. phil., Soziologin, Professorin am Institut für Soziologie der Philipps-Universität Marburg. Forschungsschwerpunkte: Methoden der empirischen Sozialforschung und der Frauenforschung, Klassen- und Sozialstrukturanalyse und Geschlechterverhältnisse, speziell in Lateinamerika, feministische Soziologie.

Elisabeth Rohr, Prof. Dr. phil., Professorin für Interkulturelle Erziehung an der Philipps-Universität Marburg. Forschungsschwerpunkte: interkulturelle Sozialisationstheorien und Geschlechterverhältnisse, Fundamentalismus, Supervision und Mediation.

Christina Schachtner, Prof. Dr., Professorin am Institut für Erziehungswissenschaft der Philipps-Universität Marburg, Habilitation in Psychologie zum Thema ›Geistmaschine‹, Forschungsschwerpunkte: Neue Medien, Gender Studies, Wissensbildung, Kommunikationstheorie, Globalisierung, bürgerliche Zivilgesellschaft.

Sigrid Schmitz, PD Dr., Habilitation in Zoologie an der Philipps-Universität Marburg, derzeit am Institut für Informatik und Gesellschaft der Universität Freiburg, Projekt zum Aufbau eines Informationssystems zur Hirnforschung über Geschlechterunterschiede. Forschungsschwerpunkte: Raumsozialisation, Raumorientierung, Raumkognition.

Anna Stach, Erziehungswissenschaftlerin, Doktorandin am Institut für Erziehungswissenschaft der Philipps-Universität Marburg. Forschungsschwerpunkte: Geschlechterverhältnisse, Medienwissenschaft, tiefenhermeneutische Kulturanalyse.

Gabriele Sturm, Dr. rer.soc., Habilitation an der Fakultät Raumplanung der Universität Dortmund. Hochschuldozentin für ›Methoden der empirischen Sozialforschung‹ am Institut für Soziologie der Philipps-Universität Marburg. Arbeitsschwerpunkte: Methodologie der RaumZeit, quantitative und qualitative Forschungsmethoden, feministische Soziologie, räumliche Soziologie/Stadtforschung.

Gabriele Winker, Prof. Dr., Professorin für Arbeits- und Sozialwissenschaften an der FH Furtwangen, Sprecherin der ExpertInnengruppe »Frauen in der Informationsgesellschaft« im Forum Informationsgesellschaft, einer Initiative des Bundesministeriums für Wirtschaft und Technologie; Vorsitzende des Vereins »Frauen geben Technik neue Impulse«. Forschungs- und Interessen-Schwerpunkte: Geschlechterverhältnisse in der Informationsgesellschaft, Zukunft der Arbeit, Telearbeit, frauengerechte Technikgestaltung, Frauen und Internet.

WEITERE TITEL AUS DEM VERLAGSPROGRAMM
www.ulrike-helmer-verlag.de

Ute Gerhard (Hg.)
Feminismus und Demokratie
Europäische Frauenbewegungen der 1920er Jahre
(Bd. 1 der Reihe Frankfurter Feministische Texte – Sozialwissenschaften)
3-89741-058-3

Ute Gerhard, Mechtild Jansen, Andrea Maihofer, Pia Schmid et al. (Hg.)
Differenz und Gleichheit
Menschenrechte haben (k)ein Geschlecht
3-927164-11-9

Sabine Hess / Ramona Lenz (Hg.)
Geschlecht und Globalisierung
Ein kulturwissenschaftlicher Streifzug durch transnationale Räume
3-89741-089-3

Andrea Maihofer
Geschlecht als Existenzweise
3-927164-21-6

Brigitte Rauschenbach
Der Traum und sein Schatten
Frühfeministin und geistige Verbündete Montaignes:
Marie de Gournay und ihre Zeit
3-89741-048-6

Heide Wunder
Der andere Blick auf die Frühe Neuzeit
Forschungen 1974–1995
Hrsg. v. Barbara Hoffmann u.a.
3-89741-021-4